面向一流国际人才培养的理论与实践创新（2018卷）

——北京语言大学教学研究论文集

主　编　张旺熹

副主编　崔　健

编　委　刘希明　李世之　李　玲

王振亚　杜　彪　施家炜

北京语言大学出版社

BEIJING LANGUAGE AND CULTURE UNIVERSITY PRESS

图书在版编目（CIP）数据

面向一流国际人才培养的理论与实践创新：北京语言大学教学研究论文集．2018 卷 / 张旺熹主编．-- 北京：北京语言大学出版社，2018.5
ISBN 978-7-5619-5156-9

Ⅰ．①面⋯ Ⅱ．①张⋯ Ⅲ．①北京语言大学－教学研究－文集 Ⅳ．① G642.0-53

中国版本图书馆 CIP 数据核字（2018）第 043484 号

面向一流国际人才培养的理论与实践创新（2018 卷）
——北京语言大学教学研究论文集

MIANXIANG YILIU GUOJI RENCAI PEIYANG DE LILUN YU SHIJIAN CHUANGXIN (2018 JUAN)
—BEIJING YUYAN DAXUE JIAOXUE YANJIU LUNWENJI

排版制作：北京创艺涵文化发展有限公司
责任印制：周 燚

出版发行：北京语言大学出版社
社　　址：北京市海淀区学院路 15 号，100083
网　　址：www.blcup.com
电子信箱：service@blcup.com
电　　话：编辑部　8610-82303647/3592/3395
国内发行　8610-82303650/3591/3648
海外发行　8610-82303365/3080/3668
北语书店　8610-82303653
网购咨询　8610-82303908
印　　刷：北京建宏印刷有限公司

版　　次：2018 年 5 月第 1 版　　印　　次：2018 年 5 月第 1 次印刷
开　　本：710 毫米 ×1000 毫米　1/16　　印　　张：30.25
字　　数：512 千字　　定　　价：98.00 元

PRINTED IN CHINA

对外汉语教师的科研责任（代序）

张旺熹

一、大学教师是否要做科研

（一）科研是大学教师自我发展的需要，是教师个人魅力所在

科研是大学教师的核心竞争力所在，是教师发展最重要的基础。作为大学教师，绝对不要排斥科研。我们一些教师，存在着排斥科研的各种想法，这是不利于教师发展的。

科研是大学教师最根本的魅力所在，尤其是在综合性、研究型大学。仅靠年轻、美貌是不能长久维持教师的个人魅力的。有科研才能做到“低调奢华有内涵”，尤其是作为研究生导师。

科研是培养我们基本生存和发展能力的有效途径。人生会遇到很多难题，你必须做出正确的选择。怎么选择？靠抓阄？靠感性？靠理性？靠理性就是要学会研究和思考。

（二）大学教师应是某一领域的专家，而不能仅仅甘于做个“教书匠”

历数海内外各大学的名师大家，哪一个不是专家？我们所熟悉的陆俭明教授，不仅长期坚持在本科教学一线，培养了众多高水平的学生，而且他更是一名汉语语法学的顶尖专家。

对外汉语一线教师也应成为专家，也能成为专家。我们的前辈中并不缺乏专家和名师，像王还教授、赵淑华教授、吕必松教授、赵金铭教授等，也都是专家型的教师。

对外汉语一线教师绝不能满足于做个“教书匠”。特别是年轻一代的硕士、

博士们，不能仅仅满足于一周完成十几节课的工作量，觉得这样就对得起教师这个称号了。国家、社会、学校、学生还需要大家做出更多的学术贡献。

对外汉语教学需要理论创新，需要提升层次，所以更需要有专家、学者。对外汉语教学（汉语国际教育）是新兴学科、交叉学科，需要大力推进学科建设。我们一线教师负有义不容辞的责任，不能指望他人来为我们搞学科建设。

（三）大学的"四大功能"与大学教师的义务与责任

现代大学建立之初的基本功能就是研究问题，就是从事学术传承，就是创造人类新知。

大学教师应当知道，现代大学具有的"四大功能"是"人才培养、科学研究、社会服务、文化传承创新"。而我们要问的是，"科学研究"的功能要靠谁去承担呢？只有我们教师。教师不仅要做好人才培养的工作，更不要忘记自己的科研责任。

我们现在都知道，社会上每年都有各种各样的大学排行榜。大学教师整体的科研水平与大学排名关系密切，它们是相互制约的关系。一个大学的科研水平上不去，大学的排名必然会受到影响，从而影响到学校的社会美誉度，再进一步就会影响到招生。招生是学校的生命线，没有数量充足、质量上乘的学生来读书，我们教师就会发生生计问题。

教学与科研并重，是许多大学管理的基本规则。我们学校的发展战略是教学与科研并重，但我们并没有真正实行科研考核机制，而是只有科研奖励制度。这对于促进教师的科研积极性是不够的。

有一些教师会拿美国、日本等国的大学科研管理说事，认为他们没有严格的科研管理制度，这其实是一种误解。美国大学实行的终身教授遴选制度，实际上是一套非常严苛的科研管理制度，等你拿到终身教授后，好像他不再管你，其实哪个教授也不敢不搞科研，因为教授的科研自觉性已经养成了。

（四）科研是人类探索精神的展现

我们千万不要把科研仅仅理解为"写论文"。科研就是要做切实的研究，要真正做学问。科研是我们人类不断进步、发展的根本动力所在。科研就是发现问题、提出问题、研究（思考）问题和解决问题的过程，它是推动人类不断积累新知、创新思想、促进科技进步的过程。

我们知道，现在美国之所以强大，其核心就在于拥有强大的科技实力。科技实力的核心是超强的科研能力。日本现在之所以还算强大，其核心则在于拥有超强的模仿和再创造、再创新的能力。

我们认为，"写论文"不一定等于搞科研，"写论文"只是科研工作的一个阶段而已，科研成果一般会以"论文"的方式展示出来，没有论文，无法体现科研成果。但那些没有科研做基础的论文，就不能算是真正的科研。

（五）大学教师必须树立"教学与科研并重"的观念

我们要改变教学与科研"两张皮"的观念。我们的教学（特别是课堂教学）就目前的实际情况来看，还没有好到没有问题的程度。课堂教学存在的各种问题，我们要去研究它，这就是科研课题。我们的留学生每天都在提各种各样的问题，这是我们对外汉语教师的幸运和优势所在。中国社科院语言所的学者还曾经为此非常羡慕我们呢！

教学与科研本应相互促进，良性互动。面向教学需要的科研成果经过转化，必然有助于教学水平的提高。可现在的问题是，我们教师中很少有人去关注科研成果的转化研究，这必然影响到教学水平的提高。

我们提倡"教学与科研并重"，其具体的含义是，作为教师自身，要把自己的时间、精力、情感投入到教学、科研两方面，在教学科研的利益获取上两方面并重，在眼前利益与长久利益的考量上两方面并重。

二、大学教师怎样来做科研

（一）处处留心皆学问：树立问题意识

作为大学教师，做科研首先要有问题意识。问题是需要具有专家眼光的人去发现的，问题不会自己跑到你面前来。人们常说"外行看热闹，内行看门道"，其实就是说，只有内行才能发现问题和规律。

当然，要想发现问题，我们必须保持对世界的好奇心，凡事多问几个"为什么”。世界很复杂，社会日新月异，问题无处不在，无时不有。只要我们想找问题，就一定会找到。

要想发现问题、研究问题，我们必须保持一颗宁静的“悟道”之心，要心无旁骛。我们只有沉浸在问题之中，日思夜想，才能进入“梦中得来灵感”的境界。这就是学术的“人境”，很多人都有过这样的体验。

（二）问题驱动与理论驱动并重：理论与实践相结合

我们说，做科研的出发点首先是要“有问题在”，即以问题驱动为主，问题必须明确。有了好的问题就有了好的题目，研究就等于成功了一半。

当然，我们在掌握既有成熟理论的前提下，也可以走“理论驱动”的路线，以理论去审视现实，看看哪些现实与科学的理论不相符，从而找到问题所在。

我们有些人常有排斥理论的倾向，说“理论是灰色的，生命之树常青”。而我要说的是，“理论不是灰色的，理论之树常青”。理论是我们看待问题的“放大镜”和“望远镜”，是我们手中的“金箍棒”，所以我们一线教师不要轻视理论修养，更不能排斥理论。现实世界中，近几十年来，美国人为什么总走在世界的前列？我们认为主要就是因其有不断的理论创新，至少语言学界如此。

我们认为，汉语教师“理论”与“实践”相结合，教学与科研良性互动，才是教师对待科研应有的态度。据我所知，我们一线教师中也不乏教学和科研“两手抓、两手硬”的教师。

当然，我们对待理论要有一个正确的态度，尤其是对待国外的理论，我们总是存在一些不正确的态度：要么全盘否定，要么全盘接受，有的理论我们甚至还没搞清楚，就说我们几千年前、几百年前就有了。对待国外理论的正确态度应当是，先好好做“学生”，把人家的理论精髓吃透，再去进行批判吸收，最后再去做人家的“先生”。

（三）做好科研的关键：创新、创新、再创新

作为一名大学教师，要做好科研工作，关键在于创新，其基本要求是要在理论、材料与方法上做出创新性的工作。有老师会问，怎样才算创新呢？我想，创新不外乎以下三点：

第一，做前人没做过的事情，这便是开拓创新。无论你是提出新理论还是发

现新材料，或者是提出新方法，都是一种创新，都值得提倡。

第二，做整合与集成的事情，这便是集成创新。世界上的很多事情都是靠整合与集成而形成创新成果的。航空母舰的产生便是这种集成创新的成果。

第三，做与别人的观点逆向思维的事情，这便是逆向创新。要勇于打破前人的成见，通过逆向思维找到新的突破，这是科研活动中一种非常重要的创新手段。当然，这样说并不是故意跟别人唱反调，而是要立足材料做现实的思考。

（四）“大数据”与“案例分析”

现代科学研究已经进入大数据时代，同时也特别注重案例分析。这就给我们的科研工作提供了两条基本的路线。

首先，我们必须认识到，科研工作最重要的基础是对研究材料的积累与分析。我们已经从卡片时代走到了语料库时代，进而又走到了大数据时代，如今已进入数据为王的新时代。

为什么要那么重视数据呢？数据与数据之间的关系就是规律，就是倾向，就是结论。2014 年巴西世界杯，谷歌公司就是凭借其大数据，对世界杯的最后成绩进行了成功预测。所以，要做好科研，必须掌握相当的数据才行。

其次，在大数据时代，另一种研究范式也逐渐得到了人们的重视，这便是案例分析。案例分析在人文社会科学的许多领域逐渐成为一种有效的研究手段，值得我们重视并加以利用。

我个人认为，把“大数据”与“案例分析”相结合，应当是一种最好的研究路径。这样能够把点和面结合起来，使我们的研究更加有说服力。

（五）行行出状元

我们对外汉语教师，首先要有科研自信，要有做科研的意志和决心。要相信“行行出状元”，我们也能够成为本领域的科研能手。

我们认为，科研无国界，科研也无优劣，能解决实际问题就好。因此，我们要学会做本行的状元，无论是大状元还是小状元，只要切实解决了教学中学生遇到的问题和困难就好。同时，我们对外汉语教学也是一个新兴的交叉学科，我们需要做跨行的状元，特别是具有交叉学科优势的教师，更应在此领域大显身手。

三、大学教师要做怎样的科研

对于大学教师来说，从事科研工作是我们的义务和责任。科研工作的核心就是要探索客观世界的奥秘。客观世界的奥秘是什么呢？我们认为，就是事物之间相互作用与反作用的关系。我们做科研，要处理好以下几种关系：

（一）“有用之学”与“无用之学”

我们有些老师总爱问：这个科研有什么用？那个科研有什么用？我们认为，教师要树立“有用”与“无用”之学的观念。只要是学问，各有所用，终有所用。我们不仅要做“有用之学”，也要学会欣赏他人的“无用之学”，要允许少数人做500年以后的学问。

（二）基础研究与应用研究

我们常说，对外汉语教学是一门新兴的交叉学科。这主要体现在，它需要许多基础学科的支撑，也需要许多应用学科的支撑。因此，我们对外汉语教师不仅要做好基础研究（比如汉语言文字学的基础研究），也要学会做好开发应用研究（比如资源库的建设与开发、工具书的编撰等）。其实，可做的事情是很多的。

（三）科研选题三层次：宏观、中观、微观

有一些教师抱怨找不到科研选题。其实，兴趣是最好的老师，只要你真的爱这一行，科研选题是应接不暇的。我们可以有三个层次的选题：

第一，宏观层次的选题——带有学科发展全局性、战略性的思考。

第二，中观层次的选题——就某一分支领域开展系统性的思考。

第三，微观层次的选题——对某一分支领域的具体个案开展研究。

这三个层次的选题，每个教师可以根据自己的专长、兴趣和工作需要来做。无论你做哪一个，只要对学科发展、事业发展有价值，都是好的科研工作。

（四）教师如何处理科研与教学的关系

我们对外汉语教师常常有一个很纠结的问题，这就是许多人原本的专业并非对外汉语教学，而是来自不同的专业。客观地说，这给一些教师从事科研带来了

不利的影响。因为我们不能像其他专业的老师那样，既研究自己的专业，又教自己的专业。面对这一局面，我们该怎么办呢?

我想，作为教师要调整好自己的心态，一是要在对外汉语的跨学科背景中尽量找到自己的专业发展空间，二是要处理好原来的专业与现在所从事的对外汉语教学之间的关系。原专业与现在的工作相契合的，那自不必说，要充分发挥自己的专业优势（如原汉语专业、第二语言教学专业、语言习得专业的教师），为对外汉语专业建设服务；原专业与现在的工作相关的，那就有跨学科的优势（比如外语专业、外语教学专业的教师），你完全可以通过跨学科的专业整合，来实现科研创新；原专业与现在的工作真的毫无关系的，那你有两条路，一条是自我学习，重新上路，另一条是坚持原来的专业研究，做好现实的教学工作，我想这也是允许的，而且也有成功的范例。

（五）“一亩三分地”与“跑马圈地”

我们说，对外汉语教师既要有做“专家”的理想，也要有自己的科研发展规划。这就要处理好自己科研的“一亩三分地”与“跑马圈地”的问题。

做学问，我的前辈老师告诉我，要有自已的“一亩三分地”并守住它。人的时间、精力、才情都是有限的，所以要做“专家”，不要去做“杂家”，也就是作为学者，一定要有自已独特的专业领域，哪怕是很小的领域。在一个缺乏大师的时代，能做好一个很小领域的“专家”已属不易。

另一方面我们也要看到，科学研究日新月异，新的学科领域层出不穷，因此，如果你的专业背景和条件允许的话，也要学习前辈大师去“跑马圈地”，开辟一片属于自已和未来的新的学术领地。我们不要把自己的学术“画地为牢”，这是新时代对我们对外汉语教师提出的新要求。

四、大学教师对待科研工作的基本心态

（一）如何有效利用时间做好科研

我们很多对外汉语教师也不是不愿意做科研，而是苦于没有时间。对外汉语教师本身的教学工作就非常繁重，加上大多为女教师，家务劳动也是一个很大的

负担，这些都是客观存在的困难。因此，如果大家就此放弃做科研，那就必然会牺牲教师个人的发展、学校的利益和社会的智慧。显然，这是不可取的。

我个人的建议有三条：一是发扬鲁迅精神，“把别人喝咖啡的时间”拿来做科研。据我所知，日本大学的汉语教师，每周一般也要上相当于我们的16—18节课，课时量也很重，但好像大家也都在做科研；二是家务劳动尽量社会化；三是适当减少一些个人休闲的时间，充分利用好寒暑假和节假日。

（二）如何对待个人成名成家与学校事业发展

我知道，也有一些教师说：“反正我也不想成名成家，不想当教授，我不做科研还减少学校评职称的压力了呢。”这话表面上听起来无可厚非，其实仔细想想，也是有问题的。

我们说，学校事业的发展需要我们每个教师个人都成名成家，“大学者，乃大师之谓也”。所谓的名牌大学，根本上讲不就是它的名教授、名师比一般大学多吗？如果我们的教师都不想当教授、名师，那学校何以立足，学校的事业何以发展呢？我们需要每一个教师都能在推进学校事业和学科发展的过程中成名成家，学校事业和学科的发展，真的需要一代代人、一大批人成名成家。所以说，当不当教授，真的不是你个人选择的自由。我们相信，只有广大教师万马奔腾搞科研，才能提高学校和学科整体的科研水平，我们的事业才能不断进步。

（三）投身学术，投奔名师，是个人学术发展的重要途径

我们有一些教师苦于“搞科研无门”，不知道自己怎么样才能进入科研的状态。我想，主要是两条：一是早日学术归队，做一个真正有专业背景和专业发展前途的人。不要在别人问起你是哪个专业时，你说我没有什么专业。二是早日投奔名师，名师出高徒，做一个有名师指点、有老师督促的人。有名师指点，你会少走弯路；有老师督促，你就不敢懈怠。有了上面两条，你自然就能进入一个学术派别，做一个有理论（学术）流派的人。这样你才有可能成为一个真正意义上的学者。

（四）如何对待科研成果的发表

也有一些对外汉语教师说：“我辛辛苦苦写出了论文也没地方发表，哪有热情再搞科研呢？”我想说的是：

第一，现在的实际情况是，论文发表不是太困难的事情，因为各种各样的刊物已经很多，重要的还是你是否真正写出了像样的论文。

第二，要正确对待目前的科研评价体系与科研评价标准。坦率地说，现在一般学校的科研评价体系和评价标准并不完全合理。我们不要过于看重它，而要自己做好扎扎实实的研究。

第三，“酒香不怕巷子深”，求质量胜于求数量，做好非功利的科研。真正怀着一颗好奇的、探索的心去从事科研，你会从中得到快乐。我常对我的学生们说，你一年用心写出一篇像样的、有质量的论文就很好，不要贪多。

五、结语

我刚才讲了那么多啰唆的话，其实归结起来不外乎这么几句送给大家：

第一，坚定科研意志。大学老师做好科研是你的职务本分，没有理由不做科研。

第二，树立问题意识。处处留心皆学问，对外汉语教学作为一门新兴学科，缺的不是问题，而是我们发现问题的眼光。

第三，进入“悟道”境界。专心致志，一心一意，好好坐下来研究几个问题。

第四，争做行业专家。国家、社会、学校需要我们每一个教师都能成为专家、学者。专家、学者多了，科研的整体水平才能提高，学科建设才能得到不断发展。

目 录

课程与体系研究

美国大学中文专业文学类课程设置研究
——以三所大学为例 …… 刘 丹 3

汉语语法教学法课程的教学策略初探 …… 郭姝慧 13

交际互动：汉语作为二语写作的目的 …… 吴 双 21

加强写作课程建设　全面提高本科留学生汉语写作水平 …… 张书杰 28

北京语言大学非英语专业英语通识课课程构建初探 …… 陈 影 36

面向过程的个性化教学综合创新实验模式的实践与研究 …… 陈 琳 43

慕课环境下综合实践性作业的成绩评定模式改革 …… 李吉梅 52

游戏设计与开发课程初探
——兼论游戏在对外汉语教学中的应用 …… 刘颖滨 62

改革课程体系　培养创新人才 …… 杨 萍 70

“中国传统文化三维体感游戏”大学生科研与创新行动计划
项目指导总结 …… 张习文 76

信息时代的电脑文秘课程设计 …… 唐海燕 86

教学内容研究

翻译本科专业笔译能力培养起点研究 …… 许 明 99

中高年级留学生书面语写作偏误分析及教学研究 …… 骆健飞 108

对外汉语初级教材生词英文翻译的作用和原则 …… 牟世荣 116
汉语国际教育中的商务案例分析课程研究 …… 吴淑姣 126
基于语料库的推荐词词频不大于拟淘汰词词频的异形词考察
…… 张熙昌 135
从对外汉语教学的语法偏误看汉英语言类型及思维方式的差异
…… 岳 岩 143
从教材分析的角度谈入门阶段语音教学 …… 郑家平 152
汉语零起点阶段课堂教学媒介语的使用研究 …… 何 洁 164
从离合词使用偏误看离合词的教学对策 …… 王鸿滨 175
初级汉语“溯源式”“把”字句教学模式探索 …… 张秀红 185
对留学生古代汉语教学的几点看法 …… 张亚茹 196
翻译思辨能力发展特征研究
——以翻译专业本科翻译理论与实务课程为例 …… 刘和平 王 茜 209
基础汉语写作教学模式的探索与反思
——面向预科生的写作教学实践 …… 宋 刚 219

教学法研究

信息技术环境下商业银行课程混合教学模式探究 …… 宋晓玲 231
信息化环境下研究性学习在教学中的应用 …… 王 岚 241
MOOC 模式引入高校财经类专业教学的实践分析 …… 李莉 刘北 250
留学生经济调研课程教学设计探析 …… 曹彩虹 258
内容教学法在商务汉语高级阶段教学中的运用 …… 冯传强 269
对外汉语教学中世界经济概论课程教学法探析 …… 孙 喆 280
“后方法”理论与汉语语音教学法的多种尝试 …… 王安红 288

对外汉语任务型英汉翻译教学模式研究 …… 王 锐 296
建立在神经语言学基础上的语言教学法
——神经语言学教学法 …… 王秀丽 306

教材研究

基于翻转课堂教学模式的对外汉语口语教材编写 …… 李 燕 319
"调查报告"习得情况考察及对高级口语教材编写的启示
…… 孙小晶 329
寒暑期高班留学生口语教材需求分析 …… 王 蕾 337
对几本汉语听力教材微技能训练的考察 …… 李靖华 347
塞万提斯学院西班牙语教材对初级汉语综合教材的启发
——以 AULA 和《尔雅中文》（初级）为例 …… 刘敬华 358
对外汉语教学中级阶段语言点的确定及编排
——以五部中级阶段的综合课教材为例 …… 强星娜 369
以学生为中心的初级汉语综合教材编写实践
——以《尔雅中文 初级汉语综合教程》为例 …… 魏新红 379
任务型汉语阅读教材的编写思路 …… 朱 彤 391

教学管理研究

北京语言大学教务管理系统功能展望 …… 朱文涛 403
国外一流大学、国内 985 高校教授为本科生授课情况研究
…… 孙 琪 410
试论我校教务信息化的发展 …… 曹 钢 418
基于"学生项目 + 学科竞赛"模式 促进创新人才培养 …… 阮晓曦 427
从跨文化适应角度谈来华留学预科生的教育管理 …… 黄 峥 436

其他

汉语国际教育专业本科生“专业承诺”情况调查 …… 郭 睿 449
大学英语教师多元文化敏感性及其培育 …… 朱 姝 457

后记 …… 465

课程与体系研究

美国大学中文专业文学类课程设置研究

——以三所大学为例

刘　丹

摘　要　中国文学类课程在美国大学中文专业课程设置中占据比较重要的位置。本文选取哈佛大学、马里兰大学及加州州立大学长滩分校中文专业文学类课程设置为研究对象，探讨其中文项目文学类课程设置特点，分析其中文专业人才培养规格。哈佛大学是全美最早开设中文项目的大学，其文学类课程呈现出丰富性与全面性的特点。马里兰大学中文项目的文学类课程虽不如哈佛大学的课程丰富，但其选课政策非常灵活。从学习内容看，多侧重近现代中国文学，这样的设计非常有助于学习者了解近现代中国文化，为其尽快了解必要的文化知识提供较丰富的学习资源。加州州立大学长滩分校是地处西海岸的公立大学的代表，该校亚洲与亚裔美国研究系致力于从跨学科角度为学生提供探寻亚洲文化的机会，鼓励学生将亚洲研究与在美亚裔美国人社区研究结合起来。文学类课程设置丰富，但学分要求不高，因此给学生提供了充分的选课自由。总体来看，这三所大学文学类课程设置体现出多样性、灵活性、分层级和跨专业的特点。

关键词　美国大学　中文专业　中国文学　课程设置　人才培养规格

美国大学中文专业课程的设置与其教学理念密切相关。所谓教学理念是指：“人们对教学和学习活动内在规律的认识的集中体现，同时也是人们对教学活动的看法和持有的基本的态度和观念，是人们从事教学活动的信念。”①美国教育界和外语界制订的“21世纪外语学习目标”中提出以五个C字母开头的关键词作为美国外语教育的教学理念，即Communication（交际为中心的能力的培养）、Cultures（文化内涵的理解）、Connections（沟通联系能力的构建）、Comparisons（母语与目的语对比的思考）和Communities（应用于社团的实际运用）。由于美国汉语热的兴起，汉语也被正式列入“关键语言”，许多大学选修汉语的学生人数呈上升趋势。为了满足汉语学习需求，许多大学相继开设了中文项目。

梳理美国大学中文项目的课程设置，可以发现，其中文课程分为汉语语言类课程及与中国学相关的课程。美国各大学的中文项目提供了丰富的学习资源，从课程设置到教师配备，从校园里的中文学习到中国实地游学实践，通过多层面的语言浸入，学习者学习中文的渠道越来越宽广。为了全面提升学习者的中文素养，提高其跨文化沟通的能力，中国文学类课程的学习尤为重要。本文以三所美国大学中文项目的文学类课程设置为研究对象，探讨文学类课程设置与人才培养规格之间的关系，并分析其课程设置呈现出的特点。为了使研究具有代表性，在选择分析对象时，本文兼顾国际名校与一般院校、公立大学与私立大学，试图提供一个比较全面、相对客观的展示。具体而言，这三所大学为哈佛大学、马里兰大学和加州州立大学长滩分校。

一、中文项目文学类课程设置背景与发展

美国大学中文项目的发展与美国中国学研究（China Studies）是密切相关的。一般来讲，20世纪40年代起，美国中国学开始走向独立，并逐渐成为西方中国学研究的重镇。20世纪70年代继续发展，80年代中国学在美国大学出现机构化与学科化的特点，到90年代出现一片繁荣景象，其主要特征是学科专业化和国际合作。其间，政府、学术界的交流贯穿始终，对东亚研究的发展起了推动作用。

美国最早开设中文课程的院系为哈佛大学文理学院东亚语言与文明系，其

① 赫尔巴特（J. F. Herbart），《普通教育学》，北京：北京师范大学出版社，2010年。

中文项目开办于 1879 年。该系最初名为“远东语言部”(Division of Far East Languages)，后改名为“远东语言系”(Department of Far East Languages)，1972 年正式更名为“东亚语言与文明系”(Department of East Asian Languages and Civilizations)。戈鲲化是在哈佛中文项目任教的第一位中国教员。自 1921 年起，中文课程在哈佛成为常设课程，由赵元任担任中文教师。1924 年，梅光迪接替赵元任成为哈佛中文教员，并在课程设置中加入文学及中国思想课程：中文 3：中国文学与哲学入门。[①] 在他的努力下，中文课程不断增多，并最终完成五年制课程设置。其中前三年着重语言学习，随后着重学习文学及哲学类课程。1928 年，哈佛—燕京学院正式成立。之后中国文学文化类课程不断扩充，如“中文 24：中国历史入门”“中文 12：中国思想纵览”“中文 11：中国文明史”等。[②]1932 年，哈佛首次授予有关中国研究的博士学位，詹姆士·魏尔获得中国研究博士学位，并接替梅光迪成为中文教员。除了教授语言类课程，他新开设了一学期名为“中国文学的历史与知识背景”的文学课程。

20 世纪 80 年代以后，学习中文的人数不断攀升。1991 年秋季学期，有 175 名学生选修各种中文课程。第二年，选修人数增加了 20%，达 210 名。1993 年秋季学期，学习中文的学生达 284 名，比 1992 年又增加了 35%。[③] 目前哈佛大学中文专业不仅开设了大量语言类课程，且明确提出学生完成本科专业学习，还需完成相应的历史学课程和文学课程。现在该专业不仅拥有诸如宇文所安（Stephen Owen）这样的国际汉学家，还有如王德威（David Der-wei Wang）、田晓菲、李惠仪（Wai-Yee Li）、伊维德（Wilt Idema）等专门讲授中国文学的教授。优秀的师资和精心设计的课程使得哈佛中文项目成为全美中文教育的典范。

除了哈佛大学、耶鲁大学等中文项目历史相对悠久的大学，美国其他一些大学的中文项目都是进入 20 世纪 80 年代之后才得到较快发展。就学科归属而言，一般都在东亚语言与文化系之下设立。很多学生选择中文课程是为了达到大学关于通识教育的要求，或是为了将来职业发展需要接受短期的培训学习。其中，一些大学既开设中文专业（Chinese Major）又开设中文副专业（Chinese

---

① “A Brief History of EALC and Asian Studies at Harvard” [EB/OL]. [2015-03-05]. http: //ealc.fas.harvard.edu/1920-1930

② 同上。

③ 程麟荪，哈佛的中国学研究，《近代中国》1996 年第 6 辑。

Minor），如本文要着重研究的马里兰大学就是如此。另外，加州州立大学长滩分校也在2015年秋季开设中国语言文化副专业。另有些大学则只有中文专业，而没有副专业。还有些大学目前还没有中文专业，仅以中文副专业的方式向学生开设一些中文类的学分课程。从这个角度来看，美国大学的中文项目发展并不均衡。

二、文学类课程设置与人才培养规格研究

梳理美国大学中文项目设立的渊源与简要发展历程，我们发现，在不同大学中文项目的发展并不均衡。下文将以哈佛大学、马里兰大学和加州州立大学长滩分校为例，着重分析这三所大学中文项目文学类课程设置的情况，进而阐述其人才培养规格的特点。

（一）哈佛大学中文项目文学类课程

哈佛大学规定，学生一般需要完成32门学期课程的学习，才能申请学士学位。在130多年的历史变革中，中文项目文学类课程经历了很多变化。随着新课程的设置和教师队伍的不断充实，目前哈佛大学中文项目文学类课程全面且富有创新。在创立中文项目之初，戈鲲化非常强调文学的重要性："因为诗的语言简洁凝练，形式工整，节奏韵律，铿锵和谐，音调优美，极富感染力，能够充分展现中华文化的魅力。另一方面，中国格律诗和欧美格律诗一样，也都有起韵、押韵、换韵的讲究，使得中西文化相互之间的理解和交流变得较为方便，也容易引起共鸣。"[①]这一传统被很好地沿袭下来，历经百年变革，文学类课程依然在哈佛占据重要地位，而且不断有新的文学课程充实其中。比如，2012年秋季新开设了"中国文学171：文化历史视角中的上海""中国文学271：中国革命电影专题研讨"。2015年新开设"中国文学113：欲望出现之前"，这是一门会议研讨式课程（conference course），讨论中国文学中出现的核心概念。另外还有一门跨学科的课程"戏剧艺术172X：舞台上的中国"，从戏剧艺术的视角来探讨中国文学文化。

① 郭天祥，戈鲲化与中美跨文化交流，《安徽史学》2007年第4期。

从课程数量来看，与中国学研究相关的课程不断增多。20年前，直接与中国有关的课程仅有数十门。“以1993年度为例，哈佛开设的中国研究课程包括作为每个学生必修的基础课程之一的‘东亚文明的传统与转变：中国’，作为历史系、人类学系、艺术系或政府系等专业学生公共课的‘当代中国的国家与农民’‘近代中国：从满清到中华人民共和国’‘中国思想史简介’‘中国文学史’等。”① 而到2015年春季及秋季学期，开设的中国学研究课程包括中国语言、历史、文学三部分，其中语言课28门，历史课程32门，文学课有24门。② 在所开设的文学类课程中，有的按照时代划分，如晚明文学与文化、早清文学与文化、唐代文学、宋代文学等。还有些课程按照主题划分，如中国文学中的性别与权力、文化历史视角中的上海、白话短篇小说等。还有些课程强调文学与历史的关系，如从小说进入历史、从历史进入小说、“早期中国历史书写：以《史记》为例”等。

按照哈佛大学的规定，中文教学要求全面训练学生听、说、读、写的能力。中文专业的学生至少需要学习三年汉语，高年级学生则要求达到能运用中文资料撰写毕业论文的水平。由此可见，哈佛中文项目在强调学生汉语语言水平的同时，非常注重学生专业知识与技能的训练。核心课程帮助学习者掌握扎实的汉语言文学基本理论和知识，并系统学习中国文学等方面的基本知识。选修课程关注学生对于国别文化、文学、历史和社会的理解，从而培养出具有广阔学术视野和深厚专业背景知识的人才，这样学生才能更好地从事与中文领域相关的工作。

（二）马里兰大学中文项目文学类课程

马里兰大学中文项目旨在为学生提供进入东亚地区相关行业必要的培训及文化背景知识。行业领域涉及高等教育、艺术、商业、政府机构、国际关系、农业及媒体行业等。鼓励学生在学习中文专业的同时学习第二学位课程，如商科、国际关系、经济或新闻专业等，以确保学生在完成中文专业的同时获得必需的跨学科专业知识。2007年中文专业课程进行了调整，与旧的课程设置相比，

① 程麟荪，哈佛的中国学研究，《近代中国》1996年第6辑。

② “EALC Course List” [EB/OL]. [2015-03-05]. http: //www.registrar.fas.harvard.edu/courses-exams/courses-instruction/east-asian-languages-and-civilizations

新规定包括：（1）中文207被设置为先修课；（2）扩大了同时满足多种选课要求的课程数量；（3）针对有中文语言背景的学生，该项目的相关政策更加灵活。①

从2013年起，学校规定获得中文专业学士学位需完成39学分专业课程的学习，其中文学类必修课4门：当代中国女性小说与电影专题研究、当代中国青年小说与电影专题研究、中国古典小说和中国现代小说。这四门课程要求教师用中文授课，因此对学生的中文语言水平要求较高。选修课中需完成3学分的文学类课程，所提供的课程有：中国小说与戏剧、中国现代文学、中国传统价值观念等。②

马里兰大学中文项目的文学类课程虽不如哈佛大学的课程丰富详尽，但其选课政策非常灵活。从学习内容看，多侧重近现代中国文学，必修课中仅有一门中国古典小说课，这样的设计非常有助于学习者了解近现代中国文化，了解当代中国，为其尽快掌握必要的文化知识提供较丰富的学习资源。通过系列课程的学习，学习者能具有较高的人文素养，具备中国文学、中国文化、跨文化交际等方面的专业知识与能力，能在国内外各类学校从事汉语教学，成为在各职能部门、外贸机构、新闻出版单位等从事与语言文化传播交流相关工作的中国语言文学学科应用型专门人才。

（三）加州州立大学长滩分校中文项目文学类课程

加州州立大学长滩分校的亚洲与亚裔美国人研究系致力于从跨学科角度为学生提供探寻亚洲文化的机会。该系鼓励学生将亚洲研究与在美亚裔社区研究结合起来。同时鼓励学生探寻亚裔美国人的经历、文化及各类焦点话题，亚洲文化和社会研究与语言研究和训练相结合。亚洲与亚裔美国人研究系属人文学院，其研究对象为目前世界上最重要的区域之一——亚洲。该系可提供四个方向的学士学位：亚裔美国研究、亚洲研究、中国研究和日语。

学生获得中国研究学士学位需至少完成38学分专业课程。从2014年秋季开始，该系规定38学分中23学分为核心课程，15学分为选修课程。核心课程包括语言类课程（Language Courses）11学分、中国文化与政治课程（Culture

---

① "Requirements for the Chinese Major" [EB/OL]. [2015-03-05]. http: //sllc.umd.edu/chinese

② 同上。

and Politics Courses）12 学分。[①] 选修课则包括 9 学分本系开设的中国研究相关课程和 6 学分的跨系跨专业选修课程。该专业提供 20 门课程供学生选择，这些语言课程非常必要，为学生的文学课学习提供必要的语言准备。文学类课程包括中国古代小说、中国古代戏曲、中国古代诗歌、中国文学与文化、中文名篇选读、现代中国文学等，文化类课程包括中国文化研究话题研讨、现代中国、中国文化及传统等。另有跨专业相关课程，学生可以从所提供的 27 门课程中选修 6 学分。[②] 这些课程多为学校其他院系开设的与中国研究相关的课程，涉及中国文化、历史、政治、宗教、艺术、新闻、哲学等诸多方面。

该专业着重培养学习者的跨文化交际能力、批判性思维以及对中国社会文化的理解力。学位课程还为学生在与中国相关的艺术、国际事务、工商管理、历史、文学、法律、新闻、公共管理、教育等领域提供必要的知识储备。另外，该校的课程设置还体现了注重学习者语言基础的特点。文学类课程设置丰富，但学分要求并不高，因此给学生提供了充分的选课自由。再者，其课程设置还体现出其地域特点，位于华人社区比较集中的洛杉矶附近，其校外学习资源也比较丰富，学生可将课堂所学与当地华人社区的研究结合起来，同时必要的文学知识为他们深入了解中国文化提供了有力支持。

三、美国大学中文项目文学类课程设置特点

通过分析三所美国大学中文项目开设的文学类课程，我们可以看到其课程设置各具特色，体现了人才培养的目标及侧重点。概括而言，其课程设置体现出多样性、灵活性、分层级及跨学科的特点。

（一）课程设置的多样性

从上述三所大学的中文项目课程设置可以看出，文学类课程体现出多样性的特点。哈佛大学东亚系的独特优势在于其拥有丰富的教学资源和一流的师资，

---

① “Bachelor’s Degree in Chinese Studies” [EB/OL]. [2015-03-05]. http: //www.csulb.edu/colleges/cla/departments/aaas/undergraduate/#undergrad_chinese

② 同上。

因此可以为学生开设选择面非常广泛的课程，而且相比较学生人数众多的通识教育课程，小班授课的文学课程更方便学生与教师建立比较紧密的联系，这样他们在学位论文写作前对学科发展、论文选题以及教师的学术兴趣都有比较深入且广泛的了解。从目前提供的课程来看，哈佛的中国文学课程已完成系统的体系建设，按照时代划分、文体划分、专题划分，都形成了一定的规模，为学生选课提供了更多选择。相比较而言，马里兰大学和加州州立大学长滩分校的文学课程数量虽不及哈佛，但也在逐步充实的过程中。马里兰大学 2015 年开设的课程中，也出现了一些新的文学课程。

（二）课程设置的灵活性

哈佛大学鼓励教师用中文讲授中国文学专业课，并专门设立中文教师教职，这一教职的设立，在美国大学各东亚系比较独特，因为美国大学东亚系的文学教授多用英语教书，不像在法语系、德语系那样，可以直接用法语、德语授课。专门设立用中文教授文学课程的职位，是为了把汉语变得更加国际化，向印欧语系研究领域的做法靠拢。这是哈佛大学很有开拓性的创举。无独有偶，马里兰大学部分必修的文学类课程，如当代中国女性小说与电影专题研究、当代中国青年小说与电影专题研究、中国古典小说、中国现代小说，也要求教师用中文讲授。然而，并不是所有文学类课程均为中文讲授。哈佛大学充分考虑学生的学习难度，一些入门级的文学课灵活使用英文讲授。同样，马里兰大学部分选修类文学课程，如中国小说与戏剧、中国现代文学，也要求教师用英文讲授。这样的安排在考虑专业要求的同时，兼顾学生的学习难度，体现了灵活性。课程设置的灵活性还体现在文学类课程学分可用于冲抵通识教育学分。通识教育是美国大学对学生的普遍要求，规定学生必须选修一定学分的文学类课程，而中国文学类课程很多都属通识教育的课程，因此学生可以一举两得。

（三）课程设置分层级

课程根据难度进行分层级的划分，这在美国大学是惯常的做法。对文学课而言，这样的层级设计尤为关键。入门级的文学课多为英文讲授，学习材料也多为英文，课程作业和期末考试也用英语进行，这样就为母语为英语的学习者提供了便利，让他们在短时间内能够对所学习的材料有较为清楚的了解。就授课内容而言，也多为教师介绍性的讲授，同时鼓励学生积极参与课堂讨论。进入大学三年级或四年级，课程难度有所提升。体现在授课内容上，不再是泛泛了解，而是要求学生对所阅读的文学内容进行深度、批判性思考。同时，这些课程要求学生阅读中文原版著作，而不是翻译版，因此对于学生的汉语水平也提出了较高的要求。不仅如此，高年级的文学课还要求学生进行跨学科思考，要求学生不仅细读文学文本，还要查阅相关历史文献、社会学资料、影像资料等，因此要求学生有较开阔的学术视野。

（四）课程设置的跨学科性

基于培养复合型人才的需要，在设置文学类课程时，课程的跨学科性比较突出，尤以哈佛大学的中文课程为代表。纵览其课程列表，不乏涉及探究文学、文化、历史、电影、社会之间关系的课程。例如，“文化历史视角中的上海”这门课程探讨上海的文化与历史记忆，“授课内容涵盖文学作品及电影中的上海、上海的出版及电影工业、农村及都市空间、城市移民及外国人、战争时期的上海、社会主义下的上海、日常生活及消费文化等”[①]。从这一课程描述可以看出，该课程涉猎的范围非常广泛：文学、历史、音乐、电影、摄影、城市规划、互联网等，体现出非常明显的跨学科性。同样，马里兰大学的当代中国小说与电影课将二者联系起来，通过影像资料的观看及小说文本的阅读，从跨学科的角度加深学生对中国社会及文化的理解。

四、结语

探讨美国三所大学中文项目文学类课程设置，我们可以发现其教学理念充分体现了美国外语教育的目标，文学类课程设置也呈现出多样性、灵活性、分层级和跨专业的特点。中文项目中的语言类课程关注学生以跨文化交际为中心的能力的培养，并为学生阅读中文原作打下了一定的语言基础；而其分层级、分阶段、丰富多样的文学作品细读则为学生充分理解中国文化文学的内涵提供

① “EALC Course List” [EB/OL]. [2015-03-05]. http: //www.registrar.fas.harvard.edu/courses-exams/courses-instruction/east-asian-languages-and-civilizations

了必要的准备；另外一些跨学科的文学类课程则为学生沟通联系能力的构建和学科间的对比思考提供了支撑。中国文学通过文学课程进入美国大学生的视野，传播的目标受众更加集中、明确，传播内容更为丰富且成体系。由于大学生代表主流阅读人群，他们的了解和深入探讨能够切实扩大中国文学在美国的影响，并在其未来的职业中更好地实现跨文化沟通与交流。分析三所有代表性的大学中文项目的文学类课程设置，还为我们修订国内汉语国际教育专业课程体系中的文学课程提供了参照，使其更加符合当代国际汉语学习者的需求。

参考文献

① 程麟荪，哈佛的中国学研究，《近代中国》1996年第6辑。

② 郭天祥，戈鲲化与中美跨文化交流，《安徽史学》2007年第4期。

③ 赫尔巴特（J. F. Herbart），《普通教育学》，北京：北京师范大学出版社，2010年。

④ “A Brief History of EALC and Asian Studies at Harvard” [EB/OL]. [2015-03-05]. http: //ealc.fas.harvard.edu/1920-1930

⑤ “Bachelor’s Degree in Chinese Studies” [EB/OL]. [2015-03-05]. http: //www.csulb.edu/colleges/cla/departments/aaas/undergraduate/#undergrad_chinese

⑥ “Components of Your Degree” [EB/OL]. [2015-03-05]. http: //college.harvard.edu/academics/planning-your-degree/graduation-requirements

⑦ “EALC Course List” [EB/OL]. [2015-03-05]. http: //www.registrar.fas.harvard.edu/courses-exams/courses-instruction/east-asian-languages-and-civilizations

⑧ “Requirements for the Chinese Major” [EB/OL]. [2015-03-05]. http: //sllc.umd.edu/chinese

作者简介：刘丹，女，文学博士，北京语言大学高级翻译学院副教授，硕士研究生导师。

汉语语法教学法课程的教学策略初探

郭姝慧

摘　要　以往国内开设的汉语语法教学法课程，教学对象多是欲从事对外汉语教学工作的中国学习者。随着汉语国际教育的大力推广，本土师资对该课程的需求也越来越强。面对特殊的教学对象（母语背景各异的来华本科留学生），汉语语法教学法课程如何具体实施显得尤其重要。本文总结了开展汉语语法教学法课程所需的如下几个教学策略：以教学目标为指向的教学策略；以发现、反馈为主导的教学策略；以情境为背景、以对比为手段的教学策略。

关键词　语法教学法　课程　教学策略

近年来，汉语国际教育的“三教”问题（教师问题、教材问题、教学法问题）已成为学界的热门话题。崔希亮（2010）曾指出：“在‘三教’问题中，最核心的问题是教师问题，因为好的教材是好的教师编写出来的，教学法也要靠教师来实践。”随着汉语国际教育的大力推广，对本土师资的需求越来越旺盛，其培养问题也越来越受重视。

为适应这种需求，北京语言大学汉语国际教育学部汉语学院特地为来华本科留学生开设了汉语国际教育专业。选择该专业的学习者欲从事与汉语有关的教学或管理工作，为掌握必要的教学技能，他们迫切需要获得汉语教学方面的一些知识。在详细调研的基础上，汉语学院为学习者开设了一系列必修和选修课程（郭姝慧，2014），词汇语法教学法课程就是其中之一。该课程是对词汇和语法这两个语言要素的教法研究的总结，每学期授课 18 周，每周 4 学时，其中语法教学法授课时间为 9 周。

汉语语法知识是客观存在的，其教学法是前辈学者实践精华和理论思考的总结，即便面对不同的教学对象，该课程的教学内容也不会有本质的变化。但来华本科留学生显然不同于汉语国际教育专业的中国本科生，他们的语言能力尚有欠缺，有时连句子是否合语法都难以判断；来华本科留学生也不同于来华硕士留学生，硕士生的语言能力及研究概括能力较本科生有极大提高。针对这样的教学对象，遵循因材施教的教学原则，教师应重点关注语法教学法课程的具体实施，以采用恰当的教学策略来达到一定的教学目标。教学策略在内容构成上有三个层次："第一层次指影响教学处理的教育理念和价值观倾向；第二层次是对达到特定目标的教学方式的一般性规则的认识；第三层次是具体的教学手段和方法。"（李晓文、王莹，2011）下文分别从这三个层次入手，对语法教学法课程的教学策略做一初步探索。

一、以教学目标为指向的教学策略

教学中的策略性行为始于对行为目标的明确意识（李晓文、王莹，2011）。因此教师首先要对教学目标有清醒的意识，以教学目标为指向，对教学过程进行计划、设计、执行、检查、评价、调控、反思等。选择汉语国际教育专业的学习者多数是出自职业化的需要，教师必须明确语法教学法课程的教学目标是培养合格的能够教授汉语语法的本土师资，是培养应用型的教育人才，使他们掌握一定的语法教学知识，从而胜任语法教学工作。这一目标影响着教师的教育理念，要求该课程务必做到实用为主，以期帮助学习者成功走上讲台。在语法教学法课程中，教师应以教学目标为指向，对教学内容进行合理的安排，对教学重点进行恰当的取舍，并结合具体的语言学习教材来介绍教学内容。

（一）合理安排教学内容

基于语法教学法课程的培养目标，其教学内容至少应包含如下四个单元：首先学习者应掌握必要的语法知识，若无知识储备，谈不上语法教学；其次需掌握一些基本教学原则，如交际性原则、循序渐进原则和实践性原则等；继而在教学原则的指导下具体教授一些常见的语法教学方法与技巧；最后为使语法教学更有预见性以及针对性，也有必要教授语法偏误分析的相关知识。

语法知识的讲授其实是螺旋式的，该课程中的知识是对学习者之前所学语法知识课的进一步提炼和总结。教学原则也是复现式的，学习者已在技能教学课上接触过，教师要结合具体语法项目加深学习者对教学原则的认识。比如语法教学中的循序渐进原则，其实就是语法项目的分级与排序问题，是解决语法项目何时教授的问题。学习者既要了解整个语法系统内部各语法项目的难易程度，懂得教材中如何排列语法项目的先后顺序，也要了解同一语法项目内部各内容的难易等级，按各内容等级分阶段进行教学。语法教学方法和技巧以及语法偏误分析对学习者来说是全新的学习内容，这两部分尤其前者对培养师资的帮助作用最大，应是语法教学法课程最为重要、所授学时也应最多的内容。

（二）恰当取舍教学重点

汉语语法教学内容多，覆盖广，概括性强，即使专门的语法课程也无法完成全部内容的教学，语法教学法课程更无必要详尽介绍各种语法知识。该专业学习者多数回国从事基础汉语教学，因此教学不必求全责备，首先掌握初级阶段语法教学大纲的各类语法项目即可，语法教学方法和技巧也应主要围绕这些项目展开。恰当取舍教学重点正是对实用为主的教育理念的最佳践行。对来华本科留学生来说，较为适宜的是《国际汉语通用课程大纲》中所附录的“常用汉语语法项目分级表”，共涉及 5 级 62 个语法项目。该分级表简明扼要，最大限度降低了汉语学习的难度，同时又囊括了基础汉语教学阶段学生获得汉语交际能力所需的常见语法项目。这些基础语法项目教师绝不能平均分配教学力量，也要择其要者进行学习。比如“把”字句的教学法，就是不能略去的一个重点，连动句则因其语义结构简单易懂，其教学可一笔带过，无需赘述。

偏误分析的教学也应有轻有重，谨慎取舍。搜集偏误的著作很多，如程美珍《汉语病句辨析九百例》，这些偏误有的是某个母语背景学习者独有的，有的则是不同母语背景的学习者所共有的。语法教学法课程面对的是世界各国的来华留学生，课堂教学中应先介绍那些共性强的偏误，冷落那些个性较强的。如离合词的误用、“了”的误加等是一个非常普遍的现象，教学法课程应重点对它们进行详细的讲解及具体的练习，可让学生分组讨论，如以下实例：

学习者学习汉语时常说“我见面了我的朋友、我姐姐毕业大学了、我帮忙别人了”这样的句子。请你先分析一下产生这种偏误的主要原因，并加以改正，再简要说明应采取的教学对策或方法。

（三）结合教材介绍内容

基础阶段语法项目的讲授从来不是孤立的，一般都通过课文来体现。来华本科留学生不同于中国本科生，他们都接触过基础阶段的汉语教材，在这方面有丰富的体验。机械地介绍教学语法大纲中的语法项目难免枯燥，教师如结合他们学过的具体教材，把所应学习的项目具体呈现出来，一定会获得学习者情感上的认同，从而使他们更加积极地投入学习过程。如可结合教材《尔雅中文 初级汉语综合教程》来介绍基础阶段的汉语语法项目，该教材共有语法项目59个，分散到6个单元，每单元都有语法小结，简要罗列各语法项目及主要例句，其与《国际汉语通用课程大纲》所列的62个语法项目高度重合。将语法大纲和具体教材中的语法项目相结合，通过学生熟悉的教材来介绍该教授哪些项目，同时这些语法项目不限于孤零零的形式，而是有具体的例句，这样对于外国学习者来说更感性，更具体，更实用，更易理解，也更便于他们将来走上讲台后在教学中分享自己的学习经验。

二、以发现、反馈为主导的教学策略

教学目标明确后，为达到这一目标，教师一般都要采取特定的教学方式。语法教学法课程为达到培养合格语法师资的目标，特别注重语法教学方法以及技巧的讲授，掌握方法和技巧是为了培养和提高学习者的教学技能，便于顺利地开展课堂教学。具体到教学策略内容构成的第二层次上，也即对达到特定目标的教学方式的一般性规则的认识上，我们应在语法教学法课堂上采取以发现、反馈为主导的教学策略。要结合具体语法项目，在教师示范讲授的基础上让学习者自主发现所要讲授的语法项目，自主设计语法教学方案并加以实践。教师再对其实践进行评价，记录问题，并及时给学习者提供反馈。

（一）教师示范讲授

语法项目如何引入、讲解、练习并归纳，都有一些方法和技巧值得掌握（崔永华、杨寄洲，1997）。教师课堂上要先亲自示范，之后再组织学生进行现场观摩（限于北京语言大学的对外汉语课堂）或录像观摩（包括各大学或孔子学院的教学录像）。教师既可示范语法项目讲授的全过程，也可示范语法项目讲授的某一环节，如教师可用问答方式示范结果补语的引入，用简短公式示范“把”字句的归纳等。

语法教学录像也可根据教学目的自主选择观摩讲授的全部还是部分，观摩结束后要让学习者及时分析这一语法项目讲授的优劣得失。重点要看教师对语法项目结构本身和结构必要成分、语法成分排列顺序以及这个语法点的相关结构（其肯定式、否定式及疑问式）是否做了介绍，是否说明了该语法项目的意义和使用环境等。对教师的课堂用语、教姿教态、教学时间分配、师生互动频次、学生开口率、课堂表现能力等则可简略分析。教师应尽量让学习者观摩优秀的示范课，与其评述一堂平庸的普通课，不如模仿一堂精彩的示范课，在学习阶段通过模仿能学到更多的讲演，对模拟课堂演练也更有帮助。

（二）学习者自主发现

教师课堂上的示范毕竟有限，而且绝不能让学习者停留在对示范行为简单模仿的阶段。应要求学习者能从示范行为中抽取出特点，再加以创造性运用，因此有必要让他们结合具体教材自主设计重要语法项目的教案，如“把”字句、结果补语、“了”的教案等，以达到举一反三之目的。教案设计难度较大，可尽量以分组讨论的方式进行，学习者之间相互合作互动，教师则以问题（如何设计出成功的语法教案）为导向，促使学习者开展积极的学习活动。教师扮演的是学习促进者的角色，要引导他们积极思考，面对课文内容有所发现。教材中的课文一般会涉及多个语法项目，要让学习者去发现所应讲授的最重要的语法项目，在此基础上自主选择引入、讲解、练习、归纳语法项目的方法。

学习者完成教案之后，教师可出示该语法项目的示范教案，让学习者参考比照，从而发现自身教案的优劣。如学习者的不少实践教案倾向于通过问答引入语法项目，让学生根据要表达的意义用汉语说出将要学习的内容，效果很不理想，导入语往往如下：“这样说不对，应是如此如此，这就是今天要学的某某语法。”通过示范教案和自身教案的对比，学习者很容易发现类似的语法项目引入毫无意义。好的引入方法，应是在自然的状态下由教师首先输出一个合乎语法规范的句子，学生的首次感知必须是一个正确的句子。语法项目讲授的整个过程如都采取自主发现式的学习方式，很容易强化学习者对语法教学法的认识，学习者最终也基本可以呈现出一份合格的语法教案。

（三）引入“微格教学”

学习者能够设计出语法项目的清晰教案就可进行真实的课堂演练，教师可引入“微格教学”来培训他们的实际教学技能。“微格教学”是把相对复杂的语法课堂教学加以精简，将教学时间控制在10分钟左右，利用现代化的教学技术手段，把课堂演练的内容全程录制下来。它为准备成为教师的人提供了一个缩小了的、可控制的教学环境，使他们有可能集中掌握某一特定的教学技能和教学内容。通过“微格教学”，大家可对练习者的教学行为（动作、语言、教法等）进行点评和讨论，便于及时反馈问题，供他们自我鉴定和反思。

在“微格教学”训练的过程中，学习者既有机会充当教师，也有机会充当教学对象，角色的置换有利于他们从教与学的双重角度考虑语法教学课堂的得失。目前由于学时限制，课堂上的“微格教学”次数还不够多，但其训练虽少却精，且易于反复重现，学习者认为对他们帮助最大，有助于他们快速进入职业领域。

三、以情境为背景、以对比为手段的教学策略

教学策略在内容构成上的第三层次为课堂教学中具体的教学手段和方法，这些手段和方法数量繁多。具体到语法教学法课程，本文主要强调以情境为背景、以对比为手段的教学策略。教语法的目的是为了让学生掌握语法，但这并非语言学习的最终目标，交际才是。交际离不开语言各要素的综合运用，离不开语法单位的逐步拓展，因此语法教学要同词汇教学、语篇教学等结合起来，千万不要孤立地去谈语法教学。学习者还应充分发挥自身优势，尝试比较母语和汉语语法的异同，在比较的基础上提高语法教学效果。

（一）以情境为背景

1. 结合词汇教学

词汇是材料，语法是规则，规则的实现需要以材料为基石。一般生词是按其在课文中出现的先后顺序排列，为使课堂教学的各个环节紧凑、有序地衔接，

教师可对生词出现的顺序加以调整。为了讲解语法的便利，教师在学习新课展示词语的环节，即可按要讲解的语法项目的语序排列生词。如要教授表示动作正在进行的“在、正、正在”这一语法项目，可将生词表中表现人物、活动等的词语成组教授，分列两组使得每组生词形成一个功能上有关联的聚合体，组与组之间形成一个意义上有关联的生活情境。这样操作既便于学生对生词的记忆，更便于将词语与词语组合成句，顺利地进入语法教学。语法教学法课程中，教师应让学习者树立词汇教学和语法教学不分家的教学观念，词汇教学既是为了掌握词汇，也是为语法教学铺路。

2. 结合语篇教学

语法教学的目的是为了交际，将语法项目应用到实际生活情境中的练习才是最有效的。语法教学法课程中，应有意识地加强学生将语法融入语篇进行教学的观念。如教师引导学生练习存现句和方位词，不要总练习毫无关联的孤立的单句，最好结合语篇教学，引导学生描述一个具体的、熟悉的场所，如教室或宿舍的情况。描述这些场景，学生必然会反复使用存现句，也会运用不同的方位词、动词等，对于其整体语篇表达能力极有帮助。依靠单句练习语法是显性的练习，结合语篇的练习是隐性的练习，是难度更大但更具有实践价值和交际价值的练习。

（二）以对比为手段

本土师资从事汉语语法教学，拥有得天独厚的语言优势。本土师资应充分运用汉外对比的方法，结合自身语言学习的经验，预测哪些语法项目会在学习中对学生造成困难，困难的程度和级别如何，等等。比如提到存现句的教学，教师可让学习者思考本民族语言存现句的结构，引导他们依托本民族语言的结构来开展汉语存现句的教学。语际差异小的，存现句的各结构成分排序就不是问题，语际差异大的，就要明确地介绍处所及物体在存现句中的排序。

有些学者甚至认为最有效的教材应是以对学习者的母语和目的语进行科学描述和仔细对比为基础的，因此现在大力提倡国别化教材的研究和开发。现在汉语国际教育的学习者，有可能是日后开发国别化教材的主力，因此提醒这些学习者，注重汉外对比不仅对他们自身的学习大有裨益，对其他汉语学习者也是极有帮助的。

四、结语

针对来华留学本科生的汉语语法教学法课程，其主要任务是为了培养本土化的能教授汉语语法的师资。本文提出的教学策略，是对实际课堂教学的总结，经该专业毕业已成为本土汉语师资的同学反馈，对他们走上教学岗位进行语法教学极有帮助，这充分证明了这些策略是行之有效的。但本土师资培养还需要长期的实践和深入的探索，培养本土师资的老师应继续对该课程进行研讨，丰富该课程的教学内容和教学方法，总结更宝贵的教学经验。我们也应鼓励本土师资在模仿的基础上，积累实践经验并努力创新，为汉语国别化教学贡献自己的力量。

参考文献

① 程美珍，《汉语病句辨析九百例》，北京华语教学出版社，1997年。

② 崔永华、杨寄州，《对外汉语课堂教学技巧》，北京：北京语言文化大学出版社，1997年。

③ 崔希亮，汉语国际教育“三教”问题的核心与基础，《世界汉语教学》2010年第1期。

④ 郭姝慧，母语非汉语的本土化汉语师资培养探索，《汉语国际教育研究》（第三辑），北京：北京语言大学出版社，2014年。

⑤ 国家汉语国际推广领导小组办公室，《国际汉语教学通用课程大纲》，五洲汉风教育科技（北京）有限公司印制，2008年。

⑥ 李晓文、王莹，《教学策略》（第2版），北京：高等教育出版社，2011年。

作者简介：郭姝慧，女，博士，北京语言大学汉语学院讲师。

交际互动：汉语作为二语写作的目的

吴　双

摘　要　相较于母语写作者对母语单纯深沉的热爱，二语写作者往往带有复杂的功利动机，往往比母语写作者体现出更加强烈的交际互动性质。现在我们的汉语作为二语写作教学目的似乎不够明确，在强调语言练习和文体训练的同时，严重缺乏交际互动性练习，几乎没有指向真实社会生活中的交际互动活动，导致写作者难以“学以致用”。因此我们应该增添写作交际互动教学内容，并增设相关训练。

关键词　二语写作　交际　写作目的

一、前言

由于母语和二语不同，母语写作和二语写作上从理念、中到技能、下到练习也都存在诸多不同。如果我们把母语写作的理念移植到二语写作教学中来，是否都恰当呢？

现在我们的汉语作为二语写作教学目的似乎不够明确，在强调语言练习和文体训练的同时，严重缺乏交际性练习，几乎没有指向真实社会生活的交际活动，写作者难以“学以致用”。仅以汉语学院三年级上学期所要学习的“说明文体”为例，其中“人物介绍”一课课文中有九篇例文以及三段举例，其中六篇介绍知名作家（冰心、许地山、沈从文、安徒生、鲁迅、朱自清），五篇介绍知名学者、官员（朱尔澄、李昌钰、苏步青、林肯、霍金）。留学生以为介绍说明人物只能写名人，因为没有真实可写的东西，往往从网上名曰“查找资料”，其实“抄袭”名人传记应付教师。教师也抓不住留学生的症结，因为留学生根本没有真实写作，无论语言还是内容似乎都无懈可击。历来三年级上学期写作课都非常乏味与单调。然而，事实上，写作者最急需学习和应用的是毕业以后找工作的求职信和自荐信，现在可能就需要写作研究生入学或奖学金申请书，而这些文章里面都少不了需要恰如其分地向对方介绍自己。

这向我们提出了一个严肃的问题：留学生为什么要学写汉语作文？汉语作为二语写作教学的目的究竟是什么？是为了提高汉语水平？是为了学会构思？是为了社会交际？为谁而写？应该练习应用写作，还是练习文学写作？由于这个问题不明确，我们的写作教材编写出现了基本原则上的严重失误。

二、二语书面语具有浓烈的交际性质

汉语作为二语写作者为何要学习汉语写作？为什么“我们不仅要热爱自己的母语，也要学习其他语言”？因为“语言是不同文化背景的人之间的桥梁”，“掌握一门外语，可以开辟一片沟通与交流的新天地”。尤其是“如果用一个人听得懂的语言和他交谈，触动的是他的思维。如果用一个人的母语和他交谈，触动的则是他的心灵”，而这样达到的交际效果最好。

这些认识道出了二语写作的真正本质——交际。二语写作者常为复杂的功利目的而进行二语书面语交际。

“语言是接触世界的媒介”①，存在于各行各业中的语际信息交流无处不在，二语写作作为传输信息的行为，信息自身的价值决定了信息载体的价值，二语写作活动的价值取向和写作成品的价值评判往往要看在交际实践中是否具有某种效用。二语写作者能否有准备地或即席地写作，能否采用书面表达形式进行交流和解决冲突，能否有效地参与书面讨论和其他需要书面合作的工作，能否正确地传递、接受、理解、评价和利用媒体信息，便是汉语作为二语写作教学中交际功能是否得以实现及教学效果的表现。因此，二语写作的目的非常明确，就是为了交际。

相较于母语学习者对母语单纯深沉的热爱，二语学习者学习二语写作往往

① 以上引语均出自华学城等主编《语言名句集锦·国际卷》，北京：北京语言大学出版社，2012 年。下引《语言名句集锦·国际卷》均据此版，随文标注页码。

带有复杂的功利动机，今天，很多人为了求知和改变生活而学习二语写作。一方面，是为了了解其他民族的文化，为了求知；另一方面，二语写作可以改变写作者的生活，从事与二语相关的工作。

《文镜秘府论》是一本1200年前由日本僧人空海用地道的古代汉语编撰于日本的汉语作为二语写作教材，在编排内容、方式及指导思想上与今天的二语写作教材非常类似，“《文镜秘府论》是我国（指日本——笔者注）关于诗文的著作之嚆矢，大师在我国作为修辞学的始祖，在我国第一次明示了中国诗文的规范规则。到明治、大正时代（1868—1926）一直是用来学中国古诗古文的入门书”[①]。该书非常强调交际功能。空海来华前即著《聋瞽指归》《三教指归》，阐释向学之志和儒释道思想；804年，空海随第17次遣唐使团来华留学，途中因风雨滞留海上，空海代大使作书呈于福州观察史，蒙许上岸并得到盛情款待；在长安，805年进谒佛教真言宗第七代宗主惠果高僧，获传法器，成为真言宗第八代宗主；惠果圆寂，空海被公推为惠果撰写碑文；再到806年空海返日后撰写大量佛经和汉语教学著作，我们都能看到汉语写作对于二语学习者而言，最重要的功用在于交际。一是为了传教，“如来说法必借文字”，二是为了满足日本学习者用汉语书面语进行社会交际之需，“君子济时，文章是本也”，“然则文章者，所以经理邦国”，空海便接受学生的请求，编写该书以使“将来秀士，无致深惑”，“轨仪来秀矣”。

空海的生平经历启示我们，二语写作者学习二语写作的出发点，源于复杂的功利动机。而实用与交际才是他们写作的目的。

三、二语写作交际的原理

不唯汉语，英语、法语……作为二语写作也都有着共同的目标——交际。“交际功能是一切语言存在的理由，因此它也应该是语言教学的终极目标。确立培养交际能力不仅应该是英语写作教学的根本目的，更应该是英语写作训练的灵魂和理念。高级英语写作课程所需要强调的首要原则是：写作必须有明确的交际目的，每一项写作任务都应该能实现一种特定的交际任务。高级写作必

① ［日］蓮生觀善（编）:《弘法大師傳》(第2版)，同朋舍，1981年，第503页。

须超越对于语法、词汇、句型的关注，而把目光投向文章的整体交际功能，用正确的格式、清晰的思路、严谨的逻辑、通顺的语言达到交际目的。”①法语也一样，“语言是一种交际工具，口语和笔语（书面语）是人们以语言进行交际和交流思想的两种主要形式，缺一不可。因此，有效地培养、提高学生的笔语表达能力是外语教学中不容忽视的任务之一。写作课是我们在教学过程中力求达到这一目的而采用的有效训练手段之一。”②要培养写作者在基础阶段用所学的语言知识与真实的思想联系起来进行书面交际的能力。

对于汉语作为二语学习者来说，学会写汉字、组词、造句，将普遍语法转变成具体语言的个别语法，无疑非常重要，因为汉语作为二语的初学者还不具备目的语的语言水平。还没有对汉语句子所表达的语义和交际功能及其所依赖的交际语境的认知能力，所以，“写作对于提高学生的汉语能力是非常重要的。这也是我们开设写作课的出发点和归宿”。（吴振邦、吕文珍，1994）这段话一语中的地说明了我们对汉语写作课程的功能定位的根本认识。不难看到，不少语法学得好、词汇量丰富的留学生在写作时总是难以下笔，即使写完也只是斤斤计较于语法。不少报章杂志中也反映某些西方资深人士能用汉语对中国文化谈得头头是道，可是如果用汉语写作，却往往连小短文也写不好。无独有偶，主要通过背诵单词短语学习英语多年的中国人用英语写作也同样艰难，“在对考博英语试卷进行分析后，我们发现写作是最为薄弱的环节。一是考生的阅读理解与写作严重脱节，二是写作思路倒置，只是将学过的、熟悉的单词简单地拼凑和堆砌，而缺乏对整体结构的考虑”。（王思玉、王春梅，2005）瑞姆斯对传统的英语写作教学是这样总结的：“写作被看作是巩固和加强语法及修辞结构的手段，而不是和交际伙伴交流有关话题的工具。”

仅把输入词汇、语法，训练造句当作写作教学的手段，把写作简单地理解为让学生单向地写出符合汉语语法而又语言优美典雅的句子，而忽略了更重要的写作目的——交际，那么，我们培养的二语学习者必然是不擅长汉语书面交际的“书呆子”，仅注重表达能力、语言组织能力的写作教学并不能构成真正意义上的交际能力教学，留学生即使能够通过汉语写作考试，能模拟汉语作为母语范文，写出看似语言通顺优美其实套话连篇的汉语作文，但其实并没有掌握

① 冯幼民，交际目的：高级英语写作教学的灵魂，《国际关系学院学报》2002年第2期。

② 王瑞华，法语写作教学浅谈，《外交学院学报》1995年第2期。

真实写作的本领，自然也难以应用汉语写作去工作和生活。

美国人类学家海姆斯（Hymes, 1966）在《论交际能力》中指出，交际能力是语言使用者根据社会情景因素恰当地运用语言的能力，“语言能力只是交际能力的一部分，交际能力由四个部分组成:（1）形式上是否可能;（2）实际履行是否可行;（3）根据上下文是否恰当;（4）实际上是否完成”。[①]根据海姆斯的理论，语言教学的目的就是使学生获得交际能力，而交际能力的一个重要体现就是书面交际能力。从写作的功能和作用方面来看，写作被普遍认为具有双重作用：一方面，作为一种产出技能，写作是交际的重要手段；另一方面，写作可以协调和加强其他语言技能的教学和学习。

写作课程应该培养学习者根据不同的场合、时间，用适当的方式运用书面语进行交际的能力，具体表现为四种能力：语法能力——对语言符号的掌握，表现为理解和准确表达言语字面意义的知识和技能；社会语言能力——指对产生交际目的等方面的了解，表现为在特定环境中对语言得体性的了解和表达得体的能力；话语能力——运用语篇完成复杂的言语行为的能力；策略能力——指在过程中交际者使用语言或非语言手段开始、终止、保持、弥补和转移交流话题的应对策略能力、有效反映能力。使汉语作为二语学习者能以通达的书面汉语，有准备地或即席地写作，能正确地传递、接受、理解、评价和利用媒体信息，能用汉语书面语进行交流和解决冲突，参与讨论和其他需要合作的工作。

虽然母语写作也很重视实用交际的功能，但与二语写作相比的一个很大的区别就是，二语写作有更加纯粹和明确的实用性，文章内容往往出于某种事务性的需要，将所要传达的信息形诸书面形式，追求文章的实用性和功效性。

四、如何开展交际化写作教学

无论是母语还是二语，写作的教育价值都体现在有利于整个人类的文化价值的实现，是符合社会需要和功效原则的。然而鉴于二语写作在传输信息的行为上特别强调交际性质的特点，汉语作为二语写作课程只有“学以致用”，才能

① Hymes, D., *Language in Culture and Society: A Reader in Linguistics and Anthropology*, New York: Harper & Row, 1966.

激发学习者持久的应用汉语作为二语写作的热情，对写作者的训练也才能有更大帮助。

当代汉语作为二语写作教学曾经长期将语言功能当作首要功能，培养的留学生虽书面语言通顺流畅，但难以满足交际需求，因此我们应该重视培养学习者的书面互动交际能力。

1. 重视学习者习得汉语实用文体。教学内容上注重对实用能力的培养，“让游泳者到水中去”，学习者是交际的主体，重视对学生写作兴趣的培养，重视写作的目的和对象，多选取实用性作文、生活化作文作为写作训练的主要内容。强调作文的实用价值、沟通、交际功能，包括针对性说明文、分析性议论文、商业信件、求职申请、会议记录等，以及各种启事、借条、通知、介绍信、证明信等，把在基础阶段所学的语言知识与真实的思想和需求联系起来进行书面交际。

2. 作文设计应当把实用性交际训练放在首要位置，大量设计写作交际专项实践活动，让学生自始至终积极地投入到书面交际中去，通过交际学习目标语言，在交际中学习交际能力。学习者为参与社会生活交际的需要去写，就各种各样的实际问题进行作文练习。在不同的交际阶段“抛出”不同的主题，针对不同的交际对象使用不同的材料、表达方式、语言和结构，尽可能地创造机会，为留学生将来的应用做预演。

3. 成立交际小组。教师是课堂活动的发动者、主持人，又是交流活动的参加者，但教师只承担“导演”的作用。教师可把一个班级分为由2—4人组成的几个交际小组开展写作活动，例如在写“寻物启事”时，每个小组可自行选定一件东西，一部分人写《寻物启事》，一部分人写《招领启事》。这样，学生在交际中写作，而且是写自己熟悉的、需要的内容，写起来就有兴趣。

4. 书面汇报。让写作者把自己写的草稿读给同一组的成员听，然后与同学一起对作文进行评论，提出修改的意见和办法。可将本组作文与别组交流，也可推选出本组的代表作品向全班汇报。这样，学生经过多次的讨论、写作和修改等交际活动，无疑提高了作文质量，同时也提高了写作能力。把交际表达放在首位，鼓励写作者积极投入写作热情，改变过分强调遣词造句，甚至把语法、字词、标点符号等放在第二位，以免挫伤学生的写作热情。

由于母语和二语不同，母语写作和二语写作上从理念、中到技能、下到练习也都有诸多不同。对二者的本质追问、对二者写作现象和写作目的的探求，必然会落实到写作目的上来，这是写作教学的出发点，失之毫厘，差之千里。如果我们把汉语作为母语写作价值观强加于二语写作者，必会南辕北辙，无法取得良好的教学效果。因此，厘清概念有着重要而长远的意义。

参考文献

① 冯幼民，交际目的：高级英语写作教学的灵魂，《国际关系学院学报》2002年第2期。

② 王瑞华，法语写作教学浅谈，《外交学院学报》1995年第2期。

③ 王思玉、王春梅，《博士研究生入学英语考试指导丛书·英语强化指导分册：强化经验和46套重点院校真题训练·前言》，北京：中国人民大学出版社，2005年。

④ 吴振邦、吕文珍，《汉语写作》(三年级)，北京：北京语言大学出版社，1994年。

⑤ Hymes, D., *Language in Culture and Society: A Reader in Linguistics and Anthropology*, New York: Harper & Row, 1966.

作者简介：吴双，女，北京语言大学汉语学院副教授。

加强写作课程建设
全面提高本科留学生汉语写作水平

张书杰

摘　要　随着我国国际汉语教育事业的发展，汉语写作的重要性更加凸显，因此加强本科留学生汉语写作课程建设十分必要。本文首先回顾了汉语学院汉语写作课教学的发展历程，在充分肯定了其成绩的同时，也认为还存在着一些问题，如二语写作教学的指导性理论研究仍需要加强、教学方法还比较传统、教材编写滞后等，而汉语写作课的本科教学定位尤其应该进一步明确。其次，对于本科留学生的写作课程教学定位，本文认为，为了实现本科留学生的培养目标，汉语写作课既是技能教学，但又不能局限于技能教学。写作课教学应该是一门以汉语作为第二语言的篇章语言技能系统的习得和发展为显在特征，以跨文化思想文化素养的培育和提升为内隐追求，并且二者紧密结合的教学课程。第三，本文结合国内、国际二语写作教学的一些研究成果，对于如何全面提高本科留学生的汉语写作水平从课程建设的角度提出了对策和建议。

关键词　本科留学生　写作课　教学定位　技能发展

对外汉语教学中的写作教学，应该说自从这个学科诞生之日起就已经得到了教师和教学研究者们的重视。随着我国汉语国际教育事业的发展，汉语写作教学的重要性无疑更是大大地增强了，本科留学生的汉语写作水平甚至在某种程度上成为影响和检验留学生汉语水平的一个十分重要的指标。本文试结合北京语言大学汉语学院的汉语写作教学的发展情况，探讨如何加强本科留学生的写作课程建设，以期更全面地提高本科留学生的汉语写作水平，更好地为我国的汉语国际教育事业提供教学服务。

一、成绩、经验与问题

长期以来，汉语学院作为对来华留学生进行汉语专业本科学历教育的学院，在具体的教学内容上，写作教学一直以来都受到很大的重视。其作为汉语学习中的五大方面“听、说、读、写、译”中的重要一翼，在提高学生的汉语写作水平进而提高学生的综合语言水平中发挥了重要的作用。在长期教学实践基础上，积累了十分丰富、有益的经验。

首先，写作作为五方面语言技能中的一个方面，在教学体系构建和课程设置中一直得到了应有的重视。汉语学院的写作教学一直是单独设课，在二年级和三年级两个学年四个学期中，都开设了专门的写作课，而且是汉语言专业方向的留学生的必修课。学院后来在汉语言专业下增加的其他专业方向中，写作虽然是选修课，但是绝大部分学生都会选修此课，而我们的写作课则是凡选必收，一定要满足学生们学习写作的需要。而且还进一步细分，针对经贸方向的学生开设了经贸汉语写作课程。除此之外，为了保证留学生用汉语写出合格的毕业论文，在四年级上学期还开设有专门的论文写作指导课。不仅有课，还有专门的写作教材，如吴振邦、吕文珍编写的三年级使用的《汉语写作》，赵建华、祝秉耀编写的适用于二年级留学生的《汉语写作教程》。此外，为了适应学生不同学期的学习需要，也还有未正式出版的内部教材在使用。

其次，教师们在长期的写作教学实践中，对于留学生的汉语写作教学的特殊规律也进行了十分有益的探索。不仅制订了课程教学规范，而且发表专门论文对留学生的写作教学进行探讨。早在上个世纪80年代初，汉语学院在留学生的写作教学中，就于“写作”前面冠上了“汉语”二字，“目的在于强调‘对外汉语教学’中的‘写作’这一性质”[①]。正是在日积月累的教学实践和教学探索的基础上，教师们经过讨论，集思广益，分别制订了中级阶段和高级阶段的教

① 祝秉耀，汉语写作教学的特点，载陈田顺主编《对外汉语教学中高级阶段教学规范》，北京：北京语言文化大学出版社，1999年，第286页。

学规范，并通过示范性的课程教案，来引导写作的课程教学。在教学研究方面，祝秉耀对汉语写作教学的特点所进行的专门总结和研究最具有代表性，他认为，对留学生的汉语写作教学具有“实践性”“依赖性”“独特性”和“阶段性”等特点，并强调了“语段教学”在留学生写作教学中的重要作用。①

显而易见，正是由于诸多教师的共同努力，使得汉语学院的汉语写作教学一开始就以不低的起点稳步走在科学化、规范化的轨道上。但是，也毋庸讳言，我院的汉语写作教学也存在着一些问题，需要在教学理论研究和教学实践中加以解决，如对于留学生汉语写作教学的指导性理论研究还需要进一步深入，教学方法在继承的基础上还需要创新，新的教材编写已经严重滞后等。尤其是随着汉语国际教育事业的发展，汉语写作教学的重要性更加凸显，对于汉语写作课程的教学定位应该进一步加以明确。

二、汉语写作教学的课程定位

写作课程的定位首先应该取决于写作的价值和意义，而对于来华学习汉语的本科留学生来说，无疑还有其独有的价值和意义，也正是这一点决定了汉语写作课程的定位。笔者认为，针对本科生的汉语写作课程应该是一门以汉语作为第二语言的篇章语言技能系统的习得和发展为显在特征，以跨文化思想文化素养的培育和提升为内隐追求，并且二者紧密结合的教学课程。

首先，这一定位是由教学对象的本科学历教育的性质所要求的。一般说来，大学本科专业学历教育，与专科和非学历教育比较起来，更着重于理论上的通识教育，而非应用上的专业教育和实际技能，一般要在大学学习四年。虽然在不同的国家，对于本科教育的内涵理解有所不同，有的更重视思想理论素养教育，有的并不忽视职业导向。在我国，面对高等学校扩招、高等教育大众化以后出现的问题，本科学历教育也开始出现分流，一部分高校要强调精英教育的理念，一部分高校在进行转型，更注重应用技术型职业技能的培养和训练，从而真正实现因材施教，以满足社会和市场对于多层次、多类别人才的需要。而

① 祝秉耀，写作教学中的语段运用，载李晓琪主编《对外汉语阅读与写作教学研究》，北京：商务印书馆，2006年，第267—280页。

对于我院的本科留学生来说，由于是文科语言生，教育的性质则应该是汉语语言应用技能和通识教育的有机结合。因此这里强调写作课首先应该是“汉语作为第二语言的篇章语言技能系统的习得和发展”，在教学内容的设计中要体现出写作知识和技能训练的系统性和丰富性，写作知识和技能训练在各个阶段的教学中要有明确的规划，既是前后相系的，又是逐步丰富和加深的。

但是长期以来，对于这一问题的认识还比较模糊。主要原因在于，到我院学习的留学生绝大部分是汉语零起点入学，因为学生没有语言基础，因此用汉语进行通识教育在初级阶段很难进行，再加上其他非学历汉语教学往往也是在学汉语，因此本科学历教育的特点和内在要求在一定程度上被遮蔽了，写作课更多是作为一种语言技能实践课，更强调字、词、句、篇的语言运用，而对于在本科学历教育中作为通识内容的写作知识教学在总体教学安排中还不够突出，写作技能训练的系统性还不强，也不够深入。

其次，这一定位更是对象本身的特点所要求的。我们所教的是来华留学生，汉语是作为第二语言来学习的，写作也是用目的语而非母语来写作。就具体的写作训练内容来说，跨文化的思想文化素质的培育和提升就显得十分必要了。这既是留学生汉语写作课的特点所在，也是其魅力的一个重要方面。学生通过其他课程的学习，汉语语言水平会逐步提高，对于中华文化知识的了解会越来越丰富，加上学生是在中国学习和生活，他们也会对中国逐步加深了解和认识。进入本科院校的留学生已经是成年人，他们在母国的学习和生活中都已经形成了一定的具有母国色彩的价值观、人生观和世界观。我们的写作教学则要有意识地通过教学内容的引导，通过对学生跨文化意识的培养，丰富和加深学生对于自我、对于他人、对于社会、对于自然、对于世界的认识。通过开阔学生的胸襟和内心格局、提升学生的情怀和思想境界，促使其对于汉语篇章语言技能的运用不仅是逐步熟巧的，更是言之有物的，是能够体现学生的跨文化思想水平的，从而更好地实现有特色的素质教育的目的。

第三，这里强调写作教学同时是语言技能的发展与跨文化思想文化素养培育的紧密结合，原因还在于我国汉语国际教育形势的发展和需要。很明显，随着我国综合国力的提高，中国对于世界的贡献和影响越来越大。有更多的人开始学习汉语，有更多的人开始追求更高层次的学习，他们不仅学习汉语，还通过汉语进一步学习中国的政治、经济、历史、哲学乃至中国的自然科学技术。

对于中华文化的传播而言，学生汉语写作水平的提高无疑具有极其重要的作用。而截止到今天，汉语显然还远远没有达到可以被诸多的外国学者用来写作并将其汉语著作在中国发表和出版的程度。适应中国的未来发展趋势，我们的汉语教学不仅有了汉语语言本科专业，还有了新的汉语国际教育本科专业，并发展到硕士、博士专业的教学层次，汉语写作教学在这种情况下就显得更为重要。汉语国际教育专业应该说既是一个具有很强的包容性又有着高度统一性的专业。说其具有包容性，是因为在这个专业中学生的汉语学习方向可以是多样的，说其具有高度的统一性则是因为所有这些方向的基本知识、思想、理论等的学习主要都是以汉语为基础并主要依赖汉语来进行学习和表达的。因此，汉语写作课将语言技能和跨文化思想修养结合起来，可以为学生在高年级阶段撰写学年论文、调查报告及最后的毕业论文打下基础。尤其是这种语言技能发展与跨文化素养的培育和提升的紧密结合还有助于留学生用自己独特的眼光来观察中国、母国甚至是世界性的现象和问题，因此写作内容将不会过分受到目的语文化的拘囿，也拓宽了其源于母国的文化视野，写作将会有大量的源头活水，从而能够在很大程度上提高毕业论文的专业质量。

三、对于加强本科留学生汉语写作课程建设的建议

汉语写作课程教学虽然有了这样的定位，但是要真正能够达到课程教学的目标，实际上远不是一件轻松容易的事，还需要对具体的教学操作进行深入的研究。笔者认为，汉语写作课程教学的成功实施需要以下几个方面的综合参与，即系统规划写作训练的内容、丰富文体知识的介绍、深入研究语言技能训练的方式方法。而编写出高质量的能够体现出这三者的教材是成功实现写作课程教学的枢轴。

第一，教材写作练习的内容要有系统性的规划，避免随意性，增强明确性。要根据学生的汉语基础和写作训练的阶段选取内容，合理安排每一个学期的写作训练内容，要形成内容单元或内容板块。现有的一些写作教材，也许是更多地考虑到学生的语言水平，例文中更多地是选用经过修改润饰过的留学生的优秀作文，笔者认为这对于学生的汉语写作并不是最好的选择。古人有云，“取乎

上者得其中，取乎中者得其下”，无论这种学生作文进行了何种修改，新的学习者所得到的汉语及其汉语文化的味道都会大打折扣。还是要基于学生写作内容的板块设计，选择由中国人撰写的文章作为例文为好，而且不一定非得是名家名篇不可。另外，基于对教材中写作内容的整体板块化规划，选用的例文应该是同一文体下的同一内容主题的例文，这不仅有助于学生跨文化、跨文体意识的培养，也因为内容的同一性，可以加深学生对于某一内容主题多侧面、多角度的认识，提高其思想修养，更何况，这样做，词语、句式重现率更高，便于学生的理解、模仿乃至创造性的发挥。

第二，教材的编写和写作教学指导要进一步强化文体意识。所谓文体，就是在思维方式、语言风格和书写格式等方面表现出来的文本特征。这些文本特征已经成为一种客观存在，作为文章范式，具有成熟、稳定、规范的特点，对于篇章语言的运用明显具有规约的作用。这是学生进入汉语写作的十分有效的、可依赖的路径。我们目前的本科写作教材虽然已经意识到了这一点，但是每个学期的文体训练内容比较单一。因此，写作教学还需要进一步强化文体意识，但不应该是进行学期单一性的强化，而应该是一种循环渐进式的强化。在教材的编写中，多种文体应该体现在每一个学期的学生写作内容安排中，考虑到教学时间，每一个学期可有一个重点训练的文体。而且对于文体的介绍，应该在不同的教学阶段体现出渐进性。文体知识的说明不妨多一些，详细一些，不能点到即止。老师在使用的时候可以有所选择，体现精讲多练，但是作为本科留学生，也一定要培养学生的自学能力，较为丰富的文体知识介绍可以给学生的自学提供便利；甚至如果教材中的文体知识介绍能够做到丰富具体而又深入浅出，与学生的汉语阶段性的水平相适应，就可以完全让学生自学，老师负责检查自学成果，这样就能更好地利用课堂教学时间进行写作实践训练，这也符合目前十分被看重的“翻转课堂”的教学模式。

第三，通过多种二语写作教学方法的运用，强化具体的语言技能训练。语言技能训练是实现留学生成功运用汉语写作的基本方法，也是教学得以成功实现的关键性步骤，没有捷径可走。哲学认识论将人类的知识系统分为陈述性知识和程序性知识，前者是关于“是什么”的知识，而后者是关于“怎么做”的知识。如果说写作的主题内容和文体知识更多的是属于陈述性知识的话，那么篇章语言技能的训练就属于程序性知识的学习，也就是如何通过有效的教学使得学生能够用汉语写出较高水准的篇章。因此应该针对不同的写作内容和文体，设计出足够多的语言技能训练项目，为学生搭建好成功进行写作的桥梁。在这方面，从大的二语写作的意义上来说，英语作为二语写作教学的研究开展较早，成果也最为丰富，对此，罗青松曾进行过比较全面的总结，如英语写作教学中的“控制法”“自由写作法”“语段形式法”“交际法”“任务法”“过程法”等。我国的外语教学研究者在对中国学生的外语教学中也总结出“体裁法”“过程法”和“结果法”等教学方法。我国的对外汉语教学研究者在多年教学实践的基础上，针对特定的教学对象还总结出“写长法”等。应该说各种方法都有优点与不足，我们一方面要善于借鉴这些方法，另一方面更要根据汉语篇章的特点，总结出针对本科学历生的有效的、系统的篇章写作训练方法，并根据不同的写作阶段和训练要求以及具体的教学课时，灵活采用或综合采用不同的技能训练方法。当然，这种语言技能训练要更侧重于对不同文体篇章的结构组织方式、语篇衔接和转换手段、书面语言风格等方面的训练。

第四，写作教学也要充分重视和适应信息化时代的各种技术的应用。要逐步培养学生用电脑写作的习惯，为了体现写作的交际性，不仅在具体的教学指导中强调学生要有读者意识，明确自己是在为哪些读者写作，而且可以利用网络平台给学生的写作提供真实的发表环境，并通过学生之间的互动交流，促使学生互评互改，互相学习借鉴，进一步完善自己的写作。而我校的“北语模课”平台就是一个很好的选择。当然，在毕业论文的写作指导中，网络信息资源的利用指导就更是写作教学内容的一个重要组成部分了。

参考文献

① 陈田顺，《对外汉语教学中高级阶段教学规范》，北京：北京语言文化大学出版社，1999年。

② 李晓琪主编，《对外汉语阅读与写作教学研究》，北京：商务印书馆，2006年。

③ 罗青松，《对外汉语写作教学研究》，北京：中国社会科学出版社，2002年。

④ 吴振邦、吕文珍,《汉语写作》，北京：北京语言文化大学出版社，1994 年。

⑤ 杨寄洲、崔永华,《对外汉语写作教学技巧》，北京：北京语言大学出版社，1997 年。

⑥ 赵建华、祝秉耀,《汉语写作教程》，北京：北京语言文化大学出版社，2003 年。

⑦ 宗世海、祝晓宏、刘文辉，“写长法”及其在汉语二语写作教学中的应用，《世界汉语教学》2012 年第 2 期。

⑧ Jessica Williams,《第二语言与外语写作教学（*Teaching Writing in Second and Foreign Language Classrooms*）》，北京：世界图书出版公司，2007 年。

作者简介：张书杰，男，北京语言大学汉语学院讲师。

北京语言大学非英语专业英语通识课课程构建初探

陈 影

摘 要 依据北京语言大学非英语专业英语课程的现状，开设英语通识课有其紧迫性和必要性，其实施亦具可能性。借鉴中国高校通识教育的三种模式，本文提出符合北京语言大学非英语专业特点的英语通识课程体系，将英语课分为“基础技能课”“通识课”和“实务课”三大模块，依据学生专业特点，赋予每个模块相应的学分，学生采取必修和选修相结合的模式进行学习。此外，英语通识课的构建需要以学生的分级教学为基础，只有这样，才能最大限度地发挥学生的主动性，通识课的构建才更具意义，高校整体实力和精神本质才能借由通识课得到全面彰显。

关键词 非英语专业 通识课 模块

如果说17、18世纪的大哲，如斯宾诺莎、笛卡尔、尼布莱茨、伏尔泰等人未入大学之门，便可成名成家，那么在21世纪的今天，这种情况不能不视为异数或鲜例。毋庸置疑，当今的大学在塑型和改造社会方面扮演了非常重要的角色。在中国，就其起源而言，“大学”可以溯源至先秦，但中国现代大学的理念却是一个舶来品。现代大学是中世纪的欧洲留给人们的一笔宝贵的文化遗产，“大学”（university）一词最早亦与中世纪“行会”同义，大学是“一个接纳来自世界各地的学生的地方”（金耀基，2001）。这一对大学的界定给我们的启示有二：第一，大学原初的含义并非是教师教授课程的地方，它的核心在于学生；第二，大学理应接收并张扬学生的异质性，来自世界各地、具有不同文化特性与性格特性的学生皆可纳入大学的体系中。这两点启示可以直接关联到对北京语言大学通识教育的探讨中。

北京语言大学素以其国际性和包容性闻名，它的办学特色最接近上文提及的大学本义，即一个接纳来自世界各地学生的地方。作为北京语言大学学生群的重要组成部分，中国在校本科生的学习内容和教师的授课方式是一个不容忽视的问题。可以毫不夸张地说，在语言类院校学习的学生，无论其专业为何，其英语水平在很大程度上决定了他未来发展的深度和广度。因此，作为课程体系建设的重要组成部分，针对非英语专业开设英语通识课急需放到议事日程中。

一、开设英语通识课的紧迫性和必要性

通识教育的提出是为了应对 1952 年中国高校因效仿苏联专才教育模式进行“院系调整”所带来的诸多弊端。因袭这一传统，外语类院校在很长一段时间秉持着提高外语技能的思路开展教学，给人一种外语翻译制造厂的感觉。近年来，许多外语院校针对课程建设（特别是英语课程建设）进行了颇多卓有成效的探索，尽管方法和思路不尽相同，但最终都指向了语言技能与文化素养的兼顾，特别是通过通识教育（或通选课）帮助学生认识到自己的局限和潜能，做到自省感恩，虚己明辨。北京外国语大学、上海外国语大学等外语类高校都在进行通识教育的改革实践；北京大学、中国人民大学、复旦大学等综合性院校更是通识教育的领头羊。作为教育部直属的重点大学，北京语言大学需要在通识教育上有所作为。

在北京语言大学开展系统的通识教育不仅可以弱化目前大学教育过强的功利性弊病，提高学生的文化素养，最重要的是培养学生的思辨精神，扩展学生思考问题的视野，重塑大学缺席的人文精神维度。大学中推行通识教育可以塑造学生完整的人格，避免学生发展的单向度与局限性，使大学生逐渐具有“士不可不弘毅”的意识与“仁以为己任”的社会担当。最后，通识教育与专精教育表面上呈现出的对立在本质上是和谐共生的。专业化的学习过程需要以通识为基础，某一领域的专家在思考问题、开展科学研究时，往往是跨越学科界限从人类最根本的诉求入手的，这种情怀无疑需要借由通识教育培养。专精教育的实现需要源自通识教育的积淀。

二、北京语言大学非英语专业英语课程现状

从课程设置与学生英语水平现状而言，北京语言大学非英语专业本科生可以大致分为四类：（1）准英语专业学生。包括国际商学院所有专业、人文社会科学学部除汉语言和绘画之外的所有专业。这些学生的英语课程设置遵行英语专业基础阶段的要求，使用英语专业教材，免试参加英语专业四八级考试。（2）大学英语学生。包括外国语学部除英语专业外的所有非通用语种专业和信息科学学院所有专业的学生。这些学生的英语课程设置遵行大学英语的要求，使用公共课教材，若要参加英语专业四八级考试，需要参加选拔考试。（3）绘画专业学生。这些学生虽然使用大学英语的教材，但学生英语基础普遍薄弱，教学方法与第二类学生有着很大的不同。（4）零起点学生。这些学生大多为少数民族，英语基础几乎为零。本文所言的英语通识课，主要面向占绝大多数的前两类学生，后面两类学生仍需以夯实其英语基础为首要任务。

目前，北京语言大学非英语专业英语课大部分仍为以操练语言技能为目的的必修课，如英语精读、综合英语、英语听力、英语写作等。在高年级（主要是大三）阶段，个别院系会在教学大纲中要求选修一门英语课，如英美文学、英语翻译、英美报刊阅读、高级英语、西方文明史等。但选择哪些课程作为选修课，决定权仍在学院，而不在学生（对外汉语专业大三英语选修课例外）。此外，这些选修课课时短，学分少，根本没有形成体系，学院之间也是“各自为战”，没有形成资源共享。

三、建构非英语专业英语通识课的可能性

针对前文中提到的我校非英语专业英语课程的现状，我们可以利用三方面的既有资源，从而建设英语通识课。第一，针对高年级的英语选修课可以纳入英语通识课的体系中，这是一笔非常宝贵的资源。第二，近些年更换的英语教材（含准英语专业和大学英语两个层次的教材更替）都在选材上强调人文性，许多经典名篇纳入主课文，应用外语学院的一线教师在讲授的过程中也关注到了其中的人文性，如果把这些对经典文章的关注加以整合，可视为通识课的先

期准备。第三，学校的公选课在某种程度上就是通识课，由于课程性质的限制，很多课程无法或没有必要用英文讲授，对于这些课程不属于本文的探讨范围。但对于希望并有能力用英语讲授公选课的老师，他们所开设的课程若放在更好的选课模块中，对学生和授课教师都是双赢的。

从制度保障方面讲，北语的学部制改革在某种程度上打通了学院之间的壁垒，资源得到了进一步整合。在全校范围内开设通识课可以视为学部制改革衍生出来的成果。从师资保障层面看，外国语学部教师，特别是应用外语学院教师的研究方向完全可以提供不同水平、不同内容的通识课，如语言学方向的教师可以在语言与文化、语言与现实生活方面开设通识课；文学、文化方向的教师发挥的空间更加广阔，他们可以就经典导读、文学常识、文化常识等诸多领域开设通识课。问题的关键是规范课程申请，在工作量核算上给予支持。

四、建构非英语专业英语通识课的模式

目前中国高校通识教育的模式大致有三种：第一种是彻底改变传统的人才培养模式，新生入学后进行为期一年的通识教育，学习的内容包括综合教育、文理基础、专业基础三大模块，接受一种文理综合的通才教育。第二年开始，学生可以选择具体的专业。这种模式以复旦大学为代表。第二种是通过从通识课程中选修一定的学分，在这里，通识课程被分为模块，要求学生根据所学专业，从不同的模块中选择自己感兴趣的课程，达到规定学分。这种模式以北京大学为代表。第三种是学校统一开设各种不同的通识课程，学生不用考虑课程模块，只要选修够一定数量的学分即可。这种模式的代表是北京外国语大学。

很明显，上述三种通识课的模式有着程度的区别，它们没有孰优孰劣之分，以何种形式开设通识课需要在充分调研的基础上决定，它必须适应学校和学生的实际情况，因时、因地、因校制宜。针对北京语言大学非英语专业学生英语通识课而言，我们可以在既有英语课程中划分模块，依据专业特点规定每一模块选修的学分。非英语专业的英语课程大致可以考虑划分为三个模块："基础技能模块""通识模块"和"实务模块"。以国际商学院金融专业英语课为例，该专业要求学生在基础阶段必修英语精读、英语听力、英语口语和英语写作，共计

48学分，大三可以选修高级英语，两个学期共4学分。依据金融专业的特点，这52学分的英语课分布到每个模块可以是："基础技能模块"28学分，"通识模块"16学分，"实务模块"8学分。

通识课的课程构建是一个系统的工程，通识课模块的实现前提是与另外两大模块的衔接及各个模块的规范化。现以金融专业52学分的英语课程为例，列表如下：

模块	课程名称	第1学期	第2学期	第3学期	第4学期
基础技能课（必修：28学分）	英语视听说（1—4级）	4学分	2学分	2学分	2学分
	英语读写（1—4级）	4学分	2学分	2学分	4学分
	英语语法	2学分	2学分		
	英语语音	2学分			
通识课（选修：16学分）*每门课2学分，学生根据自身情况选择学期	英美文化概况				
	希腊罗马神话				
	《圣经》导读				
	西方文明史				
	跨文化交际				
	英美文学入门				
	西方思想传统				
	文学导读与批评实践				
	修辞学入门				
	英诗鉴赏				
	英美戏剧				
	英语散文名篇				
	语言与文化				
	……				
实务课（选修：8学分）*未标明学期的课程，学生可根据自身情况选择学期	英语专业四级辅导				2学分
	大学英语四六级辅导			2学分	
	商务英语写作				
	新闻英语				
	时政英语				
	英语教学法				
	英汉口译				
	英汉笔译				
	英美企业文化与管理				
	……				

针对上表需做若干说明：

1. 第一学期为新生从中学向大学过渡的重要时期，这一时间段应加大基础技能课的学习，因此英语读写课与英语视听说在第一学期为 4 学分。此外，第一学期加开了英语语法和英语语音，这是根据近年北语非英语专业本科生英语学习的特点开设的。第四学期涉及英语专业四级考试且为学生基础阶段最后系统学习英语的学期，因此，英语读写课为 4 学分。

2. 通识课模块学分与实务课模块的学分可以依据学生专业特点进行调整。如国际汉语教育专业可适当提高通识课模块学分，降低实务课模块学分。

3. 通识课模块内的课程需要符合如下特点：

（1）适合英文授课。与中国传统文化相关的课程可适当提高使用中文的比例。

（2）课程设定应着意扩展学生的视野，夯实其文化常识基础，培养他们思考问题的广度和深度，特别鼓励学生运用批判性思维独立解决问题。

（3）课程立足文学、文化等专业方向，兼顾跨学科特色，最好能够中西合璧，交相印证。

（4）通识模块内的课程需与基础技能课相区别，即使是文本细读或经典导读类的通识课，也要避免一味进行英语生词“词典式”的讲解。

（5）通识课之间需要相互协调，对同一内容，即使重复讲解，也需选择不同视角，严禁同样内容的课程使用不同的名称开设。

当然，通识模块内课程在实践中仍需进一步调整，使之更加系统化，学生选课也会更有针对性。

通识课课程构建的另一个辅助性因素便是学生的分级教学。学生入学后，不分专业，统一进行英语能力测试。根据测试结果，选择划取分数线，给予 10%—15% 左右的学生免修第一学期课程的资格，这些学生可以进行英语读写课（二）与英语视听说（二）的学习，其中减免的时间可以用来提早选择英语通识课或实务课。其他大部分学生仍按上文提到的模块正常学习。分级教学和通识模块内课程的选修制可以提高学生英语学习的积极性，满足不同学生英语学习的需求。

英语通识课课程构建除了教与学两个环节外，还需各学院和学校职能部门的配合。首先，各个学院需要对教学大纲中涉及英语必修课与选修课的部分进行调整，在原有总学分不变的基础上，进行模块化分割与管理，每个模块的学分根据该专业特点，广泛听取一线师生，特别是长期教授该专业的英语教师的意见制订。其次，教务处需要为分级教学和选修通识课统筹排课，其中涉及大量的协调工作。北京语言大学非英语专业英语通识课的构建不是一蹴而就的，我们可以考虑先小范围试点，在过程中修正、补充已有思路。当然，英语通识课的先期准备与实施势必会有一些不同的声音。对于教师而言，要鼓励他们依据自己的专业方向和兴趣多开通识课，但也要给那些对基础技能课充满感情的教师生存和发展的空间。在某一学期，可能会出现由于学生选课人数不够开课要求的通识课，对于这些通识课的授课教师应有相应的配套措施，保证其教学量（如提前确定选课人数，若人数不够开课要求，及时转向基础技能课。当然，这要求基础技能课聘用少许外聘教师）。对于学生而言，会有相当一部分学生对这样的英语通识课课程构建持反对意见，因为这对他们的要求更高了，学生需要做大量的课前预习与课后阅读的工作，抱怨在所难免。我们应听取学生的意见，但不要一味迁就学生的要求，毕竟学校有自己整体的发展规划，很多问题学生无法预料，有时候，学生自己也不知道自己到底想要什么，或者他们现在的目标并非是自己未来发展的方向，这就需要来自学校制度的引导。

通识教育是高校课程发展的灵魂所在，也是高校整体实力的彰显。非英语专业的英语通识课在与基础技能课相区别的同时，要避免学究式、术语化的授课模式，让学生真正从内心对通识课产生兴趣，这样构建起的英语通识课才有意义。

参考文献

① 金耀基，《大学之理念》，北京：生活·读书·新知三联书店，2001年。

② 熊庆年，大学应推行“通识教育”，《中国教育报》2014年9月15日。

作者简介：陈影，男，博士，北京语言大学应用外语学院副教授。

面向过程的个性化教学综合创新实验模式的实践与研究*

陈 琳

摘 要 如何从学生个别差异出发，系统地实现因材施教，是教育界从古至今几千年来一直孜孜不倦探求的目标。同时，如何培养学生的创新能力，成为当今最迫切需要研究实践的关键课题。在广泛深入联系、交流和研究国内各级各类院校的情况下，并对教育等相关理论进行了深入探索的基础上，从学生的个性特征出发，利用实验面向个体的有利特点，克服班级定制式对差异性个性化实施的先天性缺陷，设计了基于学生个体差异面向过程的个性化自主开放式综合创新实验模式。在前期得到的理论研究的支持下，从操作层面上，通过严格有效的过程控制，深入地激发不同差异个体的潜能，得到了很好的结果。论文从实验设计与组织、实验教学 IT 支持系统、创新实验系统、理论支持研究与评价方法、教学实施与教学效果、推广价值、应用情况等几个方面进行了论述。我们连续不懈地进行了整整 12 年的针对不同课程的实践与理论研究，在各种不同的对象中，应用结果显示效果十分突出而且非常稳定，表明该模式具有鲜明特色和普遍的有效性与适应实用性，有着直接的应用价值和广泛的推广价值。

关键词 个性化教学 创新实验模式 过程控制

* 本文受到 2014 年度北京高等学校教育教学改革项目《面向过程的个性化教学综合创新实验模式的实践与研究》（项目编号：2014-ms069）和北京语言大学校级教育教学改革项目（项目编号：A201309）的支持。

一、引言

“尽管千百年来，人们一直把因材施教作为一条教学原则予以遵循，并孜孜不倦地追寻因材施教的理想，但因材施教的实践在方法上没有一套完备、可行的系统。因材施教至今基本上还是停在较浅的层面上。”①人与人之间普遍存在差异。如何从个别差异出发，来系统地实现因材施教，是从2000多年前的大教育家孔子到如今的教育界一直孜孜不倦探求的目标。同时，如何培养学生的创新能力，成为当今最迫切需要研究实践的关键课题。

我国的具体实际是幅员广阔，教育发展不平衡，生源不同，层次差异很大，随着高校办学规模迅速扩大，各类高校学生的分层等差异性已经成为普遍现象并日益明显，解决这个问题显得尤为迫切。我们在广泛深入联系交流研究国内各级各类院校的同行和国外的情况下，并对教育等相关理论进行深入的研究，从计算机是一门实验的科学特征出发，从学生基础薄弱的硬件实验入手，利用实验面向个体的有利特点，克服班级形式的定制式对差异性个性化实施的先天性缺陷，设计了基于学生个体差异性面向过程的个性化教学综合创新实验模式，在操作层面上，通过严格有效的过程控制，深入地激发不同层次差异个体的潜能，达到了令人惊奇和振奋的效果，我们在不同课程上连续不懈地进行了12年的实践与理论研究，在各种不同的对象中应用，结果表明效果十分突出，而且非常稳定，这表明该模式具有鲜明特点和普遍适用性，有着直接的应用价值和明显特色，并有着广泛的推广价值。

二、实验设计与组织

实验教学是高等院校理工学科的关键环节，我们在实验过程中，根据学生不断变化的具体情况，在研究学生个体差异性的基础上，进行与之相匹配的实验设计，在实验内容上广泛并常态化紧密联系国内的国家精品课程实验（如清华大学、北京邮电大学等），跟踪实业界该方向的发展和国外名校的实施内容，

① 刘全礼，重构因材施教，《现代教育报》2002年11月20日。

在设计的实验中，包含了验证实验、必做实验、选做实验、补充实验、附加实验、综合性实验、研究性实验、开放性实验和创新性实验，满足了不断变化的不同层次的需求，提高了学生的兴趣，有多大潜能就能发挥多大的能力。有效解决了目前严重存在的学生“吃不下”“吃不饱”“吃不好”的问题，最大限度发挥了学生的主动性，并根据该思想编撰了两本实验指导书。在实验的组织实施上，通过严格的过程控制来达到具体的目标和要求，包括实验前的预习、考勤监控、实验过程监控、实验重要步骤监控、实验进展提交、实验效果监控、实验考核、实验后反馈、实验进步走向，通过严格监控来保证实验的效果；在组织上我们采用多层次的形式，实验进行大小分组，建立兴趣小组，采用“小老师”制度（通过自愿报名在同班同学中选拔，经过培训后帮助老师一起来辅导同学的实验，由于他们和同学们的基础和思维方式相似，并且和同学们朝夕相处，所以起到了独特的作用，也成为创新实验的核心成员，十年来效果十分明显）、开放实验制度、创新小组制度（已经成为创新实验研发的核心，目前已经成功研制出产品原型）和自助讲座制度（发现同学对关键的内容或业界新兴的相关研究内容有深入的兴趣，要求学生在较长时间深入的研究后，给同班同学公开讲课，目前已经有两位学生讲了中断及其应用和计算机多核的研究，并录像存档）。该模式和制度有利于促进教学，鼓励并促进了爱学习的同学深入发展，引导了兴趣不高的同学，帮助了基础不好的同学，督促了不爱学的同学，在考核中，验证实验和必做实验是考核最基本的要求。

三、实验教学 IT 支持系统

在教学的 IT 支持上，目前的教学支持系统普遍缺乏对教学模式的设计，没有很好地实现与教学法的有机结合，过多地追求形式上的表现而忽略了深层次的实现内容，如现在国内外知名的 Blackboard 和 Moodle 等，从本质上说是一个课程管理系统（CMS）。我们开发出基于过程面向个体差异的开放式通用层次化模型支持系统，有效支持了层次性、针对性 、差异性、全面性、创新性的学习要求。我们开发的支持系统除了具有管理的功能外（比如考勤监控、实验效果监控、进步走向、实验预习、兴趣小组管理、开放性实验管理、小老师管理、文档上传下载、实验室通知等），还能够与教学法有机结合，并具有通用性和开放性，是面向过程控制的，能进行全面的评估，对功能和用户有均衡的关注，该系统被评为北京市大学生科研创新优秀项目，2009年在北京交通大学举办的北京市大学生科研创新优秀项目展示会上进行了公开展示，并获得关注和好评。

四、创新实验系统

在创新实验上，在研究国内名校等各种层次的学校和学生情况的同时，我们利用学校的有利国际环境，综合考察国外名校本专业发展状况，并做出研究报告，结合本专业的特点，利用现代的开发工具和器件，提出规划并研制了一台能够真实运行的计算机系统原型机，它不仅包括了CPU、协处理器、存储器和南北桥、LCD、串口等，还开发了一个操作系统、C语言编译器和汇编器、操作系统下载器，通过我们自己的编译器编译自己开发的操作系统，用自己做的OS下载器下载到开发的计算机，能有效稳定地运行，并用自己做的通讯程序、I/O口能和PC机器进行良好的通讯，该系统经过多年的准备和开发，于2011年获得整体成功，该系统由于每一个硬软件都是自己开发，为学生提供了一个全面支持的实验系统，思想先进，结果完整。考察国内高校，目前有极少顶级名校也正准备或正在开发相似系统，国内在实验仪器研发处于领导地位的清华教学设备厂的负责人等专家看过我们的系统后认为其目前处于国内领先地位，我们现在正在研发该系统的实验例程化，使它不仅能进行创新开发，还能为普通教学提供实验支持，同时我们将进行功能完善，目标是移植Linux操作系统，便于安卓等嵌入式手机的应用开发和物联网的应用开发，现在已经与清华出版社签订了出版合同，准备出一部专著。

五、理论支持研究与评价方法

在实践的同时，我们还进了理论和方法的研究，我们认为所谓因材施教，其实是“因材”和“施教”两个概念的有机结合。“因材”的核心显然是“材”，也就是学生个体差异性；“施教”的重点则在于技术上的创新和改革。设计“基于过程面向差异性”实验室支持系统就是要利用现有比较成熟的IT技术，通过差异性的识别、个性化教育、层次化的评估和高效率的管理机制等一系列手段，为学生“量体裁衣”，使之“量力而为”，又在“稳中求进”。我们在个性化教学的实例化是分层次，我们的分层对学生来说意味着他可以自主选择，而且可以根据情况随时变化，避免了对分层的思想认识不够，把分层教育变成分流教育。学习目标的实现是在学习资源、信息组织和学习工具的支持之上，通过方式方法、组织形式、规则和过程的控制来完成学习活动任务，从而达到学习目标。学习目标的实现是学习活动诸要素互动的结果，方式方法与组织形式起着重要作用。在目前的教育界很少有实施过程中实时的真正意义上的充分可核实可验证的一定规模长时间的第一手真实数据，而这些数据是认识、评估、改进实验教学模式本身和实施操作的基础。为了有利于该实验的推广和研究，我们认真收集并保存了从2002年到现在12年来历届实验设计、实验报告、兴趣小组手稿、实验记录、实验考核、指导记录、实验体会、实验过程、实施控制和考核记录等全面的第一手的样本资料，并有序地导入了数据库，为后续的研究奠定了基础。对实验教学效果的有效评估，是该模式鉴定和推广的基础，保证了评价对象的实质能够得到稳定可重复的、令人信服的结果。我们通过多年的研究创造性地提出了全面的评估，不仅是对学生的综合评价，更重要的是对模型支持系统的效果评估和分层教育模式设计思路本身等三个方面进行有效划分并进行独立的效果评估，这有利于我们认清该模式的实质，评估不仅仅看学生的成绩或做平行班对比，因为这样的结果并不能证明该种模型的优越性，我们认为，该模式的优势是有利于学生在原有基础上进一步发展，应该是学生的进步图，如将其上升、跳跃甚至是下降作为关注点，并应用计算机算法进行处理。

六、教学实施与教学效果

在教学应用和教学效果上，我们已经连续12年在计算机组成原理与设计和数字逻辑两门课上进行了不间断的应用，特别是克服了我校文科学院中理工科专业特殊的不利环境，应用效果十分明显，使学生从不感兴趣甚至是恐惧到喜欢，从有兴趣到质的飞跃，计算机组成原理与设计是全国考研统考专业大课，考研成绩良好，并制作研发了一批有有价值的成果，如 MP3 播放器、TEC 机 C 语言编译器，特别是计算机系统，都是由在校学习的本科生来开发的，校外的专家知道后都非常吃惊，这在很多名校都是由研究生、博士生在做的，这与我们的个性化教学和“小老师制度”的采用是分不开的，正如北语前党委书记李宇明教授所言：你把学生当天才培养，他可能就成为天才。“小老师”中的本科学生绝大部分都到国外深造，或考入清华大学等名校攻读研究生，有的甚至以本科生的身份与名校的研究生同台竞争，进入了世界最顶尖级的公司。

七、推广价值

在推广价值上，2006 年 6 月，北京语言大学教学督导计教授肯定了我们的成果，并鼓励我们不断研究，希望把它当成一种典范进行推广。在学院领导和老师的帮助下，我们的研究和实践注重一般性和推广性，有效解决了清华大学计算机系书记所说的“清华经验好，别校学不了”的问题，我们的模式不仅应用效果好，而且经过严峻考验。计算机专业的考研全国统考并统一划分数线，已经成为第二高考。我校数媒专业的同学也要求学习计算机组成原理这门考研大课，2009 年几乎全部选修，他们很多先导课没有学，特别是实验用的很多汇编数字逻辑电路的知识，在我们实验模型的支持和“小老师”的辅导下，学习效果很好，有的同学不仅考分高，而且学得很深入。我们一直和名校及普通院校有着深入的交流，跟踪学生的变化情况，除了和化工大学等很多院校交流实施该模式的可能性，还和我校的教师交流在对外汉语教学领域实施该模式的可能性，我们在开发设计 IT 支持系统时就注重了推广性，我们的评估方法为推广扫清了道路，不仅满足了教学的需要，在很多方面还能比肩名校。通过和名校的交流，我们发现，他们的学生也有着普遍的差异性，具有实施该模式的基础。

八、应用情况

我们在计算机组成原理和数字逻辑两门课上连续实践了 12 年，教学效果良好，学生从“怕做实验”到“爱做实验”，动手能力从“普通”到“提高”，从“有兴趣”到“水平的飞跃”，在学生考研、出国、工作上都给予了较好的支撑。

通过培育，应用小老师成员和创新小组本科生研制了一台能够真实运行的计算机系统原型机，它不仅包括了 CPU、协处理器、存储器和南北桥、LCD、串口等，还开发了一个操作系统——C 语言编译器和汇编器，能有效稳定地运行，并能和 PC 机器进行良好的通讯，该系统经过多年的准备和开发，于 2011 年获得整体成功，领域专家认为我们的系统目前处于国内领先地位。

2007 年 5 月得到全国本科教学水平评估专家的高度称赞。

2007 年 8 月得到了北京实验示范中心评估专家的高度称赞，为成功评为“北京实验示范中心”做出了贡献。

2009 年 6 月，我们开发出基于过程面向个体差异的开放式通用层次化模型支持系统，该系统被评为北京市大学生科研创新优秀项目，2009 年在北京交通大学举办的北京市大学生科研创新优秀项目展示会上进行了公开展示，并获得关注和好评。

2010 年 8 月，我们的《开放性通用层次化教学模型的研究与设计》一文被全国高等计算机教育研究会评为优秀论文。

2011 年 6 月，计算机组成原理被评为北京语言大学第一届精品课程。

北语教学督导专家组专家计教授一直十分肯定这种研究和实践，认为具有鲜明的特色，多次建议进行深入的研究和推广。

国家精品课程名师白中英教授等多位知名教授多次对我们的模式给予充分肯定，认为特色鲜明，效果可靠，具有推广的可能性。

我们认真收集并保存了从 2002 年到现在 12 年来历届实验设计、实验报告、兴趣小组手稿、实验记录、实验考核、指导记录、实验体会等全面的样本资料，为进一步的研究提供了全面的、基础性的支撑。

实验组进行了相关理论研究，发表了 9 篇相关的教育教学论文。

我们指导的成果有两个组入选北京市大学生创新项目和国家级大学生创

新项目，分别是：基于过程面向个体差异的开放式通用层次化模型支持系统（2007—2009）和面向创新实验的计算机软硬件系统（2010—2012）。

指导的一个组的学生获得了全国大学生计算机大赛二等奖和北京市一等奖。逻辑电路模拟平台在全国大学生计算机大赛上荣获全国二等奖、北京市一等奖。

参考文献

① 陈琳，面向实验的基于MPIS多周期微处理器的设计，《2011年全国计算机新技术与计算机教育论文集》，北京：科学与教育出版社，2011年。

② 陈琳，基于层次面向差异全面改革实验教学，《全国高等学校工程技术专业2009年论文集》，北京：电子工业出版社，2009年。

③ 陈琳，基于过程面向差异性的层次化实验支持系统的研究与实现，《全国计算机应用与高等学校计算机教育论文集》，北京：科学与教育出版社,2009年。

④ 陈琳，开放式通用层次化教学模型系统的研究与设计，《全国计算机应用与高等学校计算机教育论文集》，北京：科学与教育出版社，2010年。

⑤ 陈琳，计算机创新性综合实验系统设计与实现，《计算机技术与教育学报》，2014年第3卷第1期。

⑥ 李奕磊、李东生、李军强，32位RISC处理器中系统控制协处理器的设计与实现，《电子测试》2009年第4期。

⑦ 潘松、潘明，《现代计算机组成原理》，北京：科学出版社，2007年。

⑧ 王诚、周继群、蔡月茹，《计算机组成原理实验指导书与习题集》，北京：清华大学出版社，1995年。

⑨ A8251 Programmable Communication Interface, Altera Corporation, June, 1997.

⑩ David A. Patterson & John L. Hennessy, *Computer Organization and Design: The Hardware/Software Interface*, 3rd edition, Beijing: China Machine Press, 2007.

⑪ Lin Chen, Evaluation System for Hierarchical Teaching Based on Markov Chain, the 1st International Conference on Computer Technology and Application and Computer Education of the University and College, 2010.08.06.

⑫ Lin Chen, The Research and Application of the Evaluation Model of Hierarchical Teaching Based on Neural Network, the 4th International Conference on Intelligent Information Technology Application, 2010.09.05.

⑬ Randal E. Bryant & David R. O'Hallaron, *Computer Systems: A Programmer's Perspective*, Beijing: Publishing House of Electronics Industry, 2006.

⑭ Robert Britton, MIPS Assembly Language Programming, Computer Science Department California State University, Chicago, California, 2003.

⑮ Spartan-3E FPGA Family: Complete Data Sheet, Xilinx Corporation, April 18, 2008.

⑯ William Stallings, *Computer Organization and Architecture Designing for Performance*, 7th edition, Peason Education, 2009.

作者简介：陈琳，男，北京语言大学信息科学学院副教授。

慕课环境下综合实践性作业的成绩评定模式改革*

李吉梅

摘　要　慕课（MOOC）因其突破了传统课程时间、空间的限制，受到越来越多的来自学术界和实践者的关注。本文从激发学习兴趣、提高团队协作能力和综合实践能力出发，基于慕课平台，设计并实现了面向综合实践性作业的成绩评定模式。在该模式的指导下，学生以学习小组为单位，首先在模课平台中进行综合作业的主题与内容讨论，然后在教师布置的具有评分指标的互评作业中提交小组作业，最后进行生生互评、教师评分。慕课平台将根据教师设定的作业成绩构成比例和生生、师生评价的结果，自动计算小组作业的最终成绩，并可实时地推送给学生。实践证明，该模式相对于传统教学环境下的作业提交和成绩评定模式，具有学生参与度高、作业质量高，教师评分工作量低、工作效率高等特点。本文提出的模式，对于慕课环境下具有综合性、实践性作业要求的课程，具有一定的借鉴和参考意义。

关键词　慕课（MOOC）　综合作业成绩评定　互动评价

一、研究背景

综合实践性作业是大学课程中具有实践能力要求的课程作业的一种重要形式，是课堂教学的重要补充和延伸。它是在教师的引导下，基于已学的基本知识与技能，学生应用综合思维能力（联想、归纳、类比、演绎等）及社交能力

* 本文受到北京语言大学校级“基于信息管理专业类教学质量国家标准的我校信管专业知识点梳理与课程衔接”项目（项目编号：A201310）的支持。

（合作、交流），对已有知识与技能的综合运用的作业形态。综合实践性作业既可增进同学之间的情感，更有利于提高学生的学习兴趣，增强学生的实践能力和动手能力。

比如笔者在信息管理与信息系统专业（以下简称“信管专业”）开设的“ERP（Enterprise Resource Planning, 企业资源规划）原理与应用”选修课，课程目标是让学生理解 ERP 的原理、熟练掌握用友 ERP-U8 系统生产制造子系统的相关操作。为达到课程目标，需要在 ERP 原理讲解和系统单功能模块逐个实验的基础上，增加综合实践性作业。

由于该类作业是学生对已有知识与技能的综合运用，所以要求以学生活动为中心，教师的主要作用在于指导学生完成综合实践性作业，包括设定作业目的、作业要求、作业的成绩构成和成绩评定，其中成绩评定的方法和评定指标体系是引导学生高质量地完成作业、积极参与作业完成全过程的关键环节。

笔者在多年实践的基础上，针对 ERP 原理与应用的课程特点与要求，设置了相应的评价指标系统和生生、师生互动的成绩评定模式。但在非慕课环境下，成绩评定的处理过程工作量大，时间长，对学生的评价质量（即该学生评价其他同学作业的认真程度和客观程度）没有关注。随着近年来慕课平台的广泛应用，在 2014—2015 学年笔者采用了 Moodle 慕课平台，极大地改善了该课程综合作业的布置、上交、成绩评定等工作。

本文基于该项工作，运用实证研究方法，详细描述了综合实践性作业在 Moodle 慕课环境下的成绩评定模式，并比较了它与非慕课环境下相应工作的差异。全文分为五部分，首先是研究背景，第二部分简单介绍 Moodle 系统及其相关功能，第三部分说明课程综合作业的特点及其评价过程，第四部分进行综合实践性作业的成绩评定模式比较，最后一部分是论文的总结与结论。

二、Moodle 慕课平台简介

慕课（MOOC）因其突破了传统课程时间、空间的限制，受到越来越多的来自学术界和实践者的关注，其相关的研究成果和实践技术不断涌现，具有代表性的技术成果有美国影响力最大的三个 MOOC 平台 Coursera、Udacity 和

edX，开源的网络教学平台 Moodle、Sakai 和 Drupal，以及商业网络教学平台 Blackboard（国外）和清华教育在线 THEOL（国内）。

其中，Moodle（Modular Object-Oriented Dynamic Learning Environment，模块化面向对象的动态学习环境）是由澳大利亚的马丁·多基马（Martin Dougiamas）开发的开源网络教学平台，它的设计与开发遵循社会建构主义教学法（social constructionist pedagogy）。据 Moodle 官网统计，截止到 2015 年 3 月，已经有 226 个国家的 53369 个站点取得了注册资格，上面共有 766 万多门课程，用户总数达到了 6877 万人。

Moodle 具有免费开放、支持平台的二次开发等特点，功能优点包括：协作式的课程活动设计、强大的学生评价设计与管理等。结合笔者的教学需求和技术能力，本文选择该系统作为慕课平台。下面简介其课程协作方式及作业与评价管理。

（一）课程协作

Moodle中的课程协作可通过聊天室、站内消息、讨论区和Wiki活动来实现。下面主要说明其有特色的讨论区和 Wiki 活动。

1. 讨论区

Moodle 中的讨论区分为两类：强制订阅和自愿订阅讨论区。强制订阅的讨论区称为“新闻讨论区”，它是每门课程都默认建立的，而且禁止学生发帖，所以适合用来发布通知，可以通过设置小组模式为“分隔小组”来只给指定的小组发送通知。

自愿订阅讨论区，学生可自行决定是否订阅，且缺省允许学生发帖，教师能够对帖子评分。教师可添加使用的有五种讨论区类型：

（1）单个话题：只能发布一个话题，每个人都可以回复，可用于简短的、专门的讨论。

（2）每人发布一个话题：每名学生都可以发布一个（也只能一个）新话题，所有人都可以回复任何话题。

（3）提问与回答讨论区：学生必须先发表他的见解，才能看到别人的帖子。

（4）博客形式的标准讨论区：一个开放的讨论区，任何人在任何时间都可以发起一个新话题。所有话题都显示在一个页面中。每个话题都有一个“讨论此话题”的链接。

（5）一般用途的标准讨论区：一个开放的讨论区，任何人在任何时间都可以发起一个新话题。

2. Wiki

Moodle 中的 Wiki 活动，允许参与者添加和编辑一组网页。一个 Wiki 网页，可以是所有参与者编辑它，也可以是仅某一小组编辑它，或者每个人拥有自己的 wiki 网页且只有自己可以编辑。一个 Wiki 活动的每个页面，Moodle 中都保存了其版本历史并可以对比显示版本之间的差异，这样教师可以了解每个参与者的讨论活跃度和贡献大小。

（二）作业与评价

Moodle 中的作业分为一般和互动评价两类，作业的最终成绩将自动记录在该课程的成绩单中。

一般作业能够让教师对学生的在线作业或上传的文件进行打分和评价，学生可以提交多种电子文档（文件），比如 Word 文档、Excel 文档、图片或音频视频；一般作业还可以用来提醒学生去做“现实”中的作业，例如手工作品，而不需要在网上做任何提交。批改一般作业时，老师可以写评语，还可以上传文件，例如加了批注的学生作业、有评语的文档或语音反馈。

互动评价作业可以收集、查看以及评价学生的工作，作业的内容与一般作业相同，不同的是学生之间可以对已经提交的作业，依据教师给定的作业评价指标体系进行作业质量的评价。同学间互评及对评价形式的理解，可以提前通过教师提供的示例作业及相应的评价指标体系来练习，学生可以对分配给他的作业进行评价。作业分配可以是教师手工分配，也可以设置为系统随机分配。随机或手工分配作业时，若要求学生不能自评，则可设置为禁止小组内同学互评，这样学生分配到的作业只能是其他小组或其他同学的作业。Moodle 系统中还可以设置作业提交者和评价者是否匿名。

在互动评价作业中，学生获得两个分数——一个是他们的作业质量分数，另一个是他们对其他学生作业的评价质量分数。这两类分数，可以按照教师给定的分值和权重，自动记录在课程的成绩单中。

三、课程综合作业简介

ERP体现了当今世界上最先进的企业管理理论，并提供了企业信息化集成的最佳方案，是一种系统全面的企业信息系统。它将企业的物流、资金流和信息流统一起来进行管理，对企业所拥有的人力、资金、材料、设备、方法（生产技术）、信息和时间等各项资源进行综合平衡和充分考虑，最大限度地利用企业现有的资源以取得更大的经济效益，科学有效地管理企业人、财、物、产、供、销等各项具体工作。目前绝大多数跨国企业、国内大中型企业都在使用和开始实施ERP系统，企业对员工熟练使用ERP系统进行各项业务操作的需求十分迫切。

因此，教育部高等教育司制订的《全国普通高等学校管理科学与工程类学科核心课程与专业主干课程教学基本要求》和教育部高等学校管理科学与工程类学科专业教学指导委员会与国际信息系统协会中国分会课题组编制的《中国信息系统学科课程体系2011》，均要求在信管专业中开设企业信息系统开发及应用类的课程。

我校的ERP原理与应用课程，是以用友ERP-U8为实验软件，在介绍ERP的基本原理及其工作流程、ERP的实施及其应用方法的基础上，使学生从理论上理解ERP软件对企业的战略作用和企业管理中岗位分工的作用与方法，在实验中掌握ERP核心模块的应用与管理技术。本课程为专业选修课，51学时，其中上机实验34学时，要求学生4—5人为一个学习小组，平时作业过程中一起解决单个模块的实验问题，综合作业时每个小组设计一个虚拟制造企业，并在用友ERP-U8系统中，分职位完成某个月的生产排程、采购业务、生产管理、车间管理、库存管理、销售管理和财务管理。

本课程的成绩构成为：平时成绩（30%）+期末成绩（70%），详见表1。其中平时成绩（按100%计算）包括：课堂参与（20%）、综合作业讨论（10%）、平时实验报告（70%）；期末成绩（按100%计算）根据综合实践性作业的设计文档（60%）和实践结果汇报（40%）评定。综合作业的实践结果汇报形式，学生可以二选一，即提交情景剧相关文件或直接现场答辩。

综合实践性作业是互评作业，其作业质量的评分来自学生之间的互评和教师评分，其中学生评价的平均分占 50%，教师评分占 50%。

非慕课环境下，出于信息处理效益成本原则考虑，笔者仅对作业质量进行互动评价。但在慕课环境下，Moodle 平台具有对互评作业的作业质量和评价质量分别评价与记录、计算的功能，所以本学期增加了对学生的评价质量进行评分的指标，以促使学生认真参与评价。

表 1　ERP 原理与应用课程的成绩构成及互动评价的指标体系

成绩类别	权重	作业名称与类别	权重	评价指标体系
平时成绩	30%	课堂参与（一般作业）	20%	教师根据学生的出勤和课程表现手工录入
		综合作业讨论（一般作业）	10%	讨论过程与结果质量（详见备注 1）
		平时实验报告（一般作业）	70%	7 次以上的实验报告，每次 10%，选取成绩较好的 7 次作业计分
期末成绩（综合实践作业）	70%	设计文档（互评作业）	60%	• 基础档案完整 10%、合理 10% • 业务设计全面 10%、合理 10%（非慕课环境下，业务设计全面 20%、合理 10%） • 操作界面截图 10% • 评价质量 10%（仅慕课环境下使用）
		实践结果汇报（互评作业）	40%	二选一，提交情景剧电子文档或现场答辩，该项作业的满分 60 分，但在期末成绩合成时折算为 40 分（评价指标详见备注 2 和 3）

备注 1：非慕课模式下，小组提交讨论记录（3 次以上）和讨论结果（即拟生产的产品结构图）的电子文档；慕课模式下，学生在 Wiki 活动中小组讨论（教师可查阅讨论历史），并将大家认可的最后版本提交到讨论区，供其他小组评阅。

备注 2：情景剧形式，需要学生提交剧本文件（Word 文档）和视频文件（MP4 或 FLV），评分指标体系如下：

（1）剧本中反映完整的生产管理和财务管理业务且设计合理 20%（非慕课环境下为该项指标 30%）；

（2）画幅宽高比为 4:3 或 16:9，视频时间为 10—30 分钟，分辨率为 1280*720，视频文件格式为 MP4 或 FLV，每个视频文件小于 4GB（可提交多个视频文件）10%；

（3）视频中画面清晰、声音稳定，小组成员表演基本到位 10%；

（4）视频中小组成员分工合理、操作熟练且无误 10%；

（5）评价质量10%（仅慕课环境下使用）。

备注3：现场答辩形式，要求学生提交答辩用演示文稿，答辩时间50分钟/组，其中讲解20分钟，答疑与操作演示30分钟，评分指标体系如下：

（1）讲解清晰、全面（10%）；

（2）演讲技术使用恰当（10%）；

（3）答疑准确（按个人计分，满分10%）；

（4）按要求演示操作的正确性和熟练程度20%（非慕课环境下为该项指标30%）；

（5）评价质量10%（仅慕课环境下使用）。

注意：请各小组来答辩前准备好基础帐套，现场讲解之后老师将指定小组成员角色并以客户身份下订单，小组的各成员需要按角色分工完成相应的操作。

四、综合实践性作业的成绩评定模式比较

ERP原理与应用的课程成绩，在非慕课环境下，笔者在学期初创建一个Excel文件，在学期中逐次记录学生的作业成绩（包括综合作业讨论），形成平时成绩；在综合作业成绩评定环节，教师首先分发小组提交的设计文档和实践结果汇报文档（如视频文件、演示文稿），然后在互评时发放纸质的评价表，教师和学生在听取现场答辩时给答辩的同学评价打分，在自行观看情景剧相关文档时给制作小组评价打分。

打分结束后，教师收齐学生的评价表，将其逐张录入到Excel工作表中（每个学生一张工作表，教师评价一张工作表），然后利用Excel的多工作表计算公式，计算出学生互评的平均分，再将其与教师评价按各占50%进行计算，得出学生的期末成绩。再在Excel中将平时成绩与期末成绩按比例合成为总评成绩。多年的经验表明，仅期末互评作业的成绩评定工作，教师至少需要一周的工作时间，而且录入和校对评价表工作还需要研究生1—2天的时间。

而在慕课环境下，笔者学期初在Moodle平台中首先创建课程和课程的成绩构成（包括成绩类别、项目，以及相应的权重，参见图1），然后在课程进行的过程中增加作业（需要归入某类并给出最高分），学生在平台上提交作业后，教师在平台上评价打分，给出评语，学生可以随时查看自己的作业成绩，而且系统自动计算和生成学生成绩单（参见图2和图3）。

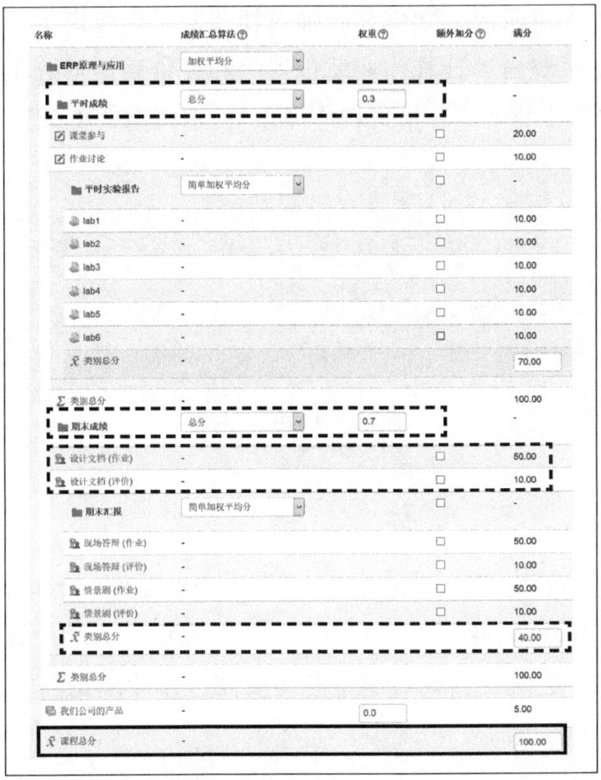

图 1　ERP 原理与应用课程在 Moodle 平台中成绩构成图

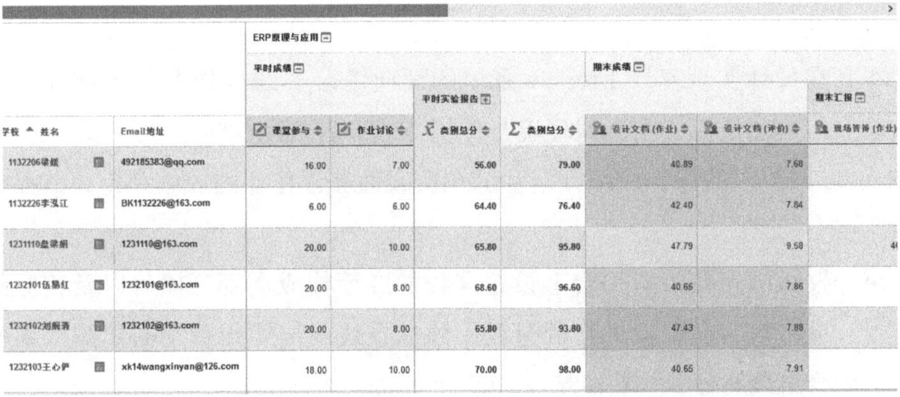

学校 姓名	Email地址	ERP原理与应用 平时成绩 课堂参与	作业讨论	平时实验报告 类别总分	类别总分	期末成绩 设计文档(作业)	设计文档(评价)	期末汇报 现场答辩(作业)
1132206梁媛	492185383@qq.com	16.00	7.00	56.00	79.00	40.89	7.68	
1132226李泓江	BK1132226@163.com	6.00	6.00	64.40	76.40	42.40	7.84	
1231110盘梁娟	1231110@163.com	20.00	10.00	65.80	95.80	47.79	9.58	[illegible]
1232101伍易红	1232101@163.com	20.00	8.00	68.60	96.60	40.66	7.86	
1232102刘婉清	1232102@163.com	20.00	8.00	65.80	93.80	47.43	7.88	
1232103王心伊	xk14wangxinyan@126.com	18.00	10.00	70.00	98.00	40.65	7.91	

图 2　ERP 原理与应用课程在 Moodle 平台中成绩单（左半部分）

至于互评作业，教师只需要在课程中布置作业，设置评价指标体系，分配作业的评价者和评价者的评价权重（比如学生的评价权重均为 1，教师的评价权重为评价该作业的学生人数，这样就设定了教师的评价给分占该作业得分的

50%），然后进入评价阶段，学生和教师对作业质量进行评价，最后进入成绩评定阶段，Moodle 系统自动计算作业质量得分和评价质量得分（根据学生对作业的评价打分与该作业的平均分接近程度评定），不再需要教师录入和计算成绩。

期末汇报							
现场答辩（作业）	现场答辩（评价）	情景剧（作业）	情景剧（评价）	$\bar{x}$ 类别总分	Σ 类别总分	我们公司的产品	$\bar{x}$ 课程总分
-	7.87	41.92	7.75	33.19	81.76	-	80.93
-	7.87	41.04	7.92	32.64	82.88	-	80.94
46.28	-	-	9.81	37.39	94.76	-	95.07
-	7.71	40.41	7.71	32.08	80.59	-	85.39
-	9.80	46.79	7.83	37.73	93.04	-	93.27
-	7.73	40.41	7.87	32.19	80.75	-	85.92

图 3　ERP 原理与应用课程在 Moodle 平台中成绩单（右半部分）

所以，在 Moodle 慕课环境下的作业评分、登记和成绩计算，都可以自动实现。这样的成绩评定模式，具有学生参与度高、作业质量高、教师评分工作量低、工作效率高等特点。

五、总结

本文在设计实现基于 Moodle 系统的面向综合实践性作业的成绩评定模式的基础上，比较分析了在慕课环境与传统方式下教师和学生的参与模式的异同。在 Moodle 系统中的课程成绩评定和综合实践性互评作业的成绩评定，其操作模式为：

- 教师首先在慕课平台上设置课程的成绩构成类别、项目以及相应的权重，然后在课程进行的过程中添加在线或离线作业（需要归入某类并给出最高分）；
- 学生在平台上协作编辑作业，然后提交作业；
- 教师在平台上评价打分、给出评语（针对一般作业），或者学生互相打分、评论，同时教师打分、评论（针对互评作业）；
- Moodle 系统自动记录和计算学生综合实践性作业的成绩，并可实时推送成绩给学生，学生也可以随时查看自己的课程总评成绩和某项作业的成绩；

- 最后，系统自动计算和生成学生的课程成绩单，教师可以下载保存。

实证研究表明，基于 Moodle 平台搭建的慕课环境，可以支持面向综合实践性作业的生生、师生互评，可在很大程度上提高学生的学习兴趣和课程参与度，同时降低教师的收发作业和成绩登记与计算的工作量。

本文设计实现的成绩评定模式，对于慕课环境下具有综合性、实践性作业要求的课程，均具有一定的借鉴和参考意义。

参考文献

① 韩锡斌、葛文双、周潜、程建钢，MOOC 平台与典型网络教学平台的比较研究，《中国电化教育》2014 年第 1 期。

② 教育部高等学校管理科学与工程类学科专业教学指导委员会、国际信息系统协会中国分会，《中国信息系统学科课程体系 2011》，北京：清华大学出版社，2011 年。

③ 中华人民共和国教育部高等教育司《全国普通高等学校管理科学与工程类学科核心课程与专业主干课程教学基本要求》，北京：高等教育出版社，2004 年。

④ Alex Büchner, *Moodle 2 Administration*, Packt Publishing Ltd., October 2011.

⑤ Ian Wild, *Moodle 2.0 Course Conversion (2nd edition)*, Packt Publishing Ltd., November 2011.

⑥ Moodle[EB/OL]. https: //docs.moodle.org/28/en/About_Moodle, 2015-03-20.

⑦ Moodle Stat3[EB/OL]. https: //moodle.net/stats/, 2015-03-20.

⑧ Susan Smith Nash & Michelle Moore, *Moodle Course Design Best Practices*, Packt Publishing Ltd., April 2014.

作者简介：李吉梅，女，博士，北京语言大学信息科学学院教授，硕士研究生导师。

游戏设计与开发课程初探

——兼论游戏在对外汉语教学中的应用

刘颖滨

摘 要 随着移动智能设备与互联网技术的普及，年轻一代已不再满足于传统的信息传播方式，而是习惯以互动方式进行学习。在此背景下，以视频游戏为代表的互动媒体应用方兴未艾，与游戏相关的教学和科研日益受到关注。游戏设计与开发课程是将游戏本身作为研究对象，介绍游戏设计方法及开发技术。对外汉语教学领域因其自身的特点，为借鉴游戏相关理念和技术提供了很大的应用空间。本文重点论述了游戏的本质特征及游戏设计与开发课程的设置，同时结合实际探讨了将游戏理念应用到对外汉语教学当中的可能性。

关键词 视频游戏 基于游戏的学习 教学

近年来，视频游戏（video game）在技术上突飞猛进，形式上百花齐放，其影响遍及文化、社会、经济、政治、技术等各个方面（如无特殊说明，本文中的“游戏”一词将特指运行于数字设备上的视频游戏）。随着劳动力代际更替，熟悉电子设备及互联网的年轻一代非常乐于在学习过程中使用新技术。为了应对这一变化，诸多学者开始关注如何客观、深入地研究游戏，并最终为教学服务。国内外一些高校相继开设了游戏专业课程，在游戏理论、技术、应用等方面展开教学和研究，并积极与工业界合作，开发“严肃游戏”(serious game)，探讨如何将游戏服务于学习。在对外汉语教学过程中，传统的非视频游戏作为一种辅助手段可以丰富教学形式，增强效果。但非视频游戏在形式、效果方面仍然有较大的局限，因此有必要研究视频游戏在教学过程中的应用，以提升学习效率。

视频游戏极具视觉冲击力，互动性强，复杂度较高，研究起来具有一定的难度。例如，视频游戏的核心特征有哪些？游戏对于教学有哪些正面和负面影响？教学中应用视频游戏应该遵循什么原则？针对这些问题，本文将从如下两个方面展开论述：游戏与教学的关系以及视频游戏的本质特征；游戏课程设置以及游戏服务于对外汉语教学的可能性。

一、游戏与教学

自诞生之日起，游戏就迅速受到年轻人的欢迎。随着越来越多的习惯于游戏的青年人进入高等学校，游戏对学生和教学的影响不容忽视，围绕游戏展开的话题也层出不穷，例如：游戏缘何具有如此巨大的吸引力？一些学生为什么热衷于玩游戏而逃避学习？游戏对于教育的影响是积极的还是消极的？对于这些问题的回答，学者、媒体、家长往往莫衷一是。一方面，学生容易沉湎于游戏而厌学，导致相当多的家长、教师持抵制态度，认为游戏对学习会造成干扰，应该杜绝；另一方面，学者通过实验发现，经常玩游戏可以锻炼学生的反应能力、专注度和解决问题的能力，能够促进学生的智力发展。常玩游戏非但不会耽误学习，实际上对学习是有积极作用的。特别需要指出，教学中存在的一些问题在游戏出现之前就已经存在，所以并不能将负面影响完全归罪于游戏。

一直以来，广大教育工作者就尝试将游戏引入课堂，从而激发学生兴趣，提高教学效果。在对外汉语教学过程中，非视频游戏的应用一直以来受到关注，在实践中总结出了行之有效的方法。本世纪以来，国内外学者及产业界对于视频游戏与学习的关系以及如何将游戏引入教学过程也进行了深入的探讨。

首先，游戏以及相关产业的迅速发展，使得简单的禁止几乎不可能。为了满足社会对游戏专业人才的需求，在高等教育阶段开设游戏相关课程，培养专门人才已经是大势所趋。国外游戏产业比较发达，一些高校目前已经开设了专门的游戏课程，从计算机技术、视觉艺术、游戏情节设计等方面对学生进行针对性的培养。这些学校中，比较有代表性的有南加州大学、卡耐基梅隆大学、威斯康星大学等。在国内，专注于游戏的课程及专业目前还处于起步阶段。

其次，游戏对于教学的借鉴意义逐渐被认识。国外学者提出了“基于游戏的学习”（Game-Based Learning）理念，将教学贯穿于视频游戏以达到教学目的。教学游戏必须服务于具体的教学目标，往往不局限于课堂。此类游戏也被称作严肃游戏，即采用游戏的形式进行技能培训。随着游戏开发成本的降低，严肃游戏发展迅速，在军事训练、医疗培训、减灾防灾、公共政策等领域得到了日益广泛的应用。

总的看来，游戏与教学的关系可以归纳如下：

1. 游戏本身已经具备了成为一个单独学科的条件。游戏课程设置应突出跨学科特性。游戏教学应强调动手实践能力和创造力的培养。

2. 服务于教学的严肃游戏必须依托技术平台。课堂游戏作为教学手段，与基于游戏的学习有着本质区别。

3. 游戏必须服务于教学。目标明确、规则清晰是游戏的一大特点，而趣味性必须服务于教学目标。

二、游戏的本质特征及相关课程设置

游戏课程设置的难点在于如何围绕游戏的本质特征建立知识框架，而不是简单地对游戏开发软件进行使用培训。

（一）游戏的本质特征

游戏本身具有艺术和技术的双重属性，是二者的综合体。从艺术角度看，游戏本身具有情节，对玩家具有艺术的感染力；从技术角度看，游戏是一种计算机应用程序，必须依赖于电子设备（计算机、智能手机等）才能运行。艺术对技术提出了挑战，而技术则激发了艺术的灵感。游戏的本质特征可以概括成如下三个方面：

1. 展示（Presentation）。在表现形式上，游戏是对现实世界的一种模拟。受到实现手段的限制，这种模拟往往是抽象和简化的过程，一般具有如下特征：

（1）封闭性：游戏会营造一个相对独立的、封闭的虚拟环境。

（2）形式化：游戏中的核心要素，例如任务目标、规则等均有明确的定义。为了完成任务，玩家必须采取一系列具有明确定义的步骤。对玩家来讲，输赢具有不确定性，会受到诸多元素的影响。游戏需要给玩家预先设定障碍，其难度需要设定在合理范围内。

（3）可感知：游戏使用多种媒体形式，包括音乐、图形、视频、文字等，为玩家营造具有沉浸感（Immersive）的虚拟环境。

2. 交互（Interaction）。相对于图画、雕塑等静态艺术形式，动态艺术可以表现事物随着时间推移而产生的变化过程，如音乐、电影等。而游戏所表现的虚拟世界不仅仅在时间上是动态的，而且各元素之间也可以互相影响。也就是说，玩家能够与游戏互动，从而影响最终的结局。互动性是游戏区别于其他艺术形式最重要的特点，具体体现在：

（1）交互引入了社会性元素，增加了游戏的吸引力。玩家在游戏中不仅需要面对技术性挑战，还需要进行人际交流才能完成任务。

（2）玩家从被动反应转变为主动参与。因为引入了交互，游戏的过程不再是千篇一律，玩家可以置身其中，变被动为主动。

（3）交互是一个过程，好的交互允许玩家以不同的形式（如动作、声音、界面操作等）在不同的层次达到不同目的。

3. 情节（Story）。游戏作为现实世界的虚拟再现，内在情节或者冲突是游戏的灵魂。好的游戏情节一定具有强烈的冲突，而在冲突中获胜是游戏的乐趣所在。

总的来说，游戏是由若干规则定义的、有明确的目标及结果的形式化系统。游戏的复杂程度超越了其他艺术形式，而玩家在游戏中所收获的乐趣也远高于其他形式。正因如此，许多人特别是青少年容易沉迷于游戏的虚拟世界，而忽视了现实世界。如何客观地分析游戏，研究游戏的特点及对玩家的心理影响，也成为了当下的研究热点。

游戏之所以能够引人入胜，不仅仅是由于外在的感官刺激，更多是因为内在诸多要素对玩家的心理影响。近年来的研究表明，这些心理影响在很大程度上与学习过程有着相似之处。游戏过程是玩家通过不断了解和熟悉目标，按照规定的途径不断尝试，最终完成任务的过程。这个过程本质上是一个发现、实验、认知的过程，是一个学习的过程。正因如此，游戏虽然具有娱乐的目的，但是其内涵和应用范围并非局限于娱乐，更不能与“玩”划等号。早在视频游戏出现之前，人类已经通过其他传统游戏启发智力，培养技能。人类的内在求知欲及达到目标后的满足感是人类对游戏感兴趣的根本原因。

（二）课程设置

游戏作为一个单独学科还处于萌芽状态。游戏课程的设置一方面是为了满足人才培养的需要，以应对游戏产业的迅速崛起而形成的巨大需求；另一方面是探讨将游戏引入教学，特别是对外汉语教学的可能性。由于涉及知识较广，复杂度较高，并且技术更新较快，开设游戏课程存在一定的难度。结合北京语言大学信息科学学院的实际情况，笔者从2014年起，先后开设了三门游戏相关课程，基本情况如下表所示：

名称	性质	学分	特点
游戏场景制作基础	专业选修	3	基础知识，三维游戏场景的静态制作
游戏软件设计与开发	专业必修	4	游戏设计思想，游戏技术的综合讲解及实践，双语教学
游戏开发高级技术	专业选修	3	游戏视觉效果的深入讲解和训练

这些课程紧密围绕游戏的核心特征，详细介绍了相关技术和设计方法。在组织课程内容时，平衡了基础知识和应用技术的关系。教学方法上，强调动手能力，以游戏开发作业为线索开展教学。在教学中借鉴“翻转课堂”的方法，将软件使用练习放到课下自学，课上讲解难点并处理学生反馈的问题。

在文科高校开设游戏类课程既有困难，也有优势。困难在于缺乏理工类学科氛围，很多同学对于技术细节的钻研精神有待加强；而优势则在于同学思维活跃，富有创意，这一点在游戏这个技术与艺术相结合的领域内至关重要。实践证明，在本科高年级开设游戏课程是完全可行的。

三、游戏在对外汉语教学中的应用

将游戏应用于对外汉语教学可以有多种方式。首先，可以开发专门的视频游戏以满足教学目的；其次，可以抽取游戏理念的精髓应用于教学过程。前者开发成本高，周期长，不适合灵活的语言教学过程。本文着力探讨的是如何借鉴游戏理念，扬长避短，开发一系列功能明确、成本低、可灵活组织的具有游戏特征的汉语教学应用。

2013 年以来，北京语言大学“大数据与语言教育研究所”开发了“卡片汉语”教学平台，将“基于游戏的学习”理念引入汉语教学领域，实现了在线制作、跨平台发布、移动学习等功能。目前该平台功能已经基本开发完成，并积累了大量的汉语教学素材。这里以卡片汉语的微信端功能为例，说明汉语教学应用所体现的游戏理念：

<table>
<tr><th colspan="2">游戏理念</th><th>卡片汉语</th></tr>
<tr><td rowspan="3">展示</td><td>封闭性</td><td>每张卡片作为一个知识单元，一个卡片集完成特定的教学功能</td></tr>
<tr><td>形式化</td><td>卡片和卡片集的教学目标简单明确；采用选择题形式对具体知识点进行考查，方便学生检查学习成果</td></tr>
<tr><td>可感知</td><td>通过展示汉字的字形、读音、笔顺等多元化信息，便于学生理解</td></tr>
<tr><td rowspan="3">交互</td><td>社会性</td><td>采用微信作为推广平台，用户可以方便地转发、分享（朋友圈）内容，还可以晒成绩，实现了虚拟的学习社区</td></tr>
<tr><td>主动性</td><td>学生可以灵活选择学习内容和时间，制订学习计划，提升自由度</td></tr>
<tr><td>过程性</td><td>通过分析学习过程，系统可推送学习内容，引导学生深入学习</td></tr>
<tr><td>情节</td><td>趣味性</td><td>提供各种趣味性学习内容，例如多音字、方言等，并辅以动画、音视频等形式以吸引用户学习</td></tr>
</table>

实践证明，游戏进入教学过程的最大问题在于如何定位。在语言教学领域，包括游戏在内的所有教学应用都无法取代传统的课堂教学。游戏更多的是针对预设的知识点进行反复练习，强化学生的记忆。这样的学习模式无法完全取代教师与学生在课堂上的面对面交流。但是，游戏可以借助技术的力量，完成传统教学所无法实现的任务。游戏针对性强，便于使用，不受时间和地点限制，能够积累并分析用户行为，从而成为课堂教学的延伸。

总结起来，游戏进入教学必须要解决的问题包括：

1. 方法：游戏必须是为教学定制的，而不能简单地使用现成的商业游戏。教学游戏软件必须顺应网络化和移动化的趋势，作为一个系统工程来实施，而不是孤立的单机应用。卡片汉语选择微信作为应用平台，既降低了开发成本，又可以利用定制化功能来满足不同教学任务的需要。

2. 内容：在设计教学游戏的过程中，教学内容需要层层分解，按照游戏的框架进行重组。教学内容需要依据教学进度分成不同单元，而各单元要像游戏关卡一样目的明确，单元之间环环相扣。对于不同的教学内容，可灵活采取不同的媒体形式，如文字、图片、动画、音视频等。

3. 评估：详细地记录学习过程，并据此评估教学效果。游戏与传统的教学评估方法（如考试）往往不能很好地配合，但是游戏可以详细记录学习行为，对教学质量的评估更加全面和具体。同时，教师可以通过游戏及时给学生提供反馈，从而改变角色，参与到学习过程中去。

四、结语

如同历史上曾经出现的很多新事物一样，游戏的是与非不可简单地一语概之，而是要认真分析，客观评价。将游戏为教学所用是值得广大教学工作者深入思考的问题。通过实践，我们认识到利用现有资源开发一些实用的游戏来服务于对外汉语教学是完全可行的。在今后的工作中，希望越来越多的人关注这一领域，将更多的先进技术和理念应用于对外汉语教学工作，以期取得更大的成果。

参考文献

① 崔永华、杨寄洲，《对外汉语课堂教学技巧》，北京：北京语言大学出版社，1997年。

② 任秀芹，对外汉语教学游戏研究综述，《中国校外教育》2011年第24期。

③ 王成鑫，国际汉语教学课堂游戏教学活动实证研究，吉林大学硕士学位论文，2013年。

④ 周健，《汉语教学课堂教学技巧与游戏》，北京：北京语言大学出版社，2005 年。

⑤ Allison Floeter, The Effectiveness of Game-Based Learning, University of Wisconsin, *UW-Stout Journal of Student Research*, 2009.

⑥ Chris Crawford, *The Art of Computer Game Design*, Mcgraw-Hill, 1984.

⑦ James Newman, *Videogames*, Taylor & Francis, 2012.

⑧ Raph Koster, *A Theory of Fun for Game Design*, Paraglyph Press, 2013.

作者简介：刘颖滨，男，博士，北京语言大学信息科学学院讲师。

改革课程体系　培养创新人才

杨　萍

摘　要　为了提高本科教学质量，促进拔尖创新型人才培养，信息科学学院从2009年5月开始逐步展开本科课程的改革工作。信息科学学院的三个本科专业——计算机科学与技术、信息管理与信息系统、数字媒体技术，涉及数学、物理、计算机科学与技术、管理科学与工程、艺术等不同类别的学科基础。在课程改革的过程中，首先要解决的是增加知识点、授课内容与有限学时之间的矛盾。为此，我们梳理了贯通一级学科计算机科学与技术的知识体系，在此基础上构建起了以10门公共核心基础课程为主体的新课程体系。这些公共核心基础课程用于三个专业共通的理论学习与技能素质培养。要培养知识、能力、素质全面发展的人才，除了第一课堂的学习，第二课堂也是必不可少的。在数十门核心课程的基础上，我们建立了以实验系列、计算机系列、学科专业系列为主体的限选课程群，学生们可以根据自己的兴趣和就业预期在不同的系列中选择合适的课程并修满要求的限选课程学分。为寻求一种可持续发展机制，从根本上解决教学的基本矛盾，我们还采取了课程群负责人及主讲教师聘任制的办法。

关键词　公共核心基础课程　学科知识体系　信息科学学院

为了提高本科教学质量，促进拔尖创新型人才的培养，信息科学学院从2009年5月开始，逐步开展本科课程的改革工作。经过几年的努力，梳理出了学科的知识体系，并在此基础上构建起以10门公共核心基础课程为主体的新课程体系。目前，已经进入新课程体系的试行阶段。

当前，信息领域的科学技术不断发展变化，与周边相关学科的相互渗透不断产生着新的学科生长点。为了适应专业的发展，满足国家的需求，我们要培养的应该是掌握信息科学与技术领域内的坚实基础和宽广知识，能够从事相关科学研究、工程设计与应用开发的拔尖创新型人才。信息科学学院的三个专业——计算机科学与技术、信息管理与信息系统、数字媒体技术，涉及数学、物理、计算机科学与技术、管理科学与工程、艺术等学科，新的课程体系打通了这些学科的公共核心基础课程，让学生综合几个学科领域的知识背景，在本科阶段打下宽而厚的基础，具备更强的专业适应性。

在课程改革的过程中，首先要解决的是增加的知识点、授课内容与有限学时之间的矛盾。学生的学习时间是有限的，如果简单地通过增加授课内容来实现专业打通，加入学科历史及前沿，势必加剧这一矛盾。对人类学习过程的研究结果表明，任何一个领域的知识都是有自身体系结构的，在知识体系的背景下学习有助于对知识的掌握、理解，而且有益于记忆和应用，可以有效提高学习效率。要在有限的时间内让学生掌握更多、更牢固的知识，必须梳理出本学科的知识体系，根据知识体系构建各门核心课程。而每一门核心课程要打破自身体系的框架，纳入到整个学科的大背景下去讲解，才能使学生建立起完整的知识体系，更有效地掌握知识。新的课程体系注重让学生们在学到课程知识的同时，了解到知识发展的整体脉络和各个知识点以及各门知识之间的相互关系；同时，将最新的学科进展反映到课程内容中，使学生把握学科发展的新动态。

信息管理与信息系统专业、数字媒体技术专业均附属于计算机学科，侧重于计算机应用开发，以“计算机应用”为指导，我们梳理出贯通信息科学学院的学科知识体系，核心概念归纳在“计算系统、应用系统与知识 / 数据获取”三条主线上。不同的应用系统需在计算系统上执行，计算系统主要负责系统层面上的软硬件管理。操作系统、数据库管理系统、计算机网络系统等是公共基础计算平台，面向服务的计算、云计算等是发展中的新型计算平台。应用系统是多种多样的，根据信息科学学院学科设置，主要涉及自然语言处理、管理信息系统、人机交互与多媒体信息系统、电子商务系统等应用系统设计开发。物联网、嵌入式、社会计算等应用系统的设计，可作为进一步的扩展方向。应用系统设计，需要了解相关领域背景知识，开设相关课程，其中包括如自然语言信息处理、管理学、图形、图像与语音识别等学科的知识。

在各类计算系统的层面上，数据库管理系统、计算机网络系统是学院目前三个专业方向通用的基础计算平台，又在整个计算系统中起到承前启后的作用，因此，数据库原理和计算机网络被设定为系统方面的全院公共核心基础课程。

任何系统的开发，小型程序或大型软件的设计实现，均涉及程序设计方法、软件开发技术和算法等方面的基本训练和技能，故选择 C/C++ 程序设计和数据结构等为公共核心基础课程，作为全院各专业的基础素质培养载体，全力强化学生的编程能力。除这几门公共核心基础课程，学院还开设许多基于其他类别语言（如汇编、Java、Perl、Python 等语言）以及面向特定平台（如 Windows、Web）的程序设计课程，以满足不同场合的需求。

数学是整个信息学科的基础。高等数学是任何工程和管理学科的公共基础，自不必说；离散数学是计算机相关学科的数学基础，对于计算系统的理解和计算思维的建立是必不可少的训练；而像线性代数、概率统计等在图形、图像、音视频信号处理、数据和知识挖掘、决策与分析等方面均发挥着重要作用。这些课程都将作为公共核心基础课程要求全院同学必修。还有一些应用数学分支（如复变函数、积分变换、数值计算等）有着相对特殊的应用场合，则分散于相关课程中学习。

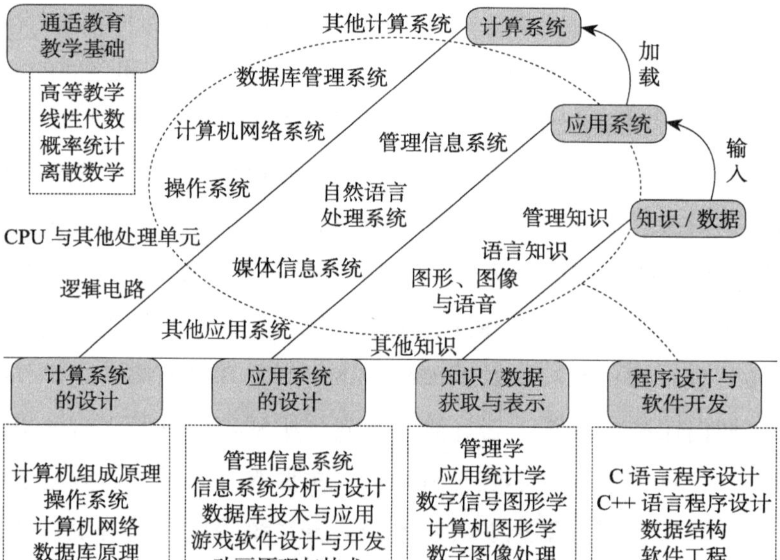

信息科学学院学科知识体系示意图

新构建的课程体系将原有的14门专业必修课凝练成10门专业核心课，这10门专业核心课涵盖了本学科的核心概念和主要案例，学生学完这10门课程后，将具备学习本学科领域涵盖2个一级学科、7个二级学科所有专业课的基础。这10门核心课程改变了原来各门课程自成体系的状况，在“计算系统、应用系统与知识/数据获取”这一脉络下，将本学科的核心概念纳入到一个整体的知识构架，明确了核心概念及其案例的内在联系，有利于学生对本学科知识的理解、掌握、记忆、运用，在改善教学效果的同时，可以有效提高教学效率。

为了让学生们了解本学科的知识体系，从2013年开始，我们面向大一新生开设了“学科导引课”，旨在引导新生了解电子信息学科知识体系的架构，初步建立学科知识的核心概念，理解课程体系设置与培养计划安排的背景，为学生选课和确定主攻方向打下基础。该课程受到同学的普遍欢迎，也吸引了很多教师前来开设讲座。经过两个学期的实践，该课程已逐步趋向成熟。

要培养知识、能力、素质全面发展的人才，除了第一课堂的学习，第二课堂也是必不可少的。所谓第二课堂是指学生在课堂学习以外的综合素质的培养。信息科学学院聚集了全国最优秀的学生，他们共同学习、生活在一起，在课余时间彼此交流，互相影响，共同提高。我们提倡丰富多彩的课外活动，包括具有专业水准的科技、体育、文娱活动以及社会实践等。新建核心课程体系的理论课程内容凝练，提高了第一课堂学习的效率，学分减少，为学生们第二课堂的学习挤出了宝贵的时间。节省下来的学分，一部分用于增加实验课程，加强学生的实验动手能力，另一部分增加为限选学分，增加学生的课程选择性。在改革后的课程体系中，学生限选课程学分从原来的8学分增加到16学分。

信息科学学院一大特点是注重研究，研究所、实验室、教研室，所有研究人员、教师都在从事各自领域最前沿的研究，并面向学生教授各种课程。教师们会把所在学科的研究方法和在研究中得到的灵感传递给学生，并使学生也参与到一些实际研究中。通过创新教学模式、整合校内外资源，积极探索基于第二课堂的拔尖创新人才培养路径，实现注重学生全面素质和能力培养的目标。从2009年10月，通过参加北京市大学生科研与创新行动计划、国家级大学生创新创业项目、校级大学生创新项目等活动，我们对本科生进行创新实践活动的训练，集协同性、创造性、挑战性于一体，激励学生主动探索极限，设计实现具有挑战性的学习活动。以项目研究为依托的选拔模式，一方面提升了项目申请人的综合科研能力，另一方面也能切实考察出学生对科研工作的热情和自主完成科研项目的能力。根据年度学生调研数据，从2009年10月到2014年，累计招募六期北京市大学生科研与创新行动计划，三期国家级大学生创新创业项目，两期校级大学生创新项目，共530名左右项目成员，信息科学学院84%的学术机构为学生提供了研究训练的机会。79%的学生参与了研究项目、创新活动或原创课程论文的撰写。2013年，三分之二的大二学生参与了大学生科研与创新行动计划立项，协助教师进行研究或创新项目。本科生参与到研究活动中，逐渐成为本科教育的基础之一。

在10门核心课程的基础上，我们建立起了以实验系列、计算机系列、学科专业系列为主体的限选课程群，学生们可以根据自己的兴趣和就业预期在不同的系列中选择合适的课程并修满要求的限选课程学分。

综合实验室部署了多操作系统环境、大型数据库系统、ERP系统、各种语言开发环境，支持计算机类、信息管理、信息系统类相关专业课程的实验教学。网络实验室包括6个实验台（RACK），每个实验台包括1台RCMS控制服务器、4台R2632路由器、2台S3550交换机和2台S2126交换机，还引入了防火墙、VOIP、IPV6、WLAN等高端实验设备，支持计算机网络、网络工程和计算机安全等课程的实验教学和毕业设计。硬件实验室配置组成原理和数字逻辑电路实验箱各20组，嵌入式实验箱1组，支持硬件类课程实验、项目开发及毕业设计。数字媒体实验室安装开发和制作两大类软件，面向数字媒体处理和生成两大类任务，例如：通用开发软件MS Visual Studio 2005、MathWorks Matlab 2012b，虚拟现实开发软件Vizard（专业版5套，教育版40套），游戏开发软件Unity 3D，音频编辑软件Adobe Audition CC，图像编辑软件Adobe Photoshop CC，视频编辑软件Adobe Premiere Pro CC，媒体合成与视觉效果软件Adobe After Effects CC，二维动画制作和游戏开发软件Adobe Flash Pro CC，三维建模与动画制作软件Autodesk公司3ds Max 2013和Maya 2013，等等。支持数字媒体技术专业课程的实验教学，所含课程包括：数字信号处理、数字音频编辑与制作、数字图像处理、数字音视频处理、数字媒体后期制作、计算机图形学、动画原理与技术、虚拟现实、游戏软件开发等。语言信息处理实验室支持大学生创新项目实践和研究生课程、项目以及毕业设计的实践需要。

课程时间安排上的总体思路是，通识培养主要在一、二年级，不同方向的专业性较强的课程一般不在这一阶段开设；四年级的课程尽可能少安排，为学生考研、准备就业以及毕业设计等留出更多时间。这样，10门核心课程大多数被安排在一、二年级，只有一门课安排在大三上学期。

经过多年的建设和探索，信息科学学院形成了大一有信息技术基础系列讲座和课程设计、大二有大学生科研项目、大三有海外交流、大四有专业实习的创新实践人才培养模式。大一为基础程序设计课程增设课外训练项目，帮助学生培养程序思维模式和良好的编程习惯；大二鼓励学生打开思路，出点子，设计自己的应用系统，并逐步融入高年级同学和老师的项目以及开发团队；大三组织学生参加各种学科竞赛，锻炼学生抽象建模、团队协作的能力；大四的毕业设计有机会综合运用大学期间所学知识和能力，完成新技术的自我学习和应用系统的开发。

为了寻求一种可持续发展机制，从根本上解决教学的基本矛盾，我们还建立起核心课程负责人及主讲教师聘任机制。对核心课程负责人及主讲教师岗位的设定、职责要求、聘任考核办法等做了详细规定，为核心课程的高质量授课教师队伍提供了保障。在课程改革的过程中，信息科学学院的老师们积极参与，投入了大量的时间和精力，期间召开了数十次各种形式的课程研讨会。目前，课程改革进入了试行阶段，从2012级新生开始启用全新的培养方案。围绕着课程大纲的进一步优化调整、高水平主讲教师队伍的建设、讲义教材的编写以及课程改革效果评估等项工作，信息科学学院的课程改革工作正在稳步推向深入。

作者简介：杨萍，女，北京语言大学信息科学学院副教授。

"中国传统文化三维体感游戏"大学生科研与创新行动计划项目指导总结

张习文

摘　要　大学生科研与创新行动计划是培养科研能力和创新精神的新兴实践教学。在近三年项目指导中，以中国传统文化为题材培养大学生的民族荣誉感，以三维的对象重建、场景构建、动画制作和体感互动开发等技术培养大学生的自主学习、技术应用和集成创新等能力。已指导项目在中国大学生计算机设计大赛、北京语言大学国家级大学生科研与创新项目中获得喜人成绩。本文从五个阶段总结项目指导及其组织：申报时积极引导，立项后的自学和讨论组织、基本流程启发、关键技术指导，中期检查时总结报告写作，结项时游戏展示和答辩准备，结项后鼓励和支持参加校外国内比赛。本文对指导中所涉及的题材选取、软件选用、自学资源等进行总结。本文还对参加项目学生在就业和竞赛中的成果给出统计。最后结合大学生创业、留学生中华文化教育和中国传统文化复兴等问题给出自己的思考和建议。

关键词　中国古典绘画　三维　体感　游戏　大学生科研与创新

大学生科研与创新行动计划是一项新兴的实践教学活动，旨在激发科学探索热情、培养科研能力和创新精神。信息科学学院2009年起申请北京市资助项目，每年十项左右。2010年至2015年9月本人指导七组（两组在研），结项五组中两组获优秀（前30%），分别为2/12和3/10。2012年起申请教育部项目，每年五项左右。2012年至2015年9月本人指导五组（一组在研），结项四组中两组获校级优秀（院内1/5），其中一组在2014年第二届中国大学生软件服务外包大赛中获一等奖，为我校至2014年参加中国大学生计算机设计大赛所获唯一最高奖项，另外一组在2015年第三届中国大学生软件服务外包大赛中获二等奖。笔者于2013年获学校大学生学科竞赛优秀指导教师，于2014年获学校国家级大学生创新创业训练计划项目优秀指导教师。

2013年起，笔者主要面向中国传统文化设置项目，积极引导学生申请，精心指导学生实施，最终完成效果良好。该类项目共有九组，占所指导项目的四分之三。现将指导中所做的思考和尝试、所积累的经验和教训等进行总结。

一、以学生为中心设置项目

学生和指导教师都可设置项目内容。在设置项目时，充分考虑学生的兴趣、基础和未来发展等，坚持以学生为中心的原则。数字媒体技术专业的学生是绝大多数项目的主要参加人员。

（一）已指导项目类别

笔者根据已讲授课程和已有科研积累，设置和指导三个项目，如表1所示。根据自学技术热点、其他教师已讲授课程和学生的强烈兴趣，设置和指导九个文化类项目，如表2所示。对这些文化类项目，学生兴趣很大，自主学习积极性很高，完成效果也很好。

表1　非文化类项目

序号	年份	资助	年级	学生	题目	结项
1	2010	北京市	2008	佟文雅、廖路璐、徐玛丽	HSK作文数字图像识别研究	合格
2	2011		2009	周虹、王楠、周斌峰	HSK作文数字图像的细化与笔划化方法研究	优秀（3/10）
3	2012	教育部	2010	许晴、刘宴婷、卓勇杰	人脸数字图像美化方法研究与系统开发	院内优秀（4/13）

表2　文化类项目

序号	年份	资助	年级	学生	题目	结项
1	2012	北京市	2010	赵晗、郑皖嫣、魏文霞	基于多通道交互的洛神赋数字图像动态体验研究	优秀（2/12）
2	2013	教育部	2011	刘冰雁、姜馨、李维宇、薛文环、白晓云	基于Kinect的汉语字词生成游戏开发	合格
3	2013	教育部	2011	马乐慧、顾姝月、高杨（信管专业）	基于Kinect的汉语体感游戏开发	校级优秀（院内1/5）
4	2014	教育部	2012	游爽、朴太晶、李子雯、陈睿	基于MS Kinect的《朝元仙仗图》的三维游戏开发	校级优秀（院内1/5）
5	2014	北京市	2012	朱迪依、袁倩蕾、江伊丽、熊燕妮	基于MS kinect的《汉宫春晓图》的三维体验开发	合格
6	2014	北京市	2012	胡梦非、董文静、杨英凡、李星格	基于MS Kinect的《洛神赋图》的三维体验开发	合格
7	2015	教育部	2013	郑浩、陈思睿、郑依玲、王洋、钱浩	《姑苏繁华图》的三维体感互动体验开发	中期通过
8	2015	北京市	2013	刘宇昭、巴亚军、张芸菲、陈润秋	基于MS Kinect的《圆明园秋冬图》的三维体验开发	中期通过
9	2015	北京市	2013	朱若琳、董豆豆、彭佳露	《圆明园春夏图》的三维体感互动体验开发	中期通过

（二）已指导项目内容

本文主要是针对文化类指导项目进行总结。在项目内容设置上主要考虑了题材、技术热点和学生兴趣等。

题材都是针对中国传统文化，例如，中国古代经典绘画，包括东晋顾恺之的《洛神赋图》、明朝仇英的《汉宫春晓图》、北宋武宗元的《朝元仙仗图》、清朝徐扬的《姑苏繁华图》、圆明园《十二月历图》；经典古文，包括《论语》、唐诗、宋词等；汉语字词，包括汉字结构和组词。这些绘画和语言题材在民族自豪感、亲和力上有很大吸引力。

采用新技术包括了多通道、体感输入等热点。其中八个项目采用MS Kinect作为用户肢体动作的体感输入设备，面向Windows系统的Kinect版本在2012年才正式发布。这些新兴技术让学生感觉很新奇，在新技术挑战性和成就感上有很大吸引力。

兴趣点都结合了三维、游戏等大学生时下关注的焦点。其中七个项目采用三维场景，九个项目或多或少有游戏体验和过关成分。在三维技术上，采用Autodesk 3ds

Max 和 Maya 等创建三维模型材质动画，采用 Unity 进行三维场景构建。在游戏技术上，玩家通过 MS Kinect 在现实空间进行肢体动作驱动虚拟空间中相应角色进行三维场景漫游、三维道具触动等，多个项目具有答题得分、关卡通过等游戏成分。

（三）多环节引导学生申请

在引导学生申请所设置项目时，采用已有项目书面总结、拟设项目书面简介、当面介绍和讨论、当面展示预期效果等手段。

在已有项目书面总结中，给出已指导完成和正在指导项目的题目、内容和效果等，并给出相应学生的联系方式和就业情况等，方便学生之间交流，以了解本人指导项目的情况、方法、方式和效果等。

在拟设项目书面简介中，给出所设置项目的题目、要求、参考案例等，便于项目成员预先思考、网络搜索和分析比较等。

当面介绍和讨论时，介绍之前参加项目学生在国内考研、国外读研和行业工作中的竞争优势，进一步明确参加项目的意义、作用和价值。询问对项目有意向学生的课程成绩情况，向成绩优秀学生倾斜，引导学生将课程学习放在优先位置。从已指导项目学生的发展情况看，未来职业和人生发展目标越明确，课程成绩越好，其自主学习的态度、方法和效果也越好。很多指导教师也有同感。

当面展示预期效果时，首先给出拟设项目参考案例的实际效果，提高项目吸引力和学生兴趣；其次给出项目相关的已有基础的参考案例，提高项目可行性和学生自信心；最后根据学生成绩、基础、兴趣和志向等确定题目和团队。

在申请书写作中，进行两次修改。第一次修改主要针对内容，包括条理、结构和逻辑等方面。第二次修改主要是针对版面，包括字体、格式、插图、表格等形式要求。

在立项答辩前进行预答辩，要求学生采用 MS PowerPoint 制作幻灯片，侧重于重点难点提炼、图文并茂、讲演结合等。

二、引导和讨论相结合指导项目

项目指导包括四个阶段：立项后、中期检查、结项前和结项后。在进度上要求学生做事要有计划，要往前赶，不能往后拖，每周每月都要有进展，有问题要及时提出和讨论。指导方法和内容在每个阶段都有所不同，但可概括为引导学生自主实施、师生多讨论、教师指导关键点。

（一）立项后多层次指导

对学生讨论进行三个层次的组织：项目组内部讨论、项目组之间讨论、项目组和教师讨论。项目组内部和项目组之间讨论由学生自己组织，根据需要而定，不做定时要求。而项目组和教师讨论则有定时要求，第一学期两周一次全体成员半小时讨论，第二学期一周一次全体成员半小时讨论，可以增加不定时讨论。每次讨论，每个学生都要报告前一周的进展和问题、下一周的任务和思路等。

在实施项目时，以深度优先，要求学生先从头至尾走通，不苛求中间环节。这样可以培养学生整体意识，从整体上把握一个项目，而不拘泥于某个细节。在从头至尾走通后，引导学生从全局来看待每个局部，然后进行细节的深化。

在指导中注重关键技术指导，注重主要问题分析和关键技术思路的示范作用，培养学生重点突出、主次分明的关键点致胜理念。在对整个项目有全局理解、体会和感受后，提炼关键点。最后，以关键点为主要支撑进行项目实施。

（二）中期总结指导

在中期检查时，要求完成不少于整个项目的五分之二。这是因为前半段自学会投入较多。前半段学习和尝试的技术在后半段主要是应用于问题，往往事半功倍。

要求学生不仅能做、会做、做好，而且要能写、会写并写好。中期报告总结前半段项目进展，对实际开发和制作进行概括和提炼。

与此同时，中期检查报告也要对后半段项目进行预期。对着申请书，根据前半段完成情况，对后半段内容进行补充和调整等。

（三）结项前展示指导

结项前要求提交结项报告，展示项目内容，进行公开答辩。结项报告在写法上与中期报告类似，要求学生给出提出、分析和解决问题的过程，注重方法的分析和比较，描述采用算法和实验等形式。

在项目内容展示准备上，考虑多种情况，给出多种预案。要求学生最优先进行实际现场演示，要十分熟练展示内容。要求学生对展示内容制作视频，现场有意外情况才考虑播放视频展示，这只是应急而用。

（四）结项后拓展指导

结项后鼓励和支持学生参加校外比赛，进一步提升学生的自信心和荣誉感。刘冰雁组参加 2014 年第二届中国大学生软件服务外包大赛，最终获得一等奖。游爽组参加 2015 年第三届中国大学生软件服务外包大赛获二等奖。

从已指导的项目组织过程中可以明显感觉到，定期组织组内、组间、教师和小组等的不同范围的讨论，能够更好地调动学生和教师的积极性和责任心，更好地开阔视野，打开思路，改进方法，形成不断完善、精益求精的内在动力，以及你追我赶的竞争意识和创新精神。

三、项目指导内容总结

本人已指导项目主要针对中国古典绘画，面向三维体感游戏开发。具体指导内容包括以学生兴趣为主的题材选取、针对不同问题选用合适的软件及相应技术，梳理各种不同类别和层次的自学资源。

（一）面向中国古典绘画选取题材

中国传统文化包括很多内容和形式，其中古典绘画具有良好的视觉效果和鲜明的民族特色。选择中国古典绘画为研究对象，能够促使学生更为深入和全面地了解、理解、分析、提升这类传统民族文化。选择中国古典绘画为起点，不仅能够降低对游戏场景的原画设计要求，而且也可形成二维和三维的对比，更能体现三维技术优势，这有利于提升学生荣誉感和技术挑战性。开发三维体感游戏则是将传统文化与现代技术进行结合，具有复兴传统文化之意义。

以中国古典绘画为基础，制作三维计算机动画，开发人机互动体验，之前已有较多的尝试，例如，台北故宫博物院的《唐宫狂想曲》《清明上河图》，2010

年上海世博会的《清明上河图》，北京故宫博物院 iPad 应用《胤禛美人图》。但很多尝试在三维场景和动画的真实感与人机互动的自然性等方面都有待提高。

（二）通用和专用软件结合

该类项目内容包括制作三维媒体和开发体感交互程序。制作的所有三维媒体最终要融为一体，并且采用体感输入进行三维场景互动。

Unity 游戏引擎和 MS Kinect 有良好接口。其编程语言包括 C# 和 JavaScript，学生在大一、大二均学过 C、C++。这些均有利于进行体感互动开发。

数字媒体技术专业有 Autodesk 3ds Max 课程，也组织 Autodesk Maya 机构培训班，学生具有较好的课程基础，因而在通用性建模和动画方面选用这两个软件。

针对人物建模和动画，Poser Pro 集成度很高，包括人体、面部、头发、衣服、绑定、动作等完整功能，朱迪依组江伊丽、胡梦非组杨英凡等均选用了该软件。针对服装建模和动画，Marvelous Designer 专业度很高，朱迪依组江伊丽选用了该软件。针对树木建模和动画，SpeedTree 专业度很高，胡梦非组杨英凡选用了该软件。

（三）多层次的自学资源

这些软件要自学，主要资源包括：软件帮助文件、图书和视频教程，可分为基础、专题和综合三个层次。

针对Unity，初学者选用视频教程Unity 4. 3 Essential Training和图书*Unity 4.x Cookbook*，中级者关卡专题选用视频教程 Level Design Basics in Unity，动画专题选用视频教程 Animating Characters with Mecanim in Unity 3D。

针对 MS Kinect 开发工具，基础学习选用图书 *Start Here! Learn the Kinect AP*，在 Unity 中使用 Zigfu SDK 专题选用 *Unity 4.x Cookbook*。

四、面向就业和竞赛的项目效果总结

参加项目的学生在工作、考研和出国等毕业选择中具有明显优势。共有 44

名学生参加项目，已毕业20人。其中文化组11人,2人国内读硕,5人海外读硕，2人行业工作，如表3所示。非文化组有9人，3人国内读硕，2人国外读硕，3人行业工作，如表4所示。

表3　文化组已毕业学生

序号	年级	姓名	读硕、工作情况
1	2010	赵晗	北京邮电大学硕士生
2		郑皖嫣	美国 Carnegie Mellon University 硕士生
3		魏文霞	去哪儿网络公司，行业工作
4	2011	马乐慧	保送北京语言大学硕士生
5		高杨（信管专业）	美国 University of Illinois Urbana-Champion 硕士生
6		姜馨	香港中文大学硕士生
7		李维宇	美国 New York University 硕士生
8		刘冰雁	美国 Savannah College of Art and Design 硕士生
9		薛文环	暴风科技有限公司，行业工作

表4　非文化组已毕业学生

序号	年级	姓名	读硕、工作情况
1	2008	徐玛丽	保送北京语言大学硕士生
2		佟文雅	北京邮电大学硕士生
3		廖路璐	天津市公务员，工作
4	2009	周虹	北京邮电大学硕士生
5		王楠	美国 Syracuse University 硕士生
6	2010	卓勇杰	澳大利亚 The University of Melbourne 硕士生
7		许晴	完美世界，行业工作
8		刘宴婷	360公司，工作

参加项目学生在校外大学生竞赛中具有明显优势。共有44人参加项目，在中国大学生计算机设计大赛中获奖共有14人次，李维宇组队（4人）获一等奖，游爽组队（4人）获二等奖，胡梦非三次组队获三个三等奖，郑皖嫣、高杨分别组队各获三等奖。

五、近期项目指导思考

该类题材游戏在很多相关领域具有良好的发展机遇和前景，例如中国传统文化复兴、留学生中华文化教育和大学生创业等。

采用三维体感游戏再创作中国传统文化是主要研究内容之一。针对唐诗、宋词、元曲和中国古典绘画等素材，面向青少年和留学生，采用三维体感游戏进行再创作，能够提供更为形象生动、自然互动的文化体验。

沉浸体验是教育的一个主要发展方向，其中三维体感游戏是一个主要手段。对不同文化背景的留学生采用三维体感游戏进行中华文化教育，能够自然互动和沉浸体验，具有情景逼真、内容丰富和寓教于乐等特点。

创业是大学生就业方向之一。中国传统文化具有高度认同感和广泛亲和力，玩家和受众群体庞大。体感技术先进，为玩家提供自然互动的感受。三维游戏提供沉浸体验，真实感很强。英特尔和微软等公司提供具有良好性价比的硬软件，这样可以降低创业门槛，可行性较高。因此该类题材游戏较适合大学生创业。

六、结束语

本文回顾了自己多年来所指导的大学生科研和创新行动计划项目，选取其中有关中国传统文化的三维体感游戏开发，从三大方面进行了总结：内容设置与申请引导，指导的方法、内容和效果，以及未来应用。

该类题材项目对大学生有很大吸引力，很好地提升了大学生的技术水平、科研能力和创新精神，取得了很好的技术积累和人才培养效果。

参考文献

① 故宫博物院发布《每日故宫》iPhone 应用，http：//www.dpm.org.cn/shtml/

400/@/122054.html。

② 姜孔桥、吕波，对大学生科研与创业行动计划进行分类管理的机制探讨，《教育理论与实践》2012 年第 27 期。

③ 精彩数位故宫—动漫故宫，http：//www.npm.gov.tw/exh99/npm_digital/ch3.html。

④ 张清、黄耀祖，世博中国馆《清明上河图》动画版制作漫谈，《现代电影技术》2010 年第 11 期。

⑤ Adam Crespi, Unity 4.3 Essential Training, 2014, http: //www.lynda.com/3D-Animation-Games-tutorials/Unity-43-Essential-Training/150613-2.html.

⑥ Matt Smith & Chico Queiroz, *Unity 4.x Cookbook*, Packt Publishing Ltd, 2013.

⑦ Adam Crespi, Level Design Basics in Unity, 2013, http: //www.lynda.com/Unity-3D-tutorials/Level-Design-Basics-Unity/133341-2.html.

⑧ Sue Blackman, Animating Characters with Mecanim in Unity 3D, 2013, http: //www.lynda.com/Unity-3D-tutorials/Animating-Characters-Mecanim-Unity-3D/118077-2.html.

⑨ Rob Miles, *Start Here! Learn the Kinect API*, Microsoft Press, 2012.

⑩ Intel RealSense Technology, http: //www.intel.com/content/www/us/en/architecture-and-technology/realsense-overview.html.

⑪ Microsoft HoloLens, http: //www.microsoft.com/microsoft-hololens/en-us.

作者简介：张习文，男，北京语言大学信息科学学院教授，博士生导师。

信息时代的电脑文秘课程设计

唐海燕

摘　要　电脑文秘课程是非计算机专业计算机基础课程，安排在大一第一学期。从2014年的这一届起，大一新生大多出生于1995年之后，他们已经完全可以被称为“信息时代的原著民”。而由于地区差异和教育资源的不均衡，也有学生在进入大学之前，从未接触过电脑，可谓零基础。同时，班里还有虽然有一定电脑基础，但语言不过关的留学生。面对同一教学班学生基础差异巨大的情况，如何关注学生个体，培养学生的计算思维，带领他们完成作为计算机基础课的电脑文秘课程，教师需要进行更加合理的教学设计，智慧教学。信息时代教育技术的发展，为教师提供了更多的教学手段。本文基于一学期完整电脑文秘课程的教学实践，从教学目的、教学内容、教学进度、教学模式等方面出发，分析信息时代学生的特点，引入游戏化教学理念，借鉴MOOC课程与翻转课堂的设计方法，利用“北语模课”教学平台及新媒体等教学辅助手段，探索课程教学改革中采取的一些措施与方法。

关键字　计算机基础课程　MOOC　计算思维　“北语模课”教学平台　教学改革

电脑文秘课程是非计算机专业计算机基础课程，安排在大一第一学期，是本科必修课，3学分。根据《高等学校非计算机专业计算机基础课程教学基本要求》所列，课程教学目标为：了解计算机的硬件结构与组成原理；了解操作系统的功能与其中一些重要概念；了解计算机网络、数据库、多媒体等技术基本概念、相关技术和应用领域；掌握计算机基本应用技能。除数据库内容作为一门单独的课程在大一下学期开设外，其余都将是电脑文秘课程所要涉及的教学内容与目标。因为电脑文秘课程是一门实践性很强的技能课，因此安排在教学机房进行授课，采用多媒体教学与学生上机练习相结合的“边讲边练”的授课模式。

本课程覆盖所有的大一非计算机专业的本科生，同时进行教学的有7位老师，教材统一，但教法不同。本文即选取本人所教授的2个平行班级，从实际课程出发，对课程的设计和实施进行详细阐述。

一、学习者特征分析

在进入课堂前，需要对学生进行学习者特征分析，也就是俗称的“摸底”，主要从以下几方面进行了解：

（一）了解信息时代学生的多元化特征

美国的“21世纪技能”学习者能力框架和新加坡“21世纪竞争力”教育目标框架有许多相似之处，它们都不仅仅关注学习者应该学会哪些信息技术，而是从学与教本身出发，更加关注信息化环境下，学习者在21世纪知识经济时代应该具备的能力，如信息素养、创新精神、批判性思考等[①]。从2014年的这一届起，大一新生大多出生于1995年之后，他们已经完全可以被称为“信息时代的原著民”。而由于地区差异和教育资源的不均衡，也有学生在进入大学之前，从未接触过电脑，可谓零基础。同时，班里还有虽然有一定电脑基础，但语言不过关的留学生。面对同一教学班学生基础差异巨大的情况，如何关注学生个体，培养学生计算思维，带领他们完成作为计算机基础课的电脑文秘课程，教师需要进行更加合理的教学设计，智慧教学。

（二）对学习态度及学习认同感的激发

首先要向学生强调本门课程的重要性，本科必修课，占3个学分，考试

① 周晓清、汪晓东、刘鲜、李琼、焦建利，从“技术导向”到“学习导向”——信息技术支持的学与教变革国际发展新动向，《远程教育杂志》2014年第3期。

不通过要补考，但只要用心学习是能顺利完成的。其次，鼓励学生在上课过程中勤学好问，没听懂时老师可以再讲一遍，而且会告诉同学，问任何问题都不丢人，都不会受到老师和同学的另眼看待，从心理上消除了学生的担忧，而教师在实际教学中也确实做到了百问不厌。再次，与社会人才需求相结合，表明21世纪的人才不仅要拼智商、情商，还要拼“搜商”，即如何运用互联网更好地获取信息和资源。企事业成功的关键在于它的员工组织、解释和利用信息的能力①。

教学过程中还需建立有效的学习环境，在课堂教学中，穿插学生感兴趣的实例，保持学生的学习兴趣。

（三）对学生已有知识的了解和分析

对学生已有知识的了解主要采用课堂观察法和访谈法，可以通过课前询问学生之前电脑课程的学习情况及观察学生对电脑的熟悉程度得知。通过观察与询问得知：整班的同学电脑基础两极分化非常严重，边疆地区或边远地区的同学进入大学前几乎未接触过电脑，有些同学虽然中学阶段有电脑课程，但是这些课程时间大多被其他课程代替，即使有少量的课程，老师也是采用放羊状态，同学自己玩，教师不进行指导，很多同学连打字的基本指法都不会。而另外一些同学却从小接触电脑，从486开始几乎经历和见证了电脑的发展史，对于电脑操作非常熟练，甚至可以进行编程。这样程度不一的同学集中在同一个班里，接受同一个老师相同的课程内容和课程安排，需要老师进行合理的教学设计，既要照顾到学习基础弱的同学，让他们跟上进度，又要照顾基础好的同学，做到不浪费他们的时间，教师需要在课程整体设计上综合考虑。

（四）对学习者学习风格的匹配

每个人都有自己的学习风格，当教师的教学方法与学生的学习风格相一致时，学生就会学得快，学得好，教师要尽量做到“不耽误基础薄弱学生的时间，不浪费基础扎实同学的天赋。”

---

① 黄素莲，《信息系统分析与设计》课程的教学探索，《广东培正学院学报》2007年第2期。

二、调整教学内容以满足个体需要

电脑文秘课程的参考教材为人民邮电出版社出版的《计算机应用基础（Windows 7 + Office 2010）》（第二版），主要内容包括了计算机发展与信息科学、操作系统、文字处理软件、电子表格处理软件、电子演示文稿制作软件、网页设计基础、计算机网络与互联网以及常用工具软件等，根据教学内容分布在 18 周。教材内容满足课程需要，但内容和顺序是否完全贴合学生需求，还需要教师根据学生情况进行调整。

（一）精讲大纲规定内容

计算机作为通识教育的重要内容，不只是简单地拓展学生在计算机方面的知识面，更需要展现计算机学科的思维方式①。因此在大纲规定的内容处理中，更需要理论联系实际，注重社会现实性与实用性。例如在讲解文字处理软件、电子表格处理软件和电子演示文稿制作软件时，要结合实际应用，借鉴企业优秀课程经验，不仅给学生进行技能的培训，更重要的是培养学生的计算思维能力。

（二）扩展内容满足学生需求

根据学生特点与需求选取了学生会常用的软件补充，如 MAKA 软件制作、思维导图、录屏软件等，这些补充内容的选取在不影响大纲内容的情况下，作为调剂调动了学生的学习兴趣，促进了学生对教学内容的学习效果提升。

三、采用适合的教学方法

信息时代教育技术的发展，为教师提供了更多的教学手段，但适合学生的才是最有效的。本门课程主要采用混合式教学模式和双主教学模式相结合的教学方法。

① 何钦铭、陆汉权、冯博琴，计算机基础教学的核心任务是计算思维能力的培养,《中国大学教学》2010 年第 9 期。

下面以一堂Excel课程为例，探讨教学模式的实施方法。

（一）探究性教学模式课程实例

探究性教学模式实施步骤为：创设情境→启发思考→自主探究→协作交流→总结提高。

1. 创设情境

大一的同学们正处于十八九岁的年龄，选取他们感兴趣的话题会容易引起共鸣，而爱情，是不分年龄段的永恒话题。因此在讲解电子表格处理软件Excel时，课程导入引入了一个爱情故事。同学们听到爱情故事，兴趣一下调动起来，听得很认真。

先通过多媒体设备将图1呈现在每位同学面前，让同学看着这张图，听老师讲故事。

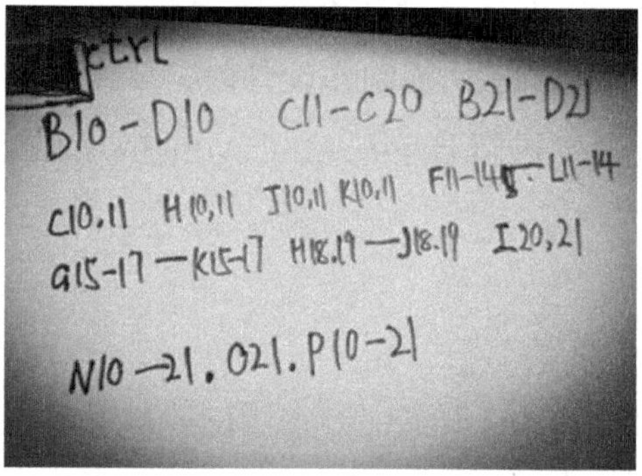

图1　破译爱的密码

故事讲完后给同学布置任务，请同学们破译纸条，并将破译结果上传至课程平台的相关作业中。作业的名称叫“破译爱的密码”，作业的形式为互评作业。

2. 启发思考

故事讲完后，同学们的好奇心被充分调动，都开始盯着字条想看出个究竟。通过老师提示这节课要学习Excel，有同学猜到密码的破译要用Excel做，而且字条的内容是与Excel相关。于是大家纷纷打开Excel软件，打开后，很多同学都意识到，字条中的字母和数字代表的是Excel中的行和列，于是开始动手破译。另一些同学听到老师和同学的提示，也开始懵懵懂懂地动起手来。老师提示，操作过程可以参考教材，也可以运用网络进行搜索，而且字条上的每一个元素都是有用的，但不保证字条上的每一个信息都是正确的。

3. 自主学习与自主探究

在前期的主题铺垫后，学生们进入到紧张的爱情密码破译中，这是一个自主学习与自主探究的过程。同学们主要通过自学教材的相关内容进行实际操作。老师在教室来回走动，关注学生个体，学生有问题时，及时进行提示或引导。而每位同学破译密码的过程，也是锻炼思辨能力、培养计算思维的实践。

4. 协作交流

学生破译的结果各不相同，但大多数同学都成功破译出了图 2 中显示的图形，主要区别在于填充颜色以及中间的心形是实心还是空心。同学选择的颜色各种各样，甚至有人选择了黑色，充分体现了学生的差异性。在结果完成后，学生可以进行结果查看，相互点评，交流探索过程。

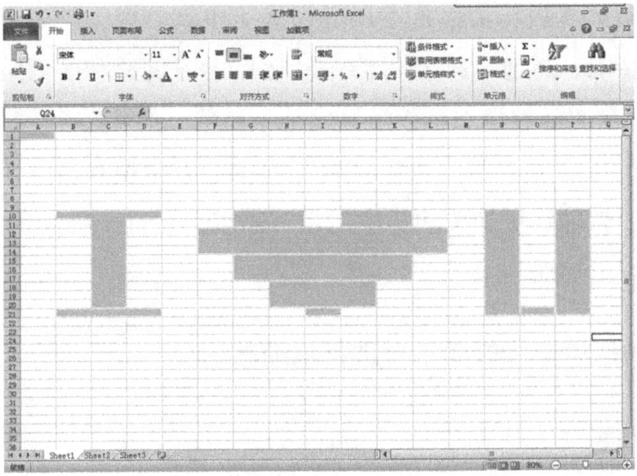

图 2 “破译爱的密码”答案

5. 总结提高

在学生完成任务后，老师需要对整个学习过程及交流结果进行总结，画龙点睛点出知识要点，例如 Excel 中行和列的基本概念、单元格的填充方法、颜色的搭配技巧等，学生在已经建构的认知的基础上，会加深对概念的理解及对技能的掌握。这一步是课程的精华所在，决不能省略。

在这个知识点结束后，可以接着讲故事的升级版，将下一个知识点引入进来。故事就像是一根主线一样，贯穿整个课堂，把若干的知识点穿起来，学生会紧紧跟随老师，进行课程的学习。

（二）“传递—接受”教学模式

实施先行组织者策略→呈现新学习内容→正确运用教学内容组织策略→迁移、运用新知识。在课程的许多教学环节都应用了“传递—接受”教学模式。

四、建立有效的教学环境

学生是学习的主体，环境是促进因素。有学者（Munge & Loyd, 1989）研究表明，学习态度和学习过程之间存在联系，对计算机持积极态度的学习者，其学习效果优于对计算机持消极态度的学习者。也就是说，学习者只有对学习媒介和学习环境持有认同感，才有可能主动运用学习资源和学习策略去取得良好的学习成绩①。在实际教学中，教学模式绝不是单一的从始至终，而是采用多种教学模式并存的混合式教学，在以“教”为主的教学模式转变为以“学”为主的教学过程中，教师要更加关注学生的学习需求，并且鼓励学生主动参与学习，激发学生的学习主动性。

（一）利用“北语模课”教学平台进行辅助教学

1. 自主式学习模式

“北语模课”是MOOC学习平台，基于这个平台，学生可以自主控制学习进度，有较大的自由度和控制权，可根据自身情况安排学习顺序。教师主要扮演学习的支持者和促进者。学习过程与“北语模课”平台的对应关系如表1所示。

① 王继斌，教学设计中的学习者特征分析，《黄冈职业技术学院学报》2009年第3期。

表 1　自主式学习模式教学环节与“北语模课”平台作用的对应关系

环节	“北语模课”平台作用	详细含义
明确主题	呈现任务要求	教师帮学生明确学习任务及学习目的，激发学习动机，提供相关学习资料，引导学生进入学习情境。 利用作业区布置作业，让学生通过任务布置明确学习主题
自主探索	资源空间	学生根据教师提供的学习资料进行自主学习并完成学习目标。资料区上传相关软件、课件、阅读材料等，推荐视频区可以进行在线视频学习，方便学生下载、阅读及在线学习。
分享交流	互评作业模块 讨论交流空间	学生将自主学习的成果进行分享交流。 学生将自己的学习成果在讨论班中进行展现，与老师、同学进行分享与交流，可将优秀的讨论帖设置为精华帖。 部分作业采用互评方式，进行交流对比。
总结提高	讨论交流空间	教师点评学习过程及学习成果。 有过程的作业可以提交在作业区，老师进行个别性的针对指导，共享性作业结果发在讨论区。（优秀作业可设为典型作业。） 教师可以在讨论区发布置顶帖，对学生已有的反思与交流进行总结。

2. **问题导向的学习法（PBL）**

基于“北语模课”中的 PBL 模块设定主题进行分组式学习，结合统计模块记录学生的参与度。

（二）发动“同伴教学”提升学习效果

通过对学生已有知识及学习习惯等学习行为的调查，鼓励差异大的学生在课堂中选取临近的座位，在遇到问题时可以随时进行交流，较好地掌握知识与技能，提高学习效率，跟上课程进度。也可以将学生分成学习小组，在小组中进行互助学习。

（三）录制小视频供学生课下学习

在传统课堂上，教师对知识点的讲解或技能的演示通常只有一遍，而对于基础差或反应慢的同学来讲，不能及时完全消化掌握，而课堂时间是有限的，在课堂上老师很难充分答疑及对学生个体进行有针对性的个别辅导，而下课后师生双方的面对面辅导往往更不容易实现。因此，教师录制相应的短视频是十分必要的，学生可以针对某一知识点反复观看，直到掌握为止。学生可以及时有效地进行复习，避免因为难点累积，越来越跟不上课程进度的现象出现。课程平台提供视频在线播放的功能，供学生随时随地进行观看，符合泛在学习及碎片化学习特点。

（四）借助新媒体构建有效学习环境

通过新媒体可以建立共同学习体，有助于学生建立认知存在感和社会存在感，鼓励学习者与共同体成员的交流、分享、协作，可以形成学习者学习经历的一部分。学习共同体的形成除依托教学平台外，还可以建立QQ群、微信群等进行即时讨论；可利用微博、微信进行信息发布、资源推介、个别答疑；还可以通过邮件进行学习进度提醒。充分利用网络资源和实际课堂相结合，线上线下结合，创造有效的学习环境。

五、评估学生的学习

“目标导向的练习，结合针对性的反馈，对学习至关重要。”本部分只讨论对学习者的学习评价及策略，主要集中在以下几方面：

（一）交互程度

交互对于学习动机的激发与保持是极为重要的。主要表现在课堂活动和教学平台参与两方面。

学生课程活动参与度高。在授课过程中，教师经常抛出问题对学生进行提问，或创设情境让学生进行自我探索，并鼓励学生积极发表自己的观点，对其他学生的观点进行点评。教师经常会走到学生中间，随机进行师生交互。教师通过教学软件，可随时广播屏幕，将学生作品展现给所有学生，并进行随机点评。师生互动、生生互动积极、频繁，学生参与的积极性高，课堂气氛活跃民主。

在课程平台讨论区可设置相关讨论话题，系统记录每位学习者的讨论参与度，提供主动参与教学活动的参数及学习态度参数。

（二）答疑情况

在学习过程中，学生向老师提问及寻求指导是不可避免的事情。通过答疑可以更加深入地理解学习的主题，可促进知识意义的建构。通过对学生的答疑可以了解学生对课程的理解及掌握程度，对学生的水平、思考方式、性格特点等也有所了解，掌握学生特点利于对学生个体“因材施教”。

（三）资源利用情况

教师在“北语模课”教学平台资源区上传了课程相关资料，规定了需要看的视频、需要参与的讨论话题等，系统可以记录学习者登录系统的时间、在线学习时长及任务点的完成情况。

（四）作业

电脑文秘课程是一门动手性极强的课程，每次课程根据授课内容留相应的作业供学生练习，根据作业的完成情况与得分，了解学生对知识点的掌握情况，调整课堂进度。作业的设计不能只是单纯强调对知识点的考查，也要关注学习者分析问题、解决问题的能力。依托“北语模课”教学平台，可以清楚地掌握学生提交作业情况及完成情况。

（五）考试

期末考试采用计算机在线考试系统。模拟考试一套试卷，正式考试有 4 套试卷供学生随机抽取，每套试卷包括客观题和操作题两部分，难度尽量一致。考试系统自动记录学生答题过程，并在提交后当场给出分数，这个分数可以选择不给学生当场查看。

本次期末考试在本人所教授的 117 名同学中，出现了所有 900 多名考生中唯一的一个满分同学，这在计算机考试中是非常难得的；且除一名藏族同学低于及格线外，其余同学全部都超过了及格线。

六、结束语

教无定法，学无止境。只有运用有效的教学手段，建立良好的教学环境，培养学生的学习兴趣，提高学生学习的主动性与创造性，才能实现该课程培养适应社会需要的高素质复合型人才的目标[①]。

作者简介：唐海燕，女，硕士，北京语言大学网络信息与教育技术中心工程师。

① 陈丰、张小川，“信息系统分析与设计”课程教学的思考，《电脑知识与技术》2009年第5期。

教学内容研究

翻译本科专业笔译能力培养起点研究*

许　明

摘　要　本文围绕语言能力、认知能力、转换能力和交际能力四个层面剖析了翻译本科专业笔译能力培养的起点问题。在语言能力方面，低年级教学要借助情境学习、主题性学习提高学生的词汇和表达能力；在认知能力方面，培养学生的决策、推理和问题解决能力是关键；在转换能力方面，初级术语处理能力、转换策略、标准和方法以及工作语言的运用能力应该是教学的重点；在交际能力方面，应该注重培养学生的交际意识，提高学生的跨文化交际能力。

关键词　翻译本科　笔译能力　翻译教学

翻译能力研究是20世纪70年代以来国内外学者的关注热点之一，并且已取得较为丰富的研究成果（李瑞林，2011）。但是，现有研究多局限于笔译能力的宏观横向分类，缺乏对笔译能力发展过程和培养过程的历时性跟踪研究。

一、研究现状

国内外学界关于翻译能力培养起点的研究相对较少。李瑞林（2011）首先提出了翻译能力的“初始态”概念，并概括了初始态译者的行为和思维特征。

* 此论文为北京市哲学社会科学规划项目“首都高校应用型翻译人才培养研究”（项目编号：11YJC016）、北京市属高等学校高层次人才引进与培养计划项目（The Importation and Development of High-Caliber Talents Project of Beijing Municipal Institutions）的部分研究成果。

他认为，译者能力是由初始态、中间态和目标态三者构成的一个连续体，它们之间呈现渐次发展和演进的动态特征。初始态译者主要依托静态知识进行浅层翻译，其翻译过程是静态知识的简单迁移，翻译行为没有明确的交际指向。李瑞林认为，译者能力“与翻译的行为过程有着直接关系”，是译者“依托翻译问题求解空间不断养成高阶思维能力的过程”。因此，翻译能力的培养和翻译教学应当“以思维能力为核心”。李瑞林对译者初始态的定义、描述和对翻译能力培养任务的论述为本文的研究奠定了基础。但是，初始态译者翻译能力的发展和培养过程有待深入研究。

综合国内外现有的翻译能力研究，许明（2012）将翻译能力概括为语言能力、认知能力、交际能力和转换能力四大部分。语言能力应包括译者在词汇、句法、语义、语用等各个语言层面的语言处理能力；认知能力主要涵盖了译者认知机制的认知能力，如长期记忆中的知识储备和双语词汇的调动、激活，翻译过程中工作记忆的信息处理能力，各种认知机制综合决定的源语理解能力、语用推理能力、知识推理能力等；交际能力涵盖译者的双语交际能力、跨文化交际能力等各层面；转换能力，主要指译者双语转换技巧的掌握、转换策略的应用等。许明认为，翻译能力是一个动态发展的过程，翻译能力的不同发展阶段可以从上述四个层面来定义和描述。

就翻译本科专业初级翻译能力培养而言，有待解决的问题有如下几个：怎样界定外语能力与翻译能力的界限？怎样完成从外语能力培养向翻译能力培养的过渡？在翻译能力培养的初级阶段，学生译者的能力构成是什么？具有怎样的特点？应该怎样去培养？这是本文思考和探索的重点。

二、研究方法

（一）研究目标

此研究的目的在于：明确翻译能力培养初级阶段学生译者的能力构成、培养重点及教学原则、方式和方法。

（二）受试对象

此研究的测试对象为北京语言大学高级翻译学院法翻专业一年级和三年级学生，一年级学生测试在第一学期末进行，三年级测试在第五学期末进行，其外语和翻译学习情况如下：

表 1　受试对象基本情况

年级	人数	外语学习期限	翻译学习
法翻 1 年级	23 人	3—5 年	没有任何翻译课程
法翻 3 年级	23 人	5—7 年	两周的翻译课程

（三）研究步骤

要求学生翻译一篇以介绍中国龙年经济主题的五百字左右的报刊文章。报刊文章用词规范，简洁明了，文章难度适中，一年级和三年级学生均能较为充分地理解。翻译过程中，学生可以借助任何可能的工具，如网络、纸质字典、电子词典等，但学生译者需要将自己查询、搜集、记录的操作过程和资料存档。实际翻译过程中，学生需建立翻译日志，主要用以记录翻译过程中遇到的各种问题、引发的思考和解决问题的方法。学生需要在两周内完成翻译，两周后将译文、辅助文档、翻译日志一起提交。之后，教师分别对不同年级、不同学生的辅助文档、翻译日志和译文进行质化分析。

（四）分析方法

分析主要从三个方面展开：辅助文档、翻译日志和译文。就译文而言，教师首先按句对译文进行分割，然后双语对应评估每句的译文质量和整个语篇的翻译质量，并描述、记录出现的问题。之后，按照年级对上述三个方面出现的问题进行汇总、归类、分析。最后，归纳总结两个年级在翻译过程中体现出来的整体规律。

三、分析讨论

在对辅助文档、翻译日志和译文进行分析、总结的过程中，我们发现，学生的问题可以归纳为理解、转换和表达三个层面。其中，理解层面的问题主要体现在词汇、句法、百科知识等方面；转换层面主要是转换技巧、转换方法的问题；表达主要是译语选择的问题。接下来，我们将按照语言能力、认知能力、交际能力和转换能力四个层面对两个年级的不同翻译问题进行归纳总结。

（一）语言能力

两个年级学生翻译过程中所体现出来的语言能力上的差别主要表现在词汇和句法层面。

一年级学生在翻译过程中存在较大的词汇障碍，借助字典查词的现象较为明显，翻译过程中借助上下文推理词汇确切含义的能力较差，表达过程中较为呆板。相对于一年级在词汇层面存在的问题，三年级同学在词汇意义的把握上更有深度，并且注意到了词汇的感情色彩，查询字典也仅仅是为了借助词典的义项展开语义推理，确定合适的译文。但是，三年级学生在理解过程中，词汇处理的深度和借助上下文进行语义推理的能力还有待于进一步加强。

从上述现象可以看出，低年级学生翻译过程中的主要障碍还是语言能力不够。因此，翻译本科专业低年级的教学不能忽视词汇和表达方式的拓展学习。词汇学习过程中，需要改变传统的词汇学习方式，可以借助词根、英法迁移等方式加强词汇的学习和记忆。此外，教师在教学过程中可以将情景学习、主题学习和主题阅读结合起来，让学生在一定的情景和上下文中学习词汇的意义推理能力，同时积累某一特定领域的专有词汇，为后期的笔译学习和术语积累奠定方法论基础。

在句法层面，一年级同学在语篇局部连贯的处理上存在很大的缺陷。一年级学生不能结合句法信息如指称、分词、关联词等展开合理的语义推理，复杂长句的断句和理解存在较大的问题，语篇意识薄弱，不能很好地把握跨语句和超语句之间的衔接，对法语语言特征的把握能力较差。三年级学生局部连贯处理能力有所加强，能借助长句的句法结构及语篇所描述的背景知识展开部分推理，对法语语言特征把握能力增强。但是，三年级同学在推理过程中语义单位之间的逻辑较为混乱，不能妥当地处理个别特殊句式和个别词汇所造成的理解障碍。

鉴于上述问题，翻译本科专业低年级教学应注意培养学生局部语篇脱离语言外壳的能力。此外，还要通过阅读、听说等加强学生对法语语言特征的把握，培养学生的长句分析能力，同时锻炼学生借助句法、上下文、百科知识等按照语义单位之间的逻辑关系展开合理的推理，培养学生的语篇连贯意识和文体感知能力。

综上所述，翻译本科专业低年级的教学在语言能力上应该突出词汇和表达方式的主题性积累，以及学生借助句法展开局部语篇连贯的能力。

（二）认知能力

翻译作为一个特殊的跨语言交际活动对译者有着特殊的认知要求。理解与表达是翻译活动中两个主要环节。意义的理解及译者的选择是一个决策过程；综合句法知识、上下文信息和百科知识确定话语含义和不同语义单位之间逻辑关系的过程是一个推理过程；遇到理解或表达障碍，通过恰当的方式找到合理的解决方案是一个问题解决的过程。决策能力、推理能力和问题解决能力是译者必不可少的三种能力。翻译本科专业低年级的笔译教学也离不开上述三种能力的培养。

1. 决策能力

一年级学生译者在翻译过程中遇到的问题之一就是对生词和某些表达方式的理解过度依赖于词典和电子词典的释义，以至于造成个别句子在不理解或者没有完全理解的情况下就开始翻译，翻译出来的译文意思不准确或者不连贯。在表达过程中，学生存在较多的问题是，即使理解了话语含义，也不能找到贴切的译语甚至根本就找不到相应的词语来表达。三年级的学生在这一方面整体上要好于一年级学生。

意思的确定、意义单位之间逻辑关系的确定、译语的选择，这三个过程是译者决策的过程。上述三个过程的决策是否正确直接影响到译文的翻译质量。译者的决策过程需要综合各个方面的因素。

在理解过程中，译者首先需要对词汇进行解码，激活不同类别的词汇所对应的概念；然后，借助句法结构确定概念之间的内在联系，形成基本的意思；之后，译者还要借助上下文信息和背景知识等因素，确定话语的确切含义；最后，译者在此基础之上进行翻译。而上述诸多因素，如词汇的概念提取、概念间语义关系的确立、上下文信息的提取、恰当百科知识的激活等均会影响决策的结果和理解的结果。

译语生成过程中，译语的选择也是一个决策的过程。表达过程中，源语的意思是译语选择的第一标准。当一个源语对应多个可选择的译语时，译者需要综合意义传达、意义连贯、句法衔接、交际效果、词语色彩、文体风格等多个层面方可最终确定可选择的恰当词语。而上述诸多因素需要考虑到哪些因素以及这些因素怎样影响决策的结果，都是影响翻译效果的直接因素。

翻译本科专业低年级教学决策能力的培养应主要突出词汇释义和词汇选择的决策策略教学，即决策过程中需要考量、借助哪些因素，通过哪些步骤来完成决策。

2. 推理能力

在推理能力层面，一年级学生表现出来的主要问题是不能结合上下文提炼个别词汇的确切含义，不能建立意义单位之间的局部连贯，不能激活话语所描述的贴切的背景知识。三年级学生的问题主要是不能激活、借助恰当的背景知识来理解话语含义。

理解是翻译活动的第一步，译者对原文的理解程度直接决定着翻译的准确性，而推理是译者理解的根本。现有语篇理解研究领域的研究结果表明，语篇理解过程中的推理可以分为基于语言符号的推理、基于句法的推理和基于百科知识的推理三种。译者的理解也是在语言符号、句法和百科知识三个层面来完成的。需要说明的是，译者的理解不同于普通读者的理解，译者对原文的理解要更加深入和全面，没有选择性。因此，借助意义单位之间的局部连贯和话语所描述的背景知识，全面地理解话语含义对翻译活动非常关键。

综上所述，翻译本科专业低年级教学要注意培养学生按照语义单位之间的逻辑关系展开不同层面的推理，以最终实现正确的翻译。具体来讲，主要可以围绕以下几个层面展开：① 告知学生译者理解的特殊性；② 培养学生结合上下文从词汇提取概念的能力，提高翻译理解过程中法语词汇的确切含义；③ 练习学生脱离源语语言外壳的能力，要求学生理解、描述文字所描述的客观事实和抽象概念、逻辑关系等，激活所描述的、贴切的背景知识；④ 培养学生的意义单位之间的局部连贯推理能力；⑤ 按照学生兴趣加强主题知识和百科知识的学习；⑥ 培养学生借助百科知识和一定的逻辑顺序展开逻辑推理的能力。

3. 问题解决能力

译者在翻译过程中会遇到各种各样的问题和困难。怎样借助可用的资源，按照合理的步骤解决翻译问题，找到合理的解决方案，即译者的问题解决能力，也是直接影响翻译质量的关键因素。学生译者问题解决能力的培养需要突出翻译问题的分类、问题解决的方式、方法和步骤。问题解决过程中，译者首先需要确定自己的问题所在，然后从问题出发确定解决的方案，如快速、高效地搜索信息、鉴别权威信息，合理、有效地均衡各种资源等，最终找到问题的解决答案。翻译专业低年级学生译者遇到的问题在于词汇、句法、语篇、语言等诸多方面，学生译者问题解决能力的培养也可以从以上各个方面入手。问题解决能力的培养过程主要是翻译方法的训练问题。

（三）转换能力

翻译过程中的转换是指在理解源语意思之后，按照一定的翻译标准，用贴切的译语表达出来，它是继理解之后的一个关键环节。

一年级学生在转换过程中主要存在的问题有：找不到贴切的表达方法；没有成系统的句法处理原则、方法和标准；缺乏相应的问题解决策略；对长句信息的语言重组和调整能力差；译语生成过程中，选择译语的标准和策略不明确，以至于确定的译文用词不准或意思不确切；主、被动语态的转换、意译和直译等方法的运用不到位。三年级的学生能够合理运用翻译工具来寻找恰当的译语，但是还是存在很多问题。这些问题主要体现在：表达过程中注意到了词语的选择，但找不到贴切的译文；汉、外两种语言上的表达习惯和句法差异影响译语表达，译文受源语影响大；注意到译语表达过程中，根据连贯、阅读习惯等需要对译文进行删减、补充和修改；表达过程中有了初步的语篇意识，但是遇到问题之后解决问题的方法、步骤不清楚，译语生成的标准很不明确；缺乏理论的支撑与支持，缺乏理性的思考，存在硬译的现象。

1. 术语初级处理能力

在实用类语篇翻译中，术语是影响翻译质量的关键因素。因此，在翻译本科低年级教学中强调术语和术语积累的重要性，培养学生初步的术语筛选、确定、翻译、建库等能力，教会学生处理翻译过程中遇到的各种术语问题，提高翻译的水准，这些都是至关重要的。术语初级能力的培养可以从较为熟悉的专业类主题开始，而不一定是非常专业的主题。可以随着译者翻译能力的提高，逐步加大术语的主题难度和精确度。

2. 译语生成的策略、标准和方法

译语生成受到学生母语和二语水平的影响，而且译语生成的个体性特征非常明显。译者译语生成策略、标准和方法的提高伴随译者翻译能力发展的整个过程，是个慢慢积累的过程。

在翻译本科低年级教学中，教师应引导学生在译语生成层面注意以下几个问题：① 对源语意义传达方式的感知，如语义意义和形式意义；② 发掘源语意义与译出语的对应规律；③ 在实践中发掘、积累译出语词汇、句式、句法确定的标准；④ 在译语生成后，从语篇连贯、语篇功能、语言风格（语域）、作者的意图、读者的语言习惯等多层面出发对译语进行调整。

3. 工作语言运用能力

工作语言是指译者在翻译过程中使用的、符合某一领域语言特征的语言，其基本要求是不能用外行话来表达内行的知识。翻译过程中的工作语言与语言学领域内的语域相对应。每个领域的语言具有自己的语言特征，甚至语言规范。能否用吻合某一特定领域语言特征的工作语言来生成译文，应该是衡量译者专业化程度的一项根本标准。职业翻译与非职业翻译的区别之一在于意义传达过程中的专业化程度。翻译本科专业低年级教学应该加强语言规范的重要性，通过主题性语篇学习，加强对不同语域语言特征的把握。

（四）交际能力

翻译本科低年级笔译教学应该突出学生译者交际意识的培养。翻译活动的本质在于交际，在于让他人理解。语言仅仅是翻译活动的工具和媒介，信息和意义的传递才是翻译活动的根本目的。因此，在翻译过程中，要注意源语信息和意义传达的效率，避免借助字典展开机械、死板的对应翻译。初学译者应该将交际效果作为译文生成和译文考量的一个基本标准。

除此之外，语言习惯、思维和文化差异等因素都会给学生译者造成很多的翻译问题。学生译者只有不断地提高自己的母语和二语水平以及跨文化知识水平才能最终提高自己的翻译水平。

四、结束语

翻译本科专业笔译能力培养起点研究是翻译能力系统研究的开始。从此研究所取得的结果来看，语言能力是翻译能力的基础，应该是低年级翻译本科专业教学的重点和核心。其他包括认知能力、转化能力和交际能力在内的三种能力及这三种能力所涵盖的子能力应该贯穿笔译能力培养的整个过程，而这些能力在初级培养阶段是可以通过恰当的教学手段和教学方式来实现有针对性的培养的。这些能力在翻译能力不同的发展阶段有着不同的具体表现形式。

参考文献

① 李瑞林，从翻译能力到译者素养：翻译教学的目标转向，《中国翻译》2011年第1期。

② 许明，跨学科视野下的口译能力研究，《全球化时代的口译——第八届全国口译大会暨国际研讨会论文集》，北京：外语教学与研究出版社，2012年。

作者简介：许明，男，博士，北京语言大学高级翻译学院副教授，硕士研究生导师。

中高年级留学生书面语写作偏误分析及教学研究

骆健飞

摘　要　本文通过选取中高年级留学生议论文习作的典型实例，将100名中高级留学生的议论文作文作为研究对象，对其中出现的偏误逐一进行辨别分类整理，进而对偏误产生的原因进行分类分析，讨论留学生在习得各种表达方式中的难度和出现的主要偏误类型，并结合书面语写作教学的相关理论与方法，针对数量分布较多的偏误类型，对留学生书面语教学提出相应的应对策略，为中高年级留学生的书面语写作教学提供一些参考，使其教学设计具有更强的理论指导性和可操作性。

关键词　书面语　写作　偏误　第二语言教学

一、引言

在对外汉语教学中，书面语体的习得和研究一直是重点与难点，特别是在留学生的写作教学中，使用汉语的书面语体进行表达直接关系到书面语的产出问题。很多学者也提出了书面语教学的重要性，陆俭明（2007）就曾指出，要设法让越来越多的外国人，不仅能说一口汉语，还能阅读写作，具备书面语的能力。

在书面语体的本体研究中，冯胜利（2003）曾提出，写作能力和技巧的训练，已然成为我们教学与研究迫在眉睫的重要问题，而这其中需要强调的则是，书面语自有一套与口语不同的组词造句规则。该文在此基础上，详细分析了汉语书面语体的主要特征及教学中的注意事项。

在书面语写作教学的研究中，罗青松（2002）就曾经对写作课程进行了规划，她把写作教学分为不同的训练阶段，对每个阶段的教学内容和训练方法都进行了阐释。陈贤纯（2003）对初中级阶段的写作教学任务进行了探讨，他在归纳留学生写作课主要问题的基础上，提出了一系列写作课的教学方法。张笑难（2004）提出了“任务型写作教学模式”，她提出把 Skehan 的“任务型教学”模式运用到写作教学之中。杨俐（2004）则根据 Grabe 和 Kaplan 的写作理论，提出了“过程写作”模式，并探讨了其应用价值。盛炎（1990）、祝秉耀（1999）、陈亚丽（1995）等也都探讨了语段教学的重要性和方法。

书面语习得的研究主要集中在留学生书面语写作偏误的研究方面，何立荣（1999）研究了留学生汉语写作中的一些篇章失误，他指出留学生写作中的主要偏误有衔接、语义连贯等问题。辛平（2001）对 11 篇留学生汉语作文中的偏误进行了统计分析，她的研究报告显示，语法和词语错误占一半以上，主要是能愿动词、词语搭配、“不”和“没”，以及一些零散的问题，另外，语用、表达习惯、衔接、连贯上的偏误也较多。

总结以上研究成果可以发现，目前对于汉语书面语写作教学的研究，主要有以下特点：在研究对象方面，初级写作课主要探讨遣词造句以及构造语段的方法，中高年级则更多的是考察篇章因素，如衔接、连贯等；在习得与偏误研究上，对于学生语言水平、写作文体的区分并不细致，而在书面语教学中，多为理论性的探讨，缺乏实证性的研究。因此，本文通过选取中高年级留学生议论文习作的典型实例，讨论留学生在习得各种表达方式中的难度和出现的主要偏误类型，并结合书面语写作教学的相关理论与方法，为中高年级留学生的书面语写作教学提供一些参考，使其教学设计具有更强的理论指导性和可操作性。

二、研究问题与研究方法

为了考察留学生在书面语写作中经常出现的偏误，本文选取了 100 名中高级留学生的议论文作文作为研究对象，对其中出现的偏误逐一进行辨别分类整理，进而对偏误产生的原因进行分类分析，最后本文还针对数量分布较多的偏误类型对留学生书面语教学提出了相应的应对策略。

本文考察中高年级留学生议论文写作中的主要偏误类型，对于这些学生，他们大多对基础语法和词汇有了一定的掌握，而可能出现与初级写作中不同的一些偏误类型，基于此，本文提出如下几点研究问题：

（1）中高级留学生在书面语写作中，是否对一些词汇的把握还有一定的问题，特别是书面程度较高的一些词语，留学生能否完全掌握它们的理性意义和搭配用法。

（2）中高级留学生对于书面句式的使用条件和搭配用语是否能够熟练掌握。

（3）由于议论文属于正式文体，因此其对韵律的要求较高，一些表达方法虽然意义上没有问题，中高级留学生书面语写作能否在韵律节奏上符合要求。

（4）在语体方面，中高级留学生是否还存在使用的措辞过于口语化，与文章整体风格不搭的问题。

三、留学生书面语写作的偏误类型分析

通过对留学生作文的书面文本进行分析，我们主要归纳了如下偏误类型：

（一）用词方面的偏误

1. 词语理性意义把握不当。随着学生词汇量的增加，越来越多的形近词、近义词出现，导致学生很容易在书面写作时，将意义相近的词混淆使用，造成偏误，如下面的句子：

（1）*……，尤其在一些比较贫乏的农村。

此处“贫乏”一词，即为学生与近义词“贫穷”混淆，造成使用偏误。

2. 一些词语的色彩把握不当，如词的褒贬义、形象色彩等，如下例所示：

（2）* 美国学校的课程浅薄。

该句中，“浅薄”明显含有贬义色彩，而本句按照作者原意，应该使用中性词语，即表示“美国学校的课程较为浅显”，因为学生没有记清“浅薄”一词的感情色彩，造成了使用偏误。

3. 一些词语的搭配不当，也会导致偏误的产生，如：

（3）* 假如想换专业，学生不得不挨麻烦。

“挨”表示被动的搭配一般是“挨打、挨批评、挨骂”等，而不能与“麻烦”搭配，其词性和使用方法均不当，造成偏误。

4. 与成语有关的偏误类型。成语在留学生的书面写作中，是较为重要的一项内容，多使用成语，可以增强文章书面性，并使表达更加丰富多彩，但是由于汉语的成语在使用上有诸多限制，如果留学生把握不当，则会产生偏误，如：

（4）* 还有那些家家互晓的美味佳肴。

汉语中并不存在“家家互晓”这个成语，与之意义相近的应该是“家喻户晓”，学生可能在之前学习过“家喻户晓”一词，但由于记忆不清，错误地将其表达为了“家家互晓”，导致使用偏误。下面的句子同样存在偏误：

（5）* 美国人的教育机会是海阔天空的。

留学生想要表达的意思应该是，“美国人受教育的机会非常大，非常丰富，因为美国有很多知名大学”，但此处不能使用“海阔天空”进行表达，在《成语词典》中，“海阔天空”的释义为：“像大海般辽阔，像天空般无边无际。形容空间广阔或活动范围无比宽广。比喻胸襟开阔，毫无拘束。也比喻说话、议论、写文章或想象没有拘束和限制。”从此处的释义中，我们并没有发现表示某事物“丰富、数量多”的意义，因此，学生很可能是错误地理解了该词的意义，导致使用偏误。

下面看例（6）：

（6）* 我百思不解怎么能概括……

在汉语中，绝大部分成语不能再带宾语（少数成语例外，如“发扬光大——我们要发扬光大这种精神”），因此，如果留学生在一个成语后又接了其他成分，一般都是不正确的，像例（6）中的“百思不解”，如果要引介出对象，那么应该用介词引入，改为“我对这种现象百思不解”。

（二）句式方面的偏误

汉语的书面语表达中，会有一些特定句式，这些句式与口语的表达方法不同，它们有着书面语的表达方式与系统，学生如果没能完全掌握其特点，就容易造成偏误，如下面三个句子：

（7）* 就我在亚洲的时候而言。（不该用某句式而使用了）

（8）* 美国人一贯将创造性置于首先。（句式记忆不准）

（9）* 美国高举公共学校的大旗。（句式内搭配用语不当）

在以上三句中，留学生均尝试使用了汉语的书面语句式，如“就……而言”“将……置于……”“高举……的大旗”等，但在使用中出现了偏误，（7）句应改为“就我在亚洲的情况而言”，（8）句应该改为“美国人一贯将创造性置于首位”，（9）句则应改为“美国高举公共教育的大旗”。[①]

（三）韵律及语体方面的偏误

汉语的书面表达中，不但要注意表意的准确、搭配的合理，同时也要注意韵律的和谐和语体的统一问题，下面的偏误就是留学生在韵律和语体方面出现了偏误。

1. 韵律方面的偏误：

（10）* 安装门——安装门窗　* 办理票——办理车票（机票）

（11）* 负责任很多一流的研究。

例（10）的两个例子，主要是由于单双音节搭配不当造成的，在汉语中，动宾的搭配以 1+1、2+2 为常见，其中 1+1 的口语性一般较强，而 2+2 的书面性则较强，当然也存在具有不平衡性的 1+2 动宾（如“买报纸、读课文”等），但一般不会出现 2+1 式动宾（如“种植树、修理路”等，因此如果留学生使用了这类动宾结构，则会造成偏误。

例（11）的例子是，汉语的动宾式中，如果是 1+1 的动宾，它们有可能形成最小词，可以继续带宾语，而 1+2 动宾则不能成词，也就不能再带宾语，如“负责——负责任”的对立，“负责”可以带宾语，如“你负责灯光，我负责音响”，但“负责任”不能带宾语，如果学生不了解这点，同样也会造成偏误。

2. 语体方面的偏误：

（12）* 由于美国大学生有的是，他们对中国的看法千差万别可想而知。

（13）* 这件事是无可接受的 / 在中国是很难以实现的。

例（12）中，整句的书面色彩较强，而“有的是”明显是口语的表达方式，出现了语体冲突的现象，例（13）则是学生尝试使用书面用语“难以”，却误加上了程度副词进行修饰，造成了偏误。

---

① 当然对于中高年级留学生的书面表达而言，改法可能会有多种可能，文中只是列了一种可能的改法，其他改法从略。

四、留学生书面语写作的教学建议

通过上文对留学生的偏误分析，我们总结出了如下教学建议，供教师参考。

（一）加强词语使用方面的训练

在学习词语时，首先明确词语的内涵与外延，理解词语的理性意义、色彩意义及语体风格，并能在教学时多与意义相近或词形相近的词语进行比较，进行近义词的辨析，明确其不同点，并告知学生相应的使用方法，避免学生误用。如在教授“毫无”和“毫不”的区别时，教师可以通过逐字的分析，先区分“无”和“不”的意义和使用，进而区别两词的使用，它们最主要的区别是：“毫无”后加名词，而“毫不”后加动词，但同时需要指出，由于二者都是书面语体词语，因此不能使用单音节搭配形式，建议使用双音节或四音节词语，增强书面色彩。

（二）注重句式使用方面的训练

汉语的书面语写作中，如果留学生能够主动使用一些固定句式，那么对于文章的流畅性和正式性都会有一定的提高，教师可以对一些书面语常用句式进行总结和归纳，发现它们的特点，并让学生根据这些特点造句，如“随着……，……”这个句型，它的典型使用方法是：

随着 +NP+ 的 +[XX]v，Sentence。

其中，对于动词的限制，必须使用双音节动词，而且这个动词有一定的正式性，这样才能让学生清楚其使用规则，如：

随着秋天的到来，树叶都变红了。

这个句子中，如果是口语表达，可以说“秋天来了，树叶都变红了”，不会使用“到来”，而这里“到来”的使用，是由“随着”这个句式的特殊要求决定的，因此教师如果能明确每个书面语句式的特点，对留学生的书面语写作会起到一定的帮助作用。

（三）加强对于文章韵律、语体方面的训练，使行文更加铿锵、流畅

汉语的韵律和语体，在对外汉语书面语写作中占有比较重要的作用。书面

写作不同于口语，它需要通过字斟句酌，来输出较为正式的表达方式，因此，如何在表达时保证节奏上的平衡，并能使用正确的语体形式，则是书面语写作教学中需要注意的问题。教师可以在控制意义、色彩基本一致的前提下，给出不同语体的语言材料，让学生对比其不同点，如：

（14a）让我们共创美好未来——让我们共同创造美好的未来。

（14b）跟同学共居一室——跟同学共同居住在一间卧室。

以上两组句子，意思基本一致，而它们的主要区别就是韵律和语体的不同，首先，前句使用的都是“嵌偶”模式，如“共创、共居”，而后句使用的则是组合型的表达模式，如“共同创造、共同居住”，它们在韵律上有不同的表现。其次则是二者的语体不同，前句正式程度明显高于后一句。教师可以通过类似的教学手段，提高学生的韵律感和语体感。

参考文献

① 陈贤纯，对外汉语教学写作课初探，《语言教学与研究》2003 年第 5 期。

② 陈亚丽，《文章学新探——面向未来的写作技法》，北京：科学技术文献出版社，1995 年。

③ 冯胜利，书面语语法及教学的相对独立性，《语言教学与研究》2003 年第 2 期。

④ 冯胜利，《汉语书面用语初编》，北京：北京语言大学出版社，2006 年。

⑤ 冯胜利、胡文泽主编，《对外汉语书面语教学与研究的最新发展》，北京：北京语言大学出版社，2005 年。

⑥ 何立荣，浅谈留学生汉语写作中的篇章失误——兼谈写作课的篇章教学问题，《汉语学习》1999 年第 1 期。

⑦ 鲁健骥，偏误分析与对外汉语教学，《语言文字应用》1992 年第 1 期。

⑧ 鲁健骥，中介语研究中的几个问题，《语言文字应用》1993 年第 1 期。

⑨ 陆俭明，作为第二语言教学的汉语教学必须重视书面语教学，《对外汉语研究》2007 年第 1 期。

⑩ 罗青松,《对外汉语写作教学研究》，北京：中国社会科学出版社，2002 年。

⑪ 骆健飞，韵律、语体、语法：汉语动词辨析及教学的新视角,《云南师范大学学报》(对外汉语教学与研究版)2015 年第 1 期。

⑫ 骆健飞，中高年级留学生韵律偏误分析及教学策略——以书面语写作为例,《云南师范大学学报》(对外汉语教学与研究版)2014 年第 5 期。

⑬ 盛炎,《语言教学原理》，重庆：重庆出版社，1990 年。

⑭ 辛平，对 11 篇留学生汉语作文中偏误的统计分析及对汉语写作课教学的思考,《汉语学习》2001 年第 4 期。

⑮ 辛平，对外汉语写作课教学的验证性研究,《云南师范大学学报》(对外汉语教学与研究版)2009 年第 2 期。

⑯ 杨俐，过程写作的理论与实践,《世界汉语教学》2004 年第 1 期。

⑰ 张笑难，任务型教学模式在对外汉语写作课中的应用,《海外华文教育》2004 年 2 期。

⑱ 祝秉耀，汉语写作教学中的语段运用,《语言文化教学研究辑刊》(第三辑)，1999 年。

⑲ Grabe, W. & Kaplan, R. B., *Theory and Practice of Writing*, New York: Longman, 1996.

⑳ Krashen, S., *The Input Hypothesis*: *Issues and Implications*. London: Longman, 1985.

㉑ Skehan, P., *A Cognitive Approach to Language Learning*, Cambridge: Cambridge University Press, 1998.

作者简介：骆健飞，男，博士研究生在读。北京语言大学汉语进修学院讲师。

对外汉语初级教材生词英文翻译的作用和原则

牟世荣

摘　要　本文归纳了现有对外汉语教材生词译释方法存在的五方面的问题，提出了初级阶段教材生词翻译的功能和作用，即生词翻译为进一步的词语学习和教学搭建桥梁。高质量的词语翻译应遵循简洁易懂和立足当课语义与基本义的译释原则。最后，本文提出了初级阶段汉语教材的生词译释应放开思路，尝试多模式的译释方法。

关键词　教材　生词翻译　语义　作用　原则

一、引言

从上个世纪80年代开始，随着对外汉语教学在国内的蓬勃发展，对外汉语教材也大量涌现。编教者们吸取了各种先进的语言学理论和教学理念，并将其融入教材中。三十多年来，对外汉语教材的质量逐渐优化，带动了教学质量的提高，这是可喜的事实。但是教材生词释义方法单一，学习者因此出现了不少偏差也是现实存在的问题。本文考察了《实用汉语课本》(第1、2、3、4册)(1986版)、《初级汉语课本》(第1、2、3册)(1989版)、《现代汉语进修教程·精读篇》(1992版)、《桥梁》(上下册)(1997版)、《阶梯汉语·中级精读》(第1册)(2004版)、《新实用汉语课本》(第1、2、3册)(2006版)、《博雅汉语·准中级加速篇》(第一册)(2007版)、《成功之路》(起步篇、顺利篇、进步篇)(2008版)。它们分别是针对初级和(准)中级水平的留学生的精读课或者综合课的教材，它们之间编写年代相差二十多年，是各个年代使用人数较多、影响力较大的教材。通过对这些具有代表性教材生词表译释的考察，我们发现：它们的生词表释义除了《阶梯汉语·中级精读》是英汉双语外，其他教材都是外语翻译[①]，换言之，适用于初级的教材中，各个年代的初级水平教材一概是外语翻译，但是由于英汉两种语言存在巨大的差异，给教材生词翻译造成了不少困惑，也使教材生词的翻译出现了一些问题，一定程度上干扰了教学和学习。

本文拟从对外汉语初级教材生词翻译存在的问题、教材生词表英文翻译应有的作用、教材生词翻译应遵循的原则和方法等方面进行讨论，阐明自己的想法和观点，希望对教学和教材编写有所帮助。

本文所举生词的英文翻译均来自《实用汉语课本》《初级汉语课本》《新实用汉语课本》《成功之路》（起步篇、顺利篇、进步篇）等适用于初级水平的教材，文中不一一注明。

二、对外汉语初级教材生词英译的现状和问题

对于那些具象意义的词语较易译成英语，例如“书”“香蕉”“吃”“哭”“漂亮”等，这是因为目标语与源语言中，该类词汇的内涵和外延含义基本具有对等性。而事实上，汉英词语的词义对应关系除了“完全对应”以外，还存在着大量“部分对应”“不对应”与“交叉对应”现象。“目标语与源语言中相当数量的词语，缺失完全对应关系，于是就出现了翻译难题”。（张榕，2011）

基于对所选取的对外汉语教材的考察，我们发现当前对外汉语初级教材生词英译存在着如下问题：

（一）生词翻译不准确

在学习过程中，无论是哪种学习方法或教学方法，无论是课堂教学还是学习者自学，学习生词首先依赖的就是生词表，因此生词表中生词的翻译会直接影响学习者对词义的理解。词语翻译得准确，学习者就会顺畅地组词、造句，进而顺畅、正确地将其融入语境（如课文）中；相反，如果词语翻译得不够准确，学习者容易产生理解偏差，使用偏误也在所难免。如不少教材将“米”和“米饭”翻译成rice，学生就会说出“我今天去超市买了一些牛奶、水果和米饭”

① 《新实用汉语课本》和《博雅汉语·准中级加速篇》用“英语翻译＋汉语组词”的方法。

的句子。因为教材中“米”和“米饭”的翻译对应着同一个英语词，致使“米饭”的翻译不够准确，误导了学生的理解和使用。再如“砸”被翻译成 crush（压碎，压坏），学生就会觉得“他用泥块儿砸自己班上的同学”很费解。

出现这种情况，教师会引导学生纠正生词表的翻译失当，但是学生需要再认识被翻译失当的词，并重新建构这个词的组词、造句、语境关系。这样的纠错、重构的过程使词语学习的第一步受到了干扰。

（二）生词翻译罗列过多词语义项

“（教材的）生词表不是词典，所选义项不是越多越好”（王素云，1999），一些教材的生词翻译盲目地罗列词语的义项，给出的义项偏多，学生的学习注意力被分散，结果他们很可能会平均使用力量学习每个义项和用法，反而使本课的语义用法得不到强化。如：“习惯：habit, custom, to be accustomed to, to be used to”（本课用法是“学习习惯”）；“错：wrong, mistaken, erroneous”（本课用法“做错了不少题”）；“作业：school assignment, homework, task, operation”（本课用法“下班以后，她要改作业”）。上例来自初级水平的教材，且课文中出现的都是它们的基本义和用法，翻译成 habit、wrong 和 homework，对初级水平的学生来说更易于理解，也更易于掌握。至于其他语义，留待以后的学习。因为“词汇知识的习得是一个渐进的过程，更是一个长长的过程，不可能一蹴而就”（刘颂浩，2004），生词的翻译在选择义项时必须以教学目的、教学对象为依据。

（三）生词翻译忽略了易懂性，用词生僻

教材的生词翻译用词生僻，也是不容忽视的问题。随着我国经济的快速发展和国际影响力的日益增强，学习汉语的留学生国别多样，他们中多数人会英语，但他们的英语水平和词汇量却有限。在这种情况下，生词的翻译就要力避生僻，选择简单易懂的英语，让多数学生在学习生词的第一步不要有太多困难。如“眼镜：spectacles，脾气：temperament, disposition；古：antiquity, ancientry”。也许译者认为这样翻译更准确，但是对多数母语非英语的学习者来说，这些词并不熟悉，甚至像“古：antiquity, ancientry”这样的翻译连母语是英语的学生都觉得生僻。面对这样的生僻翻译，他们得先查词典了解这些英语单词的意思（二次翻译），这就大大增加了学习者的负担。要是翻译成更常用的

glasses、temper、ancient，效果会好得多。

（四）对一些虚词的译释过于简单，缺乏区别性

汉语的虚词多数语义抽象空灵，特别是表示语气的词语，其语义更多时候要依赖上下文关系才能析出。它们的语义要么跟英语的某个词部分对应，要么交叉对应，要么不对应，因此要想准确地翻译汉语的虚词，的确不那么容易。尽管各家教材的翻译者们使出了浑身解数，却难免出现问题。如副词“简直”表示程度极高，带有较强的夸张意味，但是翻译成 simply、virtually，几乎看不出它表示夸张的语气，且这样的翻译对学生理解词义几乎起不到作用。课堂的词语讲练环节，如果学生理解了词义，他们会积极地组词、造句，但是学到这个词，课堂教学卡住了，学生变安静了，因为这样的翻译没有给他们提供能让他们自主使用这个词的信息，他们在等着老师给他们例句，从例句获得足够的应用“链接”。再如“往往：often, frequently”，学生就会说“我往往坐地铁”“我往往打篮球”，明显与“常常”混用了。如果翻译中说明用“往往”的句子要指明一定的条件、情况或者结果（in given conditions or results），就会避免不少上列错误了。

（五）生词释义方法单一，过多依赖外语释义

在我们考察的上述教材中，适合初级水平教材的生词释义都是外语（英语）释义，即使更高层次的中级教材，也只有《阶梯汉语·中级精读》使用了汉英双语释义法。

生词释义方法是否就没有别的方法可用？外语释义法果真是最优选择吗？答案是否定的。王汉卫（2009）研究了生词释义模式，认为教材的生词释义完全使用外语释义不是最好、唯一的选择，编教者可以尝试多模式的释义方法。本文认同他的论点，多模式释义方法将在下文论述。

三、对外汉语初级教材生词翻译的作用

关于初级汉语教材的生词翻译的目的和作用，同行已多有论及。

晏懋思（1994）认为，“教材中词语翻译的目的是给学生提供学习的帮助。这种帮助包括两个方面，一是帮助理解，二是指导运用。其中第一方面是最基本的”；卢伟（1995）认为，“对外汉语教材中课文词语汉译英的目的在于帮助以英语为母语的外国学生准确地理解词义并恰当地运用词语，充分利用其母语的正迁移作用促进汉语词汇学习”；王素云（1999）指出，“词语的英文译注是学生理解和学习词语的桥梁，英译的好坏直接影响着学生学习词汇的成败”；徐品香（2013）对以上观点进行了总结，指出：“学者们对对外汉语教材生词语附加英文译释的目的的看法是一致的，即为学生理解和运用汉语词语提供帮助，提高词汇学习的效率。当然，这个目的的实现是建立在高质量的教材生词语英文译释的基础上的。高质量的教材生词语英文译释有助于学生正确地理解词义并恰当地运用词语。”

词语的学习或教学可以粗略分为理解、感知、模仿、操练、活用、应用等环节，生词翻译是词语教学或学习的起点，学习者通过生词表的翻译感知词语的意义，完成词语学习的第一步，进入词语学习的下一个环节。

这第一步固然重要，高质量的翻译可以帮助学习者正确地理解词义，但是从语言教学的语义、语法、语用三个层面看，生词翻译处于第一层面——语义层面的教学，也就是说，生词翻译的作用是为第一层面的教学提供依据，通过翻译这个媒介帮助学习者了解一个词的意义。而更深层面的语法、语用平面的教学在词语教学的其他环节中进行，即词语的语法结构知识、应用技能的获得是由词语教学的其他环节而不是由词表翻译来完成的。

再从认知心理学的角度来看，认知心理学家认为知识可以分为陈述性知识和程序性知识，前者主要涉及“是什么”的知识，后者是关于一件事情应该“怎么做”的知识，它更多地体现为技能。技能的获得是陈述性知识转化为程序性知识的结果，但是不能直接转化，转化的条件是若干个累积过程。教材生词的翻译是语义的理解，属于陈述性知识。实现语言知识向语言技能的转化要经历更多的学习（如识别、再现等）过程，生词翻译不可能代替其他环节发挥作用。

从以上分析得知，对于初级水平的学习者来说，生词翻译是词语学习的起点，其作用固然重要，“生词语英文译释有助于学生正确地理解词义并恰当地运用词语”，“正确地理解词义”正是词语翻译的主要功能和作用，但是“英译的好坏直接影响着学生学习词汇的成败”似有夸大生词翻译的作用之嫌，因为过于强调生词翻译的作用，就弱化了词语教学其他更重要环节的作用，是不符合教学规律的。我们认为，“其主要功能是在概念意义上帮助学习者理解”(刘颂浩，2004）的说法更客观。

四、对外汉语初级教材生词翻译的原则

以上我们阐明了对外汉语初级教材生词翻译存在的一些问题，这些问题对学生的词语理解和学习产生了负面影响，也指出了生词翻译的主要功能和作用。那么什么样的生词翻译才能不干扰生词学习，并能更好地发挥它帮助学生理解词义的作用呢？下文将在梳理同行观点的基础上提出生词翻译应遵循的重要原则和方法。

关于生词翻译的原则，王素云（1999）提出要注重词的概念义和非概念义，以及词语与译注在汉英语中的用法差异；刘颂浩（2004）、钱多和李雷（2007）、吴艳（2010）等提出生词翻译应遵循翻译词语的基本义、义类的原则，义项的选择以课文中出现的义项为主；刘颂浩（2004）认为翻译的原则“更多地和教学侧重点有关。如果重视文化知识的传授，则翻译时应该多考虑汉语的规则，即使翻译出来的英文有些别扭也在所不惜。如果更重视学生的理解，希望学生更容易接受，则应该多考虑英文的规则，力争使译文流畅自然”。对初级汉语教材的生词翻译，本文综合上述同行的观点，认为主要有以下原则：

（一）简洁易懂

在学习的初级阶段，或者初次接触某个词语，学习者一般关注词语的某一个义项，因此义项的数量要有所控制，翻译不能罗列词语的义项，要以词语在教材课文中的语义为核心。同时翻译是为学习者、使用者进一步学习生词搭建的桥梁，这个桥梁应该简洁好用，因此翻译尽量避免学生的“二次翻译”，用词不可冷僻、学术化。如词尾“者”译为 *a suffix attached to a verb or adjective phrase who does the action or a thing which possesses the character*，这样繁琐、语法术语偏多的译释实在不适合初级阶段的生词翻译。

（二）立足当课语义

一般来说，独立的词本身并没有意义，一个词的任何一个义项都是根据上下文确立的。教材的生词表是为课文而设，所选的译义就应当是该词在课文语境中的意义，否则便起不到释义的作用。初级阶段接触的多是常用词语的基本义，翻译就选择当课语义；有时课文中出现的不是基本义，而是引申义或比喻义，则要根据基本义与引申义或比喻义的关系选择语义的翻译。如“跳槽”的本义是“牲口离开所在的槽头到别的槽头去吃食”，比喻义是“人离开原来的职业或单位到别的单位或改变职业”，比喻义更常用，且课文中为比喻义，“跳槽”就取比喻义，可以翻译成 job-hopping。又如“谦虚”是中国人的美德，是一个褒义词，可以译为 modest，但是译为 self-effacing（缩在后头的，不愿抛头露面）似有贬义意味，与“谦虚”的文化意义不符，更不是课文中的语义。

原则一规定了生词释义的容量大小，原则二规定了生词释义的选择依据，二者合一即为依托语境、简单而明确的释义原则。初级阶段的教材生词释义的基本原则就是要构建语音、字形、语义、语境之间的简单联系，使之便于记忆，易于习得。

五、对外汉语初级教材生词释义的方法

关于生词翻译的方法和改进策略，同行们的讨论更多。高书贵（1997）、卜佳晖（2004）、王汉卫（2009）、吴艳（2010）、张喜芹（2014）分别提出了括注、同译词对比、直译意译结合、公式法、图像法、多模式译释等方法。长期以来，外语翻译法一直是初级汉语教材的首选释义方法，说明它确实是一种有效的释义方法，对于那些汉外两种语言中词义完全对应的词语，可以用翻译法。但是两种语言中词义完全对应的词语很有限，对更多词的释义可以采取在翻译法的基础上兼用其他方法辅助进行；另外，近年来，汉语学习者的国别呈现多元化的趋势，非英语母语背景的学生比例呈上升趋势，英语生词翻译会给越来越多的非英语母语背景的学生在词语学习的第一步带来困难，直接影响学习效果。同时，英语翻译会使一些非英语背景的学生产生抵触或反感心理。面对如此现实，我们何不另辟蹊径，尝试非英语翻译的释义方法呢？

本文认为初级汉语教材的生词释义法可以粗略分为三大类，每类方法下又分若干小类，分别说明如下：

（一）英译法

1. 直译法。嘿：hey；天使：angel。

2. 括注法。亲生：one’s own (children or parents)；鼠标：mouse (for the computer)。

3. 解释法。咳：*used to express sorrow, regret, etc*；下：*used to indicate the frequency of an action*。

4. 语用解释法。着（zháo）：*used as a complement after a verb*；将：*used to introduce an object before a verb*。

（二）翻译后加括注，增加区别度，提高准确性

英汉两种语言中一词多义、一义多词的现象很普遍，生词翻译为追求简洁很可能牺牲了准确，造成了翻译过于简单、翻译不准确的问题。为避免这一问题，最简便可行的办法就是用括注来进行区别，避免教材使用者对词义的误解。如 save 有“存钱”“挽救”的意义，“存”译为 to save 容易误解，加括注译为 to save (money)，就不会出现误解语义的问题了；又如“嫁”译为 marry，容易与“娶”“结婚”混淆，加括注后译为 marry（for women），就可以跟“娶”“结婚”区别开，确保准确理解词义。

（三）尝试多种译释方法

王汉卫（2009）将生词释义法分为目的语释义法、漫画释义法、符号释义法、图片释义法、媒介语释义法等五类，并依据使用条件为这五种方法打分设定使用顺序优先权，媒介语释义（外语释义）优先使用权得分最低。接着他将 1033 个甲级词归入上述五种释义法中，又通过静动态的释义法适用情况比对分析，认为“用媒介语释义法的情况占三分之一”。

我们认为，在初级阶段的教材中尝试多种译释生词的方法是可行的。有的方法如图片释义法、符号释义法、公式释义法直观易懂，可以避开母语非英语的留学生的难处，释义效果并不逊于目的语释义。此外，在初级阶段也可以尝试目的语释义法。以下分别举例说明上述生词释义方法：

1. 图片法

语义具象的词语，如苹果、啤酒、猫、商店、吃、跑等。

2. 符号法

加：+；公里：km；摄氏度：℃，等等。

3. 举例法

多个图片或文字解释一个上位词，如：

水果：苹果 + 香蕉 + 西瓜 + 葡萄 +……；动物：猫 + 狗 + 马 + 牛 +……。

这种方法很多情况下是“图片 + 举例”式的。

4. 公式法

者：动词 / 名词 + 者（读者、前者）；动词 / 动词短语 + 并 + 动词 / 动词短语（吃饭并唱歌；看了一个电影，并买了一些东西）。

5. 汉译法

同义法（立即：马上；忽然：突然）；定义法（男生：男学生；保姆：一种家庭服务员）；反义法（点头：摇头；简单：复杂）；以旧带新法，即用已学过的简单的汉语词语释义（姥姥：妈妈的妈妈；女婿：女儿的丈夫）。

6. 英汉双译法

武术：Chinese kung fu，中国功夫；日子：life，生活。

六、结语

本文在梳理同行研究的基础上，归纳出了现有对外汉语初级教材生词译释方法存在的五方面的问题，并针对初级阶段教材生词翻译的功能和作用，提出了自己的观点：生词翻译是词语学习的起点，其作用很重要，主要表现为引导学习者正确理解词语的语义，为进一步的词语学习和教学搭建桥梁。高质量的词语翻译要站在学习者的立场，多为学习者考虑，应遵循简洁易懂和立足当课语义和基本义的译释原则。从这两个原则出发，本文提出了初级阶段汉语教材的生词译释方法，即传统的外语翻译法、翻译法加扩注等辅助方法、多模式的译释方法。这些方法灵活、简便，为优化教材编写和提高教学效果提供了一定的参考。

参考文献

① 卜佳晖，关于对外汉语教材生词处理的思考，《云南师范大学学报》2004年第1期。

② 高书贵，关于对外汉语教材生词与英文对译词的语义错位问题，《天津师范大学学报》1997年第6期。

③ 刘颂浩，对外汉语教材中翻译的功能和原则，《暨南大学华文学院学报》2004年第3期。

④ 卢桂芝，有关对外汉语教材中生词英文注释问题，《衡阳师范学院学报》2010年第1期。

⑤ 钱多、李雷，试论对外汉语初、中级教材生词的英文翻译问题，《焦作大学学报》2007年第3期。

⑥ 邵志芳，《认知心理学》，上海：上海教育出版社，2013年。

⑦ 王汉卫，论对外汉语教材生词释义模式，《语言文字应用》2009年第1期。

⑧ 王素云，对外汉语教材生词表编译中的几个问题，《汉语学习》1999年第6期。

⑨ 吴艳，对外汉语教材的生词注释研究，《沈阳农业大学学报》(社科版)2010年第5期。

⑩ 徐品香，教材生词英译问题负面影响的解决对策，《华南师范大学学报》(社科版)2010年第3期。

⑪ 徐品香，对外汉语教材生词英译研究综述，《理论·综述》2013第8期。

⑫ 晏懋思，对外汉语教材中词语翻译的一些问题及其对策，《现代外语》1994年第1期。

⑬ 张喜芹，对外汉语初级教材副词翻译及教学对策研究，《文学教育》2014年第3期。

⑭ 张榕，对外汉语教材中的英文翻译偏误分析及解决方法，《海外华文教育》2011年第3期。

作者简介：牟世荣，女，北京语言大学汉语进修学院副教授。

汉语国际教育中的商务案例分析课程研究

吴淑姣

摘　要　商务案例是商业实践中发生的带有普遍性、代表性的典型事例。一般意义上说，分析商务案例有助于提升学习者的分析推理能力、商业实践能力及沟通能力。然而，在汉语国际教育中设立的商务案例分析课程面向的是以汉语为第二语言的学习者，属于商务汉语类课程，在性质上是专门用途语言教学课而不是商务专业课，这就与一般意义上以母语或熟练语进行的商务案例教学有明显区别。从课程目标和对象来看，汉语国际教育中的商务案例分析课程应以提高学习者在商务情境下的汉语运用能力为核心目标，教学对象是高级阶段的汉语学习者。从教材设计和编写来看，可以尝试在内容上借鉴MBA案例教材，注重案例的经典性、时代性；在体例结构上则以汉语教学为主线，兼顾商务专业知识。在课程的教学组织，包括教学环节的设计和教学方法的运用上，应力图将对案例内容的分析和对语言技能的训练有机结合起来，促进课程目标的有效达成。

关键词　商务案例分析课程　课程定位　教材　教学组织

商务案例（business case），也叫商业案例，是商业实践中发生的带有普遍性、代表性的典型事例，通过对企业成败得失、经验教训和方法路径的描述、解释和探索，为其他企业的发展提供学习的模板和实践经验。

在教育教学实践中，绝大多数商务案例分析课程是以母语或熟练语为媒介的，其目标主要在于商务专业知识的积累和商业实践能力的培养。然而，本文所要探讨的是汉语国际教育中面向汉语学习者、作为一门商务汉语课程的商务案例分析课。由于教学对象和媒介语言的不同，其课程性质、课程目标、教学内容和教学过程的组织等就与一般的以母语或熟练语为媒介的商务案例分析课程存在很大差异。

一、汉语国际教育中商务案例分析课程的定位：性质、目标及对象

在汉语国际教育中设立的商务案例分析课程面向的是以汉语为第二语言的学习者，在性质上属于商务汉语类课程，是专门用途语言教学课而不是商务专业课。

作为专门用途语言教学课程，汉语国际教育中的商务案例分析课程应以提高学习者在商务情境下的汉语运用能力为核心目标。具体来看，该课程的教学目标主要包括以下几点：

（1）提高商务案例型汉语语篇的阅读和理解能力；

（2）通过丰富的讨论、高频次的输出，提高商务情境下的汉语口语表达能力及听力水平；

（3）通过完成书面练习和撰写案例报告，提高商务情境下的汉语书面表达能力；

（4）掌握、积累实用商务汉语词汇和商务情境常用表达式，并能在听、说、读、写中加以运用；

（5）从典型案例中了解当代企业经营管理之道，通过小组讨论和小组报告提高沟通、协作能力。

其中，目标（1）—（4）是主要的和外显的，而目标（5）是次要的和内在的。

从教学对象的定位来看，汉语国际教育中的商务案例分析课程针对的是高级阶段的汉语学习者。这是因为真实、完整、有血有肉的商务案例客观上要求用较为复杂的词汇、句式去描述并达到一定的篇幅，要求学习者能够综合运用多种语言手段进行大段的篇章理解和表达。

二、商务案例分析课程的教材设计

为了叙述简便，下文将直接以“商务案例分析课程”指称汉语国际教育中的商务案例分析课程。

商务案例分析课程的教材属于四大类对外汉语教材[①]中的“特殊用途语言教材”，应立足于为语言教学服务，并力图将商务案例教学和语言教学有机结合。

本着这一原则，商务案例分析课程的教材在案例内容上可以借鉴MBA案例教材的模式，在结构亦即教学环节的安排上则应以汉语教学为主，兼顾商务专业知识。以下从案例选取及加工、词语表的编排、语言教学点的编排、练习的设计、辅助材料的提供等几个方面对商务案例分析课程的教材编写加以说明。

1. 案例的选取及加工

在选取案例时，应综合考虑案例所涉及的商务主题、所属的国别和行业、案例的典型性和发生年代等。

就商务主题来看，教材应尽可能涵盖企业管理和发展的主要方面，包括企业基本战略、商业模式、企业的国际化发展、营销策略、组织结构管理、人力资源管理、企业文化等。就国别来看，为便于学习者用汉语熟悉中国的商务背景，应侧重选取中国企业的案例，兼顾其他各国企业。就行业来看，教材应广泛覆盖多个不同行业，特别是贴近生活的行业，使案例内容易于学习者理解并展开讨论，如汽车、家电、服装、饮料、餐饮住宿、综合零售等。此外，案例的具体选取可参考“哈佛商业案例”进行，案例的原始材料力求是新近出版的。如此一来，教材中的案例就能具有一定的系统性、广泛的代表性、高度的典型性和鲜明的时代性，呈现给学习者最经典的商务案例。

在加工案例的原始材料时，一方面要保持案例内容的完整性、生动性，使之结构完整、有血有肉，另一方面要按照高级阶段汉语学习者的汉语水平进行语言上的加工，可参考《高等学校外国留学生汉语教学大纲（长期进修）》中“高等阶段”或《高等学校外国留学生汉语言专业教学大纲》中“三年级”至“四年级”的教学要求进行加工，将超纲词汇控制在25%以内。

---

① 赵金铭（2005）按实际教学需要将对外汉语教材分为四大类：语言技能类教材、语言知识类教材、文化知识类教材和特殊用途语言教材。

2. 词语表的编排

一般来说，对外汉语教材的词语表由“生词”和“专有名词”两部分构成。在“特殊用途语言教材”如商务案例分析课程的教材中，专门用语的术语相对较多，在词语表的编排上，应考虑划分为“普通生词”“专业词语”和“专有名词”三部分，将“专业词语”与普通汉语词汇区别开来，单独列出。

这样做是基于三点原因：其一，专业词语往往是学习者学习商务汉语的重点和难点所在，单独列出有助于学习者的掌握；其二，大部分商务案例包含的词汇都比较多，分“普通生词”和“专业词语”列出能减轻学习时的压力；其三，很多专业词语是词组，在构词方法上不同于大纲中的普通词汇。

根据对30名商务案例分析课程学习者的调查①，76.7%的被调查者都认为有必要将全部生词分三类列出，其余23.3%的被调查者认为“无所谓”，选择“没有必要”的为0人。这一结果表明，上述词语表编排方式是学习者认可的。

3. 语言教学点的编排

作为商务汉语教学的素材，商务案例分析课程的教材必须考虑到语言教学的要求。但商务案例分析课程主要立足于语篇，旨在全面提高学习者在商务情境下运用汉语的能力，因此，该课程的教材不适合安排系统的语法教学点，也不应要求对普通生词进行讲解和辨析。为了突出教材的商务特色，避免重复同层级其他课程的语言教学点，可以仅安排“商务词汇”和“商务常用表达形式”的讲解与练习，便于学习者重点掌握商务情境常用词语、商务专业词语和商务情境常用表达形式。根据前述调查，绝大部分学习者（88.9%）都肯定了这种编排方法对积累商务情境常用语言点的积极意义。

4. 练习的设计

就练习的设计来看，商务案例分析课程的教材应兼顾案例分析和语言教学点两个方面的练习。在案例分析方面，既要有选择、判断等客观题的练习，也要有回答问题、成段表达、讨论等主观题的练习，综合训练学习者的信息捕捉和加工技能、跳跃障碍的阅读技巧、对语篇结构的把握能力、概括表达能力等。在语言点练习方面，结合语言教学点的编排，设计针对重点词汇特别是商

① 笔者于2012年6月和2012年12月先后两次对选修本人商务案例分析课程的学生进行了问卷调查，共收回有效问卷30份。

务词汇、商务常用表达形式的练习，例如“根据课文内容，选择恰当的词语填空”“理解专业词语，选择正确答案”“保持句子意思不变，用指定表达式改写句子”等。

5. 辅助材料的提供

一本好的商务案例分析教材不仅应该有经典的案例、合理的编排、适当的练习形式，还应该提供充足的、恰当的辅助材料。为了帮助学习者熟悉案例的背景，相关企业的简介是必不可少的，并且，该部分内容不应是原始资料的简单复制，编写者应结合案例主题和学习者的汉语水平对原始资料进行再加工。为了突出每课的商务主题，还可在每课归纳、介绍一个具有一定专业性的“商务知识点”，并提供一个完整的参考案例作为对课文案例的补充、强化。

除此之外，在语言教学点和练习中提供的材料，如常用搭配、句子等，要尽量多地出自商务情境，为学习者提供更多接触商务汉语的机会。

三、商务案例分析课程的教学组织

（一）教学环节的设计

以母语或熟练语进行的商务案例教学起源于哈佛商学院。1908年，哈佛商学院在工商管理教育中首先引入案例教学法，自20世纪40年代起，该方法逐步推广并不断发展完善。典型的案例教学是以教师为主导、以学生为主体、全员参与讨论和决策的过程，包括四个主要环节：（1）阅读案例、个人分析；（2）小组讨论；（3）课堂讨论、全体交流；（4）总结归纳。

而作为专门用途语言教学课程，汉语国际教育中的商务案例分析课程应该有着不同于上述环节的教学过程。苗欣（2011）认为，商务汉语课程中的案例教学应按以下步骤组织：教师导入案例——学生分组讨论——教师总结归纳、综合点评——分小组撰写案例分析报告。李铭娜（2008）认为，商务汉语教学中的案例教学是以课堂案例讨论为主要教学组织形式，通过学习者阅读、分析案例，小组和集体讨论案例，撰写案例报告等方式来实现教学目的。

本着以语言教学为主、将商务案例教学和语言教学有机结合的原则，以面向高级汉语进修生的商务案例分析课程为例，笔者认为可安排如下教学环节：（1）导入，包括理解案例标题、介绍企业概况、熟悉专有名词；（2）案例泛读、讨论和练习；（3）生词，有重点地讲解普通生词和专业词语；（4）案例分析，即案例精读、讨论、点评和归纳；（5）练习，包括案例内容理解和复习的相关练习，商务词汇与表达式练习；（6）商务知识点简介；（7）参考案例阅读和讨论；（8）案例扩展，主要由学习者以小组为单位报告课外案例并撰写书面报告。

（二）教学方法

张黎（2007）从语言知识教学、商务知识教学和社会文化背景知识的教学三个维度阐述了经贸汉语的教学方法，并指出，“以学生活动为中心，以教师活动为主导”的教学方法比较适用于语言知识教学，且作为专门用途的汉语教学，商务汉语应以语篇教学为基本出发点，采用“建构与任务结合的方法”“功能—意念教学法”等，而商务知识和社会文化背景知识的教学则更适合采用教师讲授的方法。朱旗、聂学慧、陶晓红、沈庶英（2007）则在经贸汉语类课程的教学中使用了任务教学法、演示法、发现学习、合作学习等教学方法。其中，任务教学法是运用最为普遍的方法。

在语言教学中，任务教学法的实施包括三个阶段：第一阶段主要由教师布置任务，启发学生，提出要求等；第二阶段由学习者运用目标语进行分组活动，执行任务并报告；第三阶段由教师进行总结。

与商务案例分析课程的上述教学环节结合起来看，在该课程的（5）、（8）两个环节中，都需要运用任务教学法。具体来讲，在（5）这一环节，可以安排每个小组负责一项练习，要求小组成员通过讨论、辩论得出答案并向全班汇报，教师再选择性地予以修正及补充讲解。

在（8）这一环节，由教师首先布置报告的主题，如“与大家分享一个实施差异化战略的企业的案例”，并提供简要的背景资料，提出具体要求，如“重点介绍相关企业差异化的具体战略措施及其实施效果”。学习者根据自身兴趣等自由结合成报告小组，就所选主题进行资料搜集、分析讨论，并制作 PPT、口头报告案例，进而撰写书面案例报告。最后，教师对每个小组的报告加以点评，指出优点和不足，并提炼关键语言点，供其他学习者参考。在准备和报告案例的过程中，学习者要充分发挥主观能动性，积极调动听说读写等各项技能，从而能有效地提高商务汉语的综合运用能力。

除了（5）和（8）两个环节，事实上，任务教学法也广泛体现在小组讨论的各个环节。

此外，在商务案例分析课程中，多种教学形式和手段的综合运用有利于促进课程目标的有效达成。具体举例如下：

1. 讲授法

在（1）和（3）这两个环节中，主要运用教师讲授的方法，辅之以课堂提问、互动，使学习者熟悉企业背景、案例视角等，对大部分词语达到领会式掌握，对少数重点词语达到复用式掌握。这两个环节的讲授主要是为"（2）案例泛读""（4）案例分析"两个后续环节做铺垫和准备的。

2. 讨论法

"多讨论、重输出"是本课程的重要理念，小组讨论、课堂讨论在教学中有着突出重要的地位。在讨论中，学习者努力用学过的词汇和语言结构表达自己的观点并与小组成员交流，从而更好地理解和运用所学的语言点。

在"（2）案例泛读""（4）案例分析""（7）参考案例阅读和讨论"这三个环节中，可广泛运用小组讨论和课堂讨论的方法，给学习者尽可能多的开口机会，并要求他们尽量将案例原文中的语言加工成自己的语言，多调动自己的词汇和句式，避免重复原文，以提高其在商务情境中的汉语表达能力。

在各个环节的讨论后，教师再以讲授的形式对案例的篇章结构、内容要点和案例涉及的重要语言点进行归纳和复现，以帮助学习者加深印象。

3. 演示法

"演示法发展到现在可以说就是运用现代化技术教育手段来实现教学目标。"（沈庶英，2017）通过使用多媒体教学手段，让学习者更好地参与课堂教学，给他们提供更多的互动机会。

在商务案例分析课程的课堂教学中，可综合运用多种多媒体教学手段，包括PPT演示文稿、图片、视频资料等，使学习者更直观地学习相关的知识，了解有关的背景，并增强学习的互动性和趣味性。同时，各个小组也在案例报告中使用多媒体演示，使报告结构更加清晰，帮助其他学习者更好地聆听和把握报告的内容。

四、结语

随着中国日益成为世界重要经济体，越来越多的海外人士特别是汉语学习者更加关注中国经济和中国企业，同时，来华汉语学习者总体汉语水平也在不断提高，他们对高级商务汉语课程的需求越来越强烈。本文所探讨的“商务案例分析”及类似的课程正是少数汉语国际教育机构顺应这种形势而于近年新开设的课程。然而，对该课程的定位、教材和教法的系统讨论仍是一个空白。本文试图在笔者三年来提出课程构想、编写教材及教学实践的基础上，对该课程进行初步的系统研究。

在课程定位方面，本文从课程目标、对象和性质三个角度明确指出，汉语国际教育中的商务案例分析课程是以提高商务情境下的汉语听说读写能力为主，以熟悉相关商务知识和背景为辅，面向高级阶段汉语学习者的专门用途语言教学课程。

在教材编写和教学组织方面，本文认为其基本原则是立足于语言教学，力图将商务案例教学和语言教学有机结合。教材的案例选取可以借鉴 MBA 案例教材，而教材的结构则应突出汉语教学的主体地位，适当兼顾商务专业知识。在教学过程中，既要重视对案例内容的分析、讨论、扩展，又要在这一过程中训练和提高学习者的语言技能，帮助学习者提高商务情境下的汉语综合运用能力。

参考文献

① 曹希绅，《经营管理经典案例大课堂》，北京：机械工业出版社，2009 年。

② 国家对外汉语教学领导小组办公室，《高等学校外国留学生汉语教学大纲（长期进修）》，北京：北京语言大学出版社，2002 年。

③ 李铭娜，案例教学法在中高级商务汉语教学中的应用研究，吉林大学硕士学位论文，2008年。

④ 苗欣，商务汉语案例教学的特点及原则探析，《中学课程资源》2011年第6期。

⑤ 聂学慧，经贸洽谈课程研究，张黎《经贸汉语课程研究》，北京：商务印书馆，2007年。

⑥ 沈庶英，"中国经济与社会"课程研究，张黎《经贸汉语课程研究》，北京：商务印书馆，2007年。

⑦ 苏敬勤、孙源远，商业案例、教学案例和案例研究的关系，《管理案例研究与评论》2010年第3期。

⑧ 陶晓红，"商务口语交际"课程研究，张黎《经贸汉语课程研究》，北京：商务印书馆，2007年。

⑨ 邢欣，商务汉语案例阅读教材编写探讨，《首届全国教育教材语言专题学术研讨会论文集》，2006年。

⑩ 张剑峰，管理类案例教学与案例分析方法探讨，《辽宁教育研究》2007年第2期。

⑪ 张黎，经贸汉语方向课程与教学概说，张黎《经贸汉语课程研究》，北京：商务印书馆，2007年。

⑫ 赵金铭，《对外汉语教学概论》，北京：商务印书馆，2005年。

⑬ 朱旗，对"经济导读"课教学内容和方法的探索，张黎《经贸汉语课程研究》，北京：商务印书馆，2007年。

⑭ E. Raymond Corey，管理教育中的案例运用，沃伦·麦克法兰、陈国青《中国企业管理：清华—哈佛案例与教程（教师手册）》，北京：清华大学出版社，2009年。

作者简介：吴淑姣，女，硕士，北京语言大学汉语进修学院讲师。

基于语料库的推荐词词频不大于拟淘汰词词频的异形词考察*

张熙昌

摘　要　2001 年发布的《第一批异形词整理表（试行）》及 2004 年试行的《264 组异形词整理表（草案）》（以下简称“两表”），是到目前为止异形词规范工作取得的重要成果。本文运用词汇计量的方法，对“两表”中所收录的全部 646 组异形词在北京大学 CCL 语料库中的词频进行调查，从而考察“两表”所确定的异形词是否与此次调查的结果相吻合。统计发现，“两表”中有 39 组异形词的推荐词词频并不大于拟淘汰词的词频。为了进一步对这些异形词的表现进行验证，于是将这 39 组异形词再次置于《人民日报》1995—2000 年语料以及 2001—2014 年语料中加以考察，通过对比发现：有 10 组异形词在这三个语料库中都显现出推荐词词频不大于拟淘汰词词频的特点。于是本文对这 10 组异形词加以重点研究考察，得出的结论是：应该将“两表”中“故步自封—固步自封”“号啕—嚎啕”“撅嘴—噘嘴”以及“黏稠—粘稠”“黏糊—粘糊”“黏土—粘土”“黏性—粘性”等异形词的推荐词与拟淘汰词的关系进行对调调整，才更符合真实的语言生活实际。希望规范的制订者能主动对那些与实际不符的语言规范进行修订，以使规范更加科学合理，也便于使用者更好地执行这些规范。

关键词　异形词　词频　CCL 语料库　“两表”《人民日报》语料库

* 本课题受到北京语言大学梧桐创新平台项目（中央高校基本科研业务专项基金）（项目编号为：17PT02）的资助。

一、缘起

2002年3月31日开始试行的《第一批异形词整理表》及2004年1月开始试用的《264组异形词整理表》（草案）（以下简称“两表”）是到目前为止，异形词规范工作取得的重要成果。

《第一批异形词整理表》是在对1995—2000年的《人民日报》进行词频统计和分析的基础上制订出来的，语料大约为1.5亿字。而《264组异形词整理表》（草案）是沿用整理《第一批异形词整理表》的方针、原则和方法研制而成的。

本文调查的对象包括“两表”收录的全部646组异形词（含《第一批异形词整理表》附录中的44组），用来进行调查和验证的语料库是北京大学CCL语料库（2009年7月20日更新）。CCL语料库的规模约4.77亿字，其中现代汉语语料库的规模为3亿多汉字，规模比《第一批异形词整理表》所依据的《人民日报》1995—2000年语料库大得多，而且不仅包含报刊语言，也包含大量的文学语言。本文调查和验证的目的在于，考察“两表”异形词在更大规模语料库的表现是否与“两表”目前的结论相互吻合，希望从中发现更多与异形词有关的规律，为今后异形词的规范和《现汉》的修订提供一些有价值的依据。

二、两表中的异形词在CCL语料库中的表现

“两表”共收录了646组异形词，共计1347个词语。本文运用词汇计量的方法，对“两表”中所收录的全部词语在CCL语料库中的词频（词语出现的次数）进行了调查和分析。由于有些词的词频非常大，不可能做到逐条甄别，而且数据库对词语切分的正确率也不可能做到百分之百，所以有些统计结果肯定会存在一定的误差，但是这些误差均不足以对推荐词与拟淘汰词之间的关系产生本质的影响。

《第一批异形词整理表》“把通用性原则作为整理异形词的首要原则，……90%以上的常见异形词在使用中词频逐渐出现显著性差异”，而且“我们认为（推荐词与拟淘汰词的词频）至少在一倍以上才算显著性差异”（李行健，2002）。因此区别推荐词与拟淘汰词的最关键因素就在于词频有没有明显的差异。

通过对“两表”所涉及的1347个异形词在CCL语料库中逐一检索，得到的结果是：在646组异形词中，有39组异形词的推荐词词频并不大于拟淘汰词词频，其余607组异形词的推荐词词频都大于拟淘汰词的词频，这与“两表”对于推荐词与拟淘汰词的判断是基本一致的，说明“两表”的结论基本上是准确、可信的。

三、对推荐词词频不大于拟淘汰词词频的异形词所做的分析

在推荐词词频不大于拟淘汰词词频的39组异形词中，除了“诿罪（4）—委罪（4）”[①]的推荐词与拟淘汰词的词频相同以外，其他38组异形词的推荐词词频反而小于拟淘汰词的词频，如“浑水摸鱼（53）—混水摸鱼（68）”。

（一）39组异形词的词频结果在其他语料库中的表现

为谨慎起见，笔者用《人民日报》的语料对这一结果进行了复查，语料跨度从1995年至2014年。由于《现代汉语异形词规范词典》（第2版）的词频统计依据的是《人民日报》1995—2000年的全部文本语料，故笔者直接引用了他们的成果。对于2001—2014年的语料，笔者使用“人民网报刊杂志搜索”对这些异形词在这部分语料中的词频进行了统计。

通过对比发现：有10组异形词在这三个语料库中都显现出推荐词词频不大于拟淘汰词词频的特点。

下表中第一栏为这10组异形词的推荐词和拟淘汰词，第二栏中“/”前后分别为它们在CCL中的词频，第三栏“/”前后分别为在《人民日报》1995—2000年语料中的词频，第四栏“/”前后分别为在《人民日报》2001—2014年语料中的词频。第五栏的“11”“2”分别代表《第一批异形词整理表》中的《附录》及《264组异形词整理表》。为了解说方便，本文将CCL语料库、《人民日报》1995—2000年语料库、《人民日报》2001—2014年语料库分别简称为CCL、“1995库”和“2001库”。

---

① 括号中的数字为在CCL中的词频，下同。

表1　10组推荐词词频不大于拟淘汰词词频的异形词的语料库词频分布

推荐词—拟淘汰词	CCL	1995库	2001库	所属
撅嘴—噘嘴	55/56	1/1	3/4	11
枝丫—枝桠	92/141	15/42	62/65	11
故步自封—固步自封	55/138	49/79	77/374	2
号啕—嚎啕—号咷—嚎咷	169/343/0/0	17/37/0/0	41/79/0/0	2
黏稠—粘稠	45/139	2/24	46/63	2
黏糊—粘糊	24/91	1/6	1/4	2
黏土—粘土	138/364	6/69	79/147	2
黏性—粘性	48/106	2/18	42/56	2
诿罪—委罪	4/4	1/1	0/0	2
约摸—约莫	201/385	15/17	31/33	2

（二）对以上对比结果的分析

1. 关于“故步自封—固步自封”与“号啕—嚎啕”

从上表可知，有6组异形词的推荐词词频明显低于拟淘汰词词频，特别是“故步自封—固步自封”“号啕—嚎啕”的表现最为明显。在2001库中，“故步自封—固步自封”的推荐词与拟淘汰词的词频之比接近1:5，而“号啕—嚎啕”的推荐词与拟淘汰词的词频之比也接近1:2。值得注意的是，这是《264组异形词整理表》于2004年制订试行后，对执行国家规范最坚决的《人民日报》进行统计而得出的结果。这表明当一些语言文字的规范与使用者的文化心理因素相违背时，这些规范也很难为使用者所认可。

其实针对“号啕—嚎啕”这组异形词存在的问题，苏新春（2002）在对大量语料进行统计的基础上指出：“《草案》中的不少异形词表明俗成性原则尚未得到完全的遵循，如‘号啕26.1%—号咷0.9%—嚎啕72.9%’[①]，用‘号啕’来代替‘嚎啕’，其难度可想而知。‘号啕’之所以被选为正体，其原因或是因字形简省而被选录，或是受已有辞书的影响。”“故步自封—固步自封”“号啕—嚎啕”这两组异形词在CCL中的词频统计，再一次印证了苏文的观点。

然而这样做就涉及一个根本的问题：国家的语言文字规范一旦制订出来，使用者就应该认真执行。然而当国家的规范由于在制订时这样或那样的纰漏，而导致所制订的规范与实际的语言生活尖锐对立时，应该如何解决这个问题。

① 百分比为该词的相对词频。

比如，《现代汉语异形词规范词典》(第 2 版）在《凡例》中就再次声明：“有些过去被认定为异形词，但根据国家有关语言文字的规范已有明确标准的词形，有辞书仍作为异形词处理或在有影响的报刊中仍继续使用非规范词形的，本词典酌情选录了若干条进一步加以明确。如‘飞扬—飞飏’‘家具—傢具’‘树阴—树荫’。”对此，苏新春在同一篇文章中指出：“现在我们把‘树阴—树荫’放到语料库中进行词次调查，结果是‘树阴 180’‘树荫 288’……这个结果不能不让人感到，当初把‘树阴’立为正体，把‘树荫’立为异形，是一败笔之举。”

这种规范与语言实际相冲突的问题确实给像《现代汉语词典》这样的辞书出了一道难题。对此，江蓝生（2013）做出了如下的解释说明：“《新华字典》和《现汉》做了变通处理，根据历史和语言实际在‘荫’字下收了 yīn 和 yìn 两个音，兼出‘林荫道’和‘林阴道’，以‘林荫道’为主条，‘林阴道’为副条。”

其实无论是《现代汉语异形词规范词典》还是《现代汉语词典》，之所以出现“树阴—树荫”的问题，关键在于《普通话异读词审音表》的存在。“荫”本有阴平 yīn 和去声 yìn 两读，《审音表》规定“荫”统读去声 yìn，只能用于“封妻荫子”“荫庇”等词。按此规定，“林荫道”就只能写作“林阴道”，但很多群众出于文化心理等方面的原因不予认可，在实际使用中仍然写作“林荫道、柳荫街”等。

其实对于国家发布的有关语言文字使用的规范，如果与实际语言生活相抵触的话，就应该从实际出发，及时修订规范，而不是强迫使用者来适应有问题的规范，否则就成了削足适履。因此对于以上的词频统计结果，最好的办法应该是及时对《264 组异形词整理表》加以修订，明确将“固步自封”“嚎啕”作为推荐词形，而将“故步自封”“号啕”作为拟淘汰词形。

2. 关于“撅嘴—噘嘴”与“枝丫—枝桠”

邹玉华（2005）认为：“撅嘴—噘嘴”这组异形词之所以将“撅嘴”作为推荐词是因为词语的“标示值受国家语文政策制约。国家语文政策可以限制或引导大众使用，从而使某一词形迅速推广，提高其标示值。……因此词形“噘嘴”标义性强，标示值高。但在 1955 年发布的《第一批异体字整理表》中‘噘’作为‘撅’的异体字予以废除，‘噘’成为非规范字，从而限制了大众的使用。因长期不用，‘噘’在语用中成为生僻字而标义性差。而词形‘撅嘴’因语用中较常使用而标义性强，标示值高。”

但是这种情形随着《通用规范汉字表》的公布发生了根本性的改变。2013年6月5日开始实施的《通用规范汉字表》规定“晳、瞋、噘、蹚、溧、勠”不再作为“晰、嗔、撅、趟、栗、戮”的异体字，原来的异体字不但成了规范字，而且还被归入了仅次于常用字表（3500字）的二级字表中。虽然该《字表》对“椏”也做了部分调整，但是规定“椏”作为规范字只可用于姓氏人名、地名和科学技术术语中。对于一般词语，如“椏杈”“椏枝”中，“椏”仍然作为“丫”的异体字。

《通用规范汉字表》的实施，“撅嘴”失去了表示“噘嘴”的依据。“噘嘴”当仁不让地获得了推荐词的地位。而含有“椏”的词语在“枝丫—枝椏”以及另外两组异形词“丫杈—椏杈”“丫枝—椏枝”中仍然作为拟淘汰词。之所以这样安排，可能跟“丫”的字形比“椏”更形象、更简单有关。这也再次印证了在确定异形词的推荐词形时要综合考虑各种因素的原因。与“椏”的命运相同的还有“淼”“矇”，它们仍然被视为“渺”“蒙”的异体字，因此尽管“浩渺—浩淼”“蒙眬—矇眬”这两组异形词的推荐词词频与拟淘汰词词频难分伯仲，但是“浩淼”“矇眬”仍旧处于拟淘汰词的地位。

3. 关于“黏稠—粘稠”“黏糊—粘糊”“黏土—粘土”“黏性—粘性”

除了“故步自封—固步自封”与“号啕—嚎啕”以外，上表中还有4组异形词的推荐词词频明显低于拟淘汰词的词频，它们是：“黏稠—粘稠”“黏糊—粘糊”“黏土—粘土”“黏性—粘性”。在这4组异形词中，含有“粘”的词形相对于含有“黏”的词形占有明显的优势，因此构成了一个以“黏—粘”为对应关系而形成的一个系统。依据通用性原则为整理异形词的首要原则，这个系统中应该以含有“粘”的词形为推荐词，以含有“黏”的词形为拟淘汰词，这不仅符合语言生活的实际，也使得推荐词的词形得以大大简化。

这个系列之所以出现推荐词词频不及拟淘汰词，可能与以下三个原因有关：

第一，与国家的语言文化政策有关。“黏”字在1955年发布的《第一批异体字整理表》中曾作为“粘”的异体字被淘汰，而1988年《现代汉语通用字表》又恢复了它的规范汉字的身份。“黏”曾经被国家政策长期禁用，后来虽然得以恢复规范字的身份，但是受到的影响是明显的。

第二，与“黏”的字形复杂有关。关于异形词规范的原则，无论从高更生（1999）提出的“从俗的前提下注意义明、音明、从简和系统”原则，殷焕先（1962）提出的“语音原则、分化原则、通用原则、语源原则、舍繁从简原则”，还是孙光贵（1994）等人提出的“约定俗成、易写易记、形义相符”原则，都认为字形简单、易写易记是成为推荐词的重要因素。“黏”与“粘”相比，笔画要多6画，根据舍繁从简的原则，“粘”的优势是非常明显的。

第三，与“黏”“粘”的“形义有关”有关。推荐词的词义要显豁，字形与词义要相符，关系要密切，最好能望文生义。“黏”的形符为“黍”，而“粘”的形符为“米”，用“米”和“黍”来表示“粘连”都是有理据的，而对于现代人来说，“米”对“粘连”词义外化得更明显。

在“黏”字恢复使用以前，“粘”作为动词，读作“zhān”，作为形容词，读作“nián”，本来是一种非常巧妙、科学的处理，因为只有粘（nián）的东西才可以粘（zhān）东西。但“黏”字恢复使用以后，人为地将本来在词义上紧密相连的两个词分别用不同的汉字来表示，不但增加了人们书写、记忆的负担，而且割裂了两个词之间本来的联系。这种将“黏”恢复为规范字的做法是否有必要值得考虑。除了上面提到的系统以外，“两表”未收录的异形词“黏度（10）—粘度（57）、黏附（10）—粘附（108）、黏合（44）—粘合（340）、黏糊糊（19）—粘糊糊（83）、黏结（16）—粘结（72）、黏膜（157）—粘膜（222）、黏着（22）—粘着（259）”等都有着极为一致的表现。因此，无论依据通用性原则，还是理据性原则、系统性原则，都应该以含有“粘”的词形为推荐词形。

4. 关于《264组异形词整理表》

综观上表中的这10组异形词，除了“撅嘴—噘嘴”“枝丫—枝桠”来自《第一批异形词整理表》中的《附录》以外，其余8组均来自《264组异形词整理表》，说明该词表在确定推荐词与拟淘汰词时还存在一些与实际情况不相符的情况，今后还应该继续加以完善。

四、结语

“我们认为应该尊重和执行国家的规范标准，但是当少数规定明显不符合语言实际，不为大多数群众认可时，辞书可以做少许变通，为规范标准的修订提供依据，预留空间，这是对待规范标准的实事求是的科学态度。”（江蓝生，2013）

对比“两表”异形词在 CCL、1995 库和 2001 库的词频统计结果可知，自“两表”规范出台以来，推荐词的词频与拟淘汰词的词频之间的差距正变得越来越显著，这说明人们使用推荐词的比例越来越高，“两表”对于异形词规范的作用是有目共睹的。如果语言文字规范的制订者能够不断地对“两表”加以完善，使之越来越符合语言生活的实际，必将产生更大的效果。

2013 年 6 月 5 日，教育部、国家语言文字工作委员会发布了《通用规范汉字表》，由于《通用规范汉字表》对一些异体字做了最新的修订，所以“两表”可以以此为契机，对原来与《通用规范汉字表》相抵触的地方加以修订。

参考文献

① 高更生，《现汉》修订本的异体词整理，《语文建设》1999 年第 1 期。

② 江蓝生，《现代汉语词典》第 6 版概述，《辞书研究》2013 年第 2 期。

③ 李行健，《现代汉语异形词规范词典》（第 2 版），上海：上海辞书出版社，2011 年。

④ 李行健，异形词整理三题，《咬文嚼字》2002 年第 3 期。

⑤ 苏新春，异形词规范的三个基本性原则，《厦门大学学报》（哲学社会科学版）2002 年第 2 期。

⑥ 孙光贵，异形词的定义及词形规范的范围和原则，《语文建设》1994 年第 11 期。

⑦ 殷焕先，谈词语书面形式的规范，《中国语文》1962 年第 6 期。

⑧ 邹玉华，异形词的语用值即标示值分析，《语言文字应用》2005 年第 1 期。

作者简介：张熙昌，男，北京语言大学汉语进修学院讲师。

从对外汉语教学的语法偏误看汉英语言类型及思维方式的差异

岳　岩

摘　要　偏误分析可以帮助我们通过对系统的、有规律的错误进行分析，从而对症下药，提高汉语教学的效果。我们在教学过程中发现，很多语法偏误源于学生套用母语表达方式的结果，即受到了母语负迁移的影响。本文通过从地点状语、逻辑关系、时间取向和时间概念、整体概念和空间范围四大方面引起的语法偏误入手，分析了这些语法偏误产生的深层次原因，并探讨中西两种不同社会心理、思维方式和语言类型的差异。

关键词　语法偏误　负迁移　思维方式　语言类型

"偏误"是指第二语言学习者在使用语言时不自觉地对目的语的偏离，是以目的语为标准表现出来的错误或不完善之处。这种错误是成系统的，有规律的，一般是源于母语负迁移、目的语知识负迁移、文化因素负迁移等。其中母语的负迁移是指母语的语言知识和经验对汉语的学习和应用产生了负面的干扰作用，如将母语的发音规律运用到汉语发音中，将母语中的某个词的词义和用法与汉语中的某个词对应起来，以本族人的思维方式套用到汉语中，或用母语的表达方式对照汉语，这都会造成意义和用法的偏差。因此，通过偏误分析，可以找到产生这种偏误的根源并对症下药，取得较好的教学效果。

我们在教学过程中发现，母语为英语的学生习得汉语出现的很多语法偏误是源于学生套用母语表达方式的结果，从某种程度上反映了不同民族的思维方式、社会心理、文化差异。本文以母语为英语的学生为研究对象，试图通过几个语法偏误类型，来分析一下中西语言类型和思维方式的差异。

一、地点状语的偏误使用

汉语和英语都是SVO语言，比如“我是老师”(I am a teacher.)“我喜欢游泳”(I like swimming.)，但由于他们分属于不同的语系，在语序上仍有各自的特点。其中一个非常明显的区别是，现代汉语的状语全部前置于动词，句子按照“时间＋地点＋事件”的顺序，而英语中的时间状语和地点状语的语序则与古汉语相似，以后置于动词为基本位置。比如：

① 我昨天在朋友家看超级碗比赛。(I watched Super Bowl at my friend's house yesterday.)

② 我周末在家休息。(I rest at home on weekend.)

同为SVO语言，英语的时间状语可以像汉语一样，置于句首，但是不如后置于动词常见，如：

① 昨天我在朋友家看超级碗比赛。(Yesterday I watched Super Bowl at my friend's house)

②周末我在家休息。(On weekend I rest at home.)

但是英语的地点状语在语序上非常严格，一定是后置于动词，因此英语背景下的学生在学习汉语状语语序时产生的偏误主要是将地点状语置于动词后面，也就是：

① * 昨天我看超级碗比赛在朋友家。

② * 周末我休息在家。

现代汉语“时间＋地点＋事件”的语序不仅体现在一个句子中，还体现在一个句子成分里，如：

我想念去年在中国上学的日子。

在此例中，“去年在中国上学”是作为整个句子的一个句子成分，修饰宾语“日子”，它也遵守“时间状语＋地点状语＋动词”的语序原则，而很多留学生会受到英语语序的影响错写成“我想念日子上学在中国去年”。

同为SVO语言的汉语和英语，为什么汉语的状语要前置于动词，而英语的状语后置于动词？这反映了什么不同的思维方式和语言类型？

从思维方式的角度来看，英民族是聚集思维，重视直线思维，在表达思想时，逻辑严密，先陈述主要思想，再延伸下去，所以英语有严谨的主谓结构，主谓结构统领全局，提纲挈领。先说出主要信息，然后再介绍其他辅助信息，如时间、地点、原因等，如同先讲述树干，再讨论枝节一样，因此把状语置于动词后。而汉民族是散点思维，重视螺旋型思维，要按照事件发展的时间顺序、逻辑顺序先把时间、地点、原因等背景信息交代清楚了，做好铺垫了，最后上升到重点，让人觉得顺理成章，因此把表示背景性的状语信息置于动词前面，其语序的基本特点是从话题性强的成分到焦点性强的成分的信息流动，所以汉语的语义焦点常在最后，如果不听一个汉语母语者把话说完，常常不清楚他要表达的主要信息是什么。这种思维方式和语序排列的差别产生的结果就是：英语母语者说话写文章都比较直截了当、开门见山；而汉族人说话写文章倾向于含蓄、曲径通幽的语体风格。

不同的思维方式映射到语言中就会出现不同的语言类型。我们认为，现代汉语中时间状语、地点状语前置动词的语序反映了中国人对“天、地、人”关系的思考，是对现实的经验结构或概念结果的顺序拟象。在中国人看来，一个人做一件事一定要有相对应的合适的时间和地点，不同的时间、不同的地点，做的事在内容和结果上会有所不同。合适的时间、合适的地点是保证事情正确的前提，所以在人做事以前，要先选择好时间和地点，这种思维反映到语言中，自然就是“时间状语 + 地点状语 + 动词”的语序。

不过，汉语中还有一类是地点状语后置于动词，如：

他掉在水里。（He fell into the water.）

因为这里的地点状语“在水里”不是动词（事情）“掉”发生的地点，而是动词（事情）发生以后参与者所处的位置，因此与我们之前探讨的类型不同。英汉在这类型的语序上是一致的。

二、逻辑关系引起的偏误

英语在讲因果逻辑关系时，先说结果，再说原因；表示条件关系时，先说衍推，再说条件；表示目的关系时，先说事件，再说目的。而汉语在语序上，往往先因后果，先条件后衍推，先目的后结果。请看以下英语原文及相应的汉语译文：

① I can't trust her because she is not honest.

（因为）她不诚实，所以我不相信她。

② I think we should have been told if there was anything up.

我想如果真发生了什么事，他们会通知我们的。

③ He came to China to learn Chinese.

为了学习汉语，他来到了中国。

汉语母语者认为因的发生总在前，果的发生总在后；条件的发生总在前，衍推的发生总在后；目的的发生总在前，事件的发生总在后，因此在叙述因果、条件、目的等逻辑关系时，其叙述大体上按照时间的顺序进行，先因后果，先条件后衍推，先目的后事件；而英语母语者重直线思维，所以说话通常开门见山，直奔主题，然后再做解释，因此其叙述的顺序恰恰相反。这种思维方式映射在语言类型上，则是认知语言学中顺序拟象性原则的表现。戴浩一等（1988）把这种顺序拟象性原则称为时间象似性原则，即“两个句法单位的相对次序决定于它们所表示的概念领域里的状态的时间顺序”[①]。他还提出汉语的语序比英语更遵循时间顺序的象似原则。

当然，汉语在叙述逻辑关系时，也可以像英语那样先果后因，先条件后衍推，把原因、条件、目的等看成是补充说明的条件，放在句子的后半部分，但是一定要有明显的固定的关联词形式标记，如“……，是因为”“之所以，是因为”“……，除非”“……，是为了”等来进行强调，或者在句子中间用逗号将主句和分句隔一下。上面的几个例句可改为：

① 我不相信她，是因为她不诚实。/ 我之所以不相信她，是因为她不诚实。

② 他会通知我们的，除非发生了什么事。

③ 他来到中国，是为了学习汉语。

另外，在汉语中，关联词一般可以成对出现，如“因为……所以”“虽然……但是”“如果……就”等，而英语中只需要出现其中的一个连接词就可以。由于英语先奔主题再做解释的思维风格，所以出现的连接词就只是具有解释功能的那个，即“因为”“虽然”“如果”等。若不注意这点，就容易出现这样的偏误，如：

① 戴浩一、黄河，时间顺序和汉语的语序，《当代语言学》1988年第1期。

①＊因为下雪，我们不上课。

②＊虽然明天下雪，我们不上课。

③＊如果明天下雪，我们不上课。

由此可见，由于汉语语序的基本特点是从话题性强的成分到焦点性强的成分的信息流动，汉语母语者的语义焦点一般在句子的后面，所以成对出现的关联词中的后一个更重要些，即“所以”“但是”“就”等。而英语母语者的语义焦点一般在句子开头，所以关联词中的前一个更重要些，即“因为”“虽然”“如果”等。

三、时间取向和时间概念引起的偏误

留学生在学习汉语中对表示事件发生先后的时间顺序容易产生偏误，如：

①＊我回家以后下课。/我回家下课以后。

② 我下课以后回家。/下课以后我回家。（I went home after class.）

这是因为汉语母语者自古坚信“天人合一”，人是自然的一部分，与自然统一在一个整体结构中，有一种内在的时间逻辑顺序，因此要顺其自然。在汉语母语者看来，“下课”和“回家”在时间发生的顺序上是先“下课”然后再“回家”，因此按照时间发生的顺序先叙述“下课”再叙述“回家”，这也符合顺序的拟象性原则，而英语母语者着眼于未来，他们叙述的重点是“回家”，所以先说“回家”再说“下课后”。

除了直接用语序表示时间顺序，汉语中还有一些结构也按照事件发生的时间先后顺序原则进行叙述，如结构“V_1了就V_2”表示“第一个动作发生后，第二个动作很快发生”，如“我下了课就去找你”。或者表示“第一个事件作为前提条件，一旦发生后，就会出现第二个事件”，如“他喝了酒就脸红”。很多留学生会根据英语习惯（I will go to look for you after class. He will flush with alcohol.）说成“我去找你下课后”“他脸红喝酒以后”。

再如，我们用结构“……的时候”表示某个特定时间点或时间段发生了某件事时，汉语母语者会按照事件发生的时间先后顺序先说这个时间点或时间段，再说发生的事，如“我上课的时候，有人给我打电话了”。而英语母语者则说

“Somebody called me when I was having class”。

汉语母语者和英语母语者对时间取向的不同也影响到他们对待时间的态度。在时间取向上中国人以过去为主，往往考虑过去做过什么，有什么经验教训；而西方人着眼于未来，有强烈的时间“紧缺感”，更多考虑将来如何做事。西方与时间对抗的价值观念，使得他们害怕年龄增长，把年龄视为极度“隐私”，珍惜时间，奋斗不息；而东方人强调天人合一，顺其自然，推崇中庸之道和宿命论，年龄不仅不是隐私，不同的年龄段还都有不同的美和魅力。

汉语母语者和英语母语者对时间取向的不同还会影响到他们对待时间的先后概念上。英语母语者着眼于未来，因此面对未来区分时间先后，英语中分别用 back 和 forward 指称过去和未来的时间，而汉语母语者的思维方式与此相反。他们着眼于过去，是面对着过去来区分时间先后的。唐诗中的“前不见古人，后不见来者”中“前”是指“过去”，“后”指“未来”，再如“前天、前年、后天、后年”。但是汉语母语者除了用“前、后”来表示时间先后外，还用“上、下”表示，如“上周、上个月、上个星期、下周、下个月、下个星期”。可见，英语母语者一般只把时间理解为水平的概念，而汉语母语者不仅把时间看成水平的概念，也看成垂直的概念。

四、整体概念、空间范围引起的偏误

中国传统的宇宙观是“天人合一”，即人与自然是处于统一和谐的整体结构中，中国人认为人是自然的一部分，是整体的一部分。这体现在思维模式上就是整合型思维，是一种“先整体后局部”的整体优先的认知活动，体现在语言表达形式上就是构句法规则上按照“由先到后，从大到小，由远及近”的顺序对事物进行阐述，而不以谓语为核心。而西方文化坚持“天人相分”即“主客相分”的哲学观点，认为人是万物的中心，人与自然相对分立，整体是由个体构成的，因此思维运行时往往以个体为起点，然后把这些部分拼合成一个整体，是分异型思维，即先个体再整体。体现在语言表达形式上就是构句法按照“从小到大、从近及远、先局部后整体”的顺序，这种顺序的差异表现在很多语言结构中。

1. 先整体后局部

存现句是表示何处存在、消失了何人或何物，结构一般为“处所 + 存现动词 + 人 / 物”。汉语的表达顺序是先整体后局部，英语的表达顺序是先局部后整体。如：

①教室里有一个学生。（先整体后局部）There is a student in the classroom.（先局部后整体）

②我家有四口人。（先整体后局部）There are four people in my family.（先局部后整体）

如果不了解这种顺序的差异，就会产生如下的偏误：

① * 一个学生在教室。

② * 有四口人在我的家。

2. 从大到小

无论是表达时间、地理位置，还是表达组织、系统介绍人物等方面，汉语的顺序都是从大到小，而英语的表达顺序恰好相反。如：

①“2015 年 2 月 7 日”英语表达为“7th, February, 2015”

②“美国纽约曼哈顿第五大道 76 街”英语表达为”76th Street, the 5th Ave, Manhattan, New York, United States”

③“纽约大学英语系系主任”英语表达为“the Dean of English Department of New York University”

3. 由远及近

汉语“由远及近”的表达顺序表现在先叙述过去发生的离现在较远的事情，再叙述离现在近的事情，而英文的表达顺序与此相反，如：

他们是大学同学，现在还常常联系。

They still keep in touch since they were classmates in college.

4. 先参照物后目标物

英语的方位关系通常由介词表达，而汉语的方位通常由“介词 + 方位词”共同表达。因此，表达不同的方位关系，英语要借助不同的介词，而汉语要借助不同的方位词，如：

① The toys are in the bag. 玩具在包里。

② The book is on the table. 书在桌子上。

③ The bag is under the desk. 包在桌子下。

因此，以英语为母语的学生在表达汉语方位关系时，常常忘记带相应的方位词。

另外，通过名词短语给事物定位时，英语的结构是：目标物＋介词＋参照物；而汉语的结构是：（在）＋参照物＋方位词＋目标物。如：

a bank beside the supermarket（在）超市旁边的银行

因此，学生常常容易将“参照物”和“目标物”的位置搞混。再加上汉语中可以用“在”字句和“是”字句两种句型表达方位，句型中的“参照物”和“目标物”的位置也正好是相反的，学生就更容易产生偏误了。如：

目标物＋在＋参照物＋方位词，例：超市在银行的左边。

参照物＋方位词＋是＋目标物，例：银行的左边是超市。

① * 超市在东边的银行。

② * 左边的银行是超市。

③ * 超市是东边的银行。

④ * 银行的左边在超市。

这种方位关系的表达偏误也与思维方式有关，英语母语者直奔目标，重局部，所以先目标物后参照物，而汉语母语者重整体，介绍完背景信息后再进入主题，所以先叙述参照物再引出目标物。

另外，汉语母语者表达方向时以水平方向的“东”和“西”为坐标，先水平再垂直，所以是“东北”“西北”“东南”“西南”；而英语母语者表达方向时以垂直方向的“南”和“北”为坐标，先垂直再水平，所以是“northeast”, “northwest”, “southeast”, “southwest”。

综上所述，本文从地点状语、逻辑关系、时间取向和时间概念、整体概念和空间范围四大方面引起的语法偏误入手，分析了这些语法偏误产生的深层次原因，即两种不同社会心理、思维方式和语言类型的差异。对外汉语教师只有深刻了解这些并通过多种方式解释给学生，在教授相关语法点前做好相应的准备工作和预防措施，才能避免学生死记硬背汉语语法，或者产生畏难情绪，从而达到从思维上真正理解、认同并熟练运用的程度，这样语法偏误就会越来越少了。

参考文献

① 戴浩一、黄河，时间顺序和汉语的语序，《当代语言学》1988 年第 1 期。

② 丁志斌，英汉语序的类型学特征，《西安外国语大学学报》2014 年第 1 期。

③ 李珂，从中西思维方式的对比看英汉表达方式的差异，《新疆师范大学学报》2005 年第 2 期。

④ 连淑能，论中西思维方式，《英汉比较与翻译》，上海：上海外语教育出版社，2002 年。

⑤ 刘丹青，语言类型学与汉语研究，《世界汉语教学》2003 年第 4 期。

⑥ 鲁健冀，偏误分析语对外汉语教学，《语言文字应用》1992 年第 1 期。

⑦ 武和平、魏行，英汉空间方所表达的认知语义分析——以“里”“上”和“in”“on”为例，《解放军外国语学院学报》2007 年第 3 期。

⑧ 文旭，认知语言学中的顺序拟象原则，《福建外语》2001 年第 2 期。

作者简介：岳岩，女，博士，北京语言大学汉语速成学院讲师。

从教材分析的角度谈入门阶段语音教学

郑家平

摘　要　入门阶段语音教学是汉语教学的重点和难点，但同时也是目前大部分汉语教学的弱点。本文通过教材分析和师生访谈，从宏观和微观两个角度探讨入门阶段语音教学存在的问题和解决问题的途径。结果表明，入门阶段语音教学中存在的突出问题是教学时间不足和教学策略使用不当，这需要教学设计者和实施者勇于创新，从学习者的需求出发，合理安排语音教学环节。

关键词　教材分析　语音教学　语音教学策略　入门阶段语音教学

一、引言

当今汉语教学领域，尽管取得了多方面的成就，但有一个问题仍然困扰着汉语教师和汉语教学研究者，那就是洋腔洋调现象。以二语教学的标准来看，洋腔洋调现象是语音教学不成功的表现。赵元任先生将之称为“一失音成千古恨”。林焘先生指出：“与其在纠音正调上下大力气，不如在语音教学之初，尤其在编写教材时就下好功夫。”（焦立为，2001）

目前，关于教材语音部分的研究，多集中于对教材编写理念等方面的宏观研究，如丁玉华（2004）、陈晓霞（2010）；还有一些研究是关于语音练习设计的，如赵淼（2006）、柳琴（2006）、张娟（2011）。但是，上述研究几乎都没有涉及教材语音部分的整体编排情况，也没有结合教学实际情况提出具体问题并设计合理的解决方案，而这些恰恰是解决语音教学问题的关键所在。

本研究将入门阶段的语音教学作为研究对象，从教材分析的角度，分别从宏观和微观两方面探讨目前语音教学阶段存在的问题，并结合师生访谈，讨论提高入门阶段语音教学效率的可行性方案。

二、研究对象及研究方法

（一）教材选择

基于可操作性原则，我们选取了最近十年出版或改版、在海内外教学中广泛使用并影响较大的 8 本入门阶段综合课教材作为分析样本。这是因为，综合课教材较之口语、听力等分技能教材更能完整体现语音教学理念和思路，如表 1：

表 1　近十年在海内外广泛使用的 8 本入门阶段汉语教材

序号	教材名称	编者	出版社	出版日期
1	《汉语会话 301 句》（上）（第三版）	康玉华	北京语言大学出版社	2005 年
2	《汉语口语速成》（入门篇）（上册）	马箭飞主编	北京语言大学出版社	2005 年
3	《体验汉语　基础教程》（上）	姜丽萍	高等教育出版社	2006 年
4	《成功之路》（入门篇）	邱军主编	北京语言大学出版社	2008 年
5	《汉语十日通》（入门篇）	杨惠元 陈军	商务印书馆	2008 年
6	《中文听说读写》（1）	刘月华主编	Boston: Cheng & Tsui Company	2009 年
7	《新实用汉语课本 1》（第二版）	刘珣主编	北京语言大学出版社	2010 年
8	《中文天地》（1）	吴素美等	培生教育出版集团 Pearson Education, Inc.	2011 年

上述 8 本教材中，《中文听说读写》《中文天地》是美国本土教材，其他全部为国内教材。在教材编写理念方面，8 本教材均强调“结构—功能—文化”相结合。我们将从宏观和微观两个方面就教材中语音阶段的设置情况展开系统分析。

（二）师生访谈

为了获得来自一线教师和学习者对教材语音部分使用感受的评价信息，本研究选取了5位平均教龄超过5年的汉语教师作为教师访谈对象，选取5位成功汉语学习者作为学生访谈对象。5位教师均具备至少两年的海外教学经历。5位成功汉语学习者均具有中级以上汉语水平，汉语发音基本标准，其中3人在本国完成语音阶段学习，2人在中国完成语音阶段学习。我们将就教材分析中发现的具体问题对上述师生进行访谈。

三、对教材中语音部分的宏观分析

（一）语音教学目标与内容

对于汉语语音教学目标，一直以来存在两种争论，一种观点认为，在不影响交际的情况下，可以容忍汉语学习者一定程度的洋腔洋调；另一种观点认为，“语音教学的首要目标是用正确的语音说话”（鲁健骥，2010）。

在讨论语音教学目标前，首先有必要界定语音教学的内容。一直以来，汉语教材无一不把拼音作为语音教学阶段的主要内容。但事实上，语音教学至少应该包含两部分内容：一是拼读教学，即学习者通过拼音学习，能够正确地拼读出汉字；二是发音训练，即学习者应通过发音训练，用正确发音进行口头交流。我们认为，在语音教学阶段，发音训练较之拼读教学更为重要，因为语音是语言的物质外壳，尤其对于汉语这样一门有声调的语言来说，发音错误很大程度上就意味着交际信息错误。

1. 教材分析

但通过对上述8本教材的分析我们发现，大部分教材在语音阶段只提供了声韵拼合表、必要的拼读规则和变调规则，对发音要领的描述和介绍较少，有的基本没有。国内教材只有《新实用汉语课本1》和《成功之路》（入门篇）简要阐述了重点声韵母的发音要领。相对来说，美国教材《中文听说读写》（1）和《中文天地》（1）在发音要领的阐释方面做到了巨细靡遗，其主要做法是在英文中寻找跟汉语拼音发音相近似的音，通过对比进行描述。分析其原因，《中文听说读写》（1）和《中文天地》（1）都是在美国大学广泛使用的教材，其教学对象背景相对一致，因此可以用英语对发音要领进行细致的描述和解释；而国内汉语教材主要面向广大来华留学生，学习者母语背景多样，因此无法用某一特定语言就发音要领进行描述和解释。

2. 师生访谈

关于教材中语音教学目标和教学内容，我们对被试进行了访谈。教师们表示，目前的普遍做法是把拼读和发音训练结合起来，用较短的时间完成语音部分的学习，尽快进入交际训练。至于教材中是否出现发音要领意义不大，这些内容可以写在教师用书中，由教师在课堂上面授。但如果在教材中进行描述，就应尽量准确，而不能仅仅从英文中找对照音。

关于语音教学内容，5 位学生访谈者均表示，拼读并不难，难在发音，他们希望发音训练贯穿汉语教材和汉语课堂始终。其中，3 位在本国完成入门阶段语音学习的受访者表示，在学习语音时，教师用本族语细致地讲解了发音要领，包括发音部位和发音方法，这对于他们的正确发音有非常大的帮助；另两位在中国完成语音阶段学习的学习者表示，尽管课堂上教师对发音要领进行了细致讲解，但是课本上没有相关内容，这导致他们无法在家复习语音，只能通过听录音或与中国人交流反复纠正发音，效率较低。5 位学生访谈者一致认为，如果教材中有详细的发音要领介绍，将对语音的学习和复习巩固有非常大的帮助。

3. 小结

综上，我们认为语音教学的目标和内容应该包含两部分：一是通过系统学习，使汉语学习者掌握拼音规则，能够正确拼读汉字，这一目标可以通过集中强化训练，在入门阶段短期内完成；二是通过反复操练，使汉语学习者掌握汉语的基本发音要领，能够用正确的汉语发音进行口头交流，这一目标是语音教学的重中之重，最好贯穿初级汉语教学始终，因此，不论在教材编写中还是课堂教学中，语音阶段都应该更加侧重于发音训练。

（二）教材中语音阶段所占比重及呈现方式

1. 教材分析

语音阶段在教材中所占比重反映了编者对语音教学的重视程度，而语音阶段在教材中的呈现方式以及练习设计，则反映了编者不同的语音教学理念和方法。本研究通过教材分析发现，上述8本教材中语音部分所占比重及其出现方式不尽相同，详见表2：

表2　不同教材语音阶段所占比重及出现方式

教材名称	语音部分所占比重	语音阶段呈现方式	语音练习是否贯穿始终
《成功之路》（入门篇）	单独成册	集中呈现，单独成册	语音练习贯穿始终
《体验汉语　基础教程》（上）	开头单设语音部分	集中、单独呈现	无语音练习
《汉语十日通》（入门篇）	头四课（全书10课）（40%）	分散在四课、随课文一并呈现	语音练习仅出现在头四课中
《汉语会话301句（上）》	头三课（全书20课）（15%）	分散在头三课、随课文一并呈现	语音练习贯穿全教材
《汉语口语速成》（入门篇）（上册）	头五课（全书15课）（33%）	分散在头五课、随课文一并呈现	语音练习仅在头五课出现
《新实用汉语课本1》（第二版）	头六课（全书14课）（42%）	分散在头六课、随课文一并呈现	语音练习仅在头六课出现
《中文听说读写》（1）	开头单设语音部分	集中、单独呈现	语音练习集中出现在语音阶段
《中文天地》（1）	开头单设语音部分	集中、单独呈现	语音练习集中出现在语音阶段

由表2可见，除《成功之路》单独成册外，其他教材中语音阶段所占比重并不大，有4部教材语音阶段设在开头部分，教材其他部分再不出现语音内容；另4部教材语音部分分散在开头几课，随交际性课文一起出现，其中《新实用汉语课本》语音所占比重最大，为42%，值得一提的是，《汉语会话301句》虽然语音部分只占全书15%，但语音练习却贯穿全书始终，其他教材语音练习仅出现在语音阶段，《体验汉语　基础教程》课本中没有语音练习。

从表2我们发现，语音阶段的呈现方式基本可分为两类：集中出现和随课文一并出现。其中，两本美国教材和《成功之路》《体验汉语》都选择了集中呈现的方式，《成功之路》更是选择语音部分单独成册；其他几本国内教材，采用的是语音阶段随课文出现的方式。我们认为这两种呈现方式是对学习需求的反映，同时也体现了教材的教学理念和侧重点。国内的教材主要面向来华留学生，他们有迫切地尽快融入中国生活的需求，因此教学更讲求交际性原则，因此，教材把语音阶段分散到最初的几课中，以便学习者在学习语音的同时能够尽快学到有意义的句子；而海外教学不存在这一面向交际的实际问题，可以对语音进行集中强化训练。

2. 师生访谈

我们就语音教学在课堂教学中所占比重对教师进行了访谈，5 位受访者不约而同地表示，在国内的汉语教学中，真正用在语音讲练上的时间非常有限，主要原因是教材设置的语音部分与交际性内容一并出现，学生更急于表达，因此导致教学中语音操练的时间向交际性操练让路。而在海外教学中，虽然语音阶段集中出现，但整体教学时间较短，无法达到熟练和精准的目标。5 位教师更倾向于语音阶段特别是拼读教学阶段集中单独出现，同时将关于语音的练习贯穿于入门阶段教材的始终。

我们也对 5 位成功汉语学习者进行了关于语音阶段出现形式的访谈，5 位学习者结合各自的学习经验，均表示希望拼读内容集中强化出现，即利用尽可能短的时间学会拼音规则，以便尽快认读和学习汉字，他们认为随课文呈现的语音知识，容易分散学习的注意力，因为交际性内容往往更加吸引眼球。他们也表示，目前教材中的发音训练很少，不利于学生课后巩固，希望教材和教师都更加重视发音训练。

四、对教材中语音部分的微观分析

（一）声韵母出现方式及顺序

教材中的语音项目包括声母、韵母、声调、拼读规则、变调规则等，语音项目出现的顺序，体现了编者对于语音习得顺序的考量，同时也受到《汉语拼音方案》的影响。

我们对上述 8 本教材的语音项目出现顺序进行了分析，发现这些教材在编写方面有一些共同的规律。通过分析我们发现，语音阶段集中出现的教材，基本按照先声韵母、后拼写规则的顺序。《中文听说读写》和《中文天地》介绍声韵母时，结合发音部位和发音方法，对具体声韵母的发音要领进行逐一介绍。而《体验汉语》只给出了按发音部位和发音方法划分的声母表和韵母表。

语音阶段和交际性课文一并出现的教材中，声母和韵母搭配出现，但是各个教材随机性较强，搭配的原则是为交际性内容服务，以《汉语会话301句》为例，第1课和第2课，声韵母搭配基本是为交际性内容服务，到了第3课，课文部分基本复习前面的内容，仅有补充内容“月”的表达法与本课出现的语音内容相关，如表3：

表3 《汉语会话301句》声韵母与交际性内容呈现情况

课	声韵母集合	交际性内容
第1课	b p m f d t n l g k h a o e i u ü er ai ei ao ou en ie uo an ang ing iou	例如： （1）玛丽，你好！ （2）你好，大卫。 （3）你好吗？ （4）很好。 （5）我也很好。 （6）我们都很好。 （7）你来吗？ （8）我来。 （9）爸爸妈妈来吗？ （10）他们都来。
第2课	j q x z c s zh ch sh r eng ong ia iao ian in lang long -i er	例如： （1）你早！ （2）你身体好吗？ （3）谢谢！ （4）再见！ （5）（十以内数字）
第3课	ua uo uai uei uan uen uang ueng ve van vn	例如： （1）你工作忙吗？ （2）月

通过教材分析我们发现，这种与交际性课文搭配出现的语音教学模式，为了迎合交际性内容，语音出现顺序多变，割裂了语音自身的系统性，无法帮助学生形成整体的语音概念。同时，也存在交际内容迎合语音出现顺序的问题，

导致很多课文或句子不能反映真实的交际功能。如例 1[①]：

例 1：A：早上好！

B：早上好！

A：你身体怎么样？

B：很好，谢谢！

“你身体怎么样”这个句子的使用环境是比较特别的，比如熟人之间，看到对方脸露病态，才可以使用。如果教材中把这个句子放在“早上好”后，会使学生误以为这句子可以日常使用。

（二）拼读规则分析

通过教材分析我们发现，对于拼读规则的介绍，主要采用了两种方式，一种是直接描述，一种是给出声韵拼合表。综合上述 8 本教材，基本有如下 10 条拼读规则，但各本教材介绍的内容和侧重点并不相同，详见表 4：

表 4　8 本教材样本拼读规则分布情况

1. i、u、ü 开头的韵母作为音节	《新实汉》《301 句》《成功之路》《口语速成》《中文听说读写》《中文天地》《体验汉语》
2. iou，uei，uen 缩写为 -iu，-ui，-un	《新实汉》《301 句》《口语速成》《中文听说读写》《中文天地》《体验汉语》
3. j，q，x 与 -ü 为首的韵母相拼	《新实汉》《301 句》《成功之路》《口语速成》《中文听说读写》《中文天地》《体验汉语》
4. -i 与 z，c，s 和 zh，ch，sh，r 相拼	《301 句》《中文听说读写》《中文天地》
5. 标调规则	《十日通》《口语速成》《中文听说读写》《体验汉语》
6. b/p/m/f 的拼读规则	《中文听说读写》
7. d/t/n/l 的拼读规则	《中文听说读写》
8. g/k/h 的拼读规则	《中文听说读写》
8. j/q/x 的拼读规则	《中文听说读写》
9. z/c/s 的拼读规则	《中文听说读写》
10. zh/ch/sh/r 的拼读规则	《中文听说读写》

① 出自《成功之路（入门篇）》第 2 课。

由表 4 我们可以看出，大部分的教材都介绍了“i、u、ü 开头的韵母作为音节规则”“iou、uei、uen 缩写为 -iu，-ui，-un 规则”和“j，q，x 与 -ü 为首的韵母相拼”。我们发现，对拼读规则介绍得最细致的是《中文听说读写》，几乎将声韵拼合规律全部用语言描述出来。

我们对 5 位成功汉语学习者做了关于拼读规则的访谈，5 位受访者一致表示，拼读规则介绍得越详细越直观越好。在看过上述 9 部教材后，他们表示非常喜欢《成功之路》介绍拼写规则的图示，如图 1：

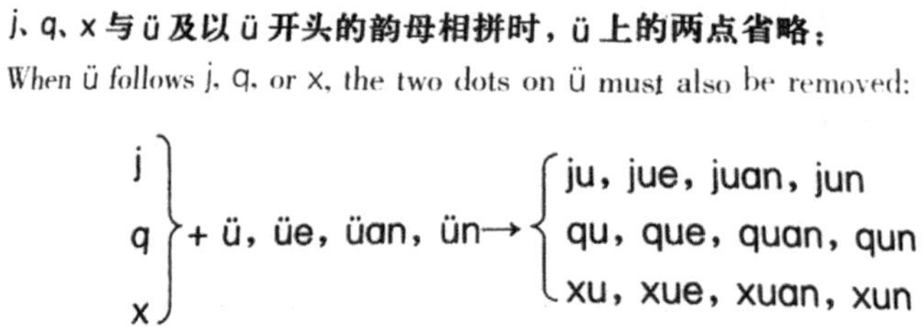

图 1 《成功之路》第 2 课拼音说明示例

对于声韵拼合总表，5 位受访者均表示对于其学习的意义不大，其中 4 位称从来没注意过书上的声韵拼合总表，甚至“不知道这一大张纸是干什么用的”。综上，我们认为，在编写拼读规则时，我们应充分考虑学习者学习、复习的需求，做到规则详尽，同时尽量简便易懂。

（三）声调规则分析

关于声调规则，各本教材都介绍了三声变调规则、“不”的变调规则、“一”的变调规则和轻声、儿化，但介绍的方法各有不同。

对于四个基本声调，各本教材的方法不尽相同，主要从声调示意图和语言描述两个方面进行。《301 句》《十日通》《中文听说读写》《中文天地》《成功之路》《体验汉语》都给出了声调示意图，其中前 4 本教材还给出了调值，便于学习者掌握。《口语速成》和《新实汉》采用了语言描述的方法介绍四个基本声调。

关于轻声和儿化，大部分教材都是一带而过，并没有展开详细的介绍，尤其是关于轻声音节的音高，只有《体验汉语》和《成功之路》通过图示进行了详细的描述和介绍，如图 2：

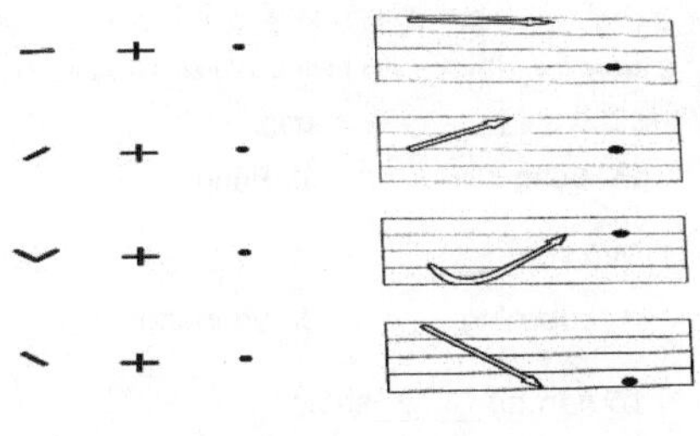

图 2 《成功之路》轻声音节音高图

我们对 5 位成功汉语学习者进行了关于声调规则的访谈，学习者纷纷表示，声调规则并不难，难就难在口头交际中如何运用自如。我们认为这需要学习者在课上反复进行操练，同时课下要大量使用，形成语感。

（四）语音练习

关于教材中的语音练习，前人的研究很多，此处不一一赘述。在分析教材时我们发现，大部分教材的语音练习仍以听辨和辨读为主。对于语音与交际性内容同时出现的教材，练习形式略为丰富，有一些内容是结合交际性内容的，比如朗读生词的同时，给出相关的词义等，如《新实汉》。在练习形式上，《成功之路》做了很多任务式练习的尝试，如看图朗读音节，由于词语都是日常生活中常用的，这样就保证了即使在初级阶段，学习者也愿意识记。如图 3、图 4：

图 3 《成功之路》第 7 课语音练习示例 1

5. 选择你听到的音节并朗读句子

Choose the syllables you hear and read the sentences.

（1）Zhè shì______xiānsheng.

A. Lóng　　　　B. Róng

（2）Wǒ yào______.

A. bàomíng　　　　B. bǎomìng

（3）Tāmen qù______shù.

A. kān　　　　B. kǎn

（4）Bié______wǒ.

A. děng　　　　B. dèng

图 4 《成功之路》第 7 课语音练习示例 2

我们就语音练习的形式进行了访谈。教师和学生受访者均表示，大量的听辨练习非常有用，但是需要增加实用性和趣味性。因此，我们认为《成功之路》的做法非常值得借鉴。

五、结语

综合上述教材分析结果以及师生访谈，我们发现，入门阶段语音教学中存在的突出问题是语音教学时间不足和语音教学策略过于死板，前者要从教学设计整体着手，对于后者，正如林焘先生指出的那样，需要教学设计者和教师深入研究汉语语音教学方法，勇于冲破汉语拼音方案的束缚，从学习者的角度出发教授语音（焦立为，2001）。鉴于此，我们认为，教材中的语音教学阶段不仅要考虑到教师的教，更要从学习者学的角度出发，满足学习者的多方面需要，包括：

（1）利用较短时间对拼读规则进行集中训练；增加发音训练在教材中所占的比重。

（2）语音知识介绍部分尽量采用整体介绍的形式，便于学习者形成整体语音观。语音练习可以结合交际性内容贯穿初级汉语教学的始终。

（3）对拼读规则应进行简洁直观的描述，可采用图例形式。

（4）对发音要领应进行尽量详细的描述，如有可能，应使用学习者母语进行描述。同时谨慎进行汉外发音对比。

参考文献

① 陈晓霞，关于对外汉语教材语音部分编写的几点建议，《学理论》2010年第6期。

② 陈雪竹，针对以汉语教学为目的的国外学习者的语音教学，《首都师范大学学报》(社会科学版)2013年增刊。

③ 丁玉华，对外汉语教材中语音部分的编写调查厦门，《海外华文教育》2004年第1期。

④ 焦立为，现代语音学的方向——访林焘教授，《语言教学与研究》2001年第2期。

⑤ 李艳斌，对外汉语教材中的语音教学内容的编排研究，苏州大学硕士学位论文，2013年。

⑥ 林茂灿，汉语语音研究的几个问题，《语言文字应用》2013年第12期。

⑦ 柳琴，基础阶段汉语综合课教材练习题研究，华东师范大学硕士学位论文，2006年。

⑧ 鲁健骥，对外汉语语音教学几个基本问题的再认识，《大理学院学报》2010年第5期。

⑨ 谭小梅，《对外汉语教材语音部分的编写研究》，湖南师范大学硕士学位论文，2012年。

⑩ 佟秉正，初级汉语教材的编写问题，《世界汉语教学》1991年第1期。

⑪ 王理嘉，《汉语拼音方案》与世界汉语语音教学，《世界汉语教学》2005年第2期。

⑫ 张娟，对外汉语初级口语教材语音练习设置研究，暨南大学硕士学位论文，2011年。

⑬ 赵淼，三套初级对外汉语综合教材练习的考察，北京语言大学硕士学位论文，2006年。

作者简介：郑家平，女，博士，北京语言大学汉语速成学院讲师。

汉语零起点阶段课堂教学媒介语的使用研究

何 洁

摘 要 教学媒介语是指教师进行课堂语言教学时所使用的语言，是为了实现与零起点学生或者初级水平学生的沟通而采用的媒介语言。外语课堂教学的最终目的都是通过语言活动培养学生的语言能力，并使得学生能够运用所学语言达到交际的目的，课堂教学媒介语是语言活动能否顺利有效进行的一个重要因素。媒介语不仅是教学的媒介，也是学生语言输入的来源。汉语教学媒介语的使用一直是一个有争议的问题，本文尝试通过对近年来外语课堂教学媒介语的研究进行介绍和分析，并在此基础上就汉语零起点教学中影响媒介语使用的因素和媒介语使用的原则提出自己的看法。论文首先对以往文献中学界对教学媒介语的使用态度等方面的研究动态进行了介绍，分析了媒介语使用的两种不同的观点，并提出了自己的看法。而后，本文就汉语教学中特别是零起点阶段的汉语教学中影响媒介语使用的因素、媒介语的使用原则及如何有效使用媒介语进行了探讨。

关键词 媒介语 零起点 汉语

教学媒介语是指教师进行课堂语言教学时所使用的语言，是为了实现与零起点学生或者初级水平学生的沟通而采用的媒介语言，可以是学生的母语，也可以是教师和学生都能理解的一种语言。外语课堂教学的最终目的都是通过语言活动培养学生的语言能力，并使得学生能够运用所学语言达到交际的目的，课堂教学媒介语是语言活动能否顺利有效进行的一个重要因素（周星、毛卫娟，2006）。媒介语不仅是教学的媒介，也是学生语言输入的来源。英语是目前全球最为通用的语言，因此成为汉语教学课堂最常用的媒介语，特别是当不同国别的学生混合编班时，常常选用英语作为媒介语。汉语教学媒介语的使用一直是一个有争议的问题，本文尝试通过对近年来外语课堂教学媒介语的研究进行介绍和分析，并在此基础上就汉语零起点教学中影响媒介语使用的因素和媒介语使用的原则提出自己的看法。

一、媒介语的选择

很多汉语教师，尤其是零起点阶段的教师，常常面临着课堂语言选择的难题：一方面汉语教学本身要求他们最大程度地增加学生的目的语输入，而另一方面，由于课堂实际情况的需要，某些情况下必须借助母语或者教学双方都能理解的语言进行交流。学界的研究也对这个问题持不同的甚至是截然相反的态度。对于外语教学过程中要不要使用媒介语的问题，早期的语法翻译法注重通过母语和目的语的一一对应，通过母语和目的语的互译来完成目的语的学习，媒介语在语法翻译法的教学中扮演着很重要的角色。随着语言教学实践的发展和教学理论的不断进步，语法翻译法日渐式微，媒介语的使用也越来越受到排斥，新出现的直接法、听说法、任务法等主张直接采用目的语进行教学，强烈反对使用媒介语。汉语教学法也受这些观点的影响，出现了包括不回避使用媒介语、杜绝使用媒介语等不同的观点，这些观点基本可以分为两类：

第一类，坚持严格全目的语教学的观点。这样的观点有一个主流的共识：即使在没有明确禁止使用母语的外语学习课堂，也是强烈不鼓励学习者使用母语的。许多学者认为，母语的使用会干扰外语习得的发展（如 Odlin, 1989; Kellerman, 1995）。这种观点认为，由于母语的使用会减少学生目的语输入的机会，特别是当学生除了课堂学习以外，没有语言环境、没有其他机会能接触到大量的目的语时，课堂中过多使用母语对目的语的习得没有促进作用，持这种观点的有 Krashen（1981）、Mitchell（1988）和 Duff & Polio（1990）等。因此，教师必须利用课堂教学的机会，最大限度地增加学生目的语输入的时间（Mitchell, 1988）。Halliwell & Jones（1991）认为通过完全目的语教学可以创造更加真实的语言环境，可以使语言学习者在不可预知的语言环境下提高自身的语言意识。Perdue (1993) 认为过多使用母语会分散学生的注意力与认知过程，妨碍目的语的重新构建。学习者不需要理解老师话语的所有内容，过多的母语输入会阻碍目的语的学习进程。在这样的理论指导下，一些语言培训项目制订了严格的规章制度，限制甚至杜绝学习者在课堂上使用母语。

而第二类观点认为，母语的使用可以促进目的语的学习。尤其是在近年（如 Orland-Barak & Yinon, 2005；Carless, 2008），部分教学一线的教师（既包括年轻教师，也包括教学经验丰富的语言教师）认为母语在外语习得的过程中可以扮演更为正面的角色，他们认为母语在语言教学和课堂管理方面是有建设性意义的。Brooks-Lewis (2009) 的研究从学习者的角度讨论了这个问题，语言学习者认为，在课堂中使用母语可以让学习过程更为简单，因为母语的使用可以让他们把目的语中的新的语言知识与他们已有的母语知识进行比较，从而使得新的语言知识更加容易接受。母语的使用可以促进目的语的学习，持这种观点的有 Cook (2001)、Levine (2011) 和 Turnbull (2001) 等。Levine (2011) 认为，由于课堂中语言学习者的目的语输入有限，要求课堂语言全部使用目的语看起来似乎是合理的，但是，完全排除使用母语并不能使目的语的学习达到最好的效果，研究数据表明，课堂语言中融入母语能够让学习者更积极地参与课堂教学，从而达到更好的学习效果。另外一些学者的研究也表明，母语可以作为一个有效的教学工具来辅助学生更好地理解目的语 (Cook, 2001; van Lier, 1995)，更有效地进行课堂管理 (Campa & Nassaji, 2009)，加强教师和学习者之间的联系和交流 (Brooks-Lewis, 2009)，辅助任务型课堂的教学 (Swain & Lapkin, 2000；Storch & Wiggleworth, 2003)。Cook (2007) 指出，考虑到母语与目的语不同的特点，教师要正视母语在外语教学中的必要性。这些学者都从不同的视角证明了外语课堂中使用母语的意义，并承认母语对学习目的语有辅助作用。吕叔湘（1992）已经明确指出，“教外国留学生，如果懂得他的母语（或熟悉他的媒介语），在教汉语的时候，就能了解他的需要，提高教学效率。”

本文通过汉语教学实践发现，在实际的汉语教学中，目的语和习得者母语并用，这种教学媒介语是在初级阶段特别是零起点阶段的汉语教学中常常使用的，以目的语为主，辅以习得者的母语。另外，国内的汉语教学还存在一种特别的情况，就是目的语和通用的第三种语言并用，教师的课堂教学语言是汉语和通用的第三种语言，目前这种通用的第三种语言常常是英语。这种母语或者第三种通用语言辅助目的语进行教学的模式，是一种更为高效的、符合课堂实际需要的教学方法。

二、媒介语使用的影响因素

当前，汉语教学以各种各样的形式出现在不同国家和地区，除了学习者的文化背景、母语及其他第二语言的学习背景，汉语教师还需要应对学生不同的学习方式、学习层次、学习目的和需求，国际汉语教学面临着许多崭新的课题。在这样的情况下，教师对课堂语言的选择，不仅关系到学生学习语言初期的兴趣，也与课堂教学效果息息相关。教师在选择媒介语时，应考虑到以下几点因素：

（一）学生的年龄层次

学生原有的认知结构在语言学习中发挥着非常重要的作用。当语言学习者年龄层次较低时，认知结构不完善，社会经验、生活经验不足，易受外界刺激的影响而转移观察的目标，受情绪影响较大，善于在无理解状态下模仿。对于这样的低龄学习者来说，初期母语的引导过渡作用就相对更明显，特别是在课堂管理和情绪交流方面，媒介语作为一个更有效的沟通纽带，能让低龄学习者更好地表达自己的想法，更好地领会教师的意图。而在成人语言学习的课堂中，由于学习者本身的知识结构发展完善，能够从不同层面理解领会教师的意图，对母语的依赖程度相对较低。但对于一些老龄的学习者来说，思维与行为比较固化，若不懂则不想继续，因此对于这个年龄层次的学习者来说，也要恰当地使用母语或者第三种通用语。

（二）学生的汉语水平

课堂语言的选择，首先取决于学生的理解能力和接受能力。除去年龄因素以外，学生原有的汉语水平也是影响课堂媒介语选择的一个因素。对于汉语达到一定水平的学生，应该提倡完全使用目的语教学，不管是汉语环境下还是非汉语环境下。而对于零起点的汉语学习者来说，一开始需要使用媒介语进行一些基本的日常教学，一方面减轻学生汉语学习的障碍，另一方面可以拉近教师与学生的距离，缓解学生的紧张情绪，营造良好的学习氛围。在学习初期，使用媒介语的比例可以稍高，然后有意识地减少至最终不使用，使学生有个心理适应的过程。

（三）学生的组成情况

学生的母语是英语还是非英语，是单一母语还是混合型的课堂，也会影响汉语教师的语言选择。对于母语为非英语的学生比例较高的课堂来说，教师语言的使用要格外谨慎，以免部分学生不理解或者因使用一种媒介语而造成部分学生产生不悦情绪。由于来华留学生中日韩留学生占据相当比例，以及近年来东欧或中亚各国留学生数量增加，因此零起点课堂中常常会出现相当数量没有英语基础或者英语语言能力相对薄弱的学生。在选用英语为媒介语的课堂上，读写任务对于来自汉字文化圈的日韩学生尚能应对，但是在听说技能训练方面，他们常常成为边缘群体，语言沟通的障碍，会使之产生焦虑情绪。因此在课堂教学中，教师要注意不能忽略这部分母语为非媒介语的学生。即便对以英语为母语的留学生而言，也不是无限制地使用媒介语。过多使用媒介语，容易让学生倾向于依赖媒介语。同时，也存在教师对媒介语的使用并不精准的情况，用媒介语讲解时导致偏差和混淆，不仅不能帮助学生更好地掌握目的语，反而使学生出现认知上的误差。由不同母语背景的学生组成的初级汉语混合班，无疑加大了教学的难度，不可避免地会产生一定的负面影响，尤其是对于零起点学生来说，教学媒介语的使用尤为重要。

（四）语言环境

汉语教学环境的不同也会对教师的语言策略产生影响。在目的语的环境下，学习者可以有更多的机会接受语言输入，在课堂上他们有充分的机会接触汉语，走出课堂以后也仍然要沉浸在汉语的社会环境中，在生活中直接并大量地跟中国人交流，因此有很多接触并使用目的语的机会。在目的语环境中，由于语言输入的充分性，学生习得语言高效得多。而在非目的语的环境下，课堂是学习语言的唯一机会，离开课堂以后就不存在运用汉语进行交际的需要和环境。虽然一直强调在汉语课堂上要尽量使用汉语教学而不使用媒介语教学，但根据有国外教学经验的教师体会，考虑到学生的实际水平和接受能力，仍然不可避免以学生的母语作为教学的主要媒介语，尤其是在欧美国家，即使是大学高年级的汉语课也不可能完全不使用学生的母语。

（五）教学方法

不同的教学方法、教学环节以及课堂任务类型也会影响媒介语的选择。当教师要下达不常用的课堂活动指令、解释抽象生词和复杂语法、组织课堂活动、维持课堂纪律时，使用媒介语能保证学生最有效地接收到教师需要传达的信息。不同的教学理念和教学方法，使用媒介语的比例也会有所差异，例如理想的沉浸式汉语教学，最好都使用目的语，从幼儿园起全部采用中文教学；而在非沉浸式的教学模式中，所用的媒介语比例必然有所不同。

所以，对于汉语教学课堂的媒介语选择，教师只有在考虑到以上这些复杂因素的基础上，根据学生的实际情况才能做出最适合这个课堂的语言决策。

三、媒介语的使用原则

以上分析表明，学生的年龄层次、汉语水平、分班情况以及所处的语言环境和教师的教学方法，都会对教师的媒介语选择产生影响。特别是对于初级阶段、尤其是零起点的学生来说，媒介语具有不可或缺的重要作用。根据实际情况适当合理地使用媒介语，不仅能提高教学效率，而且能在初期让学生更容易接受一门与母语完全不同的语言，更准确地理解汉语，提高教学质量。在外语教学中使用媒介语的情况是基于学生学习和教师教学的实际需要，媒介语在外语课堂中的存在，有着很重要的实践意义。尽管强调避免使用媒介语的教学方法一直存在，但事实上在零起点的课堂，很难完全仅凭教师的体态语言或者“直接法”“听说法”等，来达到教学要求，完成教学任务。

现在需要考虑的问题是，如何从更深层次阐明汉语初级阶段课堂中媒介语的使用原则和方法。Cook (2001) 提出了四个如何将媒介语更好地融入课堂教学的指导原则：第一是效率，例如，母语的使用可以更清晰、更高效地呈现复杂词汇或者抽象词汇的意义；第二是学生的学习状态，比如说，可以使用母语帮助学生学习某些母语中不存在的语法现象；第三是教学的自然性，使用母语教学可以让教师更容易创造出比较和谐自然的语言环境；第四个因素是外界的相关性，如果学生掌握了可以同时使用目的语及母语来介绍一件事物，对以后的工作会更有好处。本文根据实际的汉语教学实践，总结了英语作为媒介语使用需要遵循的三个原则：

（一）适度原则

应该指出的是，本文所说的使用媒介语，并不是在课堂上无节制地大量使用媒介语，而是根据实际需要使用媒介语辅助汉语教学。根据 Cook（2001）的效率指导原则，只有在课堂教学遇到使用媒介语是最有效率的办法时，才适时地用媒介语进行精简而概括的讲解。过多媒介语的使用，容易造成学生的依赖心理，或者加剧语言的负迁移。而在实际教学中，教师母语使用百分比的差异很大。以往文献中所记录的母语使用百分比可以低到 10%，最高达到百分之百，这当然是两个最极端的状况。有些文献认为，教师过多使用母语教学，会使得学生使用母语的比例上升 (Macaro, 2001)，也有些文献认为，教师使用母语跟学生过多使用母语的现象无关，或者对语言习得不会造成实质性的损害。Chavez (2006) 对美国一所大学的三个德语班级的跟踪研究表明，使用母语最多的教师的课堂中，学生使用母语的比例并不是最高的，学生的最高母语使用率反而出现在教师使用母语最少的那个班级。而根据本文作者的实际教学经验，这个“适度”的比例，是根据不同的教学情况变化的：例如，对于美国南卡罗来纳东点中文沉浸式学校招收的 3—5 岁的低龄幼儿学习者来说，初期使用汉语教学的比例稍低，随着学习者各项认知能力以及语言能力的发展，逐渐过渡到全中文教学；而对于美国南卡罗来纳大学的大学生来说，每周汉语课时为四课时，一般一年级的汉语课程使用英文教学，二年级汉语课堂的汉语使用比例为 30% 左右。这几种教学方式都比较适合学生的实际需求，可见“适度”是因人、因地而异的。

（二）分环节原则

媒介语的使用视教学环节以及课堂任务类型而定。在组织教学、复习、生词教学、课文讲练、布置作业等环节，学生可以在很短时间内熟悉教学流程，掌握常用的基本教学指令和课堂用语，因此基本不需要媒介语的辅助；而在语法讲练部分，有时需要适时地使用适量媒介语向学生解释术语，说明相关的语法、语用特点，这也是“精讲”原则的一个体现。在王冰等（2007）的调查中，60% 的学生希望在不理解汉语教授内容的情况下教师使用媒介语稍做解释，其中，学生希望教师用于讲解的部分包括人文风俗介绍、语法解释等。

（三）分阶段原则

媒介语使用的时间段，主要集中在初级阶段尤其是零起点阶段，如学生刚接触汉语、对汉语没有了解的情况下，教师可以借助媒介语向学生介绍汉语的基本知识，引入常用的课堂指令，师生互相自我介绍等。在学生完全没有汉语知识的情况下，媒介语可以适时地从心理上减轻学生对汉语的陌生感，让学生更容易接受汉语，为下一步的学习打下良好的基础。一般当学生已经熟悉课堂教学的基本流程，并且已经具备了比较初步的听说能力之后，就应该大幅度降低课堂媒介语使用的比例，直至基本可以完全进行汉语教学。在目的语环境下的汉语教学，短时间内就可以过渡至课堂教学完全使用目的语。对于北京语言大学汉语学院零起点班的学生来说，除第一个月会使用 10% 左右的英语辅助教学以外，会很快过渡到全汉语教学。

总之，媒介语的使用需要汉语教师慎重对待，要考虑学生的实际情况，适时、适量地使用，才能最大程度上发挥媒介语的正面作用，帮助汉语学习者更好地了解汉语，更快地进入状态，更好地掌握课堂学习的内容，保证汉语教学的效率和效果。

四、结语

通过对以往外语教学理论对媒介语使用的观点的总结和分析，本文认同母语或者第三种通用语言辅助目的语进行教学的模式，这是一种更为高效的、符合课堂实际需要的教学方法。媒介语在外语课堂教学中无论从教师角度还是从学生角度，都有着十分重要的作用。媒介语在外语课堂中的存在，是基于教师教学和学生学习的实际需要，有着很重要的实践意义。教师应该在综合考虑各种复杂情况的基础上，对课堂教学的媒介语做出选择。课堂媒介语的使用，要遵循适度、分环节、分阶段的原则。

但是从整体来说，汉语教学界对媒介语的使用缺乏深入的定量研究，因而停留在一种个人观念和偶然行为的层面（王丹萍，2012）。外语教学对媒介语使用的研究成果非常丰富，在证明媒介语重要意义的同时，探索了正确、有效的应用方法。汉语教学应尽快重视教学媒介语的研究，参考并酌情引入外语教学的最新理论和研究成果（李泉，2009）。另外，在教学实践中需要使用媒介语，这也是一个不容回避的事实，媒介语的使用能够有效提高汉语教学的效率，其正面作用应该得到更多的正视，同时也需要得到更多的理论指导。总之，汉语教学的媒介语使用研究，需要更细致的探究、更多元的视角和更开放的态度。

参考文献

① 陈夏瑾，浅谈零起点对外汉语教学中媒介语的使用，《现代语文》(学术综合)2013 年 3 期。

② 李泉，关于建立国际汉语教育学科的构想,《世界汉语教学》2009 年第 3 期。

③ 陆效用，试论母语对二语习得的正面影响,《外语界》2002 年第 4 期。

④ 吕叔湘，通过对比研究语法,《语言教学与研究》1992 年第 2 期。

⑤ 王冰等,《对外汉语与中国文化教学中媒介语使用的调研报告》，华东师范大学，2007 年。

⑥ 王丹萍，对外汉语教学的媒介与问题,《中国语文通讯》2012 年 7 月第 91 卷第 2 期。

⑦ 徐品香，初级阶段对外汉语课堂教学中媒介语使用问题探讨,《现代语文》2008 年第 9 期。

⑧ 周星，毛卫娟，外语课堂教学媒介语研究述评,《外语与外语教学》2006 年 4 期。

⑨ Odlin, T., *Language Transfer*: *Cross-Linguistic Influence in Language Learning*. Cambridge: Cambridge University Press, 1989.

⑩ Brooks-Lewis & Kimberly Anne., Adult learners' perceptions of the incorporation of their L1 in foreign language teaching and learning, *Applied Linguistics* (30-2), 216-235, 2009.

⑪ Campa, De La, J. C. & Nassaji, H., The amount, purpose, and reasons for using L1 in L2 classrooms, *Foreign Language Annals*, 42, 742-759, 2009.

⑫ Carless, D., Student use of the mother tongue in the task-based classroom, *English Language Teaching Journal*, 62 (4), 331-338, 2008.

⑬ Chavez, M., Classroom-language use in teacher-led instruction and teachers' self-perceived roles, *International Review of Applied Linguistics*, 44 (1), 49-102, 2006.

⑭ Cook, Guy. A thing of the future: Translation in language learning, *International Journal of Applied Linguistics*, 17(3), 396-401, 2007.

⑮ Cook, Vivian, *Second Language Learning and Language Teaching* (*3rd edition*), London: Arnold, co-published by Oxford University Press, New York, 2001.

⑯ Duff, Patricia A., Charlene G. Polio, How much foreign language is there in the foreign language classroom?, *The Modern Language Journal*, Vol. 74, No. 2. Summer, 1990.

⑰ Ellis, R. *Classroom Second Language Development.* Oxford: Pergamon, 1984.

⑱ Halliwell, Susan & Barry Jones, *On Target: Teaching in the Target Language*, Centre for Information on Language Teaching and Research, 1991.

⑲ Kellerman, E., Cross-linguistic influence: Transfer to nowhere?, *Annual Review of Applied Linguistics* 15: 125-150, 1995.

⑳ Krashen, S. D., *Second Language Acquisition and Second Language Learning*, Oxford: Pergamon, 1981.

㉑ Levine, G. S., *Code Choice in the Language Classroom*, Bristol: Multilingual Matters, 2011.

㉒ Mitchell, Stephen A., *Relational Concepts in Psychoanalysis: An Integration*, Cambridge, MA: Harvard University Press, 1988.

㉓ Macaro, E., Analysing student teachers' codeswitching in foreign language classrooms: Theories and decision making, *The Modern Language Journal*, 85, 4. 531-548, 2001.

㉔ Orland-Barak, L. & Yinon, H. Same but Different: Jewish and Arab Student teachers' reflections on the use of L1 in Teaching English as a Foreign Language, *Language, Learning and Curriculum*, 18, 1, (91-114), 2005.

㉕ Perdue, C. (ed.), *Adult Language Acquisition: Cross-Linguistic Perspectives. Vol. 1, Field Methods.* Cambridge: Cambridge University Press, 1993.

㉖ Storch, N., & Wigglesworth, G., Is there a role for the use of the L1 in an L2 setting?, *TESOL Quarterly*, 37 (4), 760-770, 2003.

㉗ Swain, M., & Lapkin, S., Task-based second language learning: The uses of the first language, *Language Teaching Research*, 4, 251-274, 2000.

㉘ Turnbull, A. P., & Turnbull, H. R., *Families, Professionals, and Exceptionality: Collaborating for Empowerment* (*4th edition.*). Upper Saddle River, NJ: Prentice Hall, 2001.

㉙ Van Lier, L., The use of the L1 in L2 classes, *Babylonia,* 2, 37-43, 1995. Pergamon, 1984.

㉚ Wilkerson, C., Instructors' use of English in the modern language classroom, *Foreign Language Annals*, 2008.

作者简介：何洁，女，博士，北京语言大学汉语学院讲师。

从离合词使用偏误看离合词的教学对策

王鸿滨

摘　要　“离合词”是现代汉语词汇系统中极为特殊的一类词，由于在使用中涉及词汇和语法两个方面，因此对留学生而言，离合词的掌握程度与汉语水平的提高有着密切的关系。据统计，离合词的数量仅在《现代汉语词典》(第5版)中，就已经超过了三千多条，由于其离析形式多样，留学生在学习过程中往往寻找不到规律，因而在学习和运用中不能做到举一反三，必然成为汉语学习的难点。在以往的教材编写以及教学过程中，离合词往往呈孤立状态，散落在不同学习阶段教材的课文之中。因此，即使到了高级阶段，留学生对离合词的理解和运用掌握程度还是普遍较低，口语和书面语中还会出现大量使用偏误，同时还呈现出由于对离合词掌握不好而有意采取回避策略等消极倾向。以上诸多因素都使得离合词成为对外汉语教学中的“老大难”问题。本文首先通过对HSK动态作文语料库的调查，归纳并总结离合词的使用偏误类型，其次通过补充的调查问卷进行大胆预测，在此基础上剖析留学生产生偏误的深层原因，并尝试对离合词的教学提出有效而具体的建议。

关键词　离合词　语料　偏误　语境　教学

“离合词”是现代汉语词汇系统中极为特殊的一类词[①]，由于在使用中涉及词

① 目前学术界对“离合词”有不同看法：有的认为是词，有的认为是词组，有的认为既是词又是词组，有的认为是动宾式的黏连短语，还有的认为是短语词。以前的语法书大多把“离合词”列入“述宾结构”，但从对外汉语教学的角度来说，我们倾向于认为是一种特殊的词。

汇和语法两个方面，因此对留学生而言，离合词的掌握程度与汉语水平的提高有着密切的关系。据统计，离合词的数量仅在《现代汉语词典》(第5版）中，就已经超过了三千多条，由于其离析形式多样，留学生在学习过程中往往寻找不到规律，因而在学习和运用中不能做到举一反三。在以往的教材编写以及教学过程中，离合词往往呈孤立状态，散落在不同学习阶段教材的课文之中。因此，即使到了高级阶段，留学生对离合词的理解和运用掌握程度还是普遍较低，有时还出现对离合词掌握不好而采取回避策略的问题。以上诸多因素都使得离合词成为对外汉语教学中的“老大难”问题。下面我们在调查分析留学生离合词的使用偏误类型及其原因的基础上，尝试对离合词的教学提出建议。

一、离合词偏误调查与分析

（一）HSK动态作文语料库中离合词偏误调查与分析

“HSK动态作文语料库”收集了1992—2005年的部分母语非汉语的外国人参加高等汉语水平考试（HSK高等）中作文部分的答卷。语料库1.1版的语料总数达到11569篇，共计424万字。在词语错误汇总的部分，共找出86个离合动词偏误例句，偏误类型如下表：

表1　偏误类型一览表

偏误类型	偏误率（%）
L1：离合词跟动态助词“着、了、过”与时间助词“的”结合使用	11.9
L2：离合词带动量补语	15.47
L3：离合词带时量补语	3.58
L4：离合词带其他补语	4.77
L5：离合词跟修饰语结合使用	11.9
L6：离合词带宾语	36.9
L7：离合词的特殊形式	3.57
L8：离合词和双音节动词混淆	9.53
L9：其他	2.38

1. 离合词和双音节动词混用

离合词偏误频率最高的是L6：离合词带宾语，占36.9%。事实上，留学生在初级阶段就已经了解了“一般离合词后面不能带宾语”这一语法特征①。然而到了中、高级阶段留学生还是出现不少这方面的使用偏误。例如我们搜集到的典型偏误如下：

*毕业大学/录音讲座/生气我/帮忙朋友/怀孕小弟/罚款吸烟的人/任职设计师/结婚他

以上偏误都是由于留学生对离合词与一般双音动词的分辨能力不足而造成的。在我们调查中，L8：离合词和双音动词混淆使用的偏误率就高达9.53%。

2. 离合词与补语的搭配问题

在调查中，比率较高的还有离合词跟补语的错误搭配形式。在离合词需要插入补语成分的时候，很多留学生都把补语直接放在了离合词后面。这类偏误数量非常大，占到了23.82%。例如：

（1）动量补语跟离合词结合使用的偏误②：挑水一次（挑一次水）/帮忙一下（帮一下忙）

（2）时量补语跟离合词结合使用的偏误：住院几个月（住几个月的院）/说话半天（说了半天话）

（3）趋向补语跟离合词结合使用的偏误：抽烟起来（抽起烟来）/合心起来（合起心来）

（4）结果补语跟离合词结合使用的偏误：考试完（考完试）/吃饭完（吃完饭）

（5）可能补语跟离合词结合使用的偏误：看得不起病（看不起病）/帮得不上忙（帮不上忙）

其中动量补语的使用偏误频率最高，占15.47%，时量补语占3.58%，其他补语占4.77%。

3. 离合词跟助词“着、了、过、的”搭配的问题

在调查中，离合词跟动态助词“着、了、过”和时间助词“的”结合的使

① 初级汉语教材《汉语教程》(上)第二册第60页中就有讲解离合词不能带宾语的部分。

② 以下出现在括号里的为改正或正确的形式。

用偏误达到 11.9%，例如：

（1）“了”跟离合词搭配的偏误：点头了（点了头）

（2）“着”跟离合词搭配的偏误：开车着（开着车）

（3）“过”跟离合词搭配的偏误：打工过（打过工）/ 见面过（见过面）

（4）“的”跟离合词搭配的偏误：洗的澡 / 毕的业 / 帮的忙 / 吃的饭

动态助词“着、了、过”一般是放在动词的后面。因此，学生也很自然地会把动态助词直接放在离合词的后面。此外，有些离合词跟“了”结合使用时，形式灵活多样，例如：“结婚了 / 结了婚 / 结了婚了 / 婚结了 / 结了一婚”。如果留学生没有对“了”的相关语法知识的了解，面对如此局面，一定会不知所措。

4. 离合词和修饰语的错序问题

离合词插入的定语比较复杂，定语成分可以是名词（例如“通夜航”）、动词（例如“过够有儿有女的瘾”）、代词（例如“负这个责”）、形容词（例如“生闷气”）、数量词（例如“上过几回课”），甚至短语（例如“生一回他的气”），插入成分不同，则表示的意义也大不相同。调查中离合词的修饰语使用偏误大部分出现在定语位置错序上，将离合词的定语成分统统放在离合词的前后。例如：

（1）离合词插入代词的偏误：劳您的驾 / 帮他的忙 / 讲这些话 / 负这个责 / 办那事 / 吹什么牛

（2）插入数量短语的偏误：点一把火 / 付两笔款 / 打群架

5. 离合词的泛化问题

在偏误分析中，我们发现留学生分辨不清离合词、双音节词、词组，因而常常超范围类推而自创语言形式。比如：

战不胜（战胜不了）/ 得了罪爸爸（得罪了爸爸）/ 恋过爱（恋爱过）/ 痴了迷（痴迷了）/ 帮助我很多忙（帮我很多忙）/ 上了上当（上了的）/ 思思考（思考思考）/ 结一下婚 / 说（一）个谎 / 我毕了两年业

（二）调查问卷中离合词偏误调查补充

尽管“HSK 动态作文语料库”的语料数量巨大，可是我们在该语料库中找到的离合词偏误却只有 84 个。事实上，中介语语料库只能找出学生在学习中出现的表面问题，无法揭示学生学习中的回避使用和高频使用的问题。为此，我们在语料库的偏误分析基础上，设计了相应的问卷进行了进一步调查。

首先，我们把北京语言大学汉语学院一年级本科生确定为初级阶段，二年级的学生为中级阶段，三、四年级的学生为高级阶段，分别进行书面问卷调查，时间为 20 分钟。共发出了 150 份调查问卷，收回了 111 份，其中有效问卷 104 份，无效问卷 7 份，回收率 74%。

其次，在问卷的设计上，我们重点针对离合词扩展形式、搭配成分及特殊形式三个方面进行了调查，补充出了如下几个方面的偏误：

1. 离合词中谓语语素的重复（例如“跳舞跳得很棒”）；

2. 离合词跟复合趋向补语结合形式（例如“担起心来”“安下心来”“回过味来”）；

3. 离合词跟介词结合形式（例如“向……罚款”）；

4. 离合词中的宾语语素前置（倒置）（例如“面也不露一下”“火发完了”）；

5. 不可持续性的离合词插入时段等（例如“成立半年了”）[①]。

二、对离合词教学的建议

（一）明确离合词教学任务

1. 在教材编写和教学活动中有意识地加强离合词相关内容的设计

从汉语本体的角度来看，尽管离合词是现代汉语中普遍存在的现象，但学术界对离合词的语法性质、鉴别标准、数量范畴、扩展原则等方面都无定论。对外汉语教材也存在着对离合词采取回避态度的问题，具体表现在早期《大纲》中没有把离合词作为语法项目来处理，因而在教材中往往不做特别的解释和说明。在生词表中也大多对词性不做说明，没有进行拼音拼写方式的统一处理，

① 为了节省篇幅，我们不再一一列举，将有专文进行讨论。

使离合词混同于一般双音节动词或词组。[①] 如果在编写教材时，在强化介绍离合词的语法特点和使用特点的同时，配备大量的练习，将改善留学生回避使用离合词的现状。

2. 在汉语词汇系统总体特征中明晰离合词与双音节词及短语之间的区别

由于汉语词类没有形态标志，双音节词汇中有的是词，有的是词组，还有一部分是离合词，而汉语词汇自身的这些特点使得这三种形式有时候很难区分。虽然汉语词语的双音化趋势决定了书面语中“合”是离合词的原式与常例，但词语使用的灵活性又使离合词产生了大量“离”的变式和特例，为了突出强调离合词的性质和特点，教师应该有针对性地通过向学生展示汉语词汇系统的整体特点，从而突出离合词的个体特征。

（二）设计有承接关系的体系化教学方案

1. 设计分层次的教学模式

实践证明，留学生对离合词的准确理解和掌握需要一定数量离合词的累积。我们对当前使用的汉语不同阶段教材中的离合词内容进行了抽样调查，发现已有的教材对离合词的处理缺乏系统性关照[②]，我们的问卷调查也显示：四年级留学生对离合词的分辨能力不但没有进步，甚至有所退化。我们认为对各阶段的离合词教学应该采取层次化的教学方案，这样才能帮助留学生逐步树立离合词概念，进而减少离合词使用中的偏误。

表 2　离合词模拟教学体系

等级	离合词教学范围和内容
初级	1. 统一标注离合词形式，例如使用双斜线（//）标注离合词。 2. 强化离合词基本特征： （1）以双音节为主，大部分离合词为双音节的动宾或动补结构 （2）基本不能带宾语 （3）重叠形式（AAB、A一AB、A了AB、A不AB）

① 张京京（2011）曾调查了2002年后出版的8部初级对外汉语教材中的拼音标注、分写连写情况，发现其中两部教材将离合词全部做连写处理，3部则是全部做分写处理，其他3部教材是绝大部分分写，个别词语连写，而且这些“个别词”也并不相同，或分写或连写。（转引自《学术的年轮》P382，商务印书馆，2011年）。

② 我们主要调查了对外汉语教材《汉语教程》（第一、二册）、《桥梁》（上、下）、《汉语听说教程》3部教材中的离合词部分。

续表

等级	离合词教学范围和内容
中级	1. 多种插入成分的练习（"了"、"着"、"过"、"的"、"个"、"什么"、时量、动量、"起来"、名词、动词、形容词、短语等）。 2. 部分能带宾语的离合词扩展训练。 3. 不可持续性的离合词的扩展训练。
高级	1. 明确语境跟离合词的关系，以口语训练为主。 2. 强化使用离合词离析形式的语用效果（表示"强调、不满、不屑、表态、随意、轻松"等）

2. 在讲解中加入国别化的对比分析，减少由母语的负迁移造成的偏误

在调查中我们发现，韩国和日本留学生的偏误率最高，分别占38%、45.2%，并且存在着共同的偏误形式，即离合词后面带宾语的偏误比较突出，最突出的例子就是"帮忙、毕业"这类离合词，在韩语中，宾语后面一般情况下都是会使用助词"을 / 를"来标记的，如"누구를돕다（帮忙谁）""대학을졸업하다（毕业大学）"。日语的语序也是一样，如"誰かを助ける（帮忙谁）""大学を卒業する（毕业大学）"，然而在汉语中，这两个词后面都是不能带宾语的。

同样的偏误还表现在离合词跟趋向补语"起来"的结合使用上。比如汉语"聊起天来""鼓起掌来"，然而在韩语中分别为"이야기를시작하다"和"박수를치기시작하다"，因此，学生就会写出"* 聊天起来 /* 鼓掌起来"。因此，教师应该多多注意并对比留学生的母语，进行语别化、国别化的有针对性的教学。

3. 提示学生离合词学习中的例外现象

一般来说，离合词是不能带宾语的，然而有少量离合词在实际运用中却可以带宾语①，因此，需要对这部分例外的离合词进行特别的解释。比如，帮助学生归纳出能带宾语的离合词："担心（你）、出席（宴会）、留学（中国）、加工（商品）、登陆（月球）、操心、成交、出口、出席、发愁、放心、关心、解雇、列席、留神、留心、在意、注意、得罪、劳驾"等。

另外，在离合词的使用中，时量补语和动量补语一般应位于离合词的中间。然而非持续性的离合词，后面有时是可以带补语的。比如"他已结婚五年了 / 我

① 据王海峰《现代汉语离合词离析动因刍议》一文的统计，可带宾语的述宾离合词仅占述宾离合词的 5.5%，见《语文研究》2002 年第 3 期。

毕业两年了”。

4. 有意识地强化离合词跟语境之间的关系

王海峰指出：“离合词的离析形式常出现于逻辑关系句（条件句、假设句、因果句、目的句等）、心理——认知动词句、虚拟推测句、情态句、评议句、描述句、感叹句、祈使句、疑问句以及否定句等非事件句中，语句不倾向于客观叙述一个事件，而是常常表达对客观现实的主观评判。”①目前的研究结果已经表明，离合词的离析形式常用于突出主观意愿的句子中，例如：

A. 当心，别上了他的当。（强调“他”）

B. 我想见她的面。（强调“她”）

C. 我认什么错，这是他的错。（表示不满）

D. 你跟他较什么真。（表示不屑）

E. 吃完饭别窝在家里，出去散个步，跳个舞，喝个茶多好啊。（表示轻松、随意）

以上离合词的离析形式通过突出事件来表达说话人的主观意图。当然，要显示这样的特征，还需要比较完整的上下文语意、语境的衬托，才可以凸显离合词离析形式的独特表义效果。

（三）课上课下反复强化练习

1. 引导学生注意日常生活中丰富的离合词离析形式

我们通过实践发现，对离合词的学习不能仅仅局限于理论上的归纳，更应该重视语言环境中的真实使用情况。我们搜集了电视剧《男人帮》中的一些精彩用例，现摘录如下：

表3 《男人帮》中离合词离析形式和插入成分统计

插入成分	离合词的形式
（动态助词）了、着、过	打了水、嫁了人、辞了职、睡着觉、发过誓、洗过澡、合过眼
一	热一下身、睡了一觉、打一车、撒一谎、吵一架
个	洗个澡、表个态、握个手、盖个章、打个赌、请个假、道个歉、加个班、换个班、开个会、吃个饭、付个款、度个假、订个票

① 王海峰，现代汉语离合词离析形式功能研究，北京语言大学博士学位论文，2008年。

续表

插入成分	离合词的形式
什么	出什么事、约什么会、排什么队、有什么用、求什么婚、发什么呆、较什么劲、搞什么鬼、费什么心、道什么歉、认什么错
的	许的愿、下的毒、报的警、作的孽、造的孽
代词	生我自己的气、出你的差、吃谁的醋、丢这个脸、随你的便、帮我的忙
形容词	加满油、排（这么）长队、出大事、加很晚的班
数量词	少抽点烟、请了几天假、插一句嘴、发一中午呆、离过一次婚
名词	下毒手、上女人的当
补语	脱不了身、改不了口、见到面、加完班、挣到钱
介词	向……道歉、向……罚款
重叠	提提神、叙叙旧、消消气、透透气
倒置	连觉也不睡、单你买一下、这个家不能搬、婚都离了

这些新离合词的出现证明：离合词跟社会语言环境有着密切的关系。老师要不断提醒留学生注意观察实际生活中的语言使用情况及特点，鼓励学生增强语感。

2. 在各个阶段有所侧重地对留学生反复进行离合词操练

通过问卷调查发现，三、四年级高级阶段的学生也会犯跟初、中级学生同样的错误，甚至四年级学生的离合词偏误比三年级学生还多，究其原因主要是离合词系统性的教学体系还没有建立，课堂上的练习远远不够，在实际运用中，学生的回避现象严重。离合词教学的重点就在于培养留学生准确而自由地使用离合词的能力，我们认为，教师在各个阶段偏误调查和归纳的基础上，力争在不同阶段有所侧重地进行反复练习是掌握离合词的捷径。

三、结语

通过调查进一步证明，离合词的使用偏误在留学生汉语学习的各个阶段都是一种普遍的现象。虽然不同国家学习者之间存在着较大的差异，可是离合词的灵活使用却是各个国家留学生共同的难点。因此，只有在课堂上加强离合词的教学设计，长期进行反复练习，才能从根本上解决留学生在离合词实际运用中的偏误以及回避使用的问题。

参考文献

① 李大忠，《外国人学汉语语法偏误分析》，北京：北京语言大学出版社，1996年。

② 马清华，错综关系下例外的形式——汉语离合词成因再探，《语言科学》2009年第2期。

③ 施茂枝，述宾复合词的语法特点，《语言教学与研究》1999年第1期。

④ 王海峰、姚敏，半个多世纪以来的现代汉语离合词研究，《语文研究》2010年第3期。

⑤ 王海峰，现代汉语离合词离析形式功能研究，北京语言大学博士学位论文，2008年。

⑥ 王海峰，现代汉语离合词离析动因刍议，《语文研究》2002年第3期。

作者简介：王鸿滨，女，博士，北京语言大学汉语学院副教授。

初级汉语“溯源式”“把”字句教学模式探索*

张秀红

摘　要　本文在考察当前初级汉语“把”字句传统教学模式的前提下，以相关语言学理论为指导，结合个人教学实践，构建出初级汉语“溯源式”“把”字句教学模式。该模式在运用于教学实践的过程中，借鉴“三一语法”的理论框架，采用从创设“典型语境”到说明“功能作用”，再到总结“形式结构”的施教程序，大大降低了教与学的难度，取得了良好的教学效果。

关键词　初级汉语教学　“把”字句　“溯源式”　“三一语法”

作为现代汉语的一种特殊句式，“把”字句在对外国留学生的汉语教学中历来被认为是一个“难点”，因此也成为研究者关注的热点问题之一。吕文华（1994）指出，“‘把’字句难，除了本身限制条件多、在外语中没有对应形式外，还与我们教学中尚未找到一条正确、有效的途径有关。历来‘把’字句教学偏重于结构形式的描述”。

教师是教学活动的主导者，教师的教学观念和教学方法对教学效果有着巨大和直接的影响。“行动研究可以发挥汉语教师的研究优势，可以从关注日常教学实践中所出现的问题开始，即时研究，即时解决。”（郭睿，2010）本文依照行动研究的思路，采用定性研究的方法，对“把”字句教学实践及存在的问题进行了考察，探索、构建出“溯源式”教学模式，在教学实践中取得了良好的效果。

---

* 本文获得北京市语言学会2014年学术前沿论坛暨第11届学术年会“青年语言学奖”二等奖。

一、研究对象

为了考察当前初级汉语“把”字句教学现状，笔者选择了三类具有代表性的研究对象：一是中国知网相关期刊中“把”字句教学的论文，其研究内容主要包括两个方面：第一，从宏观角度探讨“把”字句教学的原则和方法，主要有张宁（1994）、任玉华（1998）、孙瑞（2010）、王占华（2011）、严红洁（2014）等；第二，依托某一理论，从微观角度探讨“把”字句课堂教学的实施，主要有王廷杰（2001）、丁孝莉（2007）、俞红（2012）、徐佳（2013）、赵万勋（2014）等。二是世界汉语教学学会网站上的拍摄于2008年5月和2010年6月的“把”字句示范课教学的视频资料，分别称之为“示范课A”“示范课B”（本文引用时转写成了文本）。三是吴中伟（2007）的专著《怎样教语法——语法教学理论与实践》。

本文在考察、研究这三者“把”字句教学方法局限的前提下，结合个人的教学实践，探索并构建出了初级汉语“溯源式”“把”字句教学模式。

二、当前初级汉语“把”字句教学的一些局限

上述研究对象的实践和理论对“把”字句教学起着重要的指导作用。但是，随着对外汉语教学的发展，它们也显现出相当的局限性。

（一）“把”字句的导入方式

王廷杰（2001）与丁孝莉（2007）在导入环节均采用了直接呈现“把”字句的方式，如教师说“请把窗子打开”，同时，“利用直观的动作演示，并使学生亲自体验和感受动词的处置性”。教师发出“前排的同学把手举起来”等口令，让学生做动作，这种导入方式并未给学生提供必须使用“把”字句的语境。

吴中伟（2007）“把”字句教学的引入方式是：先要求学生把课文里的“把”字句找出来，教师板书并齐读，然后归纳出句型结构“S+把+O+VP”，并给出“把”字句的语法意义。这也是一种直接呈现“把”字句的方式。随后，采用

教师“说”学生“做”的方式，教师说出“请马丁把词典拿过来”和“请你把词典放在我的桌子上”，然后把词典放进自己的书包里，问学生“我做了什么”，引导学生用“把”字句回答问题。示范课 A 和 B 中“把”字句的导入方式都是教师做“拿起书”并“把书放在桌子上”的动作，然后问学生“老师做什么了”或者“老师在做什么”，其意图也是让学生用“把”字句回答问题。示范课 A 中学生的回答是“老师把书放在桌子上了”；而示范课 B 中一连三个学生的回答都是“老师放书在桌子上”。

在“把”字句的导入环节，大部分教师关注的焦点都是“S+ 把 +O+VP”中“S”这一主体的行为。而已有研究表明，“和非‘把’字句比较，‘把’字句在语义表达中强调的是受事客体状态或位置变化的过程”（高立群，2008）。也就是说，“把”字句的语义重点是受事客体的状态或位置的变化。基于此，在导入“把”字句时，应以受事客体的“状态或位置的变化”为切入点，采取逆序溯源的方式，找到造成受事客体发生“变化”的“行为”和“主体”，从而引导学生说出“把”字句。

（二）“把”字句的操练方式

王廷杰（2001）在“把”字句操练环节采用了“将已有句子改写为‘把’字句”“错句辨析”等形式。我们认为，“将原句改写为‘把’字句”是一种脱离语境的、低效能的练习形式，改写过程中学生不知为何要改，原句和改写后的“把”字句有何区别教师也未讲解。综观其整个操练过程，学生没有具体语境中主动输出“把”字句的机会。按照 Swain 提出的语言输出假设，语言输入对学习者语言习得的影响是有限的，只有语言产出才能真正促进学习者语言表达能力的发展。

吴中伟（2007）在“把”字句的操练阶段比较注重形式结构描写和语法规则的解释，在综合运用阶段，作者设计了“布置房间”的任务，该任务具有一定的交际性，提供了使用“把”字句的语境。丁孝莉（2007）采用了多种练习形式，如模仿式练习、控制式练习等，这些练习形式脱离具体语境，更多偏重“把”字句语法结构的操练。

俞红（2012）和示范课 A 都使用了带疑问词“哪儿”的“把”字句来引导

学生使用“把”字句回答问题，如“你把桌子搬到哪里去了”等。示范课A的整个操练过程中，教师使用了18个带有疑问词“哪儿”的问句，如“他把自行车放在哪儿了”，虽然在教师的严格要求下，学生被要求用“把”字句回答了老师的问题，但是真实的交际中，完全可以不用“把”字句来回答上述问题。“哪儿”是信息的焦点所在，被问者只需回答出地点词，交际就可顺利完成。因此，这种操练方式并不能真正检测出学生能否主动产出“把”字句。

示范课B的整个教学过程中，教师采用师生做动作或视频展示的方式，始终用“某人做什么了”来引导学生用“把”字句回答问题。在教师的明确示意下，学生也被要求说出了“把”字句，但这并不是学生自然输出“把”字句，而是训练的结果。

（三）“把”字句的语法意义阐释

吴中伟（2007）对“把”字句语法意义的解释是“‘把’字句表示通过某个动作、行为，让某个对象受到一种影响，发生一种变化，产生一种结果”。徐佳（2013）对“把”字句语法意义的解释是：“……这种句子就叫作‘把’字句，它的基本语义是表示某物体由于外部力量的作用从一个地点转移到另一个地点。……表示某事物由于外部力量的作用发生变化，产生了某种结果。”以上两种解释过于概括、抽象和笼统，两者均未结合具体语境和例句对“把”字句的语法意义、功能和使用条件进行较为详尽的说明，这不利于学生理解和习得“把”字句。

三、初级汉语“溯源式”“把”字句教学模式的构建

汉语里的“把”字句是用来表达“物体移位”和“行为结果”的（冯胜利、施春宏，2011）。胡文泽（2014）提出，“在对外汉语教学中，‘把’字句结构的教学应该遵循一种从‘结果’到‘致使源’的前溯流程，它和现在的‘施事’‘把字宾语’‘动作’顺序完全相反，要颠倒过来”。基于上述观点，结合个人教学实践，笔者探索构建出了初级汉语“溯源式”“把”字句教学模式，力求克服“把”字句教学中存在的局限，如下图所示：

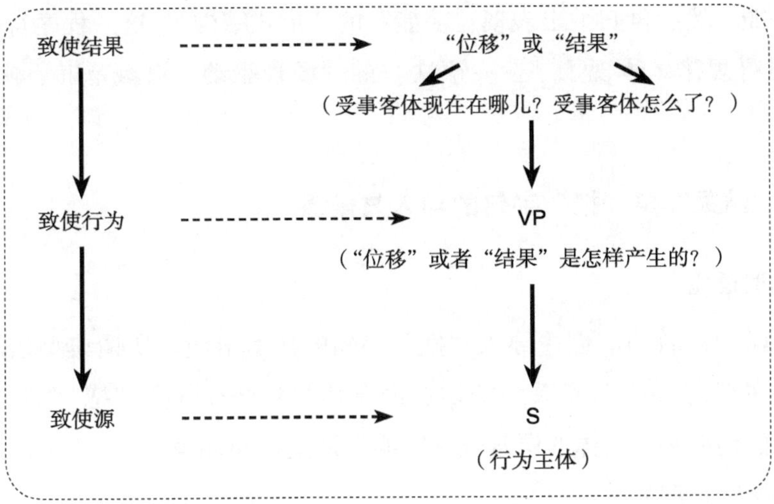

图 1　初级汉语"溯源式""把"字句教学模式

所谓"溯源式""把"字句教学模式，就是教师在导入"把"字句时，首先关注和强调的是受事客体发生了怎样的"位移"或者产生了怎样的"结果"；其次，向前追溯致使受事客体发生"位移"或者产生该"结果"的"致使行为"（VP）；再次，进一步往前追溯实施"致使行为"的"致使源"，即"行为主体"（S）；最后，采取与追溯过程相反的顺序生成"把"字句——"S+ 把 +O+VP"。

需要特别说明的是，该模式中表示物体"位移"类的"把"字句，教学中的切入点是"位移的终点"，而不是"位移的起点"；提问方式先是"受事客体现在在哪儿"，然后才是"原来在哪儿"，同时进一步追问其发生位移的原因。表示"结果"类的"把"字句提问方式是"受事客体怎么了？为什么？"，然后往前追溯造成这种"结果"的行为和行为主体，最后逆序生成"把"字句。

四、初级汉语"溯源式""把"字句教学模式的实施

冯胜利、施春宏（2011）从汉语教学实际出发，提出了一种新型的二语教学语法体系——"三一语法"。在初级汉语"溯源式""把"字句教学实践中，笔者以"三一语法"理论框架为指导，遵循从创设"典型语境"到说明"功能作用"，再到总结"形式结构"的讲授程序，即在"典型语境"中实现"把"字句

的两大功能，然后再归纳出表现“功能”的“形式结构”。这一程序符合学习者的语言习得规律，体现了“三一语法”的“场景驱动、潜藏范畴、实现法则”的科学性。

（一）表“结果”类“把”字句的导入与操练

1. 创造典型语境

在教学中，教师应创造导入“把”字句的典型语境。所谓典型语境，指的是与学生的学习和生活联系最密切、最自然并且必须使用“把”字句的语境。典型语境的创造基于具体的课堂教学时间和课堂教学环境。

教学实践举例如下：

6月的一天下午，初级汉语综合课。

上课铃响后，笔者把门关上并适时引导：

步骤1

师：“门”怎么了？

生：关了/关上了。

师：门是怎么关上的？是自己关上的吗？

生：老师……（学生明白是因为“老师”的作用，门才关上的，但是找不到合适的表达方式。）

师：是老师把门关上的。老师把门关上了。（这一语境下，必须使用“把”字句来回答。）

师生：老师把门关上了。（强化）

笔者进一步解释：

刚才门“开着”，因为“老师”的一个“action”，门现在“关上了”。

板书：action ——→ result（门关上了）（“行为”引发“结果”）

步骤2

（笔者再把门打开。）

师：刚才门关上了，现在呢？

生：门开了。

师：是风把门吹开的吗？

生：不是。

师：那是……（说句子）

生：是老师把门打开的。

师生：是老师把门打开的，老师把门打开了。

板书：action ——→ result（门打开了）（“行为”引发“结果”）

步骤 3

（笔者把教室里的灯都关上。）

师：灯刚才亮着，现在不亮了，为什么？

生：老师把灯关上了。（经过前面的铺垫，学生顺利说出了这个句子。）

师：好，同学们做练习吧。

（灯依然关着，教室里光线较暗，学生看不清楚。此处笔者故意设了个计，“逼着”学生使用“把”字句，让老师把灯打开。果然，学生心领神会，说出了下面的句子……）

生：老师，把灯打开，我们看不清楚。

师：（把灯打开并示意学生一起说句子）。

师生：老师把灯打开了。（强化）

板书：action ——→ result（灯不亮了 / 灯亮了）（“行为”引发“结果”）

2.“典型语境”下的“pushed output”

笔者把教室里的灯和门都关上，把窗帘拉上，把空调也关了，然后说：“同学们，你们看书吧。”话音未落，立刻有学生说：“老师，我们热！”“老师，我们看不见。”

此时，笔者问学生：“怎么办？”

生：请老师把灯打开，把空调也打开。

师生：请老师把灯都打开，把空调也打开。

笔者示意坐在空调旁边的学生把空调打开。学生照做。

师：他把空调打开了。

（学生继续学习。笔者故意把温度设定为 18 度，风力调为“高”。不一会儿，学生就感到冷了，不时回头看空调。）

笔者问学生：“教室里有点儿冷，我也冷，你们说怎么办呐？”有的学生看到了空调显示屏上设置的温度，用手比划着调高温度，可是不会说；还有的学生说“风很大，小点儿”。这一过程中，教师板书了下列词语：温度、调高/调低、风力、调低（小）/调高（大）。

师：把空调温度调高一点儿，把风力调低（小）一点儿。

生：老师，能不能把空调温度调高一点儿，把风力调低（小）一点儿？

（在此后的几天时间里，学生常用这两个句子对坐在空调旁边的同学“发号施令”，大家也都乐意配合。学以致用，学生很有成就感。）

在大量的操练之后，教师对此类“把”字句的“功能作用”和“形式结构”进行总结：此类“把”字句可以用来表达“某种行为引发某种结果”，其句型结构为：S + 把 + O + V—R。

（二）表“位移”类“把”字句的导入与操练

1. 创造“典型语境”

教学实践举例如下：

笔者把教室前排的一把椅子搬到教室外面。

师：椅子现在在哪儿？

生：教室外边。

师：刚才呢？

生：教室里边。

师：椅子有什么变化？

生：地方……

师：为什么？是椅子自己“走出去”的吗？（学生大笑）

生：是老师把椅子搬出去的。

师生：老师把椅子搬出去了。

（笔者又把椅子搬了进来。）

未等教师示意，学生就说出了“老师把椅子搬进来了”。

板书：action ——→ change（place）（教室外边/教室里边）

2.“典型语境”下的“pushed output”

在“把”字句的强化输出阶段，笔者借助场景化的图片（图2），为学生创造使用“把”字句的典型语境。

图 2

师：我想看那本书，可是书架太高，我够不着。

（教师指着班里个子最高的男生问所有学生："我想让他帮我，我怎么说？"同时教师做"把书从书架上拿下来"的动作。）

生：你能不能帮我把那本书拿下来？

师：书我看完了，我想放回去。怎么办？

生：你能不能帮我把这本书放上去 / 放回去？

师：还可以说，你能不能帮我把这本书放到书架上？

师生：你能不能帮我把那本书拿下来？你能不能帮我把这本书再放上去？

接下来教师对这类"把"字句的功能和形式结构进行总结：这类"把"字句表示"物体的位移"，因为"S"的行为，致使"O"的位置发生（了）改变；其形式结构为"S + 把 + O + V—PP"或"S + 把 + O + V—DC（趋向补语）"。

（三）"把"字句书面输出练习和使用规则的讲解

"把"字句教学中，口头输出和书面输出相结合至关重要。在导入和操练环节，学生主要是口头输出"把"字句，偶有错误，教师及时予以纠正并强化正确"把"字句的输出。为了进一步了解学生对"把"字句的掌握情况，同时也为了强化"把"字句的相关使用规则，书面输出练习不可或缺。因此，笔者布置了书面作业，要求学生根据所给图片（图 3）和下列关键词"墙、电视机、音箱、沙发、茶几、玩具汽车、矿泉水瓶、足球、西瓜皮、香蕉皮、垃圾桶、书、纸团、篮子”，用“S+把+O+V—R”“S+把+O+V—PP”和“S+把+O+V—DC”三个句式完成“请你告诉玛丽怎么打扫房间”这一任务。结合学生在书面作业中出现的错误，教师有针对性地讲解“把”字句的使用规则，规则的讲解后于真实语言材料的输入。根据联结主义理论的观点，语言习得的过程实际上是学习者通过真实语言材料获取语言知识并储存于心理词典中，联结主义主张的浮现特征（emergent properties）揭示了语言知识的获得和语言材料之间的本质联系，浮现特征的核心原则是：语言规则不是先天固有的，而是在语言获得过程中表现出自然浮现的特征，这种浮现过程可以基于对大量输入语料的统计学习而获得（转引自邢红兵，2009）。

图3 “请你告诉玛丽怎么打扫房间”

五、结语

在“把”字句教学模式的探索和研究中，笔者采用教师行动研究与定性研究的方法，构建出了初级汉语“溯源式”“把”字句教学模式。该模式可以更好地解决教师“怎么教”“从哪儿教起”以及学生“怎么用”“在哪儿用”的问题，改善了汉语教学中研究和实践“两张皮”的局面，具有明显的时效性。在解决了一个问题的同时，另一个新的问题可能会随之出现，因此本研究也具有“循环上升性”的特点，需根据教学实践中出现的新问题进行新一轮的行动研究，这是一个不断循环和螺旋上升的过程。

参考文献

① 丁孝莉，“综合教学法”在初级“把”字句教学中的应用，《文化学刊》2007年第3期。

② 冯胜利、施春宏，论汉语教学中的“三一语法”，《语言科学》2011年第5期。

③ 高立群、李凌，汉语“把”字句认知表征图示的实验研究，崔希亮等主编《汉语作为第二语言的习得与认知研究》，北京：北京大学出版社，2008年。

④ 高立群，汉语“把”字句认知表征图示的实验研究，崔希亮等主编《汉语作为第二语言的习得与认知研究》，北京：北京大学出版社，2008年。

⑤ 郭睿，《汉语教师发展》，北京：北京语言大学出版社，2010年。

⑥ 胡文泽，“把”字句语法意义的研究及其在对外汉语教学中的应用，北京语言大学讲座，2014年。

⑦ 任玉华，“把”字句的三个平面分析及其在对外汉语教学中的应用，《华东师范大学学报》（哲学社会科学版）1998年第6期。

⑧ 王廷杰，也谈“把”字句教学，《中央民族大学学报》（哲学社会科学版）2001年第5期。

⑨ 吴中伟，《怎样教语法——语法教学理论与实践》，上海：华东师范大学出版社，2007年。

⑩ 吴勇毅，《对外汉语教学法》，北京：商务印书馆，2012年。

⑪ 邢红兵，基于联结主义理论的第二语言词汇习得研究框架，《语言教学与研究》2009年第5期。

⑫ 徐佳，从构式语法角度看对外汉语初级阶段“把”字句的教学，吉林大学硕士学位论文，2013年。

⑬ 俞红，结构功能法的“把”字句教学设计，福建师范大学硕士学位论文，2012年。

⑭ 张旺熹，“把”字句的位移图式，《语言教学与研究》2001年第3期。

⑮ 张宁，试论运用功能法教“把”字句，《语言教学与研究》1994年第1期。

⑯ 赵万勋，“把”字句的篇章依赖性及教学应用，《宁夏大学学报》（人文社会科学版）2014年第5期。

作者简介：张秀红，女，北京语言大学汉语学院讲师。

对留学生古代汉语教学的几点看法*

张亚茹

摘　要　随着对外汉语教学的成熟与相关课程设置的逐渐完善，为学习汉语的留学生开设古代汉语课程已基本成为国内对外汉语教学界的共识。由留学生的汉语水平与学习目的所决定，留学生古代汉语教学的目的应以提高现代汉语水平为主，培养文言阅读能力为辅。在教学中应遵循课文教学为基础、词汇教学为关键、古今对比、注重实用、反复应用与加强实践练习等原则。

关键词　留学生　古代汉语教学　教学目的　教学原则

现在，对外汉语教学作为一门独立的学科已经逐渐成熟，有关该学科理论与实践的研究日见深入，相关课程设置日趋完备与成熟。在这种时代背景下，为学习汉语的留学生开设古代汉语课程已基本成为国内对外汉语教学界的共识。不仅如此，在国外，学习古代汉语的人数也在不断增加，不少高校已经开设或者正在准备开设古代汉语课程。

根据《高等学校外国留学生汉语言专业教学大纲》（附件二）与《高等学校外国留学生汉语教学大纲》（长期进修）可知，无论是汉语言专业教学，还是长期进修教学，均在高级阶段设置古代汉语课程。古代汉语课程的开设，不仅符合对外汉语教学课程体系完善的要求，更是学生语言能力培养的需要，而后者应该是古代汉语课程设置的主要原因。朱瑞平（2001）认为："有必要为留学生尤其是其中的本科生开设此课。因为在掌握了汉语的一些最基本语言技能以

* 本研究得到北京语言大学梧桐创新平台项目（中央高校基本科研业务专项基金）（项目编号：17PT02）和北京语言大学院级项目（中央高校基本科研业务专项基金）（项目编号：17YJ080602）的资助。

后，进一步提高学习者的口语尤其是书面语能力成为当务之急。而在一定的基础上进一步发展学习者的汉语能力尤其是书面语能力，没有一点儿古代汉语的基础是无法想象的。所以，这门课对学生书面语乃至整个汉语能力的发展至关重要。”

那么，同样是古代汉语课程，为学习汉语的外国留学生开设的古代汉语课程，与给以汉语为母语的中国汉语言文学专业的本科生开设的古代汉语课有何不同，对留学生的古代汉语教学的目的是什么，如何针对留学生特点展开古汉语教学等，这些问题值得深入探讨。

一、留学生古代汉语教学的教学目的

目前，对于留学生古代汉语课的教学目的，对外汉语教学界主要有三种观点：

一是以培养学生阅读文言文的能力、提高文言阅读水平为主要目的。这种观点主要体现在现有的留学生古代汉语教材中，如徐宗才《古代汉语》（2010）与王硕《汉语古文读本》（2010）等。这些古汉语教材大都是以培养学生文言文阅读能力，进而深入学习中国古代文化为教学目标。徐宗才（2010）认为古代汉语课程应该使学生“学完以后，能借助工具书阅读和翻译一般的古文，并为进一步学习古代汉语和文化打下基础”。王硕（2010）认为古代汉语教学是“为了帮助留学生逐步读懂中国的古代文献，直接了解中国古代文化”。

二是以提高学生现代汉语水平为主要目的。如朱瑞平（2001）认为给留学生开设的古代汉语课“是为发展学生现代汉语能力服务的‘古代汉语’”。朱焱炜（2007）认为对留学生的古汉语教学应该是“为提高现代汉语水平……，而主要不是要使学生具备直接阅读古代文献的能力”。苏瑞卿（2003）认为“留学生学习古代汉语的目的是进一步提高汉语水平，这‘汉语水平’主要还是现代汉语的”，并且认为古代汉语教学应该在强化留学生已有的汉语知识方面起到应有的作用，应将古代汉语教学与现代汉语教学结合起来。

三是认为留学生的古代汉语教学具有双重或多重目的。如崔立斌（2002）认为，对于留学生的古代汉语教学，除了可以培养学生初步阅读古代文献的能力以外，还可以通过学习古代汉语来培养留学生更好地学习现代汉语的习惯和兴趣，帮助留学生加深对现代汉语的理解，使留学生更加深刻和全面地了解中国人以及中国文化的根源。韩梅（2006）认为，为留学生开设古代汉语主要有两个目的，一是使留学生掌握古代汉语的一些基本语言知识和古代文化常识，为他们学习中国古代文学、中国哲学、中国历史等人文学科打下坚实的基础；二是通过古代汉语的学习，掌握现代汉语词汇的一般组合规律，从而提高他们的现代汉语能力。

根据对北京语言大学汉语学院三年级留学生的调查，我们发现，留学生学习古代汉语的目的是多方面的，其中以促进现代汉语的学习与提高现代汉语修养为目的的居多，其次为培养阅读文言文的能力，再次就是了解中国古代文化与为将来研究中国语言和文化做准备。因此，我们认为对留学生的古代汉语教学也应该具有多重目的，而且这些教学目的之间存在主次之分，即以提高学生现代汉语修养为主，培养学生文言文的阅读能力为辅，而了解中国古代文化与为将来研究中国语言和文化做准备等再次。

对留学生的古代汉语教学以提高学生现代汉语水平为主要教学目的，是由留学生学习汉语的目的与国际汉语教学的目标——培养汉语交际能力决定的。高彦德等（1993）认为，中高年级学生的学习目的依所占百分率由多到少排列为：为了了解中国 38.7%；从事外交外贸工作 33.5%；从事翻译工作 26.5%；为学习专业做语言准备 25.4%；从事汉语教学与研究 13.8%。其中将汉语作为职业工具者（从事外交外贸与翻译工作）占 60%。万业馨（2009）也就此进行了调查，共列出七个选项：1. 从事汉语教学与研究；2. 当翻译；3. 从事外交、外贸工作；4. 了解中国；5. 从事其他与中国有关的工作；6. 旅游；7. 其他。调查结果显示，选择“从事其他与中国有关的工作”一项人数最多，而且以从事汉语教学与研究工作为学习目的者有所增加。

两份调查结果均说明多数学生学习汉语的终极目标在于以汉语为工具，从事某种职业，“实现这一目标要求的首先是语言交际能力”，而两次调查所显示的学习目的的变化意味着现在的“留学生对于自己所能达到的水平和具有的能力具有了更高的要求”（万业馨，2009）。准确地说，学生学习汉语的目的是为了培养汉语交际能力，希望以此为手段实现自己的理想与抱负。

因此，我们需要采取各种有效方法强化学生已有的汉语知识，为培养他们的汉语交际能力奠定基础。而古代汉语与现代汉语之间具有密切的渊源关系，古代汉语是现代汉语的前身，现代汉语是古代汉语的继续和发展，这就使得古代汉语教学更应该在这一方面发挥应有的作用，尤其是在现代汉语书面语与正式口语表达能力的培养方面。

二、留学生古代汉语教学的原则

1. 课文教学为基础

“感性认识是学习语言的必要条件，感性知识越丰富越深刻，语言的掌握也就越牢固越熟练。要获得古代汉语的感性认识，就必须大量阅读古代的典范作品。”(王力，1981) 对于对古代汉语一无所知的留学生来说，更应该首先帮助他们对古代汉语形成感性认识，从而了解古代汉语与现代汉语之间的联系，进而促进其现代汉语的学习。因此，对于留学生的古代汉语教学，应该从逐步丰富学生的感性认识入手。而丰富学生感性认识的重要途径就是讲好课文，让学生真正读懂课文。这就决定了对留学生的古代汉语教学应以课文教学作为中心环节，以课文作为词汇与语法教学的主要依据。课文是古代汉语词汇与语法教学的依托，是古代汉语教学的基础。没有课文，词汇与语法教学也就无从谈起，而且，脱离课文大量讲解词汇与文言知识的做法也不符合从感性到理性、从具体到抽象的一般认识规律。因此，无论是讲解词汇还是相关的文言知识，都应该以课文中的材料为主要依据，与课文密切联系。将讲好课文作为古代汉语教学的中心环节，在讲好课文的基础上讲授词汇与必要的知识和方法，使学生从古代汉语中吸取有价值的内容，提高其现代汉语修养。

2. 词汇教学是关键

词汇教学是古代汉语教学的关键，是学生理解课文的基础。文言文中的任何一句话，不管是理解句子意思，还是分析句法结构，或者是弄清楚某个虚词的用法，都要以理解句中各个词语的意义为前提。正如王力先生在《古代汉语》1981 年修订本的教学参考意见中明确指出的，“古代汉语的问题，主要是词汇的问题……学生们读不懂古书，在多数情况下，都是因为他们不懂文字的意义”，在“绪论”中强调，“学习古代汉语，重点必须放在词汇上。至于词汇，重点又需放在掌握常用词上”，因为“只要我们阅读古书，几乎无时无地不和它们接触；我们如果掌握了它们一般的常用的意义，我们就能扫除很多的文字障碍”。所以，“掌握常用词也可以说是掌握了一把钥匙，它把文言文词汇中的主要问题解决了，就不会再是头痛医头，脚痛医脚，讲一篇懂一篇，不讲就不懂了”。

由上可知，阅读文言文的关键是多认字，多懂词，即多掌握词汇，尤其是常用词的常用义。因此，我们认为，留学生古代汉语教学应采取有效的教学方法，使学生尽可能多、尽可能快地掌握常用词，应把常用词的讲授贯彻到教学的各个环节中去，即讲解课文、分析例句、课堂提问、做练习、测验考试等，都要与常用词的讲授结合起来，而且应该贯彻始终。这是培养学生文言文阅读能力所必需的，也是丰富学生现代汉语词汇与提高现代汉语水平的前提条件。

3. 联系古今，对比异同

古代汉语和现代汉语是源与流的关系，二者之间的密切关系就使得古代汉语教学与现代汉语教学的结合，不仅是必要的，而且是可能的。在古代汉语教学中，有意识地联系现代汉语，有助于引导学生从古今汉语的继承发展、演变转化和异同对比中，去寻找汉语发展的轨迹与规律，从而理解、掌握并运用古汉语知识，进而深化对现代汉语的认识，提高现代汉语书面语的运用能力与水平。

（1）通过古今对比，可以帮助学生正确地认识古代汉语，使其认识和了解现代汉语与古代汉语之间的渊源关系，逐渐形成语言发展观，认识到现代汉语是古代汉语的继承与发展，二者之间有同有异；同时也可以帮助学生明确古代汉语学习的重点所在。对于二者共性的认识，如一些属于基本词汇的词古今意义和用法基本未变，双音词的构成方式与句子成分的顺序（语序）基本相同等，有助于增强学生学习古代汉语的信心，但这些不应作为古代汉语教学的重点。而对于古今不同之处，尤其是在现代汉语中仍有体现的语言现象，如古代汉语以单音词居多，现代汉语以双音词居多，且大都由古代汉语单音词构成等，则应引导学生重点掌握，这些应该是对留学生古代汉语教学的重点。

（2）通过古今对比，可以引导并帮助学生利用古代汉语知识分析和认识现代汉语中的一些语言现象。如现代汉语成语非常丰富，而在成语中保留了大量的文言词语和文言句式，如“废寝忘食”中的“寝”与“食”是古代汉语常用词，但在现代汉语中只能作为构词语素，构成“寝室”“就寝”与“食物”“饮食”等词语；“奔走相告”中“走”古今词义不同，古义为“跑”；“夜以继日”为介词宾语前置，“时不我待”为否定句中代词宾语前置。通过对成语中这些古汉语语言现象的分析，既可以加深对相关古代汉语知识的理解，也可以促进对成语意义和用法的正确认识与准确把握。又如现代汉语的绝大部分复音词都是由古代汉语的单音词发展演变而来，许多古代汉语的单音词作为语素保留在现代汉语复音词中，如“恐惧”“愉快”“购置”等。如果学生掌握一些古代汉语常用词，了解一些古代汉语语法知识，那么，他们就能够比较准确地理解这些成语和双音词的意义，掌握其构成方式，进而正确地使用，这对于提高学生的现代汉语阅读能力和书面语表达能力具有重要作用。

（3）通过古今对比，可以引导学生利用所熟悉的现代汉语语法知识去理解和记忆古代汉语中所不熟悉的语言现象，从而提高学习效率。如在现代汉语中，肯定判断句主语和谓语之间一般都要用判断词“是”，这种语言现象在留学生汉语学习的初级阶段就已掌握。但是，古代汉语中肯定判断句的主语和谓语之间一般没有判断词这一语法现象，对于留学生来说是陌生的。这时，我们可以利用现代汉语中的特殊判断句“今天星期日”“小王北京人”等来帮助学生理解并掌握古代汉语中的判断句式。

4. 注重实用，从学生实际出发

对留学生的古代汉语教学，应该充分考虑教学对象（留学生）的语言基础与汉语水平，充分考虑学生学习古代汉语的目的，在安排教学内容时，应该从学生实际出发，注重实用，而不必强求所讲授的古代汉语知识的完整性与系统性。

注重实用，主要体现在教学内容的实用性上。凡是为实现教学目的与任务而出现的内容，就应该多讲多练，相反则要少讲少练或不讲不练。如古代汉语语法，不需要进行全面而系统的讲解，而应该重点讲解那些与现代汉语不同的语法现象，比如一般宾语位于动词之后的句子不必讲解，而对于疑问句与否定句中代词宾语置于动词或介词之前的句子则应该着重讲解和分析。

注重实用，从学生实际出发，也体现在讲解应简洁明了，避免多生枝蔓，过深过难。如“者”与“所”，首先应该讲清楚它们的用法和译法，至于它们究竟属于哪个词类，是代词还是助词，现今学术界虽有不同看法，但作为教师，只需从中选择一说，而不必过多地分析两种看法的高下。

注重实用，从学生实际出发，还体现在语言现象讲解的点面结合上。所谓“点”就是分散于各篇课文中的各种语言现象，“面”是指对已讲解的散见于各课中的各语言现象进行集中系统梳理。点面结合就是先分散讲解，然后集中梳理，使之相对系统化。重点分散，有助于学生的理解与掌握；集中梳理，便于学生对相关语言知识的宏观把握，而不至流于支离破碎。

5. 启发引导，反复应用

语言学习是从输入到习得的过程，在这一过程中，语言形式的出现频率具有至关重要的作用。在条件均等的情况下，某一语言形式出现的频率越高，就越有可能被注意到，并由短期记忆进入长期记忆，从而越容易被吸收。一般认为，只有进入长期记忆的信息才能被自由地提取与使用，而且，长期记忆中储存的信息越多，就越容易接纳新的信息。留学生古代汉语的学习也是如此。

因此，在古代汉语教学中，凡属于学生必须掌握的词语、句式及相关知识，教师都应该反复讲解，启发并引导学生反复应用，帮助学生把所学知识前后联系，比照印证，从而加深记忆与理解，做到准确掌握与运用。

6. 加强实践，做好练习

在古汉语教学中，实践练习也是至关重要的，应力求做到课内与课外相结合、讲解与阅读相结合。由于课堂时间有限，教师应该在每次讲解课文之前安排目的性较强的课前预习，通过提前阅读课文，逐步让学生学会抓住一篇文章的重点与难点。课后应该根据学生的实际情况和文言阅读水平，选择一些能够在一定程度上再现课文重点与难点而且浅显易懂、生动有趣的阅读篇目，让学生充分地利用课外时间进行大量的文言文阅读与实践，并对学生普遍感到困惑的问题给予适当的指导和讲解。这样一来，课内讲读与课外阅读结合起来，既解决了课时紧张的问题，又能让学生在文言文阅读中巩固课堂所学知识，逐渐树立古代汉语语感，既发挥了教师的主导作用，又尊重了学生的主体地位。

三、教学实践举例

课文是古代汉语教学的中心环节，是词汇教学与语法教学的依托。因此要帮助学生学好古代汉语，就必须引导并帮助学生真正读懂课文。而使学生真正读懂课文的关键在于使学生准确而透彻地理解词义与句意。具体做法为：逐词讲解，由词到句。即逐词逐句地讲，一字不落地讲，按照课文每句话的句法结构准确地讲解句子中每个词的意义，在此基础上翻译或串讲句子的意义。在学生掌握了词义和句意之后，再对课文中的词汇与语法知识做适当梳理与归纳。在此，我们以《郑人买履》为例展示上文所述各项教学原则如何落实到具体的教学中。

《郑人买履》是徐宗才《古代汉语》（2010）中的第一篇课文。篇幅短小，课文内容与词汇、语法难度不大，学生掌握起来较为容易。这样的安排符合由易到难、由感性到理性的习得顺序，目的在于帮助初学古代汉语的学生逐渐建立起对古代汉语的感性认识，尽可能防止畏难情绪的产生。

1. 课文讲解①

【原文】郑人有且置履者，先自度其足而置之其坐。

[对译]郑国人有将要买鞋的人，先自己量他的脚，然后放它（尺码）（在）他的座位（上）。

①“且”，将要。

②“置”，买。双音词“购置”就是由同义语素“购”与“置”并列组合而成。

③“履”，鞋。成语“西装革履”“削足适履”的“履”就是此义。

④“者”，代词，表示“……的人”，一般用于谓词性成分之后。现在常用于双音词（“作者”“记者”）与短语（“建设者”“设计者”）中。可联想《苏州园林》及课后语素练习。

⑤“度”（duó），量（liáng）、推测、估计。“揣度”“测度”与成语“度德量力”中的“度”即为此义。

---

① 课文讲解由学生和教师共同完成，首先由学生在预习基础上逐词讲解词义，并串讲句意，然后教师做出纠正与补充，对词义与句意给出准确而标准的讲解。

⑥“足”，脚。现在一般作为语素构成“足球”“足迹”“手舞足蹈”“画蛇添足”等词语。

⑦“而”，连词，具有连接作用。在此用于连接“度”与“置”这两个先后发生的动作行为。

⑧“置”，放。现在作为语素构成“放置”“安置”“置之不理”“置身事外”等词语。

⑨“之”，代词，代替量好的尺码，做动词“置”的宾语。做宾语是代词“之”的主要用法。现仍常用于书面语和一些成语或固定短语中，如“求之不得”“置之不理”“置之度外”。

⑩“其”，代词，他的，做定语，修饰“坐”。在句子中做定语是代词“其”的主要用法。如“其乐无穷”“恰如其分”。

⑪“坐”，座位，后来写作“座”。“坐”与“座”为古今字。

⑫“置之其坐”直译应为“放量好的尺码他的座位”。为使译文符合现代汉语语法，应该用“把”字句译为“把量好的尺码放在他的座位上”，现代汉语中成语“置身事外”“置之度外”与“置之其坐”句法形式相同，它们的意义分别为“把自己放在事情之外，毫不关心”“把生死、利害等放在考虑之外”。

【原文】至之市而忘操之。

[对译]到到市场却忘了拿它（尺码）。

①“至”，到。现常用于“至今”“至此”“自始至终”“自……至……”等词语或格式中。

②这两个“之”是两个词，前者为动词，意为“到……去”，后者为代词，代替尺码。

③“市”，市场，即现在“市场”“菜市”“集市”的“市”，表示城市的“市”后来才出现。

④“操”，手里拿着。“稳操胜券”中的“操”即为此义。“之”为代词，代尺码。

⑤“而”，连词，连接含有转折关系的两部分，可译为“却”。如“视而不见”“笑而不答”。

【原文】已得履，乃曰：“吾忘持度。”

[对译]已经得到鞋，才说：“我忘记拿尺码了。”

①“得”，得到，获得，在这里可译为“选好”。

②“乃”，副词，才。

③“吾”，第一人称代词“我”。

④“持”，拿着。“手持鲜花”中的“持”就是这个意思。

⑤“度（dù）”，尺码。现在作为语素构成“长度”“高度”“深度”等词语。与动词“度（duó）”关系密切，后者表示测量行为，前者表示测量行为的结果。这是通过改变汉字的读音来显示其所代表的词义的变化，与现代汉语多音字相同，如“好”hǎo 与 hào。

【原文】反归取之。

[对译]返回返回取它（尺码）。

①“反”与“归”同义，都是返回的意思。“反”与“返”为古今字。“之”为代词，代尺码。“香港回归”“归来”“无家可归”等词语中的“归”均为返回义。

【原文】及反，市罢，遂不得履。

[对译]等到返回，市场结束了，于是得不到鞋。

①“及”，等到（……的时候）。“及”本义为逮住，追赶上，引申为到、到达，如“及格”，后来引申为“到……时候”。

②“罢”，停止。“罢工”“罢课”与“罢休”的“罢”就是此义。后来引申为结束、完了。“市罢”的“罢”就是结束的意思，在此可灵活译为“散了”。

③“遂”，于是。“不得”，得不到，在此译为“没买到”较为合适。

【原文】人曰：“何不试之以足？”

[对译]有人说：“为什么不试试它（鞋）用脚？”

①“何”，为什么。表示反问语气的“何不”与“何必”中的“何”即为此义。

②“试之以足”，“试”即为“试衣服”的“试”。“之”为代词，代鞋。“以”，介词，拿、用。“试之以足”，在现代汉语中应为“以足试之”。在古代汉语中，介宾短语常位于它所修饰的动词或动词短语之后。但在现代汉语中表示工具的介宾短语一般都位于其所修饰的动词或动词短语之前。

【原文】曰：“宁信度，无自信也。”

[对译]说：“宁可相信尺码，不自己相信。

①“宁……，无……”，宁可……，（也）不……。在现代汉语中，类似形

式见于“宁缺毋滥”与“宁死不屈”等成语中。

②“自信”与现代汉语中的“自信”一词不同，是两个单音词“自”与“信”，意思是自己相信自己。

③“也”，语气词，可译为“啊”，或者不译。

【全文译文】

郑国有一个人要买鞋，先自己量好了他的脚，然后把量好的尺码放在座位上。到了市场，却忘了拿尺码。已经选好了鞋，才说：“我忘了拿尺码。”回家去取，等到他回来时，市场已经散了，于是没有买到鞋。有人说：“为什么不用自己的脚试一试鞋呢？”他说：“宁可相信尺码，也不相信自己的脚。”

这个故事讽刺那些墨守成规、迷信教条、不相信客观实际的人。

2. 词汇与语法现象总结

（1）词汇知识小结

古代汉语中单音词居多，而现代汉语中既有单音词，也有双音节词，以双音词居多，而且古代汉语与现代汉语词汇之间有着密切的联系。以《郑人买履》为例，古代汉语单音词与现代汉语对译词之间的关系如下：

古今一样，如“人”“有”“先”“忘”“不”“试”等。

古今不同，分为三种情况：一是现代汉语换成了与原词完全不同的单音词，如“置（买）”“履（鞋）”“度（量）”“足（脚）”等。一是现代汉语换成了双音词，或换成了与原词完全不同的双音词，如“且（将要）”“度（尺码）”；或以两个单音同义词（近义词）作为词素构成双音词，如“坐（座位）”“自（自己）”；或以原词作为词根，后加辅助语素构成双音词，如“郑（郑国）”“得（得到）”等。

其中以两个单音同义词（近义词）作为词素构成双音词这种情况应作为重点予以讲解。因为现代汉语中相当多的双音词都是由两个单音同义词（近义词）作为词素联合而成，如“放置”“购置”“名字”“游泳”“善良”等。了解了这一点，在教学中应有意识地将古代汉语单音词与现代汉语双音词联系起来，引导学生利用已学的古汉语单音节词去理解和掌握现代汉语双音节词，引导学生通过现代汉语双音词去判断和掌握古代汉语单音词的意义。这样对于学生阅读文言文和掌握现代汉语词汇都大有裨益。

2. 语法知识小结

（1）“而”的用法[①]

“而”的作用在于连接，可用于连接具有各种语义关系的成分。

① 连接先后发生的两个行为，如“先自度其足而置之其坐”。

② 连接含有转折关系的两部分，如“至之市而忘操之”。

（2）“之”的用法

① 代词，代替某一事物。用在动词或介词后，在句子中做宾语，如“反归取之”。

② 动词，到……去。后面跟处所名词，如“至之市而忘操之”。

（3）介词宾语的位置

在古代汉语中，介宾短语常位于它所修饰的动词或动词短语之后，如“试之以足”；但在现代汉语中表示工具的介宾短语一般都位于其所修饰的动词或动词短语之前，如“用脚试一试鞋”。

四、结语

综上所述，根据调查可知，由学生的学习目的所决定，留学生的古代汉语教学具有多重目的，以促进现代汉语学习为主，培养文言文阅读能力为辅。为实现这多重教学目的，留学生古代汉语教学应该遵循课文教学为基础、词汇教学是关键、联系古今、对比异同、注重实用、反复应用、加强练习等各项教学原则。其中课文教学应严格遵循逐词对译，由词到句、由句到篇的原则。此外，由课程性质（知识课兼技能课）所决定，古代汉语课中汉语知识的传授必不可少，而学生实践能力的培养更是至关重要，因此，教学中应遵循教师为指导、学生为主体，教学任务师生共同完成，课内与课外密切结合的原则。而古代汉语与现代汉语、古代汉语课与高级汉语综合课的适当结合更有助于学生的古代汉语学习，有助于其汉语能力，尤其是书面语能力的提高。

① 在此只是总结“而”“之”在本课中的用法，后面的课文中若出现新的用法随时总结。代词“之”在文中出现 4 次，反复讲解有助于加深学生对代词“之”的理解与掌握。而与高级汉语综合课中对现代汉语书面语中代词“之”的讲解相联系，更有助于学生对该词的掌握与运用。在教学中，若所学内容与高级汉语综合课内容相关，即将二者联系起来做适当讲解，以帮助学生理解与掌握。

参考文献

① 崔立斌，谈留学生古代汉语教学，《北京师范大学学报》2002年第6期。

② 高彦德等，《外国人学习与使用汉语情况调查研究报告》，北京：北京语言学院出版社，1993年。

③ 韩梅，浅谈留学生古代汉语教学，《现代语文》2006年第5期。

④ 苏瑞卿，谈留学生古汉语教材的革新，《世界汉语教学》2003年第2期。

⑤ 万业馨，论对外汉语教学中的知识传授与能力培养，《世界汉语教学》2009年第3期。

⑥ 王力，《古代汉语》，北京：商务印书馆，1981年。

⑦ 王硕，《汉语古文读本》，北京：北京大学出版社，2010年。

⑧ 徐宗才，《古代汉语》（修订本），北京：北京语言大学出版社，2010年。

⑨ 朱瑞平，关于对外汉语教学中"古代汉语"教学及教材建设的几点思考，《北京师范大学学报》（人文社会科学版）2001年第6期。

⑩ 朱焱炜，对外汉语教学中的古汉语教学，《上海大学学报》（社会科学版）2007年第3期。

作者简介：张亚茹，女，北京语言大学汉语学院副教授。

翻译思辨能力发展特征研究*

——以翻译专业本科翻译理论与实务课程为例

刘和平　王　茜

摘　要　“翻译理论与实务”是翻译专业学生必修课，课程内容含量高，但无论是本科还是硕士阶段都只有36课时。如何将知识型课程变为以学生思辨能力发展为核心的课程？采用何种手段方可实现掌握基本翻译理论并对实践有所反思或指导这一教学目标？翻译专业本科生思辨能力发展有何显著特征？本论文以本科生三年级一个学期的翻译理论与实务课程为例，分析学生思辨能力发展特征，探索知识类课程授课的途径和方法。

关键词　翻译专业本科学生　翻译理论与实务　思辨能力发展特征

一、引言

《礼记 · 中庸》说:“博学之，审问之，慎思之，明辨之，笃行之。”这其中的“思”“辨”就是思辨一词的本意，也是批判性思维的精髓所在。《高等学校翻译本科专业教学要求》(试行)对翻译专业本科人才培养的目标有如下描述:“培养能适应全球经济一体化及提高国家国际竞争力的需要，适应国家经济、文化、社会建设需要的应用型、专业性口笔译人才。”该培养目标的核心概念为“应用型、专业性口笔译人才”。如何区别研究型和应用型人才培养目标、模式、教学内容和方法是我们始终关注的问题。因此，如何做到理论联系实际、让学生积

* 本文是北京语言大学教育教学改革项目（项目号：AZ201505）“大数据背景下知识类课程教学模式探究——以翻译理论与实务课程为例”成果之一。

极参与理论学习与思考、培养思辨能力成为该课程要解决的主要问题。

为什么翻译专业的学生要培养思辨能力？首先，翻译学的任务之一就是要研究译者特殊的思维活动规律，而译者具有极强的思辨特征，从阅读、聆听到表达，逻辑分析和思辨抉择贯穿整个翻译过程。学习翻译，即学习翻译的特殊思维模式，而这种思维模式的训练应贯穿在教学大纲的每一门课程中，翻译理论与实务课程自然是非常重要的训练思维模式课程之一。这是因为，这门课程除传输相关理论知识外，更重要的是培养学生阅读、选择、思考、思辨、逻辑分析、寻找合理结论的能力。其次，翻译具有体验性、互动性、创造性、语篇性、和谐性等特征（王寅，2005）。在理论与实务课上解决理论联系实际问题，尤其应凸显翻译实践和实战特征，这是培养学生翻译能力的必要途径和手段。另外，现代教学法五要素中学生是核心，采用科学的手段，选择合适的内容，让学生在教学环境和社会构建活动中成为主要"演员"，这也是社会建构主义教学模式的突出特征，更是实现教学目标的基本保证。能力培养的关键在于"动"，动在交际环境中，动中学，学生之间互动，师生之间互动，在"对话"与"合作"中培养思辨能力。除此之外，此课程还可以为学生撰写毕业论文奠定基础。应该说，这也是一门方法论课程。

高级翻译学院的翻译理论与实务课程在翻译专业本科第五学期和硕士第二学期开设。这样的设计主要考虑有两点：一是学生已有一个学期的翻译实践培养，需要对实践中遇到的问题有所反思，内省是成年人心理特征之一，"感性"到"理性"的升华有助于翻译实践；二是为毕业论文选题做铺垫。本论文主要分析2012级翻译专业三年级本科生学习情况。该年级英语和法语方向共43人，含外国学生2人。教学大纲设计授课时间为18周，教学内容为翻译理论基本知识，相关主题约20个，除《翻译学概论》（许钧、穆雷主编）涉及的内容，还包括语言服务市场、本地化和国际相关机构的信息查询等。

开学初介绍教学大纲和课程内容后，教师对小组构成和作业质量提出要求。为培养学生的团队合作精神和责任心，小组成员由英语和法语方向同学搭配构成，小组组长即为项目经理，负责统筹团队工作。小组作业主要以PPT形式完成，每周定期以邮件形式交给教师。上课时教师根据作业质量或出现的问题随机邀请同学介绍、讲解或回答问题，组织全班讨论，课后各组学生上传作业到公共网盘，实现成果共享。小组平时成绩为每个成员的平时成绩，占课程总成绩的 50%。平时作业除第 1 周因学生尚不熟悉打分标准由教师打分外，其余作业为“小组自评 + 他组评分 + 教师评分”，取平均成绩。期末每人递交一份阅读报告，成绩占总分的 50%。

现代科技给青年人提供了很好的学习平台和手段，学院也开设了机器辅助翻译和项目管理课程，这对本课程制作 PPT 很有帮助。教师也对 PPT 形式和内容提出了具体要求，且在第 1—3 周重点解决格式、色彩等与主题的关系、资料出处及选择的合理性、提要、标题、参考书等基本问题。随后将关注重点转入主题的切入点、内容的逻辑性、对作者观点的思考和分析、理论与实践结合的论证等，其核心是学习如何提出问题并尝试找到解决问题的途径和方法，或针对问题在阅读中寻找初步答案。阅读后能够提出问题、通过与作者对话寻求解决问题办法且方法得当的“讨论”（作业）会获得高分，因为该课程的考核重点从知识重述变为逻辑思考与分析、观点概述和信息综合能力。下面从平时成绩和问卷调查结果两个方面对学生的思辨能力发展特征进行分析。

一、平时成绩与“高原现象”

平时成绩评分标准重点大致呈现为四个阶段，即 PPT 呈现形式和技巧（色调、排版、图示等）、学术规范与基本方法（引注、参考书目格式、文献选择等）、结构（逻辑性、思路清晰度、理据得当等）、分析思考（选题、视角、切入点、与实践结合、创新性等）。

全班作业最终平均成绩为 88.2 分，学期最高平均分为 90.4 分。

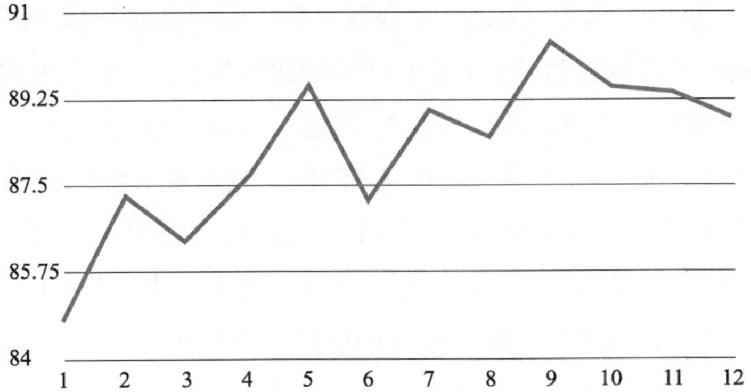

图 1　小组作业平均成绩趋势图

表 1　全班 12 次作业平均成绩

次数	1	2	3	4	5	6	7	8	9	10	11	12	总平均分
班平均分	84.8	87.2	86.4	87.6	89.5	87.2	89	88.5	90.4	89.5	89.4	88.9	88.2

我们对 12 次成绩进行方差分析，结果如表 1 所示：

表 2　ANOVA

VAR00002

	Sum of Squares	df	Mean Square	F	Sig.	
Between Groups	224.365	11	20.397	3.215	.001	AN
Within Groups	532.875	84	6.344			OV
Total	757.240	95				A 检

ANOVA 检验结果显示十二组成绩之间有显著性差异。（F=3.215；p=.001）

表 3　Test of Homogeneity of Variances

VAR00002

Levene Statistic	df1	df2	Sig.
1.271	11	84	.256

方差齐性检验结果 Sig. 为 0.256，表明方差齐，因此事后检验采用了 LSD 方法。

经过事后检验可发现：第 1—6 次，有显著性差异，成绩是稳步提高的，第 7 次以后，成绩有提高，但不具有显著性。

以上结果反映出全班总体成绩的演变，即总体呈增长趋势。前半期增长速度较快，后半期增速减缓。这完全符合教育学中的“高原现象”(潘菽，1992)，即具有学习的四个阶段性特征：1. 接触新事物初期阶段进步速度相对较慢；2. 学生在掌握了新知识，特别是具备了基本技能后，成绩明显提高，信心增加，进步很快；3. “高原期”，持平甚至略有下降阶段，主要原因是基础知识已经掌握，基本能力已经具备，心理上出现“停滞不前”或倦怠情绪；4. 克服高原现象阶段，不断改进和完善学习方法，深入学习思考，能力逐步上升（见图 1 和表 1）。实际上，一个学期的课程结束时，学生的思辨能力仍在“爬坡”，在随后的其他课程上，相关能力还会以不同方式得到提升，从而接近教学目标的要求。

二、思辨能力发展特征分析

结合译者应具备的能力，在课程结束后我们做了调查问卷，试图通过学生对课程的评价对教学结果做出评价。

（一）学生自评：能力的提高与掌握

按照心理学理论，知识是认知经验的概括，技能是活动方式的概括，能力是心理水平的概括。但知识和技能的掌握并不必然导致能力的发展，知识和技能的掌握只有达到熟练程度，通过广泛迁移，才能促进能力的发展。为此，我们在问卷中首先要求学生对自身能力提高程度进行打分，然后再对能力掌握程度打分。前者用来评价知识和技能的掌握情况，后者为能力状况自评结果，从而通过学生的自我判断观察他们的能力提高程度。

表 4 列出了要求学生打分的 11 项能力。学生分别就“提高程度”与“掌握程度”两项从 1—5 分区间打分。汇总 43 人有效问卷得到的结果如表 4 所示：

表 4　学生自评各项能力提高程度与掌握程度结果详表

	能力	能力提高程度 自评平均分	掌握程度 自评平均分	排序
1	查找、选择文献	4.19	4.12	1/2
2	团队合作	4.16	4	2/4
3	梳理文献	4.07	4.02	3/3
4	多角度思考	4.05	3.77	4/7
5	准确提炼作者所持的观点	3.93	3.93	5/6
6	解决问题的能力	3.77	3.74	6/9
7	独立思考	3.74	3.95	7/5
8	综合分析能力	3.7	3.72	8/10
9	作出合理的判断与评价	3.6	3.77	9/8
10	提出问题的能力	3.51	3.56	10/11
11	理论与实践结合	3.42	4.19	11/1

（二）相关能力的培养与提高

刘和平、王茜（2015）在针对研究生的平行研究中①，对研究生的自评结果进行因素分析，从表4所列11项子能力提取出四个维度及子能力，如表5所示。在本研究中，笔者对43名本科生的自评分进行了同类因素分析，结果显示提取出的维度不合逻辑，难以并项。究其原因，应为本科生对于自身评估不如研究生准确，导致结果不理想。对本科生与研究生两个级别学生的比较，笔者将另撰文详述。本文暂且借助表5展示本科生11项子能力的并项结果。我们取各子能力并项后的平均分作为单项分数，以此作为分析基础。

表5　四个维度与子能力因素分析并项表

	能力	子能力	提高程度	掌握程度
1	与阅读相关的能力	查找、识别文献能力	3.9	3.96
		梳理文献能力		
		准确提炼作者观点能力		
		合理判断与评价能力		
2	与实践相关的能力	团队合作能力	3.79	4.1
		理论与实践结合能力		
3	与问题相关的能力	提出问题能力	3.78	3.69
		多角度思考能力		
		解决问题能力		
4	与思考相关的能力	独立思考能力	3.72	3.84
		综合分析能力		

1. 与阅读相关的能力

资料查询、文献梳理、提炼有效信息等与阅读相关的重要能力既是基本的学术研究能力，也是译者必须具备的译前准备能力。尤其在信息爆炸、互联网、大数据时代背景下，面对大量资料如何快速查询与筛选，如何获得最有价值的信息尤为重要。

① 该研究为该课程本科生与研究生对比分析的一部分，刘和平、王茜（2015）在《中国翻译》发表的同主题论文为研究生思辨能力分析，论文针对本科生，两部分采用相同观察和测试标准，以便后期会对其进行对比分析，发现两者的异同，并在此基础上围绕进一步提高该课程教学质量进行深入思考。

该课程前期亟待解决的主要问题是文献的选择与鉴别、写作过程中对引用文献的使用规范等。这个阶段的主要问题是引用文献质量低，引用后出处不明，没有规范的参考文献目录。随着课堂内容的不断深入，学生在探索过程中逐渐形成一套行之有效的文献查找方法和途径，逐渐学会在浩如烟海的论文库中查找与讨论主题相关的文献，并且学会鉴别文献的价值和质量。

理论课程需要学生大量阅读，否则对相关主题没有基本认识。翻译理论与实务课程主要参考书自然是教指委规定的教科书，但一本教材用于一门课无法实现学生思辨能力的培养这一教学目标。我们可以从学生 12 次平时作业后列出的参考文献估计他们的实际阅读量：按一学期参考文献总数看，平均每组共列出论文 67 篇、著作 20 本，共计 87 份，即每次作业每组平均引用 6 篇论文、2 本著作。大量有针对性的文献阅读让学生了解了翻译理论的基本框架，扩充了知识，同时也提高了人文素养。可以说，一本教材支撑一门课程的现状得到了改善。

2. 与实践相关的能力

与实践相关的能力包括两项子能力，是学生自评掌握程度最高的能力，体现出学生该能力的显著提升以及本人对这项能力的认可程度。

团队能力被很多人视为职业核心能力之一，很多用人单位在招聘时最为看重的就是应聘者的团队合作能力。然而，我们常常听到对大学生缺乏职业沟通团队合作能力的担扰，甚至成为学生就业的短板的舆论。由此反思我们的教育，大学生团队合作能力的培养难道不应该成为大学教学的任务吗？

在期中、期末总结报告中，学生对团队合作的重要性有深刻感悟，他们反馈的主要收获包括：

① 沟通能力。在一次次讨论和争论中学会了有条理地陈述与辩驳。

② 协调能力。小组需要协调选题的方向、重点的选择、观点的妥协。

③ 团队分工合作能力。发挥各个成员的长处，整合团队综合能力，同时也锻炼了项目管理能力。

④ 规划能力。作业时间有限，在短时间内保证团队高效运转，治疗了学生中广泛存在的“拖延症”。经过一段时间的训练，各小组逐渐形成了自己的工作流程，有的小组有严格的时间进度表，工作方式呈现职业化趋势。

⑤ 互相帮助，互相理解。团队成员在一次次“任务”中也收获了深厚的友谊。

在11项能力自评中，理论与实践相结合的掌握程度得分高达4.19分，位列第一。如前所述，翻译专业本科生阶段学习的首要目标是成为“应用型人才”，绝大部分学生对本课程的诉求在于“提高实践能力，回答实践中遇到的问题”。而对翻译理论的学习，让他们得以对翻译实践进行梳理、反思，提出、解答问题。

3. 与思考相关的能力

所谓逻辑思维能力就是正确、合理地进行思考的能力。思想在辩论中产生，包括自己和自己辩论。而译者思维特殊性何在？搜集、整理有价值的资料，对浩瀚如海的信息做出判断和选择，预测翻译将要面对的问题并寻找解决方案，做好翻译的准备。“思维和推理是人类两种复杂的认知活动。”“翻译是一种跨语言、跨文化的认知活动。它离不开译者的思维和推理，而思维和推理的最终目的是解决问题。”（颜林海，2008）翻译理论与实务课程能否在传授翻译学知识的同时帮助学生获得这些能力，尤其是独立思考和综合分析的能力呢？在对开放性问题“你认为做好翻译学研究最重要的三项（及以上）条件是什么？”的回答中，“思考”成为出现最多的词语：60.5%的学生将“独立思考”（提高程度3.74分）列为前三项最重要的条件之一。

4. 与问题相关的能力

研究的含义是什么？研究即发现问题、讨论问题和解决问题，换句话说，研究能力中首先要具备提出问题的能力，随后才是解决问题的能力。问题导向是培养思辨能力的重要手段。不会提问题，解决问题则为空话。而多角度思考是讨论问题的方法，是解决问题的过程。由于教学过程中强调问题意识的培养，学生学会在作业中以“提出问题—解决问题—再提出问题”为线索，层层推进，不断思考。除开篇的提问外，还有在“反思”与“总结”中提出的有待今后回答的问题，这为之后的研究奠定了基础。一位同学表示：“从最初的被动解决问题，到现在可以主动提出问题，这是我最大的进步。”

三、思辨能力发展特征对教学的启示

什么是一堂好课？其标准是什么？教学目标明确，教学内容充实，教学方法合理，教学过程紧凑，教学效果明显，学生相关能力得到显著提升，这应该是检测教学效果的基本标准。培养应用型翻译人才，关键是应用。但学习者是成年人，有其特殊的学习心理特征。成年人心理特征之一则是理解基础上的记忆，或称理性学习。因此，以“思辨”能力为基础的教育显得十分重要。

教学目标明确是人才培养的基础。除工作语言能力外，思辨能力是翻译人才的最基本特征，后者体现在广泛阅读、资料查询、信息筛选、分析判断、发现问题和解决问题上。因此，这一教学目标应该体现在教学的各个环节上，可以借助课程帮助学生在特定环境中通过阅读思考，通过反思或内省，对相关能力有所感悟，并在此基础上在“动”中学习，“动”中“成长”。

教学内容充实是实现教学目标的保证。多少年来，一门课程一本教材是常态，考试成绩所占比例高于平时成绩也是常态。在知识大爆炸时代，一本教材能够涵盖的知识是有限的，学生完全可以通过自己的阅读解决一本教材不能解决的问题。读书不再是为了考试，而是为了回答遇到的问题，展示自己对这些问题的思考，其收获远比教师“唱独角戏”更为丰富，因为，书本上的东西和教师要讲的内容已经进入了学生的认知体系。

教学方法合理是培养人才的基本手段。按照现代教育学理论，在学生、教师、教材三要素中必须增加“教学环境”和“社会环境”。笔者认为，创造有利于学生学习的教学环境至关重要，也是实施教学法的基本条件。围绕培养目标确定教学内容后，学生自主学习，相互讨论，提出问题，寻找答案，教师指导，这五个环节是培养学生思辨能力的基本方法。

教学过程紧凑更是当代人才培养的需要。一个学期 36 课时，加上每周阅读、讨论和完成作业所需的时间，这为学生大量的实践奠定了良好的“内省”基础。

实际上，这样的理论课程离不开与其他课程的相互辐射，尤其是翻译实践课程。我们发现，学生会对实践课或实习中遇到的诸多问题进行思考或反思，这种反思即为内省的过程，是成年人的专利。反思过后，对后来的实践会产生积极的作用，进而促进翻译实践能力的不断提高。

一门好课，最基本的评价当然应该是教学效果得到学生的广泛认可。翻译理论与实务课程的讲台应该属于学生，教师的角色应该是“一设二导”，即设计、引导和指导。这样的做法与目前盛行的慕课和翻转课堂原则可谓异曲同工。

参考文献

① 刘和平，翻译教学模式：理论与应用，《中国翻译》2013年第2期。

② 刘和平、王茜，翻译思辨能力发展特征研究——以MTI翻译理论与实务课程为例，《中国翻译》2015年第4期。

③ 潘菽，《教育心理学》，北京：人民教育出版社，1992年。

④ 王寅，认知语言学的翻译观，《中国翻译》2005年第5期。

⑤ 颜林海，《翻译认知心理学》，北京：科学出版社，2008年。

⑥ 颜林海，试论认知翻译操作模式的建构，《外语与外语教学》2014年第2期。

⑦ 杨自俭、刘学云，《翻译新论》，武汉：湖北教育出版社，1994年。

作者简介：刘和平，女，北京语言大学高级翻译学院教授，博士生导师；王茜，女，北京语言大学高级翻译学院博士生。

基础汉语写作教学模式的探索与反思

——面向预科生的写作教学实践*

宋　刚

摘　要　为满足预科教育的客观需要，我们在基础汉语综合课中融入了句、段、短文等写作教学，展开课内与课外结合的互动式写作训练，建立了与综合课教学紧密结合的、层递式的写作教学模式，初步培养学生的基础写作能力，并且通过系统的写作训练与有意识地引导培养学生运用写作策略的能力，初步形成汉语写作意识。教师在写作教学中应该做到即时指导、及时反馈与策略培养。在写作前，教师通过多样化的方式、潜移默化地给学生提供汉语写作指导；在完成写作时，学生可以最大限度地发挥自己的汉语语言潜力；在写作后，教师通过课上与课下、集体与个别等多种方式给予学生互动式的反馈与指导。

关键词　基础汉语写作教学　写作能力　写作策略　输出假说

一、前言

学界关于基础汉语写作教学存在着不同的认知（吕必松，2007；朱湘燕，2007；张宝林，2009；王瑞烽，2010；罗青松，2011）。祝秉耀（1984）认为写作课“应该是一种字、词和语法综合运用的语言实践课”，“从二年级开始较为

* 本文为北京语言大学校级规划项目“预科生国别文化对汉语学习的影响”（项目编号：14GH03）成果，项目主持人为翟艳教授。另外，本文写作过程中得到韩玉国老师的启发，也得到李玲老师的指导，在此一并致谢。文责自负。

合适”。张宝林（2009）更强调“语言使用的正确性”，并支持从一年级下学期设立广义上的写作课。实际上，基础汉语写作教学应该包括句子写作、句群写作与短文写作等。

基于面向产出的写作教学理念（Swain，1993），针对来华汉语预科生，我们通过大量的教学实践，逐步摸索出一套与基础汉语综合课既紧密结合而又相对独立的写作教学模式，即在综合课中系统地、层递式地开展适当的、互动式的写作教学。这种尝试在一定程度上使综合课确确实实成为了“综合”课，也为满足预科生、长期进修生等在写作方面的要求提供了较为实际的解决方案。

二、基础汉语写作教学的基本模式

（一）基础汉语写作教学的总体安排

我们的基础汉语写作教学是融合在正常的综合课教学中的，可以针对不同教材制订有针对性的教学进度与具体目标。一方面，适用于大多数学生的写作教学主要围绕综合课的主要教学阶段由浅入深地展开，包括学期开始的初次见面，学期中的若干次月考或者小测试，学期末的综合考试，以及不定期的课外写作任务。写作内容既可以针对课文的主题，也可以针对重点语法项目，比如“把”字句、副词“才、就”等，并且融入一定的写作训练目标。

另一方面，适用于少数学生的写作教学主要是为了满足特定教学对象而设置的，一种是针对学有余力的学生，教师可展开课后的、互动式的个别指导，还可在学生自愿的前提下额外布置特别的写作任务，比如记日记、定期作文等；另一种是针对学习上有困难的学生，老师要利用课外时间进行特别的针对性辅导。

我们以北京语言大学预科教育学院2014—2015学年秋季学期为例，具体展示基础汉语综合课中的写作教学在不同教学阶段的具体任务与指导要点（见表1）。我们所使用的综合课教材为《汉语十日通》（3、4）（杨惠元，2010）和《发展汉语 初级综合》（2）（徐桂梅，2012）。

表1 基础汉语综合课中的写作教学的写作任务与指导要点（预科生适用）

教学阶段	写作任务	指导要点
摸底阶段（开学第一周，包括初次见面）	（1）初次见面时，教师只是提供最简单的介绍模式，并要求学生做口头的"自我介绍"，学生也可以自由发挥。（2）在进度允许的情况下，教师还可以采用"说后写"的方式进行书面的"介绍自己"。教师在学生"说"前可以给学生一定的表达句式和组织模式，还可以利用阅读理解方式给学生提供范文《介绍我的一个朋友》，以便指导学生"写什么"。	旨在对学生进行摸底与针对性反馈。教师可以此作为初步诊断学生写作水平的依据，并力争短期内以点面结合方式就学生首次写作给学生适当的反馈与建议。
语法学习阶段（第一、二个月）	（1）授课教材为《汉语十日通》(3)。（2）结合综合课教材布置相应的写作任务，比如结合第26课写《我在北京学汉语》，结合第28课写《我的房间》和《我的一个朋友》，结合第29课写《旅行计划》。	紧密围绕综合课的语法点、主要词语和课文；适当结合口语训练；提供范文与相关的表达方式。
从语法向语段过渡阶段（第三个月）	（1）授课教材为《汉语十日通》(4)。（2）适当加强综合性写作练习，还可针对特定语法点做专门写作练习，比如针对"才"和"就"的看图作文《约会》，针对"把"字句的看图作文《我的房间》，针对结果补语的看图作文《父与子》。	加强作文完成后的讲评与反馈，重点突出汉语写作的内容选择与篇章组织。
语段学习阶段（第四个月）	（1）授课教材为《发展汉语 初级综合》(2)。（2）结合语段教学突出整体构思与篇章组织，适当强化关联词语的运用，比如综合性写作任务"学习汉语的收获""中外文化差异"等。	重点是引导留学生认知中国人的思维方式与表达习惯。
测试阶段（学期末）	（1）自由作文，学生可自己选题，教师也可结合学期活动给学生命题写作，并且在事先指导，活动中提醒，临写前提示。（2）期末考试的写作部分。（3）就写作教学做调查问卷，或做个别访谈。	作为整个学期写作训练的总结性写作任务，旨在考察学生的写作水平。
补充性写作练习（学期中）	（1）介绍自己的汉语学习：包括学习汉语的原因、方法、感受和趣事等。（2）介绍自己的朋友或同学：包括长相、爱好、学习或工作以及为什么喜欢他（她）等。（3）观点表达：适用于《汉语十日通》(3)第22课"你最喜欢的季节"。	教师选择学期中的适当时间进行总结式的写作练习。可提供表达模式，也可就写作内容提供详细指引，还可提供范文。

在写作教学中，教师既要给学生提供适当的写作资料，也要对学生发布明确的写作指令。写作资料方面，我们主要关注：第一，写作教学材料的选取应该比较灵活，既包括介绍朋友、讲故事、介绍地方、谈论观点等不同题材，也

包括叙述文、说明文等不同体裁，还包括留言条、贺卡等实用写作。此外，还采用给出框架完成段落写、仿写、自由写等不同训练方式。第二，写作教学材料的编排是组合式的，便于根据学生的具体水平选用，并且，写作包括句子、段落、句群以至短文等不同层级，从而使写作训练螺旋式层层推进。

写作指令方面，我们主要关注学习者面向产出的写作：第一，要求学生自己独立完成，在一定条件下，学生可查阅词典，可参考课文，但不可以请他人帮助。第二，要求学生尽量多地使用学过的词语、表达、语法点等。第三，要求学生手写汉字，并且写在专门设计的作文用纸上，这样旨在培养学生形成良好的书面写作习惯。第四，写作与学生的平时成绩直接挂钩，激发、强化并保持学生的参与热情。

（二）基础汉语写作教学的具体环节

祝秉耀（1984）提及“教师指导下的学生写作、教师批改、课堂讲评”等写作教学环节。我们增加了“教师在写作前的课上指导”“教师在课后的个别点评”“教师讲评后的学生自愿重写”等环节，并且形成了一定的基础汉语写作教学模式：

教师在写作前的课上指导

➔ 教师指导下的学生写作

➔ 教师批改

➔ 课堂讲评

➔ 教师在课后的个别点评

➔ 教师讲评后的学生自愿重写

其中，“教师在写作前的课上指导”主要指教师在综合课上针对某个特定写作任务进行示范与讲解，并且通过听力、口语、阅读等多渠道、多方式对学生进行输入，并强化与相应写作任务相关的内容组织与表达模式。“教师指导下的学生写作”是很灵活的，可在课上或课下进行，也可限时或不限时，而且学生相对具有较大的自主性。“教师批改”也是很灵活的，可在课上即时进行，也可在课下进行，都要配合综合课的整体教学需要和安排。“课堂讲评、教师在课后的个别点评”都是教师对学生的写作进行反馈与指导的具体方式，要根据学生的具体情况而选取最合适的方式去指导学生。

三、基础汉语写作教学的基本理念

基础汉语综合课中的写作教学的指导思想是，教师在写作前通过多样化的方式、潜移默化地给学生提供汉语写作指导，学生在完成写作时可最大限度地发挥自己的语言潜力，教师在写作后通过课上课下、集体个别等多种方式给予学生互动式的反馈与指导。与此同时，在努力提高学生写作能力的同时，我们更注重培养学生的写作意识，为学生将来进入专业学习并撰写学术论文做一定的铺垫。

Swain（1993）的输出假设学说认为，教师引导下的、师生互动的合作学习能激发学生的自主学习意识，并通过有意义的练习、更多关注句法、假设检验、获得各种反馈等方式促进学生对目标语言的习得。输出假设学说在我们的写作教学指导思想中得到了充分体现，并且都融入到了日常写作教学活动之中，主要体现在三大方面：

（一）即时指导

综合课中的写作教学并不是独立的写作课，而是综合课的有机组成部分，因此，一定要紧密结合综合课的主体教学活动。教师要从多个角度、多种渠道去发掘综合课的教学材料等以便展开写作教学，这就意味着，教师要透彻理解与发挥综合课的课型特点，循序渐进地、潜移默化地加强学生的写作基本功训练。

第一，教师可利用综合课的既有资料来指导学生完成目标写作任务。综合课的课文、会话以及经教师改写、改编、扩写的课文或会话等内容的课堂教学，这些为学生完成写作任务提供了最直接的指导，相当于给学生提供了范文，比如教师针对“自我介绍”所做的示范：

开篇语：大家好！很高兴认识你们。

自我介绍：我叫宋刚，是中国人，现在，在北京语言大学工作。

结束语：希望我们以后能互相帮助，谢谢！

另一方面，教师在课文、会话等的讲练中应该适当凸显中国人的表达模式，这些在学生之后的写作中就有可能转化为学生“写”的具体实践。比如，《汉语十日通》（3、4）（杨惠元，2010）所学的课文包括对话体的课文与相应的叙述体的复述练习。再者，教师可以利用综合课的课文复练来进一步强化学生对目标写作的认识，还可以通过口语、听力、阅读等多渠道、多方式地提供大量输入，重在突出选择内容的组织、展开表达的层次等。

第二，教师指导的核心目标是为学生顺利完成特定写作任务进行充分的铺垫，学生的写作并不是信马游缰地随意“写”，是在可控范围内有限度地自由“写”。这主要体现在特定表达方式的学习与示范，教师既要紧密结合综合课教学，又要有目的地强化写作素材、表达片段等写作“材料”的准备。

词语方面，在尽量贴近综合课的语法、词语、表达等现有内容的基本前提下，“教师在写作前的课上指导”阶段可给学生提供适当数量的相关词语，既包括与课文内容、主题等直接相关的主要词语，也包括可能适用于完成相关写作的关联词语等。

短语方面，在已有的教学基础上，教师可就完成某种表达功能提供相关表达方式。比如，就表达称赞的语言片段而言，以意义相关的词语为线索能归纳出“好、漂亮、好看、精彩”等，以词语组合为线索也能归纳出表达程度的方式“很好、挺好、非常好、好极了、好得很”等，以不同语法手段的运用为线索还能归纳出“这样真的好啊”等短句，这些就涉及基于词、短语、句法等不同层面的语言表达手段的综合运用。

短文方面，教师所提供范文的题材和体裁应该比较丰富，要包括写人、记事等不同题材，还要包括一定的观点表达、应用写作等不同体裁。此外，短文是前期的句子、句群等写作训练的自然提升。以介绍为例，可以从“自我介绍”扩展至“介绍他人”，并且涉及介绍对象的爱好、长相、特点等不同层次的信息，下面的范文就集中展现了《汉语十日通》（3）第24、26、28课的语法与课文：

请让我介绍一下。

这位是我的同学，她叫玛丽，是从南美洲来的。她不是来北京旅行的，是来学习汉语的。她九月四号坐飞机到北京的，是一个人来的。

玛丽高高的个子，长长的头发，大大的眼睛，长得很漂亮。她上边穿着一件蓝色的毛衣，下边穿着一条蓝色的牛仔裤，还穿着一双白色的皮鞋。

玛丽来北京快一个月了。现在，她汉语说得不错，发音也很地道。可是，她觉得北京人说话有点儿快，有时候听不懂。老师常对她说，下课以后，要多听、多说、多练习，特别是多跟中国朋友聊天儿。

玛丽对语言很感兴趣，特别喜欢学汉语。她觉得汉语有点儿难，可是，很有意思。以后，她打算当汉语老师。

第三，在言语素材之外，教师还要以适当方式加强学生对写作组织的思维训练。一来引导学生关注中国人如何表达自己的思想，比如“自我介绍”应该包括问候、介绍自己与对今后的期望等；二来引导学生对完成目标写作任务的内容选择、篇章组织等方面有所关注。如果学生能力足够，还可进行个别的、言简意赅的点拨，比如，写旅行趣事等叙事文时，所写内容要集中、突出，不必面面俱到；写个人观点时，则要观点突出、清晰，用数据、事例等证据来论证。

（二）及时反馈

综合课中的写作教学不但要强化写作前的教师指导，而且也要特别关注对学生写作的讲评与反馈。教师对学生完成写作任务之后的适时反馈以及后续跟踪都是写作教学不可或缺的有机部分。“课堂讲评”不应该仅仅局限于课堂上指出学生“面”上的普遍性问题，还应该做到点面结合，要适当关注作为个体的“点”。对学生的共同问题，教师在课上可适当精讲；对个别学生的问题，教师则可通过评改时的评语、个别指导等不同方式去努力追求最佳的反馈效果。再者，教师还可就地取材地选用学生自己的作文来做个案示范、个案讲解，以使学生更真切地感受到自身写作的问题及相应对策。

此外，我们特别强调“教师在课后的个别点评”，通过恰当地个别点拨达到有的放矢、事半功倍的效果。不仅如此，教师还可根据不同学生的学习需要与客观情况，酌情施行“教师讲评后的学生自愿重写”，为学有所能的学生提供更全面、更深入的指导。

（三）策略培养

综合课中的写作教学还要注重对学生的写作意识与写作策略的培养。因为作为成人第二语言习得者，留学生已掌握了至少一种语言，并具有成熟的心智与认知能力，所以，教师可引导学生适当利用个人的认知能力去促进汉语写作能力的提升。

就学习策略训练而言，教师可适当总结适合学生使用的学习策略，并以适合的方式传授给学生。比如，如何运用语言实现一定的表达任务，可让学生使用比较容易掌握的短句等。就写作意识培养而言，教师可通过语言对比、元语言认知等方式潜移默化地去影响学生。比如，通过语言对比可让学生感知汉语与外语之间在表达方式上的差异，同样是表达不喜欢某人，英语相对地比较委婉，即“You are the last one I want to see（你是我想见的最后一个人）”，而汉语却比较直接——“我最不喜欢看到你”。

此外，可以通过针对性的范文阅读让学生自己去体会特定题材写作的固定模式。以观点表达为例，可以采用简单明了的模式，比如：

我觉得中国人十分喜欢吃饺子，是因为：饺子不仅十分好吃，而且是一种吉祥的食品；另外，还有一个十分让人感动的故事呢。

也可以采用严谨正式的模式，比如：

我们认为骑自行车有很多好处，主要是因为：首先，可以节省很多钱；其次，不会有污染；再次，可以锻炼身体；最后，很方便。总之，我们认为，人们应该多骑自行车。

四、基础汉语写作教学实践的反思

（一）教学对象的再分析

随着以孔子学院为代表的海外汉语教学的不断发展，来华留学生的总体数量和宏观结构呈现出一些不可忽视的变化（崔希亮，2010）。首先，预科生的数量出现了较大增长，他们对写作教学有特别的需求。以北京语言大学预科教育学院为例，2014年秋季学期一共开设了10个教学班，其中包括4个初级（下）以上水平的教学班。其次，很多长期进修生或多或少地接受过不同形式、不同程度的汉语“启蒙”，他们对听、说、读、写等言语技能的均衡发展具有一定要求（朱湘燕，2007）。就预科生而言，他们通常在刚入学时的汉语水平比较有限，加之预科教育时间比较紧张，因此，在基础汉语教学中开设独立的写作课是不现实的。

从教学对象的个体差异来看，来华留学生在汉语水平等多方面存在较大的内部差异，这对提高整体教学质量是严峻的挑战。就北京语言大学而言，留学生汉语教学主要以大班授课方式展开，通常每个教学班的学生数在 10—20 人之间，并且基本上未开展国别化教学。不管是预科生还是普通长期进修生，即使通过分班测试与口语面试而编入一定水平的班级，由于班级人数较多，并且来自不同的国家，具有不同的语言、文化等背景，学生之间在汉语水平、语言学能等方面仍存在难以忽视的差异。因此，课堂教学对作为独立个体的学生的关注是很有限的。

我们秉持面向输出的教学理念（Swain, 1993），在综合课中融入一定的、层递式的、互动的写作教学。我们的基础汉语写作教学模式不仅正视学生语言水平参差的问题，真正实践“因材施教”的教育原则，而且尝试探索一种结合课程主体而又相对灵活的弥补方案，争取给予每个学生一定的关注与指导。

（二）教学目标的再思考

基础汉语教学主要针对语音、汉字和语法等语言要素（张辉、杨楠，2006；吕必松，2007），通常不独立开设写作课。其中，交际教学法更强调“听”和“说”等言语技能，更强调留学生对汉字的“认”和“读”，并没有真正给予“写”以适当的关注。与此相反，我们认为，在基础汉语教学的一定阶段，应该适当致力于“写”的言语技能的发展，因为来华留学生存在不同的语言水平与学习需求。

就预科生的学习目的而言，他们要通过在北京语言大学等院校的一年强化学习达到进入专业院校学习专业课的汉语水平，要通过汉语水平考试、本科来华留学生预科教育结业考试等，这些考试都包括写作部分，比如 HSK 考试（四级）“书写部分”包括书写句子等，HSK 考试（五级）“书写部分”包括书写句子、写短文等，预科教育结业考试“写作部分”包括看图作文等。不仅如此，预科生在完成一年预科教育后要进入专业院校学习，必须具有撰写课程论文、学期论文等基本写作能力。因此，写作教学自然应该成为预科教育的教学目标中不可或缺的部分。我们的基础汉语写作教学模式着重关注的是，如何让学生能比较好地运用所学到的言语技能去实现一定的交际功能，比如我们的写作目标是 20 分钟完成包括审题、构思与书写在内的至少 150 个汉字的作文写作任务，正好满足了预科生对写作教学的最基本需求。

五、结语

为满足预科教育的客观需要，写作教学应该成为基础汉语教学的有机组成部分之一。我们已经在北京语言大学预科教育学院进行了探索性写作教学实践，并且形成了基础汉语写作教学模式。它既立足于综合课教学的基本内容，又充分融入写作教学的相关要素。基础汉语写作教学模式不仅适用于预科生教学，而且也适用于长期进修生的汉语教学（朱湘燕，2007；张宝林，2009）。之所以如此，是因为目前主要对外汉语教材均根据国家汉办所颁布的教学大纲编写，在基础语法、基本词汇、功能项目等方面具有很多的共通之处。

参考文献

① 崔希亮，对外汉语教学与汉语国际教育的发展与展望，《语言文字应用》2010年第2期。

② 罗青松，对外汉语写作教学研究述评，《语言教学与研究》2011第3期。

③ 吕必松，《汉语和汉语作为第二语言教学》，北京：北京大学出版社，2007年。

④ 王瑞烽，初级汉语读写课教材的编写理念与方式，《现代语文》2010年第2期。

⑤ 徐桂梅编著，《发展汉语　初级综合》(2)，北京：北京语言大学出版社，2012年。

⑥ 杨惠元主编，《汉语十日通》(3、4)，北京：商务印书馆，2010年。

⑦ 张宝林，“汉语写作入门”教学模式刍议，《语言教学与研究》2009第3期。

⑧ 张辉、杨楠，《汉语综合课教学法》，北京：北京语言大学出版社，2006年。

⑨ 祝秉耀，浅谈写作课教学，《语言教学与研究》1984年第1期。

⑩ 朱湘燕，对外汉语写作教学调查及研究，《现代语文》2007年第6期。

⑪ Swain, Merrill, The output hypothesis: Just speaking and writing aren't enough, *The Canadian Modern Language Review*, 50: 158-164, 1993.

作者简介：宋刚，男，博士，北京语言大学预科教育学院副教授。

教学法研究

信息技术环境下商业银行课程混合教学模式探究*

宋晓玲

摘　要　商业银行课程是高校金融学专业本科层次主干课程，在课时量有限的情况下，应用教学明显不足，学生对操作、实务性知识缺乏直观的感性认识。在信息技术与高校教学深度融合的背景下，一方面，小规模限制性在线课程（SPOC）与线下面授相结合的混合教学模式，日益成为后MOOC时代高校教学的新趋势，这为商业银行课程教学改革提供了新思路；另一方面，部分高校开设模拟实验课程，依托计算机系统的实务操作进行技能训练，有效增强了学生对银行理论的直观认识和系统理解，这为商业银行课程理论与实践的有机结合开拓了新途径。对北京语言大学商学院本科生的问卷调查显示，学生对商业银行经营与管理课程提高操作性、实践性需求比较强烈。通过构建商业银行经营与管理课程“课堂面授＋模拟实验＋网络辅助教学”“三位一体”的教学平台，我们将促成各个教学环节的无缝对接，实现理论讲授与模拟实验、线上与线下学习的有机结合。

关键词　商业银行课程　混合教学　SPOC　教学改革

在内外部竞争日益加剧的情况下，商业银行既突破了传统的业务，又在服务上不断推陈出新，业务操作的技术性和复杂程度都大大超过以前。商业银行经营与管理课程是大学本科金融专业的一门应用性较强的专业课程，近年来该课程基本理论与业务的发展非常迅速。然而，在商业银行课程面授课时量有限和缺乏

* 本文受北京语言大学校级教学项目“商业银行课程实践教学体系改革研究”（项目编号：A201311）资助。

辅助教学手段的情况下，应用教学明显不足，学生对操作性、实务性知识理解缺乏直观与感性的认识，这与培养高能力、高素质、应用性人才的要求不相适应。

当前，在信息技术与高校教学深度融合的背景下，各高校对商业银行课程进行了探索性的改革创新。一方面，小规模限制性在线课程（SPOC）与线下面授相结合的混合教学模式，日益成为后MOOC时代高校教学的新趋势，这为商业银行课程教学改革提供了新思路。另一方面，部分高校通过开设商业银行模拟实验课程，借助于计算机系统的实务操作进行技能训练，有效增强了学生对银行理论的直观认识和系统理解，加快掌握银行业务操作技能，这为实现商业银行课程理论与实践的有机结合开拓了新途径。

一、信息技术环境下混合教学模式概述

随着信息技术的飞速发展，教学信息化已日益成为当今高校教学过程中一个不可或缺的部分。《教育信息化十年发展规划（2011—2020）》中特别强调，要探索现代信息技术与教育的全面深度融合（王奇等，2014）。

（一）信息技术与教育教学融合的模式

信息技术与教育教学的融合没有一个固定的模式，既可以是将信息技术与教具、模型、幻灯、光学投影、电视等常规教学媒体融为一体，实现信息技术与各种教学媒体的融合，也可以是将各种信息技术合理运用到多种教学方法上以达到教学目标，实现信息技术与教学方法的融合，还可以是依托信息技术，有机整合课前导学、课堂讲授、课后答疑各个环节，实现信息技术与各种教学环节的融合。而通过运用计算机系统开展商业银行业务的模拟实验，实现理论讲授与实际操作的有机结合，自然属于信息技术与教育教学深度融合的典型范例。

（二）“混合教学”含义的发展

广义的“混合教学”（Blending Learning）是以现代信息技术为主要手段，将多种教学方法有效混合，有针对性地运用到课堂教学活动中，实现对学习活动的引导、指导、辅导和学习效果评价的教学模式，它包括教学媒体的混合、教

学方法的混合、教学环节等各方面的组合（杨昌红、韩伟爱，2008）。

随着网络化学习概念的普及，在共享网络学习资源福利的同时，这种学习方式的种种不足也引起了广泛关注。在此背景下，在线学习和面授相结合的“混合教学”方式得以倡导，并日益成为网络时代“混合教学”概念的主流界说。

（三）基于 SPOC 的混合教学模式

2013—2014 年，中国各大高校开始了轰轰烈烈的 MOOC（大规模开放在线课程）实践。在 MOOC 浪潮席卷全球的同时，反 MOOC 的呼声也逐渐响起。其中之一是：传统教学中的一些环节，比如与导师面对面交流、开展小组讨论等，在 MOOC 中都无法进行。

后 MOOC 时代，小规模限制性在线课程（SPOC）与线下面授相结合的混合教学模式，日益成为高校教学发展的新趋势。与 MOOC 的三大特征（知识单元化、富媒体化和学习行为管理）相比，SPOC 具有小规模、特定人群和在线开放的特点。有研究称，SPOC 是 MOOC 与传统校园教学的有机融合，但究其实质，其仍然是结合了课堂教学与在线教学的混合学习模式。至此，信息技术与教育教学的深度融合、线上与线下相结合的混合教学这两个层面的概念也由此产生了更大的交集。

（四）混合教学的界定

当前对混合教学的主流定义是基于在线课程与线下面授相结合的教学方式。本文在此观点的基础上，结合商业银行课程操作性强的特点，提出了信息技术环境下，集课堂讲授、模拟实验、在线学习“三位一体”式的混合教学概念。该模式实现了理论讲授与模拟实验、线上与线下学习的多重结合。

二、商业银行经营与管理课程教学模式现状与改革诉求

（一）商业银行经营与管理课程教学模式现状

商业银行经营与管理课程，兼具理论与实践性。随着商业银行实务的日渐

复杂，在传授理论知识的同时，如何讲授清楚业务操作原理和操作细节，提高课程的应用性、实践性，是课程教学的一大挑战。

顺应国际化发展潮流，国内部分高校在讲授财经类课程时往往采用国外教材。商业银行经营管理课程经典的国外教材之一是罗斯（Rose）的《商业银行管理》(*Bank Management & Financial Services*)。该教材（第8版）总共20章，如果要为学生构造一个比较系统的知识框架，教师需要讲解12—14章的内容。同时，由于采用的是全英文教材，要与中国国情接轨，需要补充大量的国内知识。此外，为契合课程应用性、实务性强的特点，教师需要讲解业务操作细节、财务会计原理，并增加案例分析和课内外练习。最后，如果要提升教学效果，还需要开展课堂讨论，进行充分的师生互动。达到这些要求，大概需要每周4课时的课时量。

而大部分高校对本课程的教学时间安排为2—3学时。在面授课时量有限，没有模拟实验课程、网络辅助教学的情况下，就会存在一些突出问题：首先，以每周2课时为例，只能讲解10—11章的内容，难以为学生构建一个系统的商业银行课程知识框体体系，并且对于业务操作细节、财务会计原理无法深入讲解；其次，没有充分的时间进行课堂讨论、师生互动、案例分析和视频音频短片播放，很多时候影响教学效果；再次，在课堂上只能补充少量的国内商业银行知识；第四，没有充裕的时间进行课堂练习、集中的习题讲解和答疑；最后，即使在课时充分的情况下，仅通过课堂面授讲解商业银行的业务操作，也无法达到模拟实验课程给学生带来的直观感受，对于业务实践部分的教学效果大打折扣。

（二）商业银行经营与管理课程改革诉求

北京语言大学商学院面向本科生开设了商业银行经营与管理课程，周课时2课时，采用罗斯的《商业银行管理》(英文版）教材。笔者对学生进行题为《商业银行课程实践教学体系改革调查问卷》的调查，发放和收回了62份调查问卷。从提高商业银行课程实践性、开设模拟实验课程、开设网络辅助教学、推行翻转课堂、开展分组讨论等多个方面，调查了学生对商业银行课程的改革诉求。

在对“当前商业银行课程最需要增加的实践教学内容”一项调查中（图1)，“业务操作与处理”一项占据43.06%。

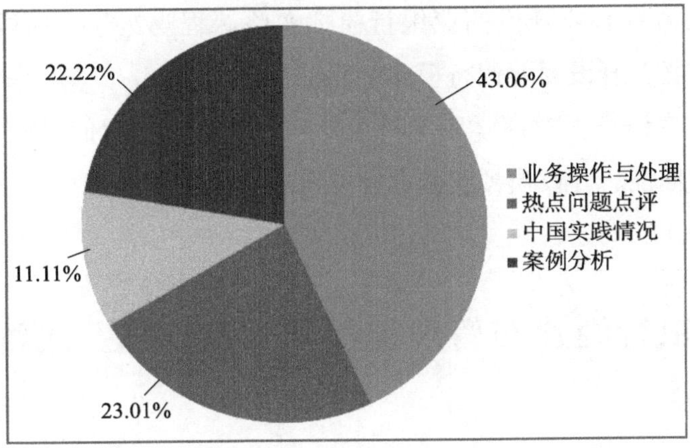

图 1　当前商业银行课程最需要增加的实践教学内容

（资料来源：根据《商业银行课程实践教学体系改革调查问卷》加工整理。）

在对“有利于增强商业银行课程实践性重要因素”一项调查中（图 2），“增加实务讲解”“增加案例分析”“开设模拟实验课程”被认为是最重要的三项因素，在经过加权平均后，“增加实务讲解”分值最高（124 分）①。在面授课时量有限的前提下，如何增加对实务内容的讲解是改革的重要方向。

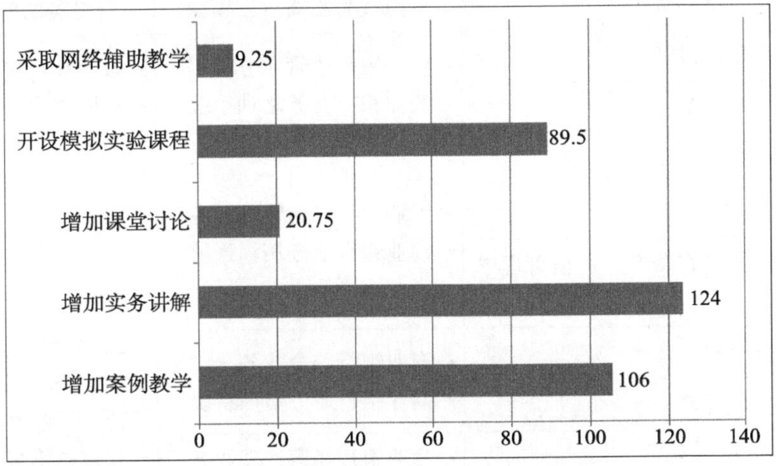

图 2　有利于增强商业银行教学实践性的重要因素

（资料来源：根据《商业银行课程实践教学体系改革调查问卷》加工整理。）

① 调查问卷在对有利于增强商业银行教学实践性的重要因素调查一项中，要求按照重要性排序选择三个或三个以上的答案序号。对问卷选项进行赋值，排名第 1 位赋值 3 分，第 2 位赋值 2 分，排名第 3 赋值 1 分，排名第 4 位赋值 0.5 分、排名第 5 位赋值 0.25 分。对所有问卷分五个选项分别加总，为各个选项的最终得分。

在“你认为有必要开设商业银行模拟实验课程吗？”一项调查中，91.8%的同学认为有必要开设商业银行模拟实验课程。

根据对北京语言大学商学院本科生的问卷调查，同学们对商业银行提高业务操作性和实务性、开设模拟实验课程的需求比较强烈。

三、商业银行经营与管理课程“三位一体”式混合教学模式设计

在商业银行经营与管理课程的教学过程中，应采用课堂面授、网络辅助教学平台、模拟实验课程相结合的混合教学模式进行课程教学设计。如表1所示，三种教学模式与商业银行经营与管理课程相互补充与映照，形成有机衔接，构建了“三位一体”的教学平台。

表1　商业银行经营与管理课程“三位一体”教学平台的相互衔接

<table>
<tr><th>课堂面授</th><th>模拟实验主要对应模块</th><th>网络辅助教学平台</th></tr>
<tr><td>1. 金融服务部门概览</td><td rowspan="2">• 中央银行监管业务
• 商业银行业务培训系统</td><td rowspan="2">• 教学计划发布
• 扩展学习资源</td></tr>
<tr><td>2. 政策及监管对银行业的影响</td></tr>
<tr><td>3. 银行业财务报表及绩效分析</td><td rowspan="3">• 商业银行经营管理业务
• 商业银行业务培训系统</td><td rowspan="10">• 课件、教学微视频等相关资料
• 课后习题答疑
• 在线讨论交流
• 题库练习及成绩分析
• 习题集中答疑
• 非实时辅导</td></tr>
<tr><td>4. 利率风险管理</td></tr>
<tr><td>5. 金融衍生工具在资产—负债管理中的应用</td></tr>
<tr><td>6. 存款服务管理</td><td rowspan="2">• 商业银行综合业务
• 商业银行业务培训系统</td></tr>
<tr><td>7. 非存款负债管理</td></tr>
<tr><td>8. 资本管理</td><td>• 商业银行经营管理业务
• 中央银行监管业务</td></tr>
<tr><td>9. 贷款政策与程序</td><td>• 商业银行信贷管理业务
• 商业银行业务培训系统</td></tr>
<tr><td>10. 企业贷款</td><td rowspan="3">• 商业银行信贷管理业务
• 商业银行综合业务
• 国际结算业务
• 商业银行业务培训系统</td></tr>
<tr><td>11. 消费信贷</td></tr>
<tr><td>12. 信用卡及房地产贷款</td></tr>
</table>

（一）课堂面授

根据商业银行经营管理课程的特点及前期课程教学中遇到的问题，本课程在保留传统课堂教学模式的基本架构基础上适度精简，利用每周 2 课时的时间讲解罗斯《商业银行管理》教材中 12 章的内容（见表 1）。背景性资料可以放在网络辅助教学平台供学生自学，节余的时间可以在课堂面授时适度增加一些案例分析、热点问题解析、热点问题课堂讨论等内容。

（二）网络辅助教学平台

1. 平台选择

北京语言大学推出了符合本校办学特色和教学要求的网络资源共享平台——“北语模课”在线学习系统。该平台由视频公开课、微课程、学习空间、资源中心四个模块构成，其中学习空间是整个平台的核心，该部分支撑视频公开课、微课程的学习，同时又是课堂教学的辅助学习平台，并起到整合各类资源的作用。

2. 主要功能

（1）课程计划发布

在学期初将课堂的面授内容、面授方式、面授活动安排等相关内容放在网上辅助教学平台。介绍该课程的教学目的、进度及计划安排等。

（2）在线集中答疑和实非时辅导

针对每学期布置的课后习题，安排 1—2 次在线集中答疑。对于课堂学习中的遗留问题，学生可将其提交至网络教学平台系统，教师进行非实时辅导。

（3）在线专题讨论

问卷调查之问题“如果开展课堂分组讨论商业银行热点问题，你会____________”，统计结果见图 3，学生对于课堂分组讨论的态度不一，使得开展集中的分组讨论有些困难。依托“北语模课”的“学习空间”，围绕课程重点难点、案例分析、热点问题，组织在线专题讨论，赋予了学生更大的自主性。

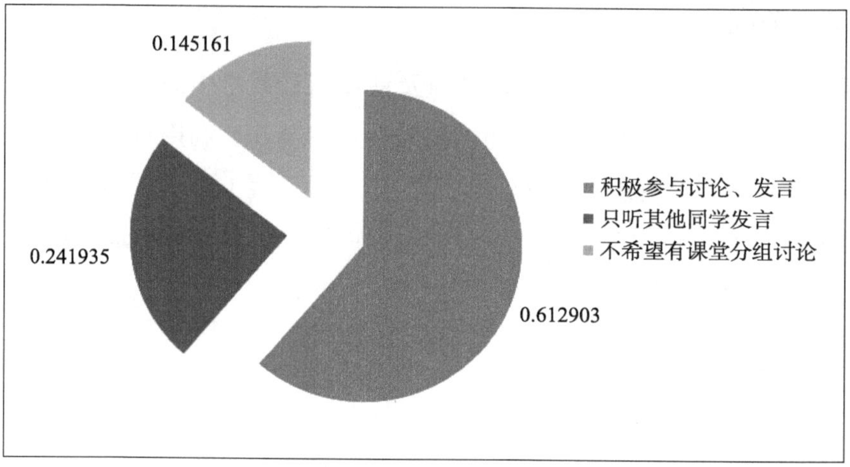

图3　课堂分组讨论商业银行热点问题意愿调查

（资料来源：根据《商业银行课程实践教学体系改革调查问卷》加工整理。）

（4）题库在线练习和成绩分析

把商业银行课程题库放到网络辅助教学平台上，供学生在线练习，并根据练习情况分析学生对知识点的掌握情况。

3. 网络辅助教学平台的逐步推进

商业银行课程采取线上线下混合教学模式得到学生普遍认可和接受需要一个过程。调查问卷统计显示，只有38.71%的学生认为有必要开设商业银行网络辅助教学，只有41.94%的同学赞成商业银行课程推行翻转课堂的教学模式。

在推出网络辅助平台的实验期，可以更多发挥其辅助的角色，立足于提供一个交流沟通为主的平台。尽量不增加同学的课外负担，增加服务弹性，减少硬约束。随着这种混合教学模式得到大多数同学的认可，再逐步增加线上教学的比例。

（三）模拟实验课程

根据对当前高校使用模拟实验课程教学软件的调查了解，比较齐全的模拟银行实验课程所涉及的业务模块包括：第一，商业银行综合业务，主要有储蓄业务、公司业务、个人理财、电子银行、各类代理业务；第二，商业银行信贷管理业务；第三，商业银行国际结算业务，包括结售汇业务、外汇贷款业务等；第四，中央银行监管业务；第五，商业银行经营管理业务；第六，商业银行业务培训系统。

在对各模块的需求测度调查中，商业银行综合业务、商业银行信贷管理、商业银行经营管理业务被学生认为是最重要的三个业务模块，在经过加权平均后，这三个模块的分值分别是115.5分、82分、62分[①]（见图4）。在模拟实验课程建设资金量有限的情况下，可以优先购置最重要的几个业务模块。

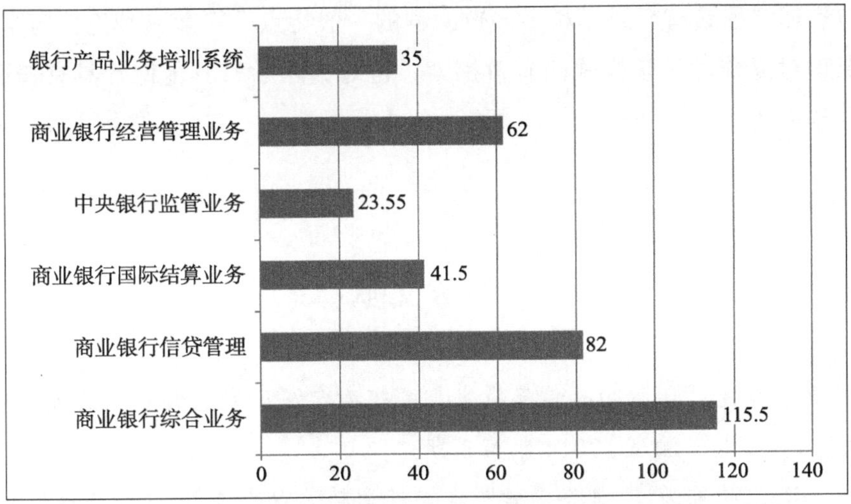

图4　商业银行模拟实验课程各模块的需求情况测度

（资料来源：根据《商业银行课程实践教学体系改革调查问卷》加工整理。）

四、结语

在信息技术与高校教学深度融合的背景下，小规模限制性在线课程（SPOC）与线下面授相结合的混合教学模式，将日益成为后MOOC时代高校教学的新趋势。

在商业银行综合化、多样化发展的趋势之下，商业银行业务操作的技术性和复杂程度都大大超过以前，这要求高校在人才培养和相关课程的教学设计上，

① 调查问卷在对商业银行模拟实验课程各模块的需求情况测度调查一项中，要求按照重要性排序选择3个或3个以上的答案序号。对问卷选项进行赋值，排名第1位赋值3分，第2位赋值2分，排名第3赋值1分，排名第4位赋值0.5分、排名第5位赋值0.25分，排名第6位赋值0.1分。对所有问卷分五个选项分别加总，为各个选项的最终得分。

相应提高操作性与应用性。问卷调查显示，高校学生对增强商业银行经营与管理课程操作性、实践性的需求比较强烈。

以北京语言大学商学院商业银行课程为试点，通过构建该课程“课堂面授+模拟实验+网络辅助教学”“三位一体”的教学平台，将促成各个教学环节的无缝对接，实现理论讲授与模拟实验、线上与线下学习的有机结合。商业银行经营与管理课程具有金融学科大多数课程的一般特点——兼具理论性与实践性，这门课程对混合性教学模式的有益探索，也对金融学科其他课程具有普遍的示范和借鉴意义。

参考文献

① 王奇、李龙、谢秋菊，信息技术与高校教学深度融合背景下的混合教学模式方法探究，《电子测试》2014年第3期。

② 杨昌红、韩伟爱，“混合教学”在审计学教学中的应用，《财会通讯》(综合版)2008年第10期。

③ 钟晓流、宋述强、焦丽珍，信息化环境中基于翻转课堂理念的教学设计研究，《开放教育研究》2013年第2期。

作者简介：宋晓玲，女，博士，北京语言大学商学院副教授，硕士研究生导师。

信息化环境下研究性学习在教学中的应用

王 岚

摘 要 大学课程教育越来越强调学生自主学习能力、研究能力和创新能力的提升，同时，国家大力提倡素质教育，研究型导向的课程教育为培养学生研究能力、自学能力提供了相应的学习与训练的环境，使学生有机会接触学科的前沿理论和最新实践发展，因此越来越受到重视。“研究性学习”在高等教育领域日益兴起，在商学院的管理类课程教学中对改善教学方法和教学模式起到了重要作用。本文介绍了信息化环境下利用传统课堂和新媒体双重教学空间在国际物流课程中开展研究性学习的教学模式，具体分为课程导入、知识讲授、选题、小组协作学习和组员自主学习以及学习成果交流和评价五个阶段。实践证明，研究性学习方式的引入达到了提高学生的研究能力、协作能力和创新能力的目的，取得了较好的教学效果。

关键词 信息化 研究性学习 管理类课程教学 协作学习

一、引言

研究型导向的课程教育越来越受到重视，大学课程教育越来越强调学生自主学习能力、研究能力和创新能力的提升，越来越强调学生接触学科的前沿理论和最新实践发展的必要性。世界各地教育改革的步伐不断加快，“研究性学习”由于可以实现学生研究能力、协作能力和创新能力的培养，已成为教育领域一道亮丽的风景线。近年来，研究性学习在国外一流大学中被广泛采用，但在我国各高校，教学仍大多采用教师讲授为主的教学方式，课程学习中学生往往是以个体的形式进行自主学习，这种教学模式忽视了对学生研究能力、协作能力的培养，清华、北大、浙大等高校经济管理专业陆续采用了研究性学习教学模式，提升学生独立思考、解决问题和综合运用知识的能力。在信息化、网络化和全球化的经济环境下，我们需要培养具有研究、协作和创新能力的人才，不应拘囿于单一的传统教学方式。诸如管理类等实践性很强的学科，引入研究性学习的教学方式对培养学生独立思考问题、协作解决问题和不断创新发展具有重要意义。

二、研究性学习的实施与应用

（一）信息化教学环境的搭建

本研究的新媒体环境主要包括学校网络教学平台和手机、微博等即时通信媒体。网络教学平台用于加强虚拟学习环境、补充课堂教学并提供互动、交流的空间，让教师通过有效的课堂管理、教学内容组织、作业布置和加强协作等，达到教学、交流和评价的目标，并可以根据课程学习需要进行个性化订制，使教与学更富于乐趣，更有效果。学生则可以在网络教学平台上选修课程，安排学习计划，查看课程内容，下载课件资源，提交作业，进行研究性学习，协作学习与交流，查看成绩等。随着手机、微博等新即时通信媒体的出现，学习可以发生在任何时间、任何地点，教师可以通过手机微信或微博与学生进行即时的教学互动。由新媒体教学环境搭建的虚拟教学空间使教师的教学方式、教学空间和学生的学习方式、学习空间得到新的功能性延伸和扩展，有利于解决教学课时不足、课下师生之间和学生之间无法即时互动交流的问题，有利于教师及时调整教学策略，有利于研究性学习的随时开展。

（二）选择应用课程

在经济全球化的背景下，国际分工日趋专业化，国际物流在国际贸易中发挥着越来越重要的作用。对于企业而言，环境的不断变化已成为企业在战略管理上不断求新、求变，追求竞争优势的压力和动力，有效地实施物流战略对企业的长远发展具有重要的意义。我国物流产业的基础设施和管理方法都相对落后，尤其缺乏专业化的物流管理人才，物流师被评为2010年乃至今后几年最具有发展前景的职业之一。并且，物流产业已规划为我国十大振兴产业之一，在未来几年将具有广阔的发展空间。因此，使国际物流这门课紧密契合国际先进的管理实践与中国企业的实际需要具有重要的意义。本课程的目的在于：一方面培养学生掌握与国际化接轨的物流管理基础技能和方法；另一方面培养学生通过模拟中国企业真实情景解决实际问题的能力。“国际物流”是笔者所在单位大三国际经济与贸易专业本科生的一门专业课，该课程讲授的内容是供应链的概念、国际物流的职能、国际客户服务、国际采购与供应商管理，运输与仓储和绩效评估等，该门课程既有国际物流管理理论知识的介绍，又有库存的管理、维护以及国外供应商开发等的运营实践的讲授。该课共36课时，每周上一次，每次2课时，教室为多媒体教室，可以上网，可搜索信息，学生信息素养较高。

（三）引入研究性学习

以往的国际物流课程教学大多采用教师讲授演示为主的教学方式，学生则采用接受练习为主的自主学习方式，这种传统的教学模式存在忽视学生研究能力和创新能力培养的问题，因此，为了改进传统教学方式的不足，培养学生的研究、协作、创新能力，国际物流课程中引入了研究性学习教学方式。本文探讨的是作为一种学习方式渗透于管理类课程教学之中的研究性学习，是指学生在教师指导下自主地发现问题、探究问题、获得结论的过程，是与“接受性学习”相对的一个概念。但提出研究性学习，并不意味着完全抛弃“接受性学习”，应将这两种学习方式进行优势互补，做合理的功能搭配，也就是说，既要发挥教师引导、启发、监控教学过程的主导作用，又要充分体现学生作为学习过程主体的主动性、积极性与创造性，以此来优化教学过程，获得最佳的学习效果。

（四）研究性学习实施模块

教学实施模式分为五个部分：课程导入、知识讲授、选题、小组协作学习和组员自主学习、学习成果交流和评价。

1. 课程导入

在研究性学习的实施过程中，课程导入是一个非常重要的环节。课程导入主要是指教师在国际物流课程的第一节课上，向学生介绍本门课程的学习内容、学习目标、教学方式、学习方式、成绩考核评定方式等内容。由于导入课是师生的第一次见面，因此课堂上教师应注意自己的举止言行，因为教师的一举一动和一言一语都会对学生的当前学习和后继学习产生影响，教师应发挥个人的教学魅力抓住学生的求学之心，这将会促进后继教学的顺利开展。所以，一节好的导入课，不仅可以使师生就该课程的学习内容、学习目标、教学方式、学习方式、成绩考核评定方式等达成共识，而且还会营造出一种和谐的师生关系氛围，对提高学生的学习积极性具有促进作用。教师在首节课上详细介绍教学模式、师生互动的方式和平台，定位课堂氛围为谈话交流的方式，讲解学生在整门课程中探索型学习的主导地位和实施方式，将学生随机分成不超过六人的小组，为后续的教学工作做好设计。

2. 知识讲授

国际物流课程的教学内容可大概分为基本理论知识和运营实践知识两类。对于不同的知识类型教师应采取不同的教学方法。

对课程中涉及的理论知识采用教师讲授为主的启发式教学方式，教师在知识的讲授过程中注意知识点之间的前后关联，将前面已讲授的知识作为后面新知识点的基础，注意问题铺设以便启发学生主动学习思考，而不是被动的灌输式学习。理论知识如果从理论的角度讲解起来很容易让人感觉枯燥乏味，在讲解理论知识的时候遵循一个原则——“深入浅出，联系实际”，把理论知识的讲授和生活中的问题结合起来，用企业实际运营情境去阐释理论知识，这样教学效果就会十分明显。学生在对本课程的教学评价中反映，用实际企业中的例子来讲解理论知识使教学生动形象，印象深刻，不再枯燥乏味，更易于理解和掌握。

对课程中涉及的运营实践知识采用教师案例讨论和软件仿真模拟的教学方式，模拟实际管理问题，让学生提出解决方案，小组之间互评，教师点评，加深学生对理论应用的理解，使知识的学习与应用紧密结合，让学生学有所用，提升专业素养。

3. 选题

在有了一定的国际物流管理理论知识和运营实践的基础上，就可以以学习小组的形式开展研究性学习的选题模块了。选题是进行研究性学习较为关键的一个模块，这是因为只有题目选好、选对了，后续的研究性学习才能得以顺利进行。教师可以事先在网络教学平台上为学生罗列一些研究性学习题目以供学生选择，同时提供经典的理论文献，鼓励各学习小组结合所学专业，根据感兴趣的行业和物流管理职能领域来确定小组的研究性学习题目。

4. 小组协作学习和组员自主学习

学习小组选定好研究性学习的题目之后，就可以小组协作学习和组员自主学习的方式开展本小组的研究工作了。各小组的研究性学习是伴随着知识讲授模块的推进而不断向前推进的，也就是说，随着学生通过课堂学习获得的物流管理知识的增加，他们将会不断地把这些知识用于小组的研究性学习项目中去。学生在完成小组项目的过程中，通过与组员的合作与分工，达到培养研究能力、协作能力的目的。为了有效地实现小组协作学习和组员自主学习，教师除了课堂上给予学生一定的实验课时之外，课下还要指导学生利用网络教学平台以及手机和微博等新媒体搭建的虚拟教学空间来继续推进各学习小组研究性学习项目的开展。学生可以利用网络教学平台开辟小组学习园地进行协作学习，将小组研究性学习的阶段性成果放到小组学习园地中，教师通过即时查看可以了解各小组的研究性学习进展情况。也可以利用手机微信或微博即时与各学习小组组长交流以了解各组的进展情况，并对他们进行指导。这种方式有利于形成组内学生互相交流，组间学生互相竞赛的良好局面。

5. 学习成果交流和评价

经过一个学期的学习，到学期末，每个学习小组都设计完成一个内容完整的研究性学习项目，在学习成果交流和评价模块中将对学习小组的学习过程和学习成果进行展示、交流和评价，这里主要采用档案袋评价方式。档案袋评价是网络环境下备受青睐的一种发展性评价方法，档案袋的主要功能是“存储”“反思”“交流”。新媒体环境下的研究性学习，体现学生的发展和进步的信息都将被记录下来，在档案袋中归类存储，成为教师了解学生的窗口，也是学生自我反思的对象。档案袋的数据来源主要是课堂教学和课后基于网络的在线教学两个环节中产生的一些过程性数据，包括学生浏览课程内容和课程资源的情况、学生讨论交流中的发言次数和发言内容、小组协作中贡献的资料、小组协作中组员的评价、提问的问题和次数、解答其他学生或教师的提问的次数和答案内容、作业和自测的成绩、阶段性考试的成绩、学习笔记本中的内容等，这些数据是对学生的学习进行过程性评价和形成性评价的依据。

三、研究性学习教学效果评估

为了考察研究性学习的教学改进情况，探析其存在的不足，笔者对2009级和2010级所教学生进行了问卷研究和多次焦点访谈。其间，调查问卷回收后，数据分析结果显示，95%的学生都赞同和喜欢在国际物流课程中引入研究性学习的教学方式，97%的学生认为小组学习的形式有助于提高独立思考能力、研究能力、协作能力和创新能力，98%的学生希望在以后的课程中继续采用研究性学习方式。对学生进行访谈的结果也表明，研究性学习方式受到了学生们的欢迎，大大提高了学生的学习兴趣和主动性。

无论是在课堂上，还是在网络教学平台上，教师都能观察到学生们积极主动学习的热情。因此，从学生的问卷和访谈结果、研究性学习成果以及教师的教学观察三个方面都证明了，信息化社会背景下开展研究性学习教学方式取得了很好的教学效果。为了了解学生对课程设计是否认同，进一步量化研究性学习对教学改进的效果，我们根据以往教学理论研究采用的问卷关键指标，对本课程教学目标进行了修正，进一步设计了评价维度：第一，思维与处理问题能力提升程度；第二，培养学习兴趣和学习态度的作用；第三，课程学习的自觉性与兴趣；第四，基于学习过程的考核方式。本次参与调查的学生分别为2009级和2010级两个年级，两个教学班共计54人，其中未能完成问卷者1人，其余53人均参与了本学期的教学活动，并对教学效果进行了评估。在53份问卷中，认为课程内容对思维与处理问题能力有很大程度提高的学生占86%，认为对培养学习兴趣及严谨的学习态度有很大和较大作用的学生占总人数的90%，认为课程学习的自觉性与兴趣很好及较好的学生占总人数的92%，认为基于学习过程的考核方式很好的学生占总人数的56%。此外，还对两个教学班共计53人的教学效果进行了对比评估，即对学习本课程前与学完该课程后物流管理相关知识的应用能力进行了对比分析，其调查结果如图1所示。课前与课后在以下关键维度上的统计数据如下：物流管理基础知识（17.28%，83.87%），案例分析能力（4.70%，96.45%）实际管理问题的解决能力（29.27%，71.88%），热点管理问题的分析能力（4.55%，96.60%），知识综合运用能力（29.85%，71.30%），自主学习能力（11.45%，89.79%），调查分析结果可以看出，课程后的物流管理知识应用水平远远高于课前。尤其是学习能力提高项目排列在前三位的分别是案例分析能力（96.45%）、热点管理问题的分析能力（96.60%）和自主学习能力（89.79%）。可以看出研究性学习对学生知识应用能力的提高与管理实际问题解决能力的提高非常重要。

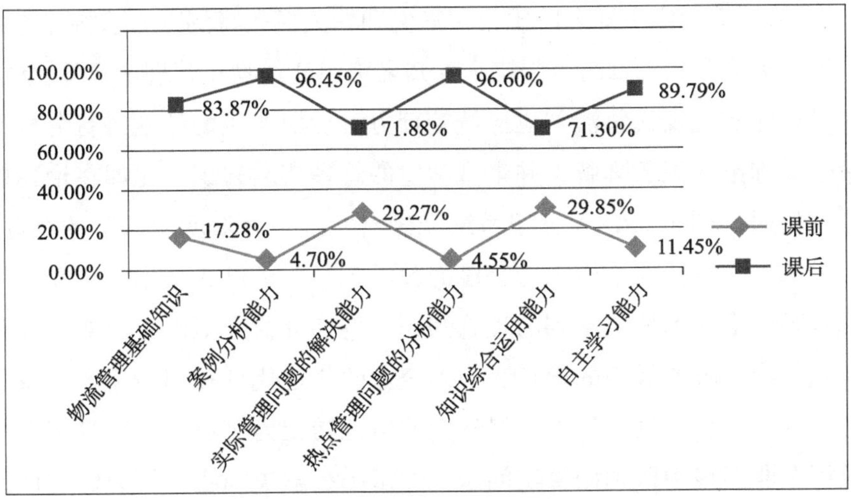

图1　研究性学习开展前后学生能力对比分析

四、研究性学习的改进与完善

在国际物流课程中开展的研究性学习的教学改革实践进行了两个学期，有成功和收获，当然也存在着一些不足，笔者提出的教学模式还有待于通过今后更多的更深一步的教学实践研究来进行不断的改进与完善。如何利用传统课堂和新媒体的教育功能更深一步地开展研究性学习是本文要继续研究探讨的问题。研究性学习应该作为一种学习方式整合到所有的学科教学中去，为学生的研究性学习开辟空间，且让这种学习方式逐渐内化为学生自己的一种学习能力和素质，学科教学中开展研究性学习与其他教学方法交叉应用，在内容导入和设计等方面还可以针对以下几点做进一步的改进与完善：

（一）教学中附加经典的理论文献，反应国际物流与供应链管理的最新前沿。结合国外一流大学的物流管理方面的教学材料，介绍物流方面的基本理论和知识，引导学生追踪国际物流管理理论的最新发展，力图在理论上反映出物流与供应链管理发展的最新成果。特别是笔者本人曾对物流与供应链发展最为前端的美国和日本的物流管理做了大量的研究，在后续研究中将对代表21世纪物流发展趋向的服务化物流、互联网物流、绿色物流等做详尽的分析和介绍，。

（二）采用案例库中知名跨国公司案例和相关视频案例，力求将理论分析与案例分析有机结合。每章内容围绕全球知名跨国公司物流管理的具体做法展开，并对先进企业实施现代物流与供应链管理方法后所产生的绩效进行分析，以此加深学生对理论知识的理解，并丰富学生的管理实践知识。比如在论述现代物流中心构筑时，列举ZARA分销系统和经营实践。力求反应中国的企业实践。以案例为基础，依托情景模拟为手段的教学工具，可以让学生有机会在复杂的模拟现实环境中演练他们学到的理论知识。例如分析大型国有企业联合库存决策的实施、物流服务战略的设定、中国企业的货运代理和国际运输、海尔的物流管理，等等。在情景教学中，将学生的角色转变为物流经理和管理人员，总结和分析企业实践中遇到的真实问题，并试图去解决问题，努力做到理论与实践的统一，力求培养学生的知识运用能力。

（三）与国际物流师认证考试切合，培养学生具备CIPS认证的四级、五级国际物流师水准。增加国际公认的英国皇家采购与供应学会（Chartered Institute of Purchasing and Supply）认证的物流师考试真题模拟训练。在系统介绍国际物流理论、方法和实务的基础上，每章的习题结合国际物流师认证真题，帮助同学在系统掌握理论框架的同时，具备认证培训国际物流师的水准。

参考文献

① 何克抗，从 Blending Learning 看教育技术理论的新发展，《电化教育研究》2004 年第 3 期。

② 黄荣怀、周跃良、王迎，《混合式学习的理论与实践》，北京：高等教育出版社，2006 年。

③ 杨进中、张剑平，虚实融合的研究性学习环境设计，《电化教育研究》2014 年第 12 期。

④ 杨岳、罗意平、潘迪夫、田红旗、蒋琦玮，基于研究性学习模式的层次化独立实验课程体系构建，《实验技术与管理》2014 年第 5 期。

⑤ 余胜泉、路秋丽、陈声健，网络环境下的混合式教学——一种新的教学模式，《中国大学教学》2005 年第 10 期。

⑥ 张华、仲建维，研究性学习的历史、现状与未来，《教育科学研究》2004 年第 3 期。

作者简介：王岚，女，博士，北京语言大学商学院副教授。

MOOC模式引入高校财经类专业教学的实践分析

李莉　刘北

摘　要　作为一种新兴的大型开放式网络学习平台，MOOC“慕课”从产生至今给很多学生提供了系统学习的可能。本文以高校财经类MOOC课程教学为研究重点，结合北京语言大学商学院的MOOC教学实践分析了其存在的问题、原因，并围绕教师队伍培训、完善辅助服务建设、促进课程评价方式改革、推进教学制度创新等几个方面提出了具体的政策建议。

关键词　MOOC“慕课”　高等教育　财经类课程　教学实践　教学促进

互联网技术引发的教育变革以大规模开放在线课程“MOOC”形式迅猛推动着知识流在全球范围内的传播和分享，并引发国内外高校掀起了一场“慕课风暴”。如何在慕课的时代背景下，实现从传统教育模式向慕课模式的转变，引领并推动教学改革和创新，已经成为高校不容忽视的问题。

一、MOOC模式与传统教学的异同点

维基百科把“MOOC”（大规模开放在线课程）界定为“一种针对于大众人群的在线课堂，人们可以通过网络来学习在线课堂”。参与者（各种网络平台①）在互联网上提供并开放课程，课程受众（学习者）注册后进行在线学习，完成课程学习的人获得结业证书。

① 例如具有全球影响力的Coursera、Udacity和edX等国际MOOC平台，以及众多的区域性MOOC平台。

相比传统的教育模式，MOOC 课程的主要特点集中体现在其规模、开放性、在线和课程等四个方面，具体对比分析见表 1。

表 1　传统教学模式和 MOOC 模式比较

	传统教学模式	MOOC 模式
规模	精英教育，入学门槛高，学生人数相对稳定，课程完成率高	通识教育，注册人数众多，辍学率高
开放性	在校生学历教育为主	面向社会，既有学历教育，也有非学历教育
在线	在堂教学，面对面、单向知识传授，教师为主导，教而学	在线学习，双向、互动特征明显，学而教，学习过程个性化
课程	依靠教师课堂讲解教案，授课速度固定，课程进度不具有重复性	教学内容碎片化，可重复性，多重刺激情境，课程设计更加灵活

从国内外实践来看，高校 MOOC 普遍存在高辍学率、学习成果很难得到有效认证等突出问题。国际上，MOOC 课程完成率平均“不到 10%”；而来自清华大学的 MOOC 平台数据显示，有效学习者（获得课程证书的和学习过程中表现比较活跃的）平均占比为 9.76%。[①] 为了有效地解决上述问题，国内外高校多采用 MOOC 混合模式：依托在校生学历教育，结合学校私有 MOOC 平台，探索教育教学制度改革。例如，清华大学将 MOOC 课程学习与学分挂钩来提高在校生的课程完成率。

二、高校财经类专业课程教学中引入MOOC模式的发展现状

国内外高校财经类的 MOOC 课程大体可以分为两大类：一类多是基础、入门的课程。例如，Coursera推出的“电子商务基础”“金融导论”“博弈论入门”“金融市场”“真实世界中的经济学原理”（包含宏观经济学和微观经济学）等。另一类是财经类的讲座课程，涉及管理、营销、财会、投资等多个专业领域。从目

① 袁松鹤、刘选，中国大学 MOOC 实践现状及共有问题——来自中国大学 MOOC 实践报告，《现代远程教育研究》2014 年第 4 期。

前的情况看，第一类的占比明显高于第二类。此外，对比国内外的 MOOC 平台课程情况，我们发现，国外开设的财经类课程门数多，涉及专业面广，而国内开设的财经类课程数量较少。2015 年 1 月初的数据显示，在 Coursera 平台，经济与金融、商业与管理的课程占其全部在线课程的比重约为 20%，而在清华大学的学堂在线平台，财经类在线课程的比重不超过 5%。

从开设课程的学科分类看，国内外普遍存在理工类和 IT 课程占比高，而财经类课程占比低的现象。现阶段，MOOC 平台开设的大部分财经类课程都是大学本科课程的衍生品，非学术的或与职业技能训练联系密切的课程较多，特别是专业性、思想性和实践性很强的课程则没有开设相应的 MOOC 课程。从课程体系设置看，这些专业课通常有相关的前续课程学习要求，入学门槛高，很难以入门级科普性课程向社会普通大众开放。

同时国内各高校的 MOOC 建设实践并不平衡，呈现典型的梯队发展态势。现阶段高校在财经类专业课程教学中引入 MOOC 模式存在一些现实的阻力。首先，国内外的实践表明，MOOC 形式并没有从根本上解决教学中普遍存在的理论与实践脱节严重的问题。相反，在传统教学模式下，为了适应社会对职业技能型人才的需求，很多高校的商学院多年前就调整了课程体系设置，增加了实验性课程，加大了实践性教学的师资投入，并建立了财经类实验室。① 其次，高校担心 MOOC 模式的教学效果和制作成本过高，因此一线教师在是否开设 MOOC 课程的问题上普遍持观望态度。从实践结果上看，国际三大平台推出的 MOOC 课程多数由领域内的知名学者担任主讲人，并由平台配以专业团队强力打造和维护，因此这些课程是经得起检验和批判的精品课程，学习者必然选择并追随这些“精品”。而国内一般高校由于不具备名师、名平台等优质资源，一旦开设 MOOC，必然在“双向、互动”的运行模式中要求一线教师付出更多的时间和精力提供辅助服务来确保“点击率”，而这种高投入也不一定能确保足够的“选课率”，因此教师参与的热情不高。

---

① 目前国内高校普遍开设的财经类实验课包括证券交易实验课、商业银行模拟交易实验课、国际贸易实训课、财会综合实验课等。教学内容囊括模拟操作、交易流程演示、虚盘交易环境模拟等。

三、北京语言大学商学院引入MOOC模式的教学实践

（一）"北语模课"平台中的财经类课程设置

北京语言大学于2013年建设私有网络资源共享平台"北语模课"在线学习系统。为了有效尝试新的教学理念，并避免对正常教学秩序产生较大冲击，商学院采取了循序渐进、由点到面的引入模式：将国贸双学位的两门专业课程（经济学原理和商务英语）作为首批试点。两门课程均采用"在校生学历教育+MOOC"的混合运作模式——借助"北语模课"平台融合传统的教学实践，因此有效避免了一般MOOC课程辍学率高的问题。

为了突出商学院双语教学的特色，这两门课程的MOOC视频采用全英文制作配以英文字幕。主讲教师按照传统教学计划将全部授课内容提前录制成教学视频，并根据知识点剪辑成时长为5—30分钟左右的视频片断，每一微视频包含1—2个知识点。在上课期间，一方面教师按照正常教学计划推进课堂教学内容；另一方面，鼓励学生使用MOOC微视频进行课程预习和课后复习。

首批使用这两门课程的学生为北京语言大学国贸双学位一年级本科生，其中，中国学生占80%，留学生占20%。在实践中，两门MOOC课程采用了不同的教学运行方式和开放模式。其中，专业基础课采用"传统教学为主，MOOC视频为辅"的方式进行教学。教学中，教师按照传统教学方式在课堂上完成主要教学内容的传授和讲解，学生以听讲为主要方式获取知识。课余时间学生自由登录"北语模课"平台获取该门课程相关章节的微视频进行查漏补缺，巩固知识。该课程的微视频教学内容在开放时限上不做限制。而专业必修课采用"MOOC视频为主，课堂为辅"的教学方式。在教学中，学生必须通过MOOC视频才能获得全部课程知识，而课堂时间更多地用在检验学生知识的接受情况和以夯实基础、提高学习效果为目的的强化练习上。为了确保更有效地运用课堂时间，教师根据教学内容的推进将MOOC视频做成时限视频——规定视频的可视期限，超出规定时限，视频将无法查阅。

（二）财经类"模课"课程的实践结果

众所周知，传统课堂教学的课时进度以学生的平均接受水平为标准；对于高于和低于正常接收水平的学生而言，课堂听讲效果并不理想。"北语模课"系

统的使用有效地解决了这一问题。“模课”教学统计数据显示，专业必修课最长反复使用教学视频的时长是原视频总时长的1.8倍，专业基础课为1.4倍。这说明，部分学生通过自行反复观看课程视频，加强了对知识点的理解和应用能力，缩小了与接受新知识较快的同学之间的差距。同时，这部分学生在相关课程的参与度上也比其他同学高。此外，MOOC视频系统具有字典式的辅助功能，这对学生备考起到了积极的推动作用。数据显示，在期末备考期间，有接近2/3的学生重复观看专业必修课的视频，有1/3以上的学生重复观看专业基础课的视频，部分视频还出现了个别学生重复3—4次观看的现象。

此次教学实践还揭示了商学院两门MOOC课程教学效果上的一些明显的区别。首先，尽管两门MOOC课程知识点观看率均呈现出前高后低的整体态势，但专业基础课知识点观看率整体低于专业必修课。从数据看，专业必修课知识点观看率从前期的60%—85%，逐步下降到中期的45%—63%，到期末徘徊在30%—45%。相比之下，专业基础课在开课后的前2个月内没有任何学生主动观看视频，而知识点观看率从前期的30%—55%，逐步下降到中期的25%—40%，到期末进一步下跌到18%—31%。其次，在知识点完成率上两门课程的表现完全不同。具体而言，专业必修课多数学生在各知识点完成率上的分布相对平稳，基本都在20%—40%之间，只有极少数学生因各种原因放弃学习，其知识点完成率低于10%。而专业基础课各知识点的完成率呈现完全两极的现象，接近一半的学生知识点完成率达40%—99%，而剩余学生的完成率为0%。尽管两门MOOC课程在教学效果上存在上述区别，但这两门课的课程平均完成率均高于国际一般不足10%的完成率。

四、北语商学院引入MOOC模式存在的主要问题及原因分析

（一）存在的主要问题

总结商学院的MOOC教学实践，我们认为存在以下几个主要的问题：

首先，学生参与MOOC课程的活跃度不高。例如，专业基础课依据课程视频观看时长统计，有36%的学生处于不活跃状态（观看视频总时长少于10分钟）。

从访问数看，有 40% 的中国学生采取集中观看的办法（观看视频总时长超过 10 分钟，访问数小于 10 次），而多数活跃学生采用分散、跟进式的在线学习方法。

其次，网络视频教学受制于视频平台稳定性以及区域网络流量顺畅等技术风险的影响。在使用中，学生反映视频平台经常存在网络短暂拥堵无法登录、校园网络信号弱无法连接网络以及网速不足导致个别视频无法正常播放等问题。这些现象在期末考试前 1—2 天尤为突出。统计数据显示，在期末考试前 1—2 天课程视频使用量陡增，经常出现超过半数的学生同时观看相同视频的情况。走访中我们发现，因各种原因无法正常观看视频的学生通常选择和其他同学一起观看视频。这样做的结果是，借用其他同学的账号登录观看的学生无法将自己的有效观看记录保留在统计数据中。

再次，MOOC 课程制作团队力量不足，无法提供完备的辅助服务。根据国内外的经验，一门精品 MOOC 课程的推出和维护，要求师资方和平台方持续参与。从制作微视频、教学资源的上传到平台体系的技术维护，从时时解答学生疑问到协调学生社区有效互动，再到引导在线学生完成教学任务，无不需要主讲教师、助教、技术开发人员、实验室助理等众多团队成员的精诚合作。而这两门 MOOC 课程在视频录制阶段，实际参与完成的只有两名主讲教师及平台方的摄像人员。在视频制作的后期，英文字幕的制作基本上是在主讲教师指导下由 1 名研究生助教完成。在教学运用期间，无论是平台方还是师资方都无法提供实时 / 定时的技术支持或学术帮助，同时，平台方无配套人员协调师资方进行线上教学互动，平台方和师资方之间存在明显的协调困难问题。在使用初期，对于学生反映突出的微视频上传速度无法与教学进度实现同步等问题，该课程也没能及时解决，加之师资方前期没能提供成熟的基于软件的测验、作业、习题集等配套课程资料，这些原因在很大程度上挫伤了学生使用 MOOC 平台的积极性。

最后，课件微视频录制经验不足。这两门课程的视频内容均以主讲教师讲授为主，穿插板书或课件。虽然视频时间长度适中，但与实践联系不密切，缺乏生动、灵活的多重刺激情境。此外，视频中还存在个别单词拼写错误、发音不准确等出错点。

（二）原因分析

对于学生参与度不高的问题，我们认为教学视频开放时限的设置和 MOOC

系统混合运作模式的不同可能会对学生参与MOOC课程的积极性产生一定的影响。例如在教学实践中，专业必修课由于主要依赖MOOC系统推进教学内容并对视频开放限时使用，因此在一定程度上督促了学生进行自主学习。而专业基础课仍依赖传统教学模式，并对视频开放时限没有任何限制，因此没能有效地调动起“懒”学生自主学习的能动性。

对于MOOC课程使用过程存在的技术问题、协调困难、资源不足等问题，我们认为是国内外高校开设MOOC课程普遍面临的现实困难，也是各高校需要尽快完善MOOC课程建设的主要着眼点。

五、完善高校财经类专业课程MOOC建设的建议

当前，国内各高校多已开始建设各自的财经类专业“模课”课程。这种新型教学模式的引入不仅关乎专业课程体系改革、师资团队建设、教学资源优化等高等教育的诸多环节，而且还影响到教学理念、教学方法创新等根本问题。如何推动已开设“模课”模式课程的技术改进和教学促进是摆在高校决策层面前的重要问题。结合北语商学院的实践经验，我们认为应重点围绕以下五个方面夯实基础：

第一，各高校应该针对自身的实际情况，切实加大MOOC课程体系建设的投入力度和深度。在投入力度上，各高校不仅要对MOOC课程在前期制作上给予充足的资金支持，而且更要重视课程使用及后期完善发展的全盘规划。在投入深度上，要从教学改革的高度，围绕师资、教材、绩效考核等几个关键点加强“模课”课程创作团队的建设和制度创新。为了调动教师的积极性，可以考虑将MOOC建设和教师的工作绩效甚至职业发展规划有机联系起来，从根本上推动高校MOOC课程体系的发展和完善。

第二，加强对课程设计团队建设，加强教师队伍培训。在国内，可以借鉴北京大学在MOOC相关教育技术培训中的经验，有组织、有针对性地在视频课件制作、平台操作等环节加大教师队伍的培训力度。

第三，完善辅助服务建设。“模课”课程辅助服务是一个系统工程。从国外的经验看，“模课”课程教辅材料（包括基于软件的在线测试、作业、习题集

等）来源于课程教材建设的长期积累和不断完善。此外，国外高校通过助教制度创新建立了灵活稳定的人才储备库，为上线课程提供实时或定时在线的辅助服务奠定了坚实的师资基础。因此，国内高校应从围绕课程教材建设、及时更新 MOOC 教辅资料等方面完善师资团队，建立并完善可持续的助教制度，真正实现实时在线互动。

第四，推动课程评价方式改革。在 MOOC 课程推进初期，可适当增加在线学习在课程总成绩中的权重，以激励学生使用“模课”进行自主学习。当自主学习模式稳定后，应减少以往课堂教学的成绩考核方式，而采用课前复习、练习测试、课堂讨论等方式翻转课堂。

第五，推进教学制度创新。在短期，MOOC 课程教育纳入在校生学历教育可以考虑将活跃度（任务数完成情况）与课程总评成绩挂钩，并逐步制度化。在未来，应完善学生的个人资信认证体系，并在此基础上改革教学制度，实现 MOOC 在线学时和学分的成果认证。

可以预见，MOOC 的引入必将对传统高等教育的未来产生深远的影响。面对挑战和机遇，高校只有以开放的姿态和理念推进 MOOC 实践，探寻特色办学与 MOOC 模式之间的契合点，才能在未来的发展中立于不败之地。

参考文献

① 陈肖庚、王顶明，MOOC 的发展历程与主要特征分析，《现代教育技术》2013 年第 11 期。

② 袁松鹤、刘选，中国大学 MOOC 实践现状及共有问题——来自中国大学 MOOC 实践报告，《现代远程教育研究》2014 年第 4 期。

③ 学堂在线官网：http：//www.xuetangx.com/

④ Coursera 官网：https：//www.coursera.org/

作者简介：李莉，女，博士，北京语言大学商学院副教授；刘北，女，博士，北京语言大学商学院讲师。

留学生经济调研课程教学设计探析*

曹彩虹

摘　要　本文根据杜威等人的教育理念与经贸汉语方向的培养目标以及经济调研课程的特征，结合留学生的特点，为经济调研课程设立了三大教学目标：系统的知识目标、实际的技能目标、社会活动与沟通能力目标。提出了三个教学原则，即促进主动学习的原则、保证学有所获的原则和量化评价标准原则。在这些目标与原则的指导下，对经济调研课程的教学过程进行了设计，并建立了相应的学习效果评价标准。最后，笔者对本课程设计的教学效果进行了分析。

关键词　教学设计目标　课程设计原则　教学过程设计　学习效果评价

经济调研是国际汉语教育汉语言专业经贸方向开设的一门专业必修课。同时，由于经济调研方法与调研报告的撰写与经贸系四年级学生的毕业论文有着非常密切的关系，因此，经济调研课无论对学生还是对学院的教学管理都十分重要，非常有必要对其进行专门的教学研究与设计。

一、课程教学目标

经济调研课程开设之初，一般认为其作为本科教育的一部分，不仅是单项

* 本文受北京语言大学教育教学改革项目（项目编号：A201501A）资助。

知识和技能的训练，而且要传授系统的知识和技能（张黎，2007）。同时，根据杜威的教育理念，每个个体只有和社会紧密结合，积极适应社会、改造社会的时候，才能称其为个人。因此，一个课程计划必须反映学生适应现代社会生活的需要（约翰·杜威，1990）。根据这些教育理念与历任教师多年的教学经验，本文为经济调研课程设立了三大教学目标，具体如下：

（一）系统的知识目标

经济调研的知识目标包括经济调研的基本知识、理论与方法，为未来的职业发展奠定了专业知识基础。它分为三个方面：一是掌握基本的调研概念、原理与方法，如经济调研的概念及其特征、大数定理、随机抽样的概念以及调查的基本方法等；二是调查实践技能知识，如搜集资料的途径、访谈法与问卷调查法、问卷设计等；三是数据的整理分析方法与报告撰写等知识，包括定性与定量分析方法以及调查报告的提纲与写作等。

（二）实际的技能目标

技能目标是以调研任务的完成为主线，使学生了解调研实际操作的全过程，增强对实际调研工作的认识，培养实际的调研能力。这些技能目标表现为：能够通过多渠道查找资料，联系访谈对象并取得其配合，设计访谈提纲与方案，完成访谈任务，根据调查目的设计调查问卷，利用各种方式开展问卷调查，处理调查数据；进行数据分析，发现调查对象的市场特征与规律，并提出有针对性的建议，从而培养学生分析问题与解决问题的能力。

（三）社会活动与沟通能力目标

通过各种实际调研任务的完成，可以帮助学生发现自己，使其在情感、态度、责任感等方面得到提升，并培养其综合的社会活动与沟通能力。主要表现为两个方面：一是通过学生走出校园对企业工作人员进行采访，进入图书馆查找各种相关资料，或者走向街头随机进行问卷调查等活动培养学生的社会活动与沟通能力以及发现与创造机会的能力；二是以小组的形式完成各种调研任务，培养学生们的团队合作精神、组织管理与协调能力、沟通与交流技巧，与学生之间建立友好的情感，从而培养对待工作的态度与责任感等。

这三大目标相辅相成，共同构成该课程的教学目标。其中，知识目标为学生建立经济调研的基本知识构架起到了理论指导作用；技能目标培养学生具体的操作能力，加深他们对实际工作过程的体验与认识；社会活动与沟通目标则使学生在学习知识与培养调研技能的同时，促使学生进一步社会化，使他们生存与发展所必要的能力得到全面的锻炼与提升。

二、课程教学原则

美国著名心理学家和教育学家杰罗姆·布鲁纳认为，教授一门学科就是让学生参与到该门课程的知识建构过程中来，发挥他们学习的主动性和自主性，同时给予及时的评价形成正向激励（J. S. 布鲁纳，2008）。根据这一思想，我们提出以下原则：

（一）促进主动学习的原则

调研课程最显著的一个特征是实践性非常强，而且留学生的特点正是喜欢参加各种社会化活动。因此，课程设计应该结合这一特征，鼓励学生在实践中产生主动学习的需求（见图1），边做边学，即“做什么学什么”；另一方面，教师在课堂上教授某个知识点后马上布置相应的调研任务指导其实践活动，即“学什么做什么”。为了完成这些任务，学生上课就必须认真听讲。通过这种设计，可以实现实践与学习双向互动，从而变学生过去被动接受知识为主动建构知识，实践——学习模型如图1：

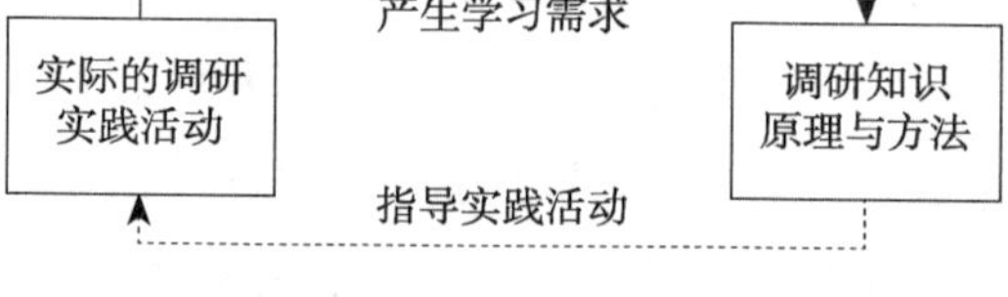

图1　主动建构知识的实践—学习模型

（二）保证学有所获的原则

本文认为合理的教学设计应该使每一位认真参与学习活动的学生都能顺利完成本门课程的学习任务。就像高速公路的设计，它使行驶在高速公路上的每一辆汽车只要按照指示牌驾驶，并遵守交通规则，就一定能够顺利到达目的地。课程设计也应该如此，学生学习课程的历程就像驾驶员的行驶过程一样，只要认真按照教师的指导，就一定能够顺利完成本课程的学习任务，保证学有所获。当然，为了做到这一点，学生必须与教师密切配合，积极参与课堂学习与课下的实践任务，特别是课下，需要投入很大的努力，并发挥自己的积极主动性，才能顺利且高质量地完成各个阶段的学习。

（三）量化评价标准原则

合理的教学设计还应该建立可量化的评价体系。可量化的评价体系是与第二条原则相互配合的。评价标准就像指挥棒一样可以帮助学生明确努力方向，便于他们进行学习目标的自我设定及自我管理与评价。而且，公开、公平、公正的评价标准容易得到大家的认可，有利于教师的教学管理。同时，对学生的表现给予客观及时的反馈，能够使学生在实践与学习互动过程中产生成就感，形成正向激励，达到良好的学习效果。

三、课程教学过程

经济调研是按照一定的调研目的对社会经济活动的具体情况进行调查和研究的行为（李国强等，2005；秦榛蓁等，2007）。因此经济调研课的教学过程是围绕着各阶段调研任务来展开的。为了顺利完成各个阶段的调研任务，需要具有相应的调研知识，以这些知识为指导实施具体的调研实践活动并完成相应的书面作业，最后由教师对其任务完成情况做出评价。根据调研课的内容设计其教学过程，如图 2：

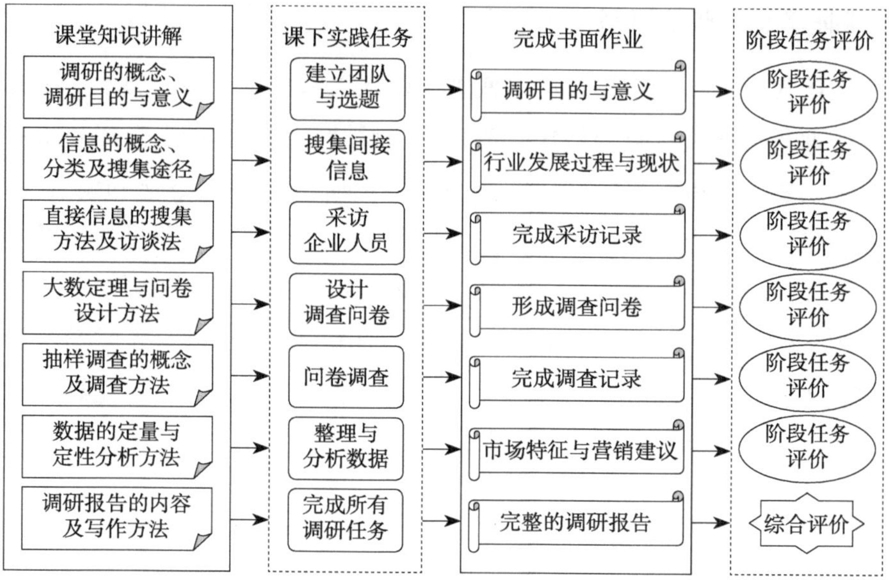

图 2　调研课程教学过程设计

它以纵向第一列为核心展开，将全部内容共分为七大模块（见图 2 第 1 列），每一模块又分为横向的四个操作环节：课堂知识讲解、课下实践任务、书面作业以及各阶段任务评价。每一模块的第一个环节“课堂知识讲解”是在课堂上完成，主要由教师来讲解该模块具体的专业知识点，并引导学生进入第二、三环节，即开展课下实践任务并完成相应实践与书面作业（见图 2 第 2、3 列），第四环节学生提交或报告任务完成情况，并由教师对学生进行评价，评价工作通常在课下完成（见图 2 第 4 列）。下面对这四个操作环节分别进行论述。

（一）课堂知识讲解

课堂知识讲解环节的教学内容是依据经济调研的知识目标来确定的，见图 2 的第 1 列。它将整个教学内容分为七大模块，包括选题、资料的搜集、问卷的设计与调查、数据的整理与分析、调研报告的撰写，以及系统地介绍调研的一般概念、原理与方法，还包括调查的实现、调查数据的定性与定量分析方法以及调查报告撰写的全过程（周琳琳，2013；宋志金，2014）。需要指出的是，本课程的知识讲解顺序，同时也是学生认识调研问题、进行调研实践、完成调研报告的写作顺序。这几个过程的统一有利于学生对经济调研理论与实践建立一致性的认识，更便于学生接受与理解。

（二）课下实践任务和书面作业

每一个模块的第一个操作环节完成之后，就进入第2环节“课下实践任务”（图2第2列）。其具体任务与课堂知识讲解环节完全是一一对应的，所谓“学什么做什么”。以直接信息的搜集方法及访谈法模块为例，课堂上教师给学生讲解直接信息搜集的基本方法与途径之后布置第二环节“采访企业人员”的任务。为了完成这个任务，学生首先需要了解与自己所选产品有关的企业有哪些，以及这些企业的发展状况、产品特征等，然后确定一到多个适合的企业；第二步查找其联系电话、地址，与这些企业取得联系，并争取说服对方接受学生的采访；第三步是采访前的准备工作，如搜集更详细的企业与产品资料，更深入地了解采访企业及人员的背景信息，准备采访时的提问，此外还有服装、礼仪、录音笔、相机等；第四步准时到达约定的地点，顺利进行友好采访，同时完成采访记录并争取与对方合影（作为完成作业的证据）。

采访完成后，进入该模块的第三环节“完成书面作业”（图2第3列），学生们书面完成采访记录。内容包括采访前的准备、采访内容、采访过程遇到了什么问题并如何解决、总结访谈法的优缺点等，最后学生在课堂上向大家做简短汇报并提交书面作业。

在整个采访任务的完成过程中，学生们需要付出很大的努力。这些努力既有知识上的准备，如对搜集信息方法的学习，了解企业与产品市场的相关知识，又有社会活动能力的锻炼，如查找相关企业及其主要负责人相关信息，与之取得联系，说服对方接受采访，采访时与其良好互动并取得对方的友好合作，以及小组成员之间的任务安排与协调等。这些实践任务的完成与写作过程也是学生主动建构知识、培养与锻炼各种能力的过程。

（三）阶段任务评价

之后进入本模块的最后一个环节即“阶段任务评价”（图2第4列），由教师对其完成质量按照事先给出的评价标准给予评价并反馈给学生。如上所述，学生对于调研课程的学习是通过完成一系列调研任务来实现的，因此，对其学习效果的评价就表现为对各个调研任务的评价。每一次任务的评价又进一步细化为更详细具体的内容，即更小分值的设定。通过对学习效果评价的科学设计与及时评价并反馈来激励学生自觉自主地学习。同时提前给出详细的评分标准，有利于学生自我评估，自我激励。到此为止，该模块的学习完成。我们可以看出，这七大模块构成本门课程完整的知识体系，每一模块中的四个操作环节相辅相成，共同完成对该模块的学习。从每一模块的实现过程来看，可以说学生才是学习的主角，教师则为他们做好必要的专业知识准备与方向性的指导。学生与教师之间、学生与学生之间密切合作，承担并完成各自的调研任务，最终保证本课程三大教学目标顺利实现。

四、课程学习成果评价

恰当的学习成果评价有助于学生客观地衡量自己的水平，能够给学生指明努力的方向，并帮助他们形成符合目标要求的有意义的行为。因此，对学生课程学习成果的评价是教学设计的一个重要内容，特别是可量化的评价标准更能够给学生们以具体的可操作性强的指导。本课程可量化的评价标准具体有以下三个方面：

（一）定量化的任务评分

教学过程中的评价是监控学生学习进展最重要的手段，也是进一步开展教学的基础。而且，调研任务的完成需要学生付出很多努力。“一份努力一份收获”，每一次作业都应该有评分并记入平时成绩。这样，学生得到的每一分都是自己平时一点一滴努力的结果。相应地，每一份努力都能够得到肯定。此外，对于做了更多工作、实践水平更高的小组，教师会设立奖励分，对于实践不认真、作业没有按时完成的则倒扣分。实践证明，虽然奖励或倒扣的分值并不大，但却可以极大地调动学生争先的积极性。

（二）定量化的考勤评分

学生进入课堂学习是进行教学活动的基础，直接关系到教学目标是否能够达成。本课程是经贸系高年级的专业课程，一方面学生过去的学习轨迹中还没有机会接触到类似的知识或积累到相应的经验，另一方面本课程性质、学习方法也与以往课程有很大不同，因此本课程观察到，即使最优秀的学生，无论其基础汉语言能力的水平或社会活动能力如何，如果不进入课堂的学习就不可能很好地完成调研任务，并高质量地完成最终的调查报告。无疑，考勤是学习效果的重要保证，没有较高的出勤率就不会有良好的学习效果。因此本课程设计对考勤也制订了明确的评分标准，学生可以根据自己的考勤表现算出考勤分数。这样，通过考勤分数的直观呈现促使学生自觉积极地参加课堂学习，减轻教师教学以外的课堂管理压力。

（三）定量化的期末报告评分

期末调查报告的评价是教学结束时的总结性评价。期末调查报告的撰写是本课程学习的一项重要内容，对其写作质量的评价是评价学生是否达到预期的学习效果以及确定学生的学业成就的重要方式。但由于调研报告具有很强的主观性，因此对其客观评分有一定的难度。为了提高评分的客观性，本课程设计对最终的调查报告评价进行了评分细化，主要有结构完整性、定性分析的合理性、参考文献的规范化、书面语的使用等几个方面。

五、实践效果分析

本课程设计将课堂讲授与课下实践相结合，调研实践与课后作业相结合，课后作业与阶段评分相结合，它们之间环环相扣，密切配合。在这种模式下，学生为了得到自己理想的评价就必须完成书面作业，而书面作业又是根据调研实践来完成的，进一步调研实践的内容与方法是通过课堂听讲而来，从而最终产生对课堂学习的需求。这种设计方式彻底改变了传统教学以教师和课堂为中心，学生被动听课的模式。它正体现出教育理论家杜威所指出的：知识获得过程是将间接经验与直接经验结合的过程（约翰·杜威，1994），而教学过程就是在课程形态上实现活动课程与学科课程的辩证统一（侯怀银，1999）。下面我们从学生、教师和学校三个方面对其实践效果进行分析：

（一）提高学生的学习动力

本课程设计通过课堂与实践的密切配合，不仅激发了学生学习的主动性与在实践过程中对所学知识的及时运用，还通过对学生实行“绩效考核”，将努力与成绩直接关联，极大地鼓励了学生自觉自愿地参与到学习过程中。同时，课下实践任务与课堂内容紧密结合，既及时复习了所学知识，又锻炼了学生的实际操作技能，并引起他们对现实经济社会的关注及更深入的观察与思考。而且小组实践方式既培养了学生团队合作的精神与能力，又是学习的双重保证，使上课有困难或由于某些原因没有理解课堂内容的同学可以向小组成员请教或与之讨论，及时地解决遇到的问题。

本课程教学实践结果表明，所有的同学只要认认真真完成本课程中的每一环节，就一定能够顺利结业。在上一个学年中，4 个班共 130 人，只有两个同学没有通过期末综合测评，其原因一个是第六部分没有完成对调查数据的分析，但补考后通过测评，另一个是因为没有交作业而没有通过测评。对于一些优秀的学生，其调研作业完全能够达到毕业论文的要求。事实上，有一些同学直接把调研课的综合报告当作毕业论文，甚至有几位同学还得了优秀。有更多的同学则继续以某产品的调研为论文的主题并轻松完成了毕业论文。总的来讲，本课程设计实现了教学目标，取得了较满意的教学效果。

（二）缓解教师的工作压力

如上文所述，本课程设计将课堂学习与课外调查实践相结合，通过及时的阶段评价等特点极大地调动了学生积极参与课堂、主动学习的积极性。而且学生的努力与积极参与贯穿整个学期，从而减轻了教师课堂管理与督促作业的压力。同时，量化并且细化的评分标准也使教师从给学生评分的困扰中解脱出来，大大减少了教师的评分难度。这些课堂教学管理压力的缓解使教师可以将更多的关注力放在对学生专业学习的指导上，提高了教师对学生专业的关注度。此外，该课程设计还减轻了毕业论文指导教师的压力，提高了毕业论文指导老师对论文写作过程中的专业性指导。据不完全统计，四年级学生的毕业论文有

70% 以上直接与经济调研课程中所学习的知识与技能有关。由于调研课程已经对调研类论文的写作从提纲、写作内容、查找资料的方法、最后的摘要、关键词、参考文献的规范和论文格式等进行了完备的讲授与演练，因此学过调研课程的同学在论文写作时完全清楚写作的全过程，这样就从写作方法上降低了论文指导老师的难度，使其可以将更多的精力专注于学生论文的专业内容、研究方法以及汉语写作上。因此，很多老师都愿意指导选修过经济调研课程的学生。正因如此，经贸系最终将经济调研课程由选修课变成了必修课。

（三）提升学院的管理效率

由于我校教师特别是对外汉语教师的流动性非常高，教师常常需要出国任教或支教，这样就需要新的教师补充上来。而新的教师对所接任的课程常常并不熟悉，因此，对课程的把握要有一个过程。这个过程常常给新任教师自己以及学生都带来困扰，不但影响了教学效果，还影响了学校的教学管理，学校有时甚至找不到可接替的教师。而由于本课程设计对教学内容、教学各个环节以及对学生评价都非常明确、细致与定量化，新任教师很容易理解并掌握课程的全过程，即使对本课程不熟悉的教师也很容易上手，这样便于学校培养新教师，不会出现因人废职的被动局面，减轻了学校管理的压力。

总的来说，经过两个学期的教学实践，本课程设计已经基本实现了其教学目标，但在教学过程中仍存在以下问题:（1）调研实践的课时安排问题。目前学生只能利用课下或周末等业余时间来完成各种调查任务，如资料查找、专家访谈与街头调查等，这样就无法保证学生及时完成调研任务，影响了课堂学习的进程。（2）营销知识储备不足的问题。经济调研的最终目的是为企业提出营销建议，但学生缺乏营销的基本概念，这就使学生难以理解调研的目的，并难以给出建议。（3）调研报告的撰写问题。目前学生普遍存在书面语言表达问题，写出的报告常常过于口语化。（4）学生的综合分析能力也影响着最终调研报告的撰写质量。以上问题的存在加大了经济调研课程的学习难度，而这些问题的解决则需要学院多方面工作的协调，其涉及的相关问题有待进一步研究。

参考文献

① 李国强、苗杰，《市场调查与市场分析》，北京：中国人民大学出版社，2005年。

② 侯怀银，杜威的课程观述评，《课程·教材·教法》1999年第10期。

③ 秦榛蓁、蒋姝蕾，《市场调查与分析》，北京：高等教育出版社，2007年。

④ 宋志金，市场调查课程实践教学探索，《牡丹江教育学院学报》2014年第5期

⑤ 约翰·杜威著，王承绪译，《民主主义与教育》，北京：人民教育出版社，1990年。

⑥ 约翰·杜威著，赵祥麟、任钟印、吴志宏译，《学校与社会·明日之学校》，北京：人民教育出版社，1994年。

⑦ 张黎，《经贸汉语课程研究》，北京：商务印书馆，2007年。

⑧ 周琳琳，《社会调查方法》实践教学设计与效果评价，《学理论》2013年第3期。

⑨ J. S. 布鲁纳著，姚梅林、郭安译，《教学论》，北京：中国轻工业出版社，2008年。

作者简介：曹彩虹，女，博士，北京语言大学汉语学院副教授。

内容教学法在商务汉语高级阶段教学中的运用*

冯传强

摘　要　内容教学法的全称叫“基于内容的教学法”（Content-based Instruction）。自20世纪80年代在西方确立以来，人们对它的兴趣不断增长，特别是在美国和加拿大，内容教学法已经被证明对英语作为第二语言的沉浸式学习非常有效。本文主要探讨内容教学法中话题为基础的模式和互补模式在商务汉语高级阶段教学的运用。商务汉语高级阶段均开设知识课和语言课两类课程，这种课程设置的特点与内容教学法的互补模式非常吻合。根据内容教学法的原则，商务汉语高级语言课必须既是知识课学习内容的实际操练，又是知识课的延展和补充。这就要求我们从课程设置到教材的编写都要做到统一协调，把知识课和语言课很好地结合起来，达到相辅相成又相互促进的教学效果。以主题为基础的教学模式可以很好地在商务汉语的语言操练课程中运用。

关键词　内容教学法　商务汉语　主题为基础的模式

内容教学法的全称叫“基于内容的教学法”（Content-based Instruction），简称CBI。自20世纪80年代在西方确立以来，人们对它的兴趣不断增长，特别是在美国和加拿大，内容教学法已经被证明对英语作为第二语言的沉浸式学习非常有效。近年来，我国高校外语教学改革中，特别提出了复合型外语人才的培养模式，许多专家学者也就此展开了探索和研究。笔者认为，北京语言大学针对来华留学生的商务汉语教学具有“跨学科”“复合型”的特点，它以培养

* 该研究为北京语言大学校级教改项目“内容教学法在商务汉语教学中的应用研究”（项目编号：A201509B）的部分成果。

“汉语 + 专业”两方面能力为目标。因此，深入研究内容教学法在商务汉语教学中的运用，找到语言教学与专业内容教学之间的契合点，将非常有利于复合型汉语专业教学和复合型汉语人才的培养。

一、内容教学法的优点和五种教学模式

（一）内容教学法的含义和优点

对于什么是内容教学法，目前较为一致的观点为，内容教学法是一种将主题内容或学术内容与语言教学活动完全融合在一起的一种第二语言教学的路子。在这种模式下，学生学习的重点是通过第二语言获取信息，并在此过程中发展语言技能。这就意味着在教授二语的情境范围内，语言的学习和内容的学习融合在一起同时进行。

内容教学法的优点是，语言的形式、意义和功能没有被分割，学生的学习动机增强，兴趣提高，并且确保了对认知有较高要求的课堂活动能有效开展，从而丰富了学生的认知发展。

（二）内容教学法的五种具体模式

尽管内容教学法被统称为一种“语言与内容相融合”的模式，但对“内容”的不同理解产生了不同的具体模式。Met（1999）将内容教学法细化为五种具体的模式。这五种模式根据语言与内容的权重不同，从内容主导型教学向语言主导型教学过渡。

（1）完全和部分沉浸模式。这一模式以内容为主导，尽管它以提高学生的二语熟练程度为目的，但课程中显著的外语语言教学很少，它的有效性更多地取决于学生对内容的掌握。

（2）保护模式。该模式主要使用第二语言教授专业课，即针对不同外语水平的学习者，教师调整教学话语或教学任务语言，并利用一些熟悉的教学手段（如演示、图像、图文工具、合作教学等）使教学内容更容易被学生理解。

（3）辅助模式。该模式主要采用专业课加语言教学的方式。这一模式认为

语言学习和内容学习同等重要，它强调学生学习专业内容的同时还要发展语言技能。Brinton 等认为这一模式可以通过团队设计来实现，即语言教师负责读、写等语言技能，内容教师负责学术概念。通常，语言教师需要做出更多的努力来熟悉内容。

（4）主题模式。该模式是基于主题的语言课，它通常在二语或外语教学情境中进行，课程设计围绕学生感兴趣的主题。这一模式的主要目的是最大限度地利用内容来传授语言技能，它偏向于语言主导型教学。

（5）内容操练。该模式是指经常利用内容进行语言操练的语言课。这显然是语言主导型教学，语言是第一位的，内容是次要的。这和传统的语言课相仿。

通过上述分析，我们可以发现，内容教学法的五种模式，从一到五，内容的权重依次递减，而语言的权重依次递增。在不同的课程中，我们可以根据教学需要采用不同的教学模式。

二、商务汉语的教学目标及课程设置概况

众所周知，我国目前针对来华留学生的汉语教学是一种目的语环境下的二语教学，而且是完全的沉浸型教学。商务汉语（或经贸汉语）是汉语国际教育中的一个专业方向，以教授经济、贸易以及其他商务活动所需汉语和相关知识技能为目的（张黎，2007），以商务专门用途汉语教育为核心目标，同时兼顾经济、管理基础知识和技能教育。商务汉语的学科性质决定了商务汉语语言与商务相关知识并重的特点。这也与我国提出的培养复合型外语人才的目标相一致。目前，主流观点认为，商务汉语的目标是培养“汉语＋商务”的复合型人才。基于商务汉语“复合型”的特点，我们认为，内容教学法可以恰当地运用到商务汉语教学中，用以解决商务汉语教学过程中如何看待和权衡“语言学习”和“专业内容学习”的关系问题，从而为商务汉语教学提供更为高效的途径。

目前，我国高校的商务汉语教学分为短期、中长期和本科教育等不同类型。不同的学习对象应该采取不同的方法。有的教学应侧重语言技能，有的却需要“双管齐下”，即“语言技能”和“专业内容”均需学习。从目前出版的商务汉语教材来看，主要有三类：以专业内容为主，包括经济学、工商管理、市场营销

等；以语言技能训练为主，涵盖语言知识技能和电话、信函等商务功能内容；混合类，根据需要，综合前两类教材的长处。教材是反映教学的一面镜子，商务汉语教材的分类也直接反映出了商务汉语教学的特点。北京语言大学汉语学院主要进行的是来华留学生的汉语本科教育。该学院是国内最早开设商务汉语方向的教学单位，其商务汉语教学在国内很有代表性。该院的商务汉语课程在本科三、四年级开设，学生已经具备了一定的汉语听、说、读、写相关技能。从课程设置上，主要可以分为语言技能课程和专业知识两大类，共有商务汉语综合课、商务口语、商务写作、经贸阅读、微观经济学、宏观经济学、国际贸易实务、中国对外贸易、世界经济、当代中国经济、经济法、经济调研等近20门课程。

三、内容教学法在商务汉语教学中运用的可行性

（一）内容教学法拥有科学权威的理论支持

内容教学法以美国语言学家克拉申的语言习得理论为基础。克拉申提出的“输入假说”自其问世起就成为二语习得领域最具影响力的理论之一。“输入假说”除了强调输入的重要性，更重要的是重视学习者的认知水平。该理论认为，语言输入应以学习者的现有水平为出发点，给学习者提供尽可能多的语言输入，促进下一步的外语学习。该假说还强调了促进或阻碍二语习得的一些“情感变量”，如动机、自信、焦虑等。内容教学法注重语义、语用自上而下的方法，激发学生的学习兴趣和动机，从而使其达到更好的学习效果。商务汉语是商务领域的专门用途语言，它涉及经济、贸易、文化等与中国经济发展和商务文化息息相关的内容。学习商务汉语的学生一般来说都对上述内容有很强的兴趣和学习动机。同时，商务汉语专门用途语言的特点也方便教师对输入的材料进行处理和选择，即要保证学习者能够理解输入的语言，输入的语言要略高于学习者现有的水平，而且还要有足够的量的保证，习得就会自然产生，从而更好地达到克拉申提出的“i+1”的学习效果。具体到商务汉语教学，我们认为，通过略高于学生现有水平的商务词汇和经济知识的输入，他们可以运用所学的经济理论和知识分析不同的经济现象。

（二）商务汉语的性质和教学目标与内容教学法的理念高度吻合

商务汉语是商务领域专门用途的语言。它的教学目标是培养具有一定专业知识的商务汉语人才。商务汉语使用的特定领域和范围决定了其内容的特定性。与基础汉语相比，它特定的商务领域的内容非常有利于内容教学法的实施。在主题的选择上，商务汉语比基础汉语更为单一和明确。比如，房地产市场、汽车产业、文化产业等主题已经对其内容做出了明确的界定。而内容教学法最基本的理念就是从内容出发，把主题内容和语言学习有机融合起来，最终达到既学习了主题内容又掌握了语言的双重目的。商务汉语为主的教学内容对内容教学法实施的有效性起到了决定性的作用。

（三）学习者的汉语水平适于内容教学法的开展

如果学生的语言和认知水平还没有达到一定的程度，学生必然会被大量的懵懂信息淹没而痛苦挣扎，内容教学必然会失败。由此可见，学生的汉语和认知水平是内容教学法运用的先决条件。我们的调查发现，国内高校一般都在汉语言专业本科二、三年级或进修生的高级阶段开设商务汉语课程。在这个阶段，学生们已经具备了一定的汉语交流能力，这样更容易把语言学习和其他的内容结合起来，而且也能更容易地找到适合学生水平的“原汁原味”的学习材料。基于上述原因，下文我们将重点讨论内容教学法在商务汉语高级阶段的运用。

四、内容教学法在商务汉语高级阶段中的应用

通过上面的分析，我们可以发现，内容教学法可以很好地运用到商务汉语的教学中。那么内容教学法的五种模式在商务汉语教学中如何应用呢？我们将结合上文提到的五种模式的不同特点，逐一论述。

（一）五种模式适用于商务汉语的阶段和课型分析

第五种语言主导模式把语言学习放在第一位，内容仅当作载体或副产品。它与传统意义的语言教学没有太大的区别。我们认为，这一模式可以应用于商

务汉语教学的初级阶段或基础汉语阶段，但不适合要求掌握特定专业内容的高级阶段的商务汉语教学。

第四种主题模式教学目前正受到外语界的青睐。国内外近几年推出的一些新的英语教材都吸收了主题教学模式的合理成分。我们尝试将这一教学模式应用到商务汉语教学的高级阶段。目前汉语学院四年级商务综合课使用的自编教材就包括了文化产业、股票市场、中国的金融危机、中国房地产市场、人民币汇率、国际并购和跨国公司的营销策略等商务主题，教学目的就是通过学习者感兴趣的商务主题，来训练汉语的四项基本技能和商务沟通技巧。主题式教学的重点还是放在语言和技能上，内容主要为语言实践服务。但不得不指出的是，这些“主题内容”总的来说还是比较宽泛的，它所涉及的主要是商务领域的基础知识和基本技能，是一种“广通”式的学习。这一模式非常适用于语言技能类型的课程，比如商务口语、商务综合、商务阅读、商务写作等课程。

作为一个完整的商务汉语本科教学体系，学习者还应该进一步针对某个特定商务领域进行较为“精通”式的学习，这就涉及较为系统的专业内容的学习，如国际贸易、营销学、经济学等。内容教学法的其他三种模式，即模式一、二和三，都可以在商务汉语高级阶段的知识类课程中运用。这三种模式从三到一，对学生的汉语和商务相关知识的要求呈递增的趋势，因此这三种模式也适用于商务汉语的高级阶段，尤其是知识类课程的教学。由于这些课程对教师的专业知识要求较高，建议由具备专业知识的教师来任教，但教师同时必须掌握语言教学的规律和方法。我们认为，这类课程由相关的知识课的教师和语言技能课的教师合作完成比较好。由语言技能课的教师来把控知识课上语言点和语言技能操练。当然，培养语言和经济知识复合型教师是未来商务汉语知识课教师的培养方向。

综上所述，内容教学法比较适用于商务汉语的高级阶段，而且不仅适用于语言技能类的课程，也适用于知识类的课程。语言技能类的课程，如商务口语、经贸阅读、商务综合等课程适于采用模式四或五。而经济知识类的课程，如经济学原理、世界经济概论、国际贸易实务等课程采用模式一、二、三则比较合适。但值得注意的是，为了保证教学的顺利实施，语言技能课的教师必须较好地掌握相关的经济知识，而知识类的教师在讲授经济知识时也必须遵照语言学习的规律，科学地组织和实施教学活动。

（二）内容教学法在商务汉语高级综合课中的运用

商务汉语综合课，是商务汉语教学中的主干课程，是实现商务专门用途汉语教学目标的核心课程。因此，这门课在商务汉语教学中的地位是不言而喻的。而且根据商务汉语“汉语＋专业”的培养目标，这门课的定位是以学习汉语为主，属于语言技能课。因此，我们在商务汉语综合课中运用内容教学法时，主要采用的是上述的第四种模式——主题模式。这一模式最重要的特点是最大限度地利用内容来传授语言技能，它仍然偏向于语言主导型教学。因此，该教学模式对课程的内容提出了很高的要求，可以说，课程的内容对该教学模式的实施起到了决定性的作用。如何选取既有利于学习语言技能又有利于学习经济知识的主题，是该教学法能够达到预期效果的基础和前提。鉴于目前市场上还没有正式出版的以内容教学法为主要教学法的商务汉语教材，我们采用了自编讲义的方式，以更利于内容教学法的实施。

高级商务汉语综合课的教学内容主要分为经济知识、语言知识和语言技能三个方面。经济知识是商务汉语综合课学习的重点，它往往是专业知识课学习的补充和拓展。同时，这些经济知识也限定了语言操练和语言知识学习的范围。这样的特定内容的语言操练和语言知识学习，既符合内容教学法的基本原则，又保证了语言操练和语言知识运用的有效性。下面我们按照教学环节具体谈一谈内容教学法在高级商务综合课中的运用。

（1）课前准备阶段

经济知识和商务文化等内容是商务汉语综合课中的学习重点和难点。对于这些经济知识和术语，我们主要按照内容教学法内容先行的原则，采用学生自学的方式。这样做的目的是既可以激发学生们的学习兴趣，也为学生们学习课文内容扫清障碍，还为课堂或课下运用这些经济知识和理论打下基础。比如《房价》一课中会涉及“同比”“环比”“住房租售比”“房价收入比”等术语，也会出现“非税收入”等财政术语。课堂上教师主要让学生对这些术语和知识进行说明。对于特别难理解的地方，教师予以讲解和补充。对这些经济知识和术语的运用，我们会在语言技能训练时进行说明和操练，从而使学生可以利用所学的知识和语言分析说明类似的经济现象。

当然，对于课程中的生词和课文，我们也都要求学生进行预习。预习的具体要求是，学生必须选择20%的商务领域的生词并造句，对课文的内容提出3个问题。学生自己造的句子和提出的问题，教师会在课堂讲解阶段进行提问，并对正确与否给出反馈，从而使学生在听课时更有针对性，更好地巩固学习效果。

由于我们采用的是内容教学的主题模式，因此，课前准备阶段，学生一定要了解该主题的宏观内容和知识。我们主要要求学生分小组查找资料或实地调查，然后分小组在课堂上做口头报告。比如《房价攀升玄机》一课，我们在课前要求学生了解中国或北京地区近五年的价格变化情况，要求学生以查找资料和实地调查的方式相结合，完成关于房价变化的口头报告。小组口头报告的形式既提高了学生的口语表达能力，也使学生对该主题有了最基本的了解。

（2）课堂教学阶段

作为一门语言技能训练为主的课程，商务汉语高级综合课的主要教学任务还是语言操练。按照内容教学法的原则，我们的操练力争做到从内容出发，注重语言操练的实用性。比如，《房价攀升玄机》一课中，经济术语“环比”“同比”和“住房租售比”“房价收入比”是我们的学习重点，因此我们的语言操练便围绕这些经济知识点进行。这样学生不仅可以更好地掌握该知识点，也可以掌握在汉语篇章中如何运用这些知识说明特定的经济现象。当然，对于不同的经济知识，教师也应该采用不同的操练方式。比如，对于该课中涉及“非税收入”这一知识点，我们主要让学生说明非税收入的范围和它与房价的关系，而不是把它作为语言操练的重点。

高级阶段，学生最大的学习任务就是成段表达。如何提高成段表达的能力也是商务汉语综合课的重中之重。成段表达中所需要的篇章结构和词语，我们主要采用内容先行的办法。让学生阅读课文，然后请学生概括本段的主要内容，然后，教师和学生一起分析该段落的篇章结构。最后，让学生找出该段落中常用的成段表达的结构和常用的词语。对有些学生特别感兴趣的话题，教师也可以在课堂上展开讨论。比如，关于房价的变化情况，我们就一起总结出如下的篇章结构：“时间……”“达到／突破……”“较……的低点／与……相比”“环比／同比上涨／下跌……”“这意味着／这表明……”。运用此篇章结构，学生不仅可以说明房价的变化情况，还能够对房价的变化情况做出简单评价。在教师示范、学生复述等教学环节以后，教师会给出石油价格变化、黄金价格变化等图表，让学生们运用上述的篇章结构和经济术语对近期石油和黄金的价格变化进行说明。通过上述的操练步骤，学生就可以运用“同比”和“环比”对价格变化进行说明，也可以对价格变化的走势做出一个基本的判断。

内容教学法强调从内容出发，同时也特别注重对所学内容的运用。因此，商务汉语综合课特别注重对所学知识的综合运用。合作式的学习方式是内容教学法使用最多的方式。小组（3—5 人）报告、小组讨论、辩论等合作进行的学习方式，既可以提高学生的开口率，又能提高学生的学习积极性。我们在《房价》一课就让学生们分组讨论了对房价涨跌的看法及原因，并在课堂上进行了看涨看跌的辩论。为了保证任务完成的效果，教师一定要对完成任务使用的经济知识、经贸词语和语篇结构等提出具体的要求。

（3）课下巩固阶段

课下的复习和巩固是保证学习效果的重要一环。内容教学法的主题模式以特定的主题为出发点。商务汉语高级综合课同样是一课一个主题。因此，对于每个主题的巩固训练主要以小组报告的形式和写作训练来实现。在每课学习完之后，教师根据该课的主题，让学生完成该主题的小组报告。报告的题目由教师给出或由学生自己决定，但必须与该主题相关，且尽量运用课堂学习的词语、句式和篇章结构。比如《房价攀升玄机》这一课，同学们报告了中国房价攀升的原因、学生自己国家房地产业的介绍、对未来房价的预测等内容。写作训练也是必不可少的巩固方式。每一主题的学习结束之后，都要求学生按照课文所学的篇章结构、经济知识和词语完成一篇 500—1000 字的作文。关于作文，教师可以给出相关的阅读文章或书籍供学生参考。

这里要特别提到的是，教师一定要熟悉学生小组报告的内容，应在学生准备小组报告的过程中予以指导，对报告的内容提出意见和建议，并在报告之后予以点评。报告后的点评尤其重要，点评的重点要放在学生使用的词语、句式和篇章结构上，当然，语音语调、观点的论证及报告的形式都要进行评价和引导。教师的点评除了对学生的任务完成情况予以客观、公正的评价外，更重要的是为学生们的进一步学习指明方向。

五、内容教学法在商务汉语高级阶段运用的困难和挑战

为了考察内容教学法的教学效果，我们对汉语学院四年级的两个平行班进

行了对比实验，并在学期末对采用内容教学法的实验班学生们进行了使用内容教学法的课程满意度调查。对比实验和调查的结果显示：内容教学法在商务汉语高级阶段的运用，受到了学生们的普遍欢迎。学生在学习自己感兴趣的经济类专业话题时表现出了极大的主动性。学生的语言能力和运用知识的能力都得到了很大的提高。写作能力的提升在短期内效果并不明显，但从四年级下学期的毕业论文写作来看，从内容出发的写作训练，对学生选择毕业论文题目和参考资料的查找及写作都起到了很好的作用。但在教学实践中，我们也遇到了很多困难和挑战。

（一）教材的编写

由于目前还缺乏高质量的基于经济专业知识又适合进行语言训练的商务汉语教材，教材的编写就成了当务之急。同时，经济话题的时效性也是该教学法面临的一个难题。近期中国经济发展迅猛，随之而来的是该领域知识和话题的变化也非常快。因此，话题和知识的时效性对教材都提出了很高的要求。

（二）学生的问题

教学过程中，我们发现，程度好的学生更喜欢这种教学模式，他们在学习过程中表现出了极高的积极性。但程度差的学生可能就会有畏难的情绪。他们认为小组报告的形式让他们很有压力。专业的经济类文章的阅读也对他们提出了很大的挑战。小组讨论和辩论时，他们往往开口的机会相对较低。因此，选择合适的教学材料和对学生进行适当的分班教学值得我们进一步思考。

（三）教师的问题

内容教学法要求从内容出发来学习语言，语言学习和内容学习并重。这就要求教师具备一定的专业知识。从目前商务汉语的教学现状来看，这种语言、经济复合型的教师相对较少，因此，培养复合型的教师也就变得非常重要。

参考文献

① 常俊跃，英语专业低年级阶段系统开展内容依托教学的可行性探讨，《外语与外语教学》2008 年第 12 期。

② 雷春林，内容教学法（CBI）与复合型外语专业教学——以商务英语教学模式为例，《外语电化教学》2006 年第 6 期。

③ 李融月，内容型教学法在商务汉语教学中的应用，《文学教育》2015 年第 2 期。

④ 沈庶英，《经贸汉语本科教学词汇大纲》，北京：北京语言大学出版社，2012 年。

⑤ 张黎，《经贸汉语课程研究》，北京：商务印书馆，2007 年。

⑥ Met, M. Content-based instruction: Defining terms, making decisions, *NFLC Reports*, 1999.

⑦ Krashen, S. D, *Principles and Practice in Second Language Acquisition*, Oxford: Pergamon Press, 1982.

作者简介：冯传强，男，北京语言大学汉语学院讲师。

对外汉语教学中世界经济概论课程教学法探析

孙　喆

摘　要　“世界经济概论”是经贸专业来华留学生所修课程之一。它主要讲授世界经济成长的基础与历程、运行与协调、制度与变迁三大方面，以及世界经济可持续发展面临的全球性问题。这是一门具有很强系统性知识的课程，具有较强的实践性，它涵盖了国际经济学、国际贸易、国际金融、国际投资等方面的基本知识。本文首先比较了面向留学生与面向中国学生教学的异同点，分析了教学方面的改革创新，并根据教学实践效果，进一步提出了补充的建议。

关键词　世界经济概论　留学生　教学方法　改革

“世界经济概论”是经济学课程体系中的一门重要课程。它主要讲授的是世界经济成长的基础与历程、运行与协调、制度与变迁三大方面，以及世界经济可持续发展面临的全球性问题。

一、面向留学生教学与面向中国学生教学的比较

作为以留学生汉语教育为主、培养经贸方向人才的教学，开设这一课程显示出了极大的必要性，但面向留学生的世界经济概论课程与传统的面向中国学生的授课有着以下的异同点：

（一）相似点

1. 均强调理论联系实际。“世界经济概论”是一门偏重于实践的课程。在学

生掌握了基本的经济学原理后，在世界经济概论课堂上将所学知识与现实中发生的经济事件相联系，并加以分析和判断。

2. 目的是开拓学生知识面。影响世界经济的因素是多方面的，包括政治、历史、军事、民族、文化、宗教等。因此，本课程主要目的是帮助学生正确理解世界经济的形成和发展规律、运行机制及发展趋势，提高学生对世界经济发展动态的认识，不断吸收新信息，更新自己的知识结构，从而理解政府制定的经济发展战略，尤其是对外发展战略，为以后的学习和工作打下基础。

（二）不同点

主要表现在生源多元化。留学生来自世界各地，包含不同发展程度的国家和地区，属于不同的民族，拥有不同的宗教和文化，具备不同的世界观。作为面向留学生的课程，其应首先与学生的特点相符合。当前，随着经济全球化、区域经济一体化的迅速发展，几乎每个国家都融入全球化中，各国经济相互依存和影响。学生对于发生在自己国家以及全球其他地区的重大事件有兴趣了解，甚至应当说是必须知晓的。

传统的知识类课程以教师个人讲授为主，学生参与较少，兴趣不大，特别是对于留学生学习汉语来说，长时间灌输式授课容易使其听觉疲劳，无法集中精神，效果较差。因此，只有调动学生的积极性，让他们亲身参与的机会多起来，才能使其真正理解并掌握所学内容。

二、教学方法的改革措施

鉴于以上的比较，我们在面对留学生的教学方法上需要进行必要的改革和调整。

（一）教学方面的改革

1. 根据不同班级的学生国籍特点，安排不同的案例教学

这里所说的不同案例是指基本知识点以外的额外补充，依据授课时间，在

时间允许的情况下，针对所讲内容并根据班里学生的国籍情况，选取某个学生的国家作为案例讲解，使学生对所学内容有更直观的认识。另外，所讲内容可能恰巧学生在其自己国家时曾耳闻目睹，甚至亲身经历过，因此，每讲完案例后可以让该国家的学生谈谈自己对此问题的认识，这样一方面可以锻炼学生的逻辑思维和汉语表达能力，另一方面还可以从多角度认识该问题，对教师本身来说也有助于完善案例，辅助今后的教学。

例如，在讲授经济全球化的内容，谈及 WTO 成员国时，笔者曾将俄罗斯申请加入 WTO 的过程作为案例，分析其加入的障碍、加入后的正负面影响，以及给 WTO 其他成员国带来的益处。在分析参与全球化使国家失去部分主权问题时，选取了国际货币基金组织在 1997 年亚洲金融危机后，向韩国贷款并提出的限制条件。在介绍世界银行帮助发展中国家及落后国家战胜贫困时，选取过巴西东北部地区的改善、老挝铁路的修建等案例。在讲授区域经济一体化内容中欧盟发展的现状时，因班上恰好有土耳其学生，就分析了土耳其申请加入欧盟的障碍等。

2. 注重案例的时效性，不断补充最新案例

世界经济总是处于不断发展变化中，因此教师的备课难度极大，若想将课上得精彩，必须时时关注国际经济事态并及时选取案例补充课件。固守几年前甚至十几年前的案例，不仅无法准确反映当前世界经济的趋势，也无法使学生产生兴趣和共鸣。

教师应当十分注重案例的时效性，不断加入现阶段经济事件给学生进行分析或组织学生讨论。例如，在谈及当今反全球化运动时，笔者所用案例为当时（2010 年 11 月）在韩国召开 G20 会议时，韩国民众的抗议活动；在讲可持续发展问题谈及对生物的保护时，案例选取了 2011 年美国加州通过禁售鱼翅法案；在环境保护问题方面选取了伦敦从工业污染城市到奥运主办城市的华丽转变；在讲区域经济合作时，正值 2015 年初中国与韩国完成了自由贸易草签，于是引入到了课堂教学案例中。

3. 涉及某个国家案例时，由该国学生负责讲解

这一做法的目的有四个：首先，由学生讲解自己国家的事件可使其对自己国家的了解加深，增加自豪感；其次，学生可用母语查找资料，所得内容更为详实、全面，且视角更新；再次，学生需要对该内容十分清楚才能有条理地为他人讲解，这一准备过程加深了学生对这一问题的认识；最后，学生用汉语在全班面前讲解，锻炼了其语言表达能力及应变能力。这是区别于给中国学生授课的一个特色内容，可以说是对外汉语教学所赋予本课程的得天独厚的条件。

笔者教学中主要选取过以下案例由不同国家的学生完成：

（1）俄罗斯加入 WTO 对其经济的正面及负面影响（由 1—2 位俄罗斯学生完成）。

（2）国家货币基金组织在亚洲金融危机后向东南亚几国的援助贷款及条件（由泰国、印尼学生 3—4 人一组完成）。

（3）某个知名跨国企业的经营现状及发展障碍（由日本、韩国学生各 3—4 人分组完成）。

（4）南美洲国家对于美国建立美洲自由贸易区设想的态度（智利、巴西学生各 1 人分别完成）。

（5）英国不加入欧元区的理由（由 1 位英国学生完成）。

（6）俄罗斯与乌克兰的天然气争端（由 1 位乌克兰学生、2—3 名俄罗斯学生分别完成）。

具体操作以一个案例说明——分析某知名跨国企业的经营现状及发展障碍。

- 国别及人数要求：日本学生和韩国学生各一组，每组 3 名学生。
- 讲解形式及工具：可以 3 人共同讲解，也可以选一名代表讲解，做出 PPT 配合讲解。
- 讲解内容及要求：

首先，选取一家跨国知名企业。（要求：学生所选取的企业必须是国际知名企业，以便讲解时，不使其他国家的学生感到陌生，有助于理解所讲内容。这一情况在中国学生教学过程中是不存在的，但留学生教学要考虑到其汉语水平、发音等可能会影响其他学生对所讲问题的理解。）

其次，分析公司目前面临的困难或存在的问题。（要求：可以用 SWOT 分析法，即 S 代表 Strength（优势），W 代表 Weakness（弱势），O 代表 Opportunity（机会），T 代表 Threat（威胁），尽量多地用图表和数据分析现状，禁止使用大篇幅文字。）

最后，提出针对这家企业的改进建议。（要求：要与前面分析的其存在的问题相对应。）

学生讲解过程中如果出现发音或字词认读错误，教师应该及时予以纠正，但如果是不影响理解的句子语法错误，可以先记下来，在学生讲解完后统一指出并纠正。教师点评时应对学生所讲问题和观点进行归纳总结，便于其他学生理解。此外，应适当带领其他学生向讲解的学生提问，教师可以先提问，然后引导其他学生提出问题，由讲解的学生解答，通过问答和教师的辅助补充，有助于学生更透彻地理解所讲内容。

4. 充分利用多媒体设施辅助教学

除了运用 PPT 课件予以演示外，还采用了视频教学的手段，达到了深化教学内容、抓住学生注意力的效果。例如，在讲第一次科技革命给人类社会带来的显著变化时，给学生播放了《大国崛起》专题片里关于英国的部分内容，使学生充分认识到工业推动一个国家乃至整个世界走向强大的力量，也使学生更好地理解了第一次科技革命对于世界经济形成的重要推动作用。

在给学生观看这样的短片时，教师切忌给学生看整部片子，一方面要考虑教学时间的占用问题，另一方面也是最主要的一点，由于教学对象是留学生，若太长时间播放影片会使学生听力倦怠，思想无法集中，效果反而不好。因此，教师要对影片加以选择，必要时只截取重要片段进行播放，做到少而精。如此一来，既可以借助教学方式变换引发学生的兴趣，也可以使学生能够准确抓住教学重点，避免疲倦。例如，讲跨国公司并购时，为了使学生理解跨国并购可以使企业快速成长，扩大规模，但也存在风险这一问题，笔者选取了中央电视台经济半小时栏目的《跨国并购》第 6 集中，关于日本索尼（SONY）公司并购美国哥伦比亚电影公司的片段，总共十几分钟，清楚地展示了索尼在当时做出这一决定的背景原因、反对者的观点、并购后出现的问题，以及这一并购在现阶段给索尼带来的收益。

（二）作业安排方面的改革

笔者在教学中放弃了以往传统的给全体学生布置同样作业的做法，而是采取了区别对待的方法，即在讲完一部分内容后，根据需要，对某个国家或某个区域的学生布置一项作业，通常为查找某个问题的资料，而其他地区的学生则不必做作业。这种安排需要老师从整个学期的角度统筹，尽量做到一学期结束时，每个国家的学生平均至少做 3 次作业。

作业的要求是禁止从网站上下载整篇文章提交，而需要根据教师设计的表格，将资料整理后填写完成。

检查的方法为在下次课堂上随机抽查，由学生汇报所查找的资料内容，没有抽查到的学生需在下课时提交作业。

查找资料的作业压力不大，只是对当堂所讲的某个问题进行补充认识，这种作业安排减轻学生课业负担的同时，使学生有了将对理论的理解转变为对实际问题的认识的机会。例如，在学完世界银行时，布置给发展中国家的同学查找资料，找一个由世界银行贷款给自己国家的案例，按照表格填写时间、金额、贷款的用途；在学完区域经济合作后，布置给南美洲、非洲、亚洲（除东亚和东南亚）的学生查找自己的国家加入了哪个区域合作组织（只找一个即可），并说明加入的时间、收益；在学完经济的可持续发展时，布置给发达国家的同学查找资料，概括自己的国家在最新一次全球气候大会上的立场和态度，并说明原因等。

（三）成绩构成方面的改革

笔者将课程的平时成绩提高到总评的 40%（期中占 20%，作业及课堂表现占 20%），期末考试成绩占 60%。强调学生注重平时的学习，淡化期中和期末考试的作用，减轻学生考试压力，使学生快乐学习，避免通过死记硬背应付考试的做法。如此设置成绩的构成，有利于学生拿出更多的兴趣及精力投入到平时作业及案例分析和发言的准备中，使学生真正体会所学内容，加深认识。

三、教学效果及推广的可行性

（一）依托相关学科，强化了学生的分析能力。在教授课程时注重提醒学生学过的经济学原理、国际贸易等学科的知识，引导学生运用理论对经济事件进行深入分析，使本课程的教学内容更丰富，更具理论深度。这样做有利于学生理解知识点，且有利于学生回顾以往课程，达到温故知新的效果。

（二）联系各国实际，调动学生学习兴趣。授课过程中根据学生国籍选取相关的经济事件，全方位、多角度探讨和分析。布置作业方面也根据学生国籍分派不同的任务，拉近学生所学知识与现实生活的距离，引发其学习兴趣。

（三）培养学生学习的主观能动性。经济知识课传统的教学方法是教师讲、学生听，学生是被动的接受式学习，容易失去学习的兴趣，而且学生的理论应用能力和分析能力也被抹杀。笔者教学中选取的既是热点，又结合知识点的案例，通过教师讲解、课堂讨论、学生分组收集资料并做演讲等形式，培养了学生独立思考的习惯，有助于提高学生的信息搜索、归纳概括以及口语表达和应变能力，使学生真正成为课堂的主人。

四、存在的问题及建议

在此次教学改革中，笔者也感受到两个方面的遗憾：

第一，授课时间不够充裕。该课程的设置通常只有一个学期，只能完成几个章节，而且仅这几章中，很多内容也无法具体展开讲解，学生对于个别问题的兴趣讨论只能放在课间进行，但课间休息时间仅10分钟，因此往往扼杀了学生对于所学内容的探究兴趣。建议该课程设置以一个学年为最佳。

第二，该课程设置应在“经济学原理”之后，这两者的关系应该为后者是基础，前者是展开。有时涉及经济原理的内容，如果学生还没学到，则会影响学生的理解，如果在本课堂为学生弥补这些知识的话，则耽误了本课的进度。另外，从留学生的汉语水平角度考虑的话，建议该课程设置在四年级上学期更为理想。

参考文献

①池元吉,《世界经济概论》,北京:高等教育出版社,2008年。

②管延芳,《世界经济概论》课程教学方法探析,《经济研究导刊》2008年第4期。

③韩静,世界经济概论课程中运用参与式教学法的模式探讨,《黑龙江对外经贸》2011年第5期。

④韦倩青,《世界经济概论》教学方法探讨,《广西大学学报》(哲学社会科学版)2007年第5期。

⑤易先桥,世界经济概论课程教学改革探讨,《湖北经济学院学报》(人文社会科学版)2010年第9期。

⑥周申、易苗,世界经济概论课程中案例教学的应用,《经济研究导刊》2010年第10期。

作者简介:孙喆,女,北京语言大学汉语学院讲师。

“后方法”理论与汉语语音教学法的多种尝试*

王安红

摘　要　后方法理论强调语言教育的“特殊性”“实用性”和“可能性”。本文基于后方法理论的这三个参数，对对外汉语语音教学的新理念做了探讨，并总结出普通话声韵调教学可尝试的一些教学方法，最后提出了对语音教师的一些要求，“教无定法”并不是不要方法，而是“贵在得法”，教师只有在具备一定知识储备和相关能力的前提下，才能够“不拘一法”。

关键词　后方法　汉语语音教学　教学法

一、引言

笔者在多年从事对外汉语语音教学的实践中发现，语音教学不能只靠教师示范，学生模仿，而是要讲方法，而且不只是讲方法，还要力求方法科学有效，力求既能帮助学生迅速掌握正确的汉语发音，又不会因频繁无效纠音而影响学生的学习积极性。但语音的教学方法不应该是刻板单调的，应当多元而有趣，不同教师，面对不同的教学对象，以及在不同的教学环境中，所适用的教学方法也应该是不同的。这也就是所谓的“教无定法”。

在接触“后方法”教学理念后，笔者对之前语音教学中的“教无定法”有了更为深入的认识。本文欲从后方法语音教学理念及多元语音教学方法的探索两方面做进一步探讨和分析。

---

* 本研究受北京语言大学汉语学院院级项目“汉语学院语音相关课程设置情况的调研与思考”（项目编号：15YJ080120）资助。

二、后方法语音教学理念

（一）关于后方法理论

在第二语言教学领域，语法翻译法、听说法、交际法和任务法等诸多语言教学流派缤纷亮相之后，如今迎来了“后方法”研究时代，美国的Kumaravadivelu教授是后方法理论的代表人物。近些年，国内的英语教学和对外汉语教学界均有文章对库氏的理论进行介绍和调查研究（陶健敏，2007；周季鸣等，2008）。库氏所主张的后方法教育一定要具备三大重要参数：特殊性，实用性和可能性。

库氏的“特殊性”，凸显了每一个语言教学课堂的特殊性及不可重复性，教师不同，大小环境不同，教学目标不同，教学对象不同，所适用的教学方法也势必有所调整甚至不同。

传统的教学法一直是权威主导，教学法的制订及贯彻往往采取自上而下的策略，教师并非教学法的制订者，而只是教学法的执行者，这样既阻碍了教师教学创造力的发挥，又容易造成教学理论与实践的脱节。而库氏的“实用性”颠覆了以往的教学传统，他主张教师有能力把教学实践上升为理论，再用理论进一步指导实践。

库氏的“可能性”，主张用“教育”来代替“教学”，旨在强调语言教育不仅要教语言，还要把课堂参与者的社会、政治、经济、文化背景带入到教学中来，要考虑到学习者的社会文化需求，促进其文化认同及身份转变。

库氏的后方法理论只是一种宽泛的教学指引，并非一种教学方法的规定，这种理论为国内的第二语言教学理念更新提供了一个契机。

（二）语音教学理念变革

在后方法理论的大背景下，我们的对外汉语语音教学理念也应有所变革，要更为关注教学方法的特殊性、实用性，最好跟学生的社会文化需求及身份相适应。

先来看“特殊性”。

一种方法行天下的思想已经过时，语音教学方法一方面要关注教学对象及教学环境的不同，另一方面教师也要结合自己的特长及自身语言表达风格，找到适合自己及特定课堂的教学方法。比如，语音教学可以结合诗歌朗诵，也可以结合中文歌曲，还可以结合游戏娱乐；声调教学可以只让学生动动嘴，也可以让学生动动手，甚至可以让学生全身活动起来。这些不同方法的选用和贯彻要结合教师自身条件、学生的需求以及教学环境的不同来决定。

再来看“实用性”。

传统的语音教学研究跟语音教学实践长期脱节，教学中有些语音知识的规定和描写不符合语音教学实践的要求，教学效果不理想。早在1984年，鲁健骥发表的《中介语理论与外国人学习汉语的语音偏误分析》一文中就提出，导致中介语产生的因素之一就是“教师或教材对目的语语言现象的不恰当或不充分的讲解和训练”，这种“不恰当或不充分的讲解和训练”常常来自教材中对语音知识脱离语言实际的描写以及教师的刻板遵守，其中争议最大的一个例子就是对第三声的描写，直到今天，绝大多数汉语教材对普通话第三声的描写仍旧是214，低抑高扬，而在比较早的一篇讨论声调教学的文章里，第三声是否真的是214就已经被质疑（杜秦还，1992）。

杜秦还在这篇题为《谈谈现代汉语声调教学》的文章里提到：“任何人只要对现代汉语的声调稍加留意，便不难发现，在现实生活中，很少有善于说普通话的人在使用三声时拖上一条长而上升的尾音。事实证明，三声很难保持其所谓的原214的降升调，……即使在末尾或单独使用时也不例外。……总之，对三声的误解在很大程度上影响了语音的准确性，而如何使学习者尽快避免使用这条无用的长尾音，则成为笔者帮助学生改进发音的一个重要步骤。”

关于三声，基于语言实际和具体教学实践研究的文章屡有出现，对214的高扬尾调均有不同程度的质疑，但到了今天，多数教材里对三声的调值描述仍然是214，教师仍旧竭尽全力地教着低抑高扬调，有时候还唯恐自己“扬”得不到位，所导致的结果是：其一，学生发的三声不自然，甚至有的学生告诉笔者，除了在刚学汉语的课堂上，他再也没有听到过有中国人把三声读成214；其二，学生容易把三声和真正具有上扬特征的二声相混肴。

以三声为例，权威主导的语音教学急需调整，教学方法要来源于实践，并指导实践。这便是“实用性”在语音教学中的运用。

接着，我们来分析一下“可能性”。

语音教学最好跟学生的社会文化需求及身份相适应。一方面，语音教学同样要重视学生综合能力的运用；另一方面，学习汉语的留学生一般都会对中国文化感兴趣，所以如果把语音教学跟中国文化学习结合起来，就能满足学生超越语言要素本身的其他学习“可能性”，进而提高学生学习汉语语音的兴趣。如何做到这一点呢？我们不妨把语音操练材料从单音节、多音节、句子，拓展到古代诗歌、现代诗歌，甚至现代歌曲。脍炙人口的《静夜思》是练习声调和部分难音的绝佳材料，通过《静夜思》的朗诵，学生不仅可以练习自己的汉语发音，也可以感受到汉语作为声调语言所具有的抑扬顿挫韵律美，还可以了解到中国古代有一个伟大诗人，名叫李白，短短的四句五言绝句向朗诵者展示了诗人思乡的情境。

总之，语音教学绝不仅仅是孤立地练习发音，还可以同时满足学生学习语言之外的一些“可能性”。

三、对外汉语语音教学法的多种尝试

对外汉语语音教学教什么？音节包括声母、韵母和声调。单音节进入语流就有语流音变（包括连读变调和“啊”的音变）、轻声儿化，还有语调（包括重音、停顿和句末语调）。这些基本语音知识要靠语音教师以多种形式呈现出来，结合学生的多种需求有步骤地执行教学任务。

但汉语作为第二语言的语音教学不同于儿童的语音习得，儿童习得语音不会受到已掌握母语音系发音的干扰，比较容易掌握正确的发音。而第二语言的学习者已经掌握了一种或者多种语言，在学习汉语这一目的语时，会受到已掌握语言音系的认知同化影响，会错误地用母语或已掌握语言中的近似音去替代汉语中的某些难音，因为他们听起来觉得差不多甚至是一样的，比如英语国家的学生会用喉擦音 h[h] 来替代汉语里的舌根音 h[x]。

面对这些语音偏误，教师们应该怎么做呢？如果教师一开始放松对学生语音的要求，学生错误的发音习惯一旦养成，以后会很难更改，不良的语音面貌会一直持续下去；而如果教师一开始加强对学生语音的要求，但不讲策略和方法，则容易激发学生的畏难情绪，丧失学习汉语的兴趣。所以科学有效的纠音方法应该是每一个语音教师的必备武器。

语音教学应当“不拘一法”“教无定法”。下面笔者根据自己的教学经验，对声韵调等基本的语音知识举例介绍几种可以尝试的教学方法或纠音方法。

（一）声母教学

普通话的辅音声母有21个，难点集中在：1.不送气音（b、d、g、z、zh、j）和送气音（p、t、k、c、ch、q）等两组音发音方法的区分上；2.舌尖前音（z、c、s）、舌尖后音（zh、ch、sh、r）以及舌面音（j、q、x）等三组塞擦音、擦音发音部位的区分上；3.另外还有一些擦音，比如h和r的发音部位和发音方法的掌握上。

对于第一种情况，传统的教学方法是，教师拿一张纸放在嘴巴前面，发出不送气音和送气音来，在发送气音时，教师奋力使嘴巴前面的纸能吹动起来，这种方法用在b和p的对比上，很奏效，但是用在别的不送气音和送气音对比上，效果就差很多，甚至无效。这是因为b和p是双唇音，除阻部位靠前，气流很容易吹动纸张，但d和t除阻部位靠后，而g和k更后，除阻后的气流到达纸张跟前时，气流强度已经小了很多，很难吹动纸张，另外三组塞擦音的不送气、送气对比，更难用吹动纸张来演示，因为塞擦音的除阻强度本来就小于塞音。所以教师可以引导学生把掌心置于嘴巴跟前发不送气音和送气音，以此来感受气流强度变化。

不送气音和送气音的发音不同容易掌握，但能听出来两者不同，意识到两者的差异有区别词义作用，最终记住每一个相关汉字的声母是不送气音还是送气音，才能真正有效地避免这一类音的发音和听辨偏误，比如日本学生的此类偏误在听写时可能表现为把“排球”听成“白酒”。

对于第二种情况，舌尖前、舌尖后和舌面的这三组塞擦音和擦音通常被汉语教师称作“十大难音”，这是因为很多学生的母语里只有一组音跟普通话里的这三组音近似，也就是“一对多”的关系，比如英语、韩语、泰语里只有一组舌叶或者舌面部位的塞擦音。当这些国家的学生学习汉语普通话时，会用母语里的近似音来替代普通话里的三组音，势必会错误百出。在纠音时，我们要特别强调这三组音发音部位的不同，强调的方法有多种：一是可以采用图示法，教师在黑板上画出简单的口腔部位发音器官示意图，用三种彩色粉笔分别标识舌尖—上齿背、舌尖—硬腭前、舌面—硬腭等三种不同发音部位，教师不需要向学生介绍这些发音器官的名字，但要能引导学生发出正确的音来；二是可以采用手势法，左右手上下交叠，模拟舌位图上的上腭和舌头，通过右手的变化来改变舌位。要注意左右手手指同向，两只手均手心朝下，左手在上，代表上颚，右手在下，代表舌头，在发 z/c/s 时，右手手指靠近左手手指尖，在发 zh/ch/sh/r 时，右手手指上抬，靠近左手手掌，在发 j/q/x 时，右手手背上抬，接近左手手心，右手手指自然下垂，模拟出舌面音的发音要点。在用图示法或者手势法的同时，教师要同时夸张地发出相应的音来，一方面学生可以辨识教师发这些音时的口型，另一方面也可以增强这些音对学生的听觉刺激。

对于第三种情况，r 的发音方法偏误和 h 的发音部位偏误在留学生当中较为普遍，但往往得不到有效纠正，原因如下：一是 r 的发音方法偏误常常被混同于发音部位偏误，纠音时做不到目标清楚；二是舌根音 h[x] 的发音部位偏误常常因为与喉擦音 h[h] 的高相似度而被教师忽略过去。

对于汉语里的 r，教师要了解这个音不同于多数学生母语里的闪音 r，它是摩擦程度较弱的舌尖后浊擦音，纠音方法通常采用带音法，可以先发一个清擦音 sh，然后声带振动，带出 r 来，也可以先发一个 shī 音节，拖长，稍微增加一点阻碍，带出一个 r 来。

对于汉语里的 h，教师要了解这个音不同于多数学生母语里的喉擦音 h，它是摩擦程度较弱的舌根清擦音，纠音方法通常用带音法，先发 k，拖长送气段，带出 h 来，但对于容易把 k 和 h 相混的学生来说，就不能用这种方法了，可以尝试用图示法、手势法等。

在语音教学中，夸张法是经常用到的，比如 r 和 h 虽然摩擦程度较小，但在课堂上做相应的语音练习时，教师大可用夸张法凸显其发音部位和发音方法，有助于学生掌握其正确读音，而在实际会话交流中，学生出于省力原则，自然不会把这两个音说得太夸张。

（二）韵母教学

这里以单元音韵母为例，讨论 ɑ、o、e、i、u、ü 六个舌面单元音韵母的语音教学方法。ɑ、i 和 u 三个韵母对于大多数国家的学生来说问题不大，所以这里重点讨论 o、e 和 ü 的教学方法。

首先我们要对o和e有一个正确认识，教材里面对o和e的描写一般是，单元音，在发音时，舌位要保持不变，其实这一点是跟实际语音有出入的，北京人发o和e这两个韵母时，舌位都有一个从高到低的动程，反映到开口度上，有一个开口度略微增大的变化。其中韵母o的发音不能单独存在，前面总是会有u的过渡，包括bo、po、mo、fo里的o，对o来说，开口度从小到大的变化尤为明显。所以我们在对这两个韵母进行教学时，不需要强调它们是单元音韵母、舌位口型保持不变。

对o、e和ü三个韵母都可以使用对比法和带音法来进行教学。对比法就是把它们跟学生母语里有的或者普通话里较容易的音来做对比，比如韩国学生母语里的o开口度较小，舌位较高，教师要有意识地引导学生发出汉语里开口度稍大，舌位较低的o来。带音法则是在对比法基础上来完成的：先发出学生母语里有的舌位较高的o，然后开口度变大，即可发出汉语里的o来；先发o，舌位不动，唇型变展，即可发出汉语里的e；先发i，舌位不动，唇型变圆，即可发出汉语里的ü。如果教师了解学生母语里的语音系统，那么对比和引导的方法就更为多样一些。

（三）声调

对于普通话里的四个声调，教师首先要了解到它们各自的区别特征。相对于其他三个声调来说，第一声最主要的特点是高平，第二声是升，第三声是低（低降或者降升），第四声是高降。具体的声调教学中，在了解其特征的基础上，可以采用多种多样的教学方法。传统的手势唱调法，是在唱四个声调的同时，分别做手臂的平行运动，上举运动，下压再上举运动，以及手臂从高到低的下压运动。对于这种教学方法不奏效的学生，我们也可以采取头势法，四种声调的头部姿势分别为：头部平行移动，头部上抬，低头再抬起，向下甩头等。头部在不同运动中可以辅助发出相应的音高来，特别是第三声，低头再抬起很好表现了三声“低”的本质，在语流中三声的升尾是可选的，不是必需的，前面的降也正是为了达到“低”，而人在低头时，容易发出的音高就是低调，三声的单字调（全三声）用212描写比较恰当。传统的图示法可以结合音乐里的音符概念来展示，从低到高的五条线分别代表“do、re、mi、fa、so”等不同音高，这里的“do、re、mi、fa、so”只是相对音高，表示人在自然说话时从低到高的五个音符，每个人的“do、re、mi、fa、so”不是绝对相同的，四个声调的音高变化可以在五条线上用图示说明。头势法和结合音符辅助说明的图示法比较适合目前的声调教学。

四、结语

后方法语音教学虽然主张“教无定法”，但必定“贵在得法”。教学方法和理论既然可以自下而上来自于一线教师，那自然对教师的要求也比较高，教师不再是自上而下教学理念的简单执行者，而是要具备一定的知识储备和发现问题、解决问题的能力。

汉语教师的必要语音知识储备、听音辨音能力、发音器官简图的快速板书、恰当的手势说明和引导、抑扬顿挫有感染力的朗诵技巧运用等都是必备的教学基本功。语音教学，需要对学生进行多渠道的输出和刺激，包括视觉刺激和听觉刺激，图示、手势和夸张的语音示范结合在一起，有助于学生快速掌握语音的发音技巧。在掌握教学基本功的前提下，再去讨论教学法，就真的可以说是“教无定法”了。

参考文献

① 杜秦还，谈谈现代汉语声调教学，《语言教学与研究》1992 年第 1 期。

② 鲁健骥，中介语理论与外国人学习汉语的语音偏误分析，《语言教学与研究》1984 年第 3 期。

③ 陶健敏，Kumaravadivelu“后方法”语言教育理论述评，《语言教学与研究》2007 年第 6 期。

④ 周季鸣等，从“方法”到“后方法”，我们到底还有多远？——宁沪杭六所高校大学英语教学方法调查，《外语界》2008 年第 5 期。

作者简介：王安红，女，博士，北京语言大学汉语学院讲师。

对外汉语任务型英汉翻译教学模式研究*

王 锐

摘 要 任务型翻译教学模式是顺应对外汉语英汉翻译教学实际而构建的一种新型的教学模式。该模式以建构主义学习理论和二语习得理论为基础，重视“任务”，以学习情境为前提，以学生为中心，以协作互动为主要方式。教学过程包括准备、实施、巩固三个主要环节。

关键词 任务 英汉翻译 建构主义 教学模式

一、引言

对外汉语教学是外语教学，翻译教学是对外汉语教学中不可缺少的重要组成部分。传统的对外汉语翻译教学多采用传统的PPP教学模式（Willis，1996），按照Presentation（讲授）、Practice（练习）和Production（运用）的教学顺序开展，可以说是一种来源于语法—翻译法的翻译教学方法。这种教学方法以教师为主导，以传授为中心，学生处于被动接受的地位。教学实践证明，传统的对外汉语翻译教学方法已经无法适应来华留学生英汉翻译学习的需求，其种种弊端日益显现出来。

任务型教学法（task-based approach）是20世纪80年代兴起的一种强调“做中学”（learning by doing）的语言教学方法。我国从上个世纪90年代末期引进该理论。本世纪初，开始将任务型教学法运用到对外汉语课堂教学中来。目前，任务型教学法在对外汉语翻译教学领域中的应用和研究还处于起步阶段。

* 本课题受到北京语言大学校级项目（中央高校基本科研业务费专项资金，项目编号：13YBG28）资助。

二、任务型翻译教学法简述

任务型教学法（TBI）是建立在第二语言习得研究基础上的语言教学模式。20世纪80年代，Long（1996）和Prabhu（1987）具体提出了学生运用语言完成任务的一种语言教育方式，即“任务型教学方式”。强调的是通过“做事”（完成任务）学语言，而不是通过学习语言本身来进行语言学习（程晓棠，2004）。

Willis（1996）将“任务型”课堂教学分为三个环节：任务前（pre-task）、任务环（task cycle）和语言焦点（language focus）。如表1：

表1　Willis的任务型教学模式

阶段	内容
任务前	介绍话题、任务目标
任务环	任务、计划、报告
语言焦点	分析、实践

Ellis（2003）也将任务型教学模式分为三个步骤，即任务前（设计活动、计划时间、相关任务）、任务中（时间限制、参与人数）、任务后（学生报告、培养语言意识、重复任务）。

不同学者对于任务型教学法的具体活动设计略有差别，但教学步骤大同小异，即任务前的任务准备阶段、任务实施阶段以及任务完成后的巩固阶段。其中任务实施阶段——“任务中”是任务型教学的核心和重点。

三、任务型教学模式的理论基础

（一）建构主义学习理论

建构主义学习理论是一种有关知识和学习的理论（Piaget, 1973）。该理论认为学习活动及其过程应该以学习者为中心，尊重学生的个性差异，强调学习共同体和互动协作，其本质就是要学生发挥自己的主观能动性，积极参与学习实践，完成学习“任务”。Williams和Burden（1997）提出：建构主义倡导的教学模式包括教师、学生、任务和环境四个要素。在这四个要素中“任务”是关键，是连接师生的“链条”。有了“任务”才能产生师生之间的有效互动，使教师、学生、环境这三个要素处于动态平衡状态（田仙枝，2010）。

英汉翻译课程的特点恰恰体现了建构主义学习理论的两大特征，即“任务建构”和“实践参与”。这就要求教师依据学生学习需求设计“翻译实践任务”，调动学生积极性，引导学生参与翻译实践。

（二）二语习得理论

二语习得理论是解决与语言学习有关的普遍问题，涉及语言心理认知普遍性的理论（张思武，2007）。其中的中介语理论、输入假设、互动假设、输出假设和认知学习理论从二语习得过程的认识及教学如何促进二语学习过程的角度为任务型翻译教学模式提供了理论依据。

该理论指导下的任务型翻译教学要求教师重视学生的中介语系统，以学生为中心，从学生的实际水平出发，构建满足学生多种学习需求的、难易程度适中的翻译任务。通过大量翻译实践中丰富的输入、输出，采用多向协作互动，引导学生主动独立完成翻译任务，使学生的中介语系统逐渐向目的语系统接近，提高学生翻译实践的熟练性和准确度。

四、任务型翻译教学模式的教学原则

基于任务型教学理念和教学模式，翻译教学应遵循以下原则：

（一）以学生为中心

任务型翻译教学模式中的一切课堂教学活动均以学生为中心展开。这是与传统翻译课堂最本质的区别。在传统翻译教学中教师是课堂的主导者，强调的是翻译的结果，而非翻译的过程。任务型翻译教学必须以学生为中心，学生是建构的主体，一切翻译教学活动的设计和组织都应该围绕学生这一中心进行（曹曦颖，2009）。教师则成为教学活动的组织者、引导者、促进者和评价者。任务型翻译教学强调学生对翻译过程的体验，译文的标准在师生、生生交互协作中通过讨论形成。

（二）以任务构建和实施为基础

任务的科学设计和顺利实施是整个任务型翻译教学的核心。教师应根据课程的总体目标，结合教学内容，分析学生需求，创造性地设计贴近学生生活实际的翻译任务。在设计翻译任务时应注意：1. 任务具有明确的目的性和可操作性；2. 任务难易程度要与学生的语言水平和翻译能力相当；3. 任务要便于学生利用多种信息源最大化地占有、处理和使用信息；4. 任务要立足课堂，但要超越课堂延伸到课堂之外的学习、生活及翻译实践中去。

（三）以学习情境为前提

建构主义理论认为学习是与一定的社会文化背景相联系的，这一理论将翻译任务设计实施中心放在“真实情境”上。在真实的或者类似于真实的情境中学习，可以使学习者利用自己原有的认知结构中的有关经验去“同化”和“顺应”当前学到的新知识，达到对新的知识意义的建构（Piaget，1999）。所有课堂要素都要与外部环境产生衔接，使学生利用已有的认知结构与周围环境的交互作用，完成翻译知识的意义建构。

（四）以协作学习为主要方式

建构主义思维方法最大的特点就是强调协作学习经验（collaborative learning experience）。任务型翻译教学模式要求任务的完成过程是一个协作互动的过程。在教师的组织和引导下，学生形成学习共同体（learning community），在任务的驱动下通过师生、生生多向协作和互动，开展交流、协商、辩论，实现大量的语言输入和输出，锻炼和发展学习者的实际翻译能力。

五、任务型对外汉语翻译教学设计与实施

在任务型翻译教学实践中，根据教学任务，按照自然周进行设计，每1—2周设为一个任务周期，每个周期一个任务专题，任务设计难度符合学生汉、英两种语言的实际水平。材料内容也与学生的生活及汉语学习内容紧密相关，例如，初级阶段与学生日常生活紧密相关的话题Talking about Weather、Sports、

Shopping at Supermarkets、Music；中级阶段与社会生活紧密相关的Bike for a Better City、Women's Liberation：A Long Way to Go、Healthy Eating、Turning off TV、Secret of Strong Families；高级阶段来源于报刊杂志的更加真实、广泛的话题，等等。集体任务实施步骤如下：

（一）任务前——准备阶段

任务前阶段是整个任务型翻译教学的准备和导入阶段，目的是让学生为任务的完成做好语言及心理的双重准备，主要让学生了解任务的具体内容及完成任务的最佳途径，进行意识提升活动和计划，激发学生的学习积极性。这是任务的设计和呈现阶段，具体包括以下内容：

1. 划分任务共同体

根据学生人数及具体情况将学生分成人数均等的任务共同体。由于教学对象为来华留学生，学习者因素较为复杂，所以在分组的过程中必须综合分析学生的国别、英汉语言水平、性别、性格等多种因素，力求各个小组的学生构成情况均衡。例如，国别尽量多样化，不要出现一些组的学生来自不同国家，而个别组的同学却都来自同一个国家的情况。这样的分组设计有利于学生分享各自的学习经验、文化对比经验及跨文化交际经验，同时克服学生上述三个方面的不足，达到优势互补。当然，由于来华留学生的情况多样，影响因素众多，来自英语国家和非英语国家的学生兼而有之，要达到各个任务共同体之间的绝对均衡是非常困难的，这时就要考虑语言水平和是否英语母语国家生源这两个主要的影响因子，兼顾考虑其他次要影响因素。分组完成后，还要明确划分各个小组中成员的任务分工，具体包括：确定组长、记录整理员、汇报员和普通组员。在每个小的任务周期中，共同体成员的任务分工要保持稳定不变，在整个学期课程教学过程中，组中成员的分工应适当调整和轮换，以使学生得到综合多样的训练和提高。

2. 翻译任务的准备

任务的选择和设计是该模式顺利运行的关键所在。首先，翻译任务的难度必须符合学生的英语和汉语水平，并充分考虑原语与目的语这两种语言难度的匹配性。如在英译汉的过程中，虽然一段英文原文的语法及词汇难度并不大，学生不存在对原文语言的理解问题，但在翻译成目的语汉语的时候却可能会涉及一个或多个较难的超出学生汉语水平的汉语语法点。比如：“In ancient Egypt, people played a simple stringed instrument like the guitar.” 对于初级翻译课的留学生来说，如果还没有学习和掌握汉语中表示比较的“像……一样”“和……一样”的结构，就很难处理该句中带有“like…”的短语“…stringed instrument like the guitar”(像吉他一样的弦乐器)。这种情况下，学生的翻译任务很难顺利进行。所以此处所说的任务的难易程度不仅包括英汉两种语言本身各自的难度，更应包括两种语言的语言点难易匹配。这对翻译任务的选择，尤其初级翻译阶段翻译任务的选择提出了更高的要求。

其次，所选翻译资料选材上应具有广泛性的特点，内容应尽量涵盖政治经济、社会生活、科技文化等多种领域，同时涵盖各种英汉翻译方法和技巧。翻译任务的内容应具有真实性或类似真实性的特点，与学生的实际学习和生活相关，并与学生语言水平、翻译能力相适应。一般情况下难度略高于学生水平的翻译任务能够取得更好的教学效果。如针对不同层次的留学生的英汉翻译教学可选取英文国家旅行手册、交通指南、学校简介、课程介绍、产品说明、报纸杂志、新闻媒体、国际会议、记者招待会等素材，以此为基础设计翻译任务。同时完成任务的介质也应多样化，可利用传统纸质材料完成任务（基础阶段），也可通过多媒体、网络论坛、慕课（MOOC）等手段实施任务（中、高级阶段），甚至可以通过参与具体的社会实践，如担任活动或国际会议翻译等，在全真的情境中提高翻译水平。

3. 翻译任务的呈现

教师应在开始阶段就将任务向学生进行呈现和介绍，在任务的驱使下可有效激发学生的求知欲和学习兴趣，增强学习动力。任务介绍和呈现要简洁，针对性强，目标和要求要具体明确。呈现的方式可多样化，文本和多媒体呈现可结合进行。

4. 语言技能准备

在实施翻译任务前，教师应引导学生复习与任务相关的语言知识和翻译技巧，力求最大化地激活学生已储备的背景知识，减轻认知负担，提高翻译实践的效率。例如，在初级翻译课上，教师将要导入“Shopping at Supermarkets”翻译任务时，就可以通过两段视频材料分别向学生展示在英语国家购物和在中国超市购物的场景，通过视频让学生了解、对比和复习将要在购物这个翻译任务中出现和使用的有关商品、价格、寻求店员帮助、付款方式等方面的词汇和表达。同时，对于翻译任务所要求的新的语言知识和翻译技能进行提示。如该超市购物任务中反复出现使用的“There be”句型，教师应有针对性地提示学生注意和了解汉语中表示存在的存现句的表达和使用方法。提示的方法可以直接点明，也可以通过例句含蓄引导，但不应展开讲解。

5. 任务规划

呈现和介绍翻译任务以后，应让学生针对如何实施翻译任务进行预先的规划，决定任务实施进度、步骤，设计组内、组间分工，规划任务完成时间并预期应取得的翻译成果，预估可能存在的困难和问题，以及可能的解决方法等。

（二）任务中——实施阶段

该阶段是翻译任务的具体实施阶段，是任务型翻译教学的核心阶段。

1. 任务执行

翻译任务的执行通过学习共同体来协作进行。学生在学习共同体内通过讨论来分析翻译任务，熟悉和理解翻译材料。包括讨论和交流翻译中的文本任务和技术任务，涉及词汇、表达、语法、翻译方法和技巧，以及社会语用和文化因素等各个方面。如在完成初级阶段一个有关音乐的翻译任务时，文章中出现了“The Greeks and the Romans made music by plucking strings with their fingers.”等含有英文动词“make”的句子，此时学生需要通过讨论的方法分析和确定句子中“made”如何翻译。学生可举出曾经学过的和该词相关的“做、制造、产生、造成”等诸多汉语词汇，然后分析和“music”可能相关的搭配用法和表达方法，通过列举、搭配、排除、关联等一系列过程最终讨论得出“made music”的可能译法为“演奏乐曲”。学生在共同体内的讨论可以相互拓展思路，实现知识互补，互为提示验证，最终达到主动学习、自主完成翻译任务的目的。

翻译初稿形成后学生在学习共同体内进行互评，指出成员的不足之处，并提出可行的改进意见。多次重复上述过程最终形成译文终稿。学生在完成翻译任务的过程中不但可以锻炼翻译能力，还可以有效提高汉语语言水平和语用能力，拓展社会文化知识，加强学生的语言文化对比意识和跨文化交际的能力。

在学习共同体执行翻译任务的过程中要再次强调分工明确。组长负责组织讨论，掌控讨论方向和节奏，总结讨论意见。记录员要将讨论过程中出现的主要观点、分歧、问题和结论尽量完整准确地记录下来。这些将成为完成任务报告的基础，以备在汇报阶段由汇报员进行陈述和汇报。包括普通组员在内的所有共同体成员都要积极阐述自己的观点，思考和判别其他同学的观点和想法，确保每个学生都承担等值任务，享有同等的翻译实践机会和陈述表达机会。教师在整个任务执行阶段主要起到监督任务执行的作用，不要过度干预学生的翻译活动，应鼓励和引导学生自由探索，自主判断，独立完成任务。但在学生出现任务执行困难的时候，教师要及时进行干预、帮助和引导，确保翻译任务的顺利执行。

2. 报告准备

学生根据笔译或口译的不同任务准备以口头、书面、多媒体等多种形式完成任务报告，为进行组间或全班范围内的任务成果汇报做准备。任务报告书写可以由组长、记录人、汇报人负责最终完成，也可在小组分工时确定专门的报告撰写人完成。教师应事先提出明确的汇报目的和具体要求，引导学生积极思考和参与讨论，掌控汇报的进度和节奏，并在必要的时候给予适当的提示和帮助。

3. 汇报评价

一个或多个小组发言人向全班汇报任务完成情况和翻译成果，教师和其他同学可即时提问，通过学生自评、组内组间互评、教师点评和总评等多种形式分析、对比和补充具体的翻译成果。教师应及时肯定成绩，指出问题，提出改进思路和建议。一般而言，任务型翻译教学的评价体系包括两个子系统，既包括对翻译成果本身的评价，又涵盖了对任务实施及进程管理的评价。

（三）任务后——巩固阶段

翻译任务不仅局限于课堂教学，还应该向课堂外多角度延伸和扩展。任务型翻译教学的最后一个环节强调对语言知识、翻译技能以及任务完成能力的巩固。在该阶段学生将完成翻译知识迁移，将翻译知识运用到更多的翻译实践及实战中去。

1. 课后练习和作业

为巩固任务成果，教师要向学生布置个人或小组翻译练习和作业。作业内容应与所完成翻译任务紧密相关，巩固所学翻译知识和技能。作业形式应不拘一格，可以是文本翻译，也可以是模拟的翻译实践性任务。例如，完成“Shopping at Supermarkets”的翻译任务后，教师可给学生安排一个课外拓展翻译实践任务。留学生两人一组去超市购物，一人负责用英语进行购物，由另外一位学生负责为他充当翻译，与中国店员进行沟通交流。如果三人一组可以由第三位同学负责拍照录像，最后将影像资料上传到课程公共邮箱、模课学习平台等进行汇报和分享。小组成员通过轮换角色的方式，保证翻译练习的均衡进行。实践证明，这种学生协作的课外延伸翻译实践很受学生欢迎，在真实的语言环境中最大化地巩固课堂任务的成果，检验和反馈学习效果，也为教师修正已完成翻译任务、规划和设计今后的翻译任务提供最直接可靠的依据。最后，反馈学习要有量化要求，例如，字数（笔译）及时长（口译）要求，举一反三，巩固强化。

2. 翻译实践活动

除了作业和模拟翻译练习，还应鼓励学生积极参与实际翻译活动。如为学生创造和提供实地翻译的工作机会。参与与其水平相当的翻译实战，参加翻译比赛，编纂翻译杂志，列席和旁听国际会议和活动等。通过各种手段巩固任务课堂的学习成果，提高实际翻译水平和语言应用能力。

六、结语

任务型语言教学不仅是一种教学模式、教学方法，更是一种教学理念、教学策略。任务型对外汉语英汉翻译教学强调以留学生为中心，以加强翻译训练和辅助汉语学习为出发点，实现留学生在“做”中学，在“用”中学。这就要求教师引导学生充分利用所处的良好的汉语学习环境，根据留学生的实际水平和多样化需求，灵活创设翻译任务，发挥学生的主体性作用，培养学生的综合英汉语言能力和英汉翻译能力。

参考文献

① 曹曦颖，翻译教学改革的新走向，《西南民族大学学报》（人文社科版）2009年第3期。

② 程晓堂，《任务型语言教学》，北京：高等教育出版社，2004年。

③ 田仙枝，运用建构主义理论强化任务实践型翻译教学模式，《湖北大学成人教育学院学报》2010年第3期。

④ 张思武，论任务型语言学习的理论基础——《英语课程标准》任务型语言学习研究四题之一，《四川师范大学学报》（社会科学版）2007年第6期。

⑤ Ellis R., *Task-based Language Learning and Teaching* [M], Oxford: Oxford University Press, 2003.

⑥ Long M. H., The role of the linguistic environment in second language acquisition [C], in *Handbook of Second Language Acquisition*, W. Ritchie & T. Bhatia (eds.), San Diego Academic Press, 1996.

⑦ Piaget, J. *To Understand Is to Invent: The Future of Education* [M] (G-A. Roberts, trans.), New York: Grossman Publishers, 1973.

⑧ Piaget, J., *The Origin of Intelligence in Children* [M], New York: International Universities Press, 1999.

⑨ Prabhu, N., *Second Language Pedagogy* [M], Oxford: Oxford University Press, 1987.

⑩ Williams M. & R. L. Burden, *Psychology for Language Teachers* [M], Cambridge: Cambridge University Press, 1997.

⑪ Willis, J., *A Framework for Task-based Learning* [M], Malaysia: Addison-Wesley Longman Ltd., 1996.

作者简介：王锐，女，北京语言大学汉语学院讲师。

建立在神经语言学基础上的语言教学法

——神经语言学教学法*

王秀丽

摘　要　语言教学法的特征是一个新方法的诞生，不能彻底取代旧的教学思想，它一定有继承，有发展。由加拿大魁北克大学语言教学法专业 Claude Germain 教授和纽芬兰纪念大学教育科学院的 Joan Netten 教授联合提出的神经语言学教学法就以神经语言学的进展为其新维度，以兼收并蓄的传统教学为其新内核。本文首先梳理了这种教学法新维度的基本内容、基本原理、操作注意事项以及在加拿大、中国南方一所大学法语专业所进行的教学实验。然后，作者指出了外语课堂上应用神经语言学教学法所需要的必要内核，即弱化语言知识传递、强化学生外语交际能力，进而提高学生表征世界和思考问题的能力。最后，作者简单比较了神经语言学教学法与目前我国业界较为熟知的交际法、任务法和翻转课堂的主要区别。

关键词　神经语言学　程序性记忆　明示性记忆　教学法

一、导言

基于神经功能研究的语言教学法——神经语言学教学法（ANL①）由加拿大

* 本文的写作得到 Claude Germain 教授的电邮帮助，中加两国的实验数据也由教授本人提供。感兴趣的老师可直接与创立人联系，其邮箱分别为：germain.claude@uqam.ca 和 jnetten@mun.ca。

① 法文全称 Approche neuroloinguistique de didactique，缩写为 ANL。

魁北克大学蒙特利尔分校教育科学院①语言教学法专业的Claude Germain教授和纽芬兰纪念大学②教育科学院的Joan Netten教授联合提出，这一理论在加拿大又被简称为神经教学法③，提倡的是在外语课堂上营造出必要的条件，弱化语言知识的传递，强化学生的外语交际能力，进而发展学生的表征世界的能力，提高思考问题的能力。虽然这一点同目前使用的交际教学法和任务教学法的原理和宗旨没有很大差别，但是神经教学法的语言学理论基础更有针对性，更有清晰的操作步骤和实验应用数据。

二、理论基础

神经语言学教学法主要建立在加拿大魁北克大学蒙特利尔分校Paradis教授所领导的认知科学研究中心④的研究成果上，该理论也从美国密歇根大学Ellis教授所领导的情感综合体系研究中心⑤的研究成果中获得启发，同时这一理论也参照了加拿大蒙特利尔的孔哥蒂亚大学⑥Segalowitz教授所领导的语言教学法研究中心的研究成果，另外还受益于前苏联维果茨基提出的儿童发展与教育心理的社会交往理论。另外，加拿大蒙特利尔麦吉尔大学⑦神经科学研究中心的研究成果也是本教学法的理论框架之一。

在上个世纪90年代，以Chevallard教授（1985）为代表的传统教学法把知识、教学法、教师、学生描写成如右图形：

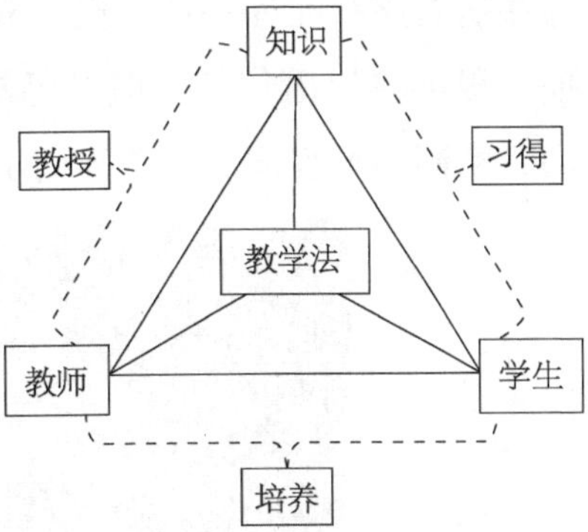

图1　传统教学法三角形关系

---

① 法文为Département de didactique de langue de Faculté d'Éducation de L'Université du Québec à Montréal。其中“分校”命名为美国大学命名体系，不是中文意义的“分校”。该校缩略语为UAQM，是北美一所有名的法语大学，笔者在2012年2月至6月曾在此访学。

② 英文原文为Memorial University of Newfoundland。

③ 法文原文为Neurodidactique，考虑到神经教学容易在中文引起歧义，故坚持用其全名。

④ 法语原文为Institut des sciences cognitives.

⑤ 原文英语为Center for the Study of Complex Systems, University of Michigan。

⑥ 法语原文为Université de Concordia。

⑦ 法语原文为Université de McGill。

可以看出，从教师到知识是教授过程，从知识到学生是习得过程，从教师到学生是培养过程。

语言教学过程被简化为下面三个步骤：

词汇语法 ———→ 练习操作 ———→ 交际能力

也就是说：词汇语法 + 练习操作 = 交际能力。上个世纪 90 年代流行的交际法，本世纪初开始流行的任务法和《欧盟语言习得共同参考框架：语言习得与评估》就是建立在这样的认知心理学（John R. Anderson, 1990；Robert De-Keyser, 1998）基础上，这些语言教学理论和方法认为二语习得的上述三个过程、两个阶段完全可以把语言知识转变成语言交际能力。

最新神经科学研究成果动摇了上述二语习得原则。Paradis 教授所领导认知科学研究中心有关二语习得的研究成果（1994，2004，2009）和麦吉尔大学探究帕金森综合征病人的研究成果表明：病人储存在明示性记忆（mémoire déclarative）中的明示的、有意识掌控的语言知识受损，但是句法知识却可以不受损，病人仍然能发出句子。该中心也做过失语症病人观察，结果表明：即使这些病人储存在程序性记忆（mémoire procédurale）中的无意识性的言语能力受损，很难再说出句子，但是仍然可以独立发出储存在明示记忆中的单词，如名词、动词和形容词。下图为明示性记忆中词汇知识的脑神经细胞切面图[①]：

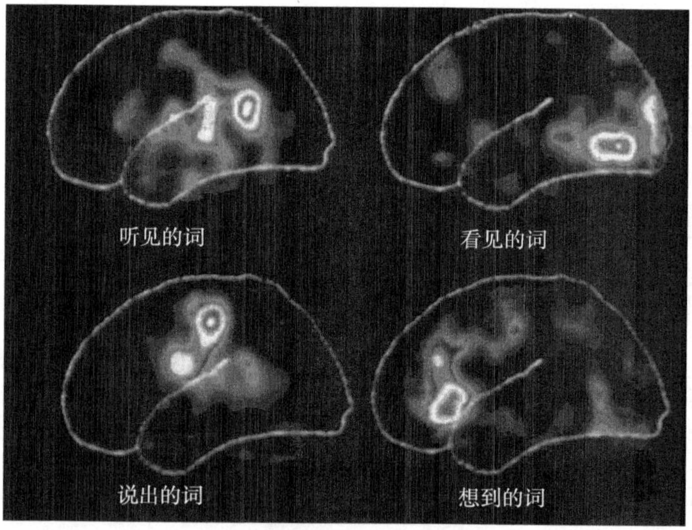

图 2　明示性记忆脑神经切面

① 本文中图 2 来源于 Claude Germain 教授的讲座第 20 幅幻灯片。

因此我们的大脑中存有两类基于不同神经功能的记忆，它们是分别负责知识记忆的明示性记忆和负责能力记忆的程序性记忆。源于前者的神经链接活动结出的是一个产品（produit），也就是知识、词汇、语法等，源于后者神经链接活动结出的是一个过程（processus），也就是语音、句法、词法能力，这个过程只能在语言不停地重复使用中产生，“走出”自己的神经系统路径（trajets, pathways）。

以 Paradis 教授（2004）为代表的双语神经语言学还指出：失忆症（amnésiques）和失语症患者（aphasiques）二者之间有直接联系，可明示性记忆和程序性记忆二者之间并不存在直接联系，因此语言知识不能自动转换成语言能力。但是大脑神经是可塑的，可以被训练成某种模型。大脑神经中没有一个唯一、特殊的语言中心，是多个中心协调作战的结果，如组词组句中心[①]、动词传递中心、名词传递中心、颜色概念传递中心等，图 3 是这些中心的神经元切面图：

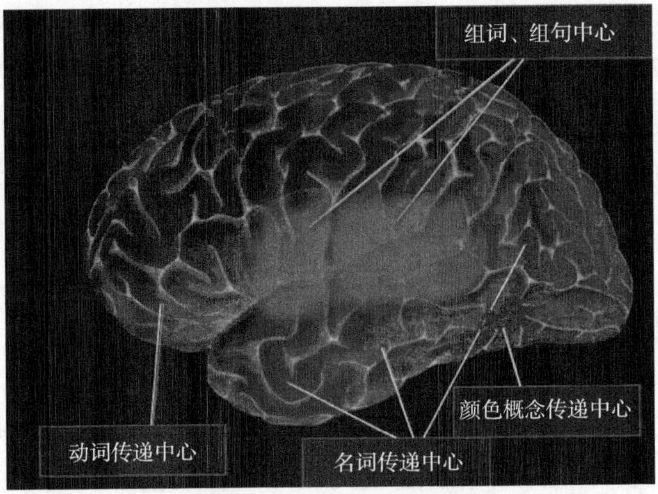

图 3　大脑神经元切面图

这样的研究成果对二语习得理论产生的意义在于：明确指出了明示性记忆是明示性语言知识、规则的存储领地，属于外置语法；而程序性记忆是言语能力的规约性操作，属于内置语法[②]。如果说言语能力像飞行员的实际航行能力，

① 法文原文分别为：Centres de formation des mots et des phrases, Centres de médiation des noms, Centre des concepts de couleur, Centre de médiation des verbes。

② 这一点会解释我们常见的很多考试成绩很好的学生不能讲出流利的外语，而有些操一口流利外语的学生对语法规则并不是很熟悉。

那么语言知识规则就更像一个只起检验作用的雷达。二语习得的过程因此就可以被描写成由非明示语言技能，经过明示的语言知识检验，最终到达语言能力掌握的过程：

非明示语言技能 ——→ 明示的语言知识 ——→ 语言交际能力

也就等于说是：非明示语言技能 + 明示的语言知识 = 交际能力。

三、内容

基于上面的神经语言学理论研究，参照了 Paradis 教授和 Ellis 教授[①]（2011）的教学研究成果，神经语言学教学法首先主张，要在外语课堂上进行有效交际，一定要区分开语言习得的两个基本组成层面：一个是突出非明示性的自发使用第二语言的能力，另一个是明示性的语言知识，即有意识地提取语言运转所需要的语法和词汇。前者只能是通过反复使用获得的无意识的非明示出来的能力，后者指的是依靠老师解释有意识地提取出来的语言知识。前者为内置语法（grammaire interne），由大脑中同一路径的神经网络链接频繁使用形成，它们呈现不规则状，是大脑自动统计得出的某些规约性。后者归于明示语言知识，属于外置语法（grammaire externe），它们呈现规则状，是外界赋予大脑神经上的规约性。这两类神经记忆之间没有必然的联系，因为内置语法是一种使用技巧（habileté），与外置语法在脑神经中的位置不一样。如果说目前的外语教学中传统教学法和交际教学法把外置语法教得很得法，那么内置语法或是交际能力就很不得法。对此，神经语言学法首先强调了如下五项教学原则：

（一）强调内置语法习得

在课堂教学氛围中，要熟练掌握一定的语言结构，一定要增加使用频率，以便在学生的程序性记忆通道中建立足够多的神经元链接路径。为此，教材中每个同质话题教学单元要包含三、四个相似的交际功能，每个交际功能最好在不同的交际场景中共现，给学生提供做微会话的可能。在每个教学单元的最后，

① 他同时指出：只有通过使用语言，交际能力才会发展（It is language use that is fundamental to developing the ability to communicate.）。

应该有同一话题比较复杂的讨论。在足够的真实场景中，口语才有可能被掌握，语言能力才有可能转化成交际能力，这一点刚刚被 Segalowitz 教授（2010）的认知神经科学研究成果所证实。

（二）强调交际能力习得

强调交际能力就是强调使用语言理解周围世界的能力。教师应该把外语习得过程看作言语能力发展过程，而不是知识的积累过程，采用口语输出开始、笔头输出跟进的原则[①]。阅读和写作内容最好也是前期口语中使用过的语言结构，要注意的是，阅读和写作也应用外语进行，不应求助于翻译练习。强调交际能力也意味着口头表达能力先于语法教学，要注意的是，语言教学也采用上下文的方式进行浸泡式学习，建议在阅读中观察语法点，然后在写作中使用这些观察到的语法现象。

（三）提倡使用任务教学

为了让学生习得内置语法，口头表达的重点要放在意思的传达上，而不是语言形式的习得上，因为内置语言的习得不是有意识的、明示的习得过程，不能有意识地强调语言形式。学生们输入的非明示性交际能力提高只能是用法的建立，而不是对语言形式的尊重（Paradis, 2009）[②]。为了创造有意思的、调动学生认知的交际场景，教材各个教学单元的教学内容和练习就应该是相互衔接的、有关联的，从小任务逐渐过渡到大任务，从低级到高级，以达到举一反三、熟能生巧的目的。教学内容和练习的设计一定要有学生的参与才能完成，学生也需要调动其他的神经中心才能成功地习得一个交际技能。

（四）提倡使用真实交际场景

传统的方法提倡娴熟的交际能力可以通过指导性的练习和背诵会话习得。但是神经语言学教学法认为，这种习得方法属于明示性的知识性记忆，靠这种方法习得的交际能力在大脑的神经关联中缺乏有效的真实语境，需要的时候，

---

① 其过程和策略应该和母语教学接近，在儿童和小学阶段，也是口语习得在前，阅读和写作滞后，因为从某种意义上说，中学生外语的内置语法习得要比母语习得阅读和写作时有限得多。

② 英语原文：“What serves as input for the development of implicit competence is the frequency with which particular constructions are used, irrespective of their surface form.”。

难以调取出来（Segalowitz, 2010）[1]。也只有真实有效的交际环境才能使学生方便地求助于神经中心，习得语境越与应用语境吻合，调取语言交际能力越迅捷，这一点恰恰是掌握第二语言不可或缺的。比如，老师用外语提出与真实语境相关的问题，学生们的回答就会有个性，也能达到预期效果；再如，让一个来自农村的孩子讲讲圣诞节会让他很尴尬，如果让他讲讲农村过春节的习俗，他的表达可能更自如，更加言之有物。

（五）提倡使用互动教学策略

在构建学生的内置语法能力、交际能力过程中，学生之间的交往互动是基本的方法。神经语言学教学法提倡口语表达五要素：小组或两人组运作；有完成某一任务所需的语言结构、词汇准备；学生要表达真实想法；鼓励使用新结构构建内置语言；建议改正学生的口头表达错误，代之以正确的表达方式，并用这种方式代替传统的老师讲解规则的方式。

四、应用

从1998年到2012年，神经语言学教学法在加拿大和中国有过两个应用案例：加拿大的强化法语教学项目和中国一所大学法语专业项目。加拿大的项目针对的是小学五六年级11、12岁儿童，直至中学毕业，1998年开始于加拿大Terre-Neuve-et-Labrador省，目前扩展到加拿大除魁北克[2]之外的各个省份，前后历经12年，总计有45700名[3]学生参加其中。中国教学实验项目教学对象是成年人，年龄在19岁左右，始于2012年，这两个项目都由创始人亲自指导。另外还有一些职业教师在教授英语、法语和其他语言时使用。原则上，神经语言学法适用于所有二语习得、强调交际能力的语言教学中。

加拿大的本土实验在两个语言水平接近的平行教学班中进行，在2007—

① 知识存在于大脑中，调出是关键问题，这一点同老年人的知识调取一样，知识是有的，调取出来有问题。

② 法语省，魁省使用的是英语强化项目，采用相似的教学法，但不是ALN，也有针对母语为英语的小学生推广法语的沉浸项目，直接用法语教授其他各个科目，如数学。

③ Claude Germain 教授本人提供的实验数据。

2008、2008—2009、2009—2010、2010—2011、2011—2012学年期间，两个班用同一个老师，一个班用“语法＋词汇＋练习”的传统方法，一个班用强调口语交际的神经语言学教学法。350个学时过后，后一个班能流利使用第二语言进行交流，前一个班则不能。我国的南方也做过神经语言学教学法两个实验，一个是广州的华南师范大学（30人），另一个为对比对象，广州的一所培训中心①（31人）。在中国进行的实验调整了课程设置②，另选了教材，培训了教师，已经有了可喜的实验报告和对比参数，受试学生在200学时后能够自如地进行基本交流。加拿大的试验数据如下图所示，实验班明显取得了很好的口语成绩，平均15.7分③：

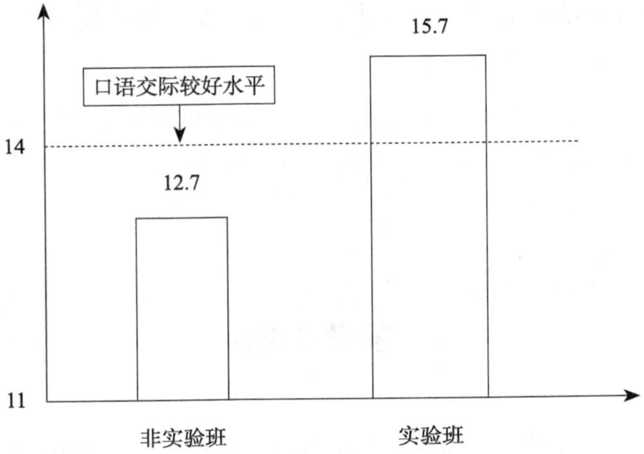

图4　口语实验成绩比较

五、结语

建立于神经语言学基础上的神经语言学教学法不仅强调了我们熟悉的外语教学中交际的重要，还明晰了听说读写的习得顺序，用句子发展学生交际能力的教学策略，以及在源头上重新编写教材等操作方法，同时摒弃了无穷尽的词汇表和语法规则，一则因为它们无助于学生建立内置语法，只会培养出更多的

① 暂不公开校名。

② 既要尊重我国教育文化，又要不能动摇ANL的基本原则。

③ 法语教育文化背景中习惯采用20分制，10分为及格。

"失语症"患者，二则因为"无用"的语法会妨碍口语自发性的形成。这样的主张完全建立在神经语言学的最新研究成果之上：大脑中频繁的神经元链接才是外语习得者发展交际能力的唯一途径。换言之，只有用，只有说，才会养成自发说、自动链接说的习惯。

在欧盟大力推广《欧盟语言习得共同参考框架：语言习得与评估》的时候，神经教学法指出了当下语言教学法理论滑向兼收并蓄法的危险，因为它的综合性特质必然留有以往教学法合理的东西，但同时在某种程度上也一定丧失了革新或借鉴相关学科最新理论研究成果的能力。神经教学法则避开了影响本学科发展的双重危险，采用美洲大陆最新的神经科学研究成果，同时又提取了欧洲大陆交际法和行动法的合理内核。从这一点上说，更值得我国同行参考借鉴，让我们认清和反思处在我国教育背景中语言习得的文化传统，建立新的适合我国学生的语言教学法。只有教师改进了教授外语的方法，学生才会改善习得外语的方式。也只有这样，外语教学的结果才会随之改变。

参考文献

① Anderson, J. R., *The Adaptive Character of Thought*, Hillsdale, New Jersey: Lawrence Erlbaum Associates, 1990.

② Chevallard, Yues, *La transposition didactique-Du savoir savant au savoir enseigné*, *La Pensée sauvage*, Grenoble: p.126. 1985a, Deuxième édition augmentée 1991.

③ DeKeyser, Robert, Beyond focus on form: Cognitive perspectives on learning and practicing second language grammar, in *Focus on Form in Classroom Language Acquisition*, C. Doughty & J. Williams (eds.), New York: Cambridge University Press, 1998, 42-63.

④ Germai, n C.et J. Netten, Une pédagogie de la littératie spécifique à la L2, *Réflexions*, Vol. 31, No. 1, 2012, 17-18.

⑤ Germain, C.et J. Netten, Impact de la conception de l'acquisition d'une langue seconde ou étrangère sur la conception de la langue et de son enseignement, Synergies Chine, No 6, 2011, pp. 25-36.

⑥ Germain, C.et J. Netten, Place et rôle de l'oral dans l'enseignement / apprentissage d'une L2, *Babylonia*, No. 2, 2005, pp. 7-10.

⑦ Ellis, N., Language acquisition just Zipf's right along. Conference, Université du Québec à Montréal. 2011.

⑧ Paradis, M., *Declarative and Procedural Determinants of Second Languages*, Amsterdam/ Philadelphie: John Benjamins, 2009.

⑨ Paradis, M., *A Neurolinguistic Theory of Bilingualism,* Amsterdam/ Philadelphie: John Benjamins, 2004.

⑩ Paradis, M. Neurolinguistic aspects of implicit and explicit memory: implications for bilingualism, dans N. Ellis (dir.), *Implicit and Explicit Learning of Second Languages*; London, Academic Press, 1994, pp. 393-419.

⑪ Segalowitz, N., *Cognitive Bases of Second Language Fluency*, New York: Routledge, 2010.

⑫ Vygotsky, L.S. *Pensée et langage*, Éditions La Dispute, 1997.

作者简介：王秀丽，女，北京语言大学西方语言文化学院教授，博士生导师。

教材研究

基于翻转课堂教学模式的对外汉语口语教材编写*

李　燕

摘　要　翻转课堂作为一种新型教学形式，通过对知识传授和知识内化的颠倒，实现了对传统模式的革新。本文首先对基于翻转课堂的对外汉语口语教学模式进行了介绍，并指出缺乏合适的教材是翻转课堂方法在口语教学中推广使用的桎梏，然后针对翻转课堂的特点提出了新的教材编写体例的设想，包括课前分册和课堂分册两部分，并对每一分册的具体编排进行了详细的介绍。

关键词　对外汉语　初级口语　翻转课堂　教学模式　教材编写

一、翻转课堂与对外汉语口语教学

初级汉语口语是为零起点或具有初级汉语水平的外国留学生开设的一门口语专项技能训练课，旨在培养学生基本的汉语日常生活沟通能力。

目前初级汉语口语课的教学模式与初级汉语综合课基本相同，传统的3p教学模式仍然占据重要地位，这一教学模式过于重视语言形式，强调机械操练，而忽略交际的真实性和学生的自主学习积极性，学生进行真实自由口语表达的时间较少，口语课上学生参与课堂的积极性不高。现在不少教师开始在初级汉语口语课堂中积极尝试“任务型语言教学法”。但作为一线教师，我们注意到，虽然教师设计了精巧的、难度适宜的、贴近学生生活的任务活动，但还是会出现学生没办法完成或者任务完成得不够理想的情况。究其原因主要有两点：一是完成任务活动的时间不够，二是学生对于完成任务所必需的语言形式掌握得不够好。

* 本成果受北京语言大学院级科研项目（中央高校基本科研业务专项资金，项目编号：15YJ080304）资助。

翻转课堂（flipped classroom）作为一种新兴的教学模式，最早起源于美国科罗拉多州落基山的林地公园高中。这种教学模式受到了学生的广泛欢迎（张跃国等，2012）。到 2011 年，由于萨尔曼·汗（Salman Khan）和他创立的“可汗学院”（Khan Academy）里程碑式的推动作用，“翻转课堂”开始为众多教师熟知，并成为全球教育界关注的教学模式（杨刚等，2012）。

与传统的教学模式相比，翻转课堂具有以下特征：

- 延长了课堂教学时间
- 提升了学生的主动性
- 增加了课堂的互动性

我国对外汉语教学界的部分学者（李燕，2014；白迪迪，2014；李红、李煜，2014；于淼，2014）也开始关注翻转课堂，并进行了积极的探索实践。在对外汉语教学中，“精讲多练”是一个重要的教学原则，教师的讲解要少而精，而学生的练习时间要充分。翻转课堂非常符合这种教学理念的要求，因此我们将翻转课堂引入到初级汉语口语课的教学中来，通过教师在课前提供以教学视频为主要形式的学习资源供学生观看和学习，从而达到延长课堂教学时间的效果，学生可以更充分地进行任务活动，课堂的互动性增强。

二、基于翻转课堂教学模式的对外汉语口语教材编写

（一）教材编写的必要性

目前在对外汉语教学领域影响翻转课堂教学模式推广的重要因素是教师对该模式大多停留在对概念的理解上，具体到实际操作上如何将翻转课堂应用到对外汉语口语教学，教师和学生都会感觉“无本可依”，缺乏规范的教学和学习依据。

为教与学提供依据正是教材的重要作用，而目前出版使用的汉语口语教材都不是为实施翻转课堂编写的，当然也就无法满足翻转课堂教学模式的实际需要。因此，在对外汉语口语教学中应用翻转课堂教学模式的前提条件之一就

是需要编写配套的翻转课堂口语教材，为一线汉语教师提供具体的应用依据和指导。

（二）教材的编写理念

目前翻转课堂的实施主要集中在中小学，教学科目主要为数学、科学等理科课程（张金磊等，2012）。翻转课堂在作为第二语言教学的对外汉语教学中如何实施，需要研究和探索。笔者曾在调研和分析翻转课堂教学模式的基础上，结合对外汉语口语教学的特点以及自己在课堂中的实践，提出了一种基于任务的对外汉语口语翻转课堂教学模式（李燕，2014），具体如图 1 所示：

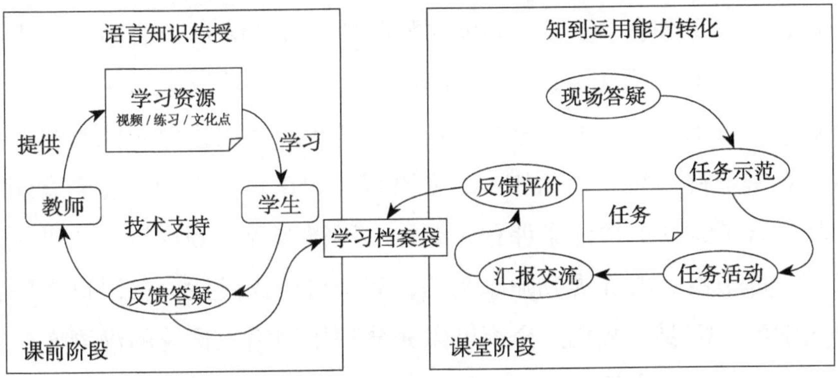

图 1　基于任务的对外汉语口语翻转课堂教学模式

课前在信息技术的辅助下通过教师提供的学习资源来完成。对于对外汉语口语课而言，知识包括语言知识和文化知识两个方面，知识的传授主要就是指生词和语言点的讲解以及相关文化知识的介绍。因此在教材编写上，我们将每级教材均分为课前分册和课堂分册，课前分册就是在翻转课堂的课前阶段使用，根据这一教学阶段的具体特点，教师需要给学习者提供教学视频教授语言知识，因此课前分册应包括电子教材和纸质教材两种形式。

课前阶段的深度学习实现了对课堂活动的时间的延长。因此在基于任务的初级汉语口语翻转课堂教学中的课堂活动阶段，我们主要通过小组协作完成各种任务活动来进行口语表达的练习，从而更好地实现知识的建构、内化和口语表达技能的提升，完成从语言知识到运用能力的转化。我们教材的课堂分册供学生在课堂学习阶段使用，主要形式为纸质教材。

三、基于翻转课堂的汉语口语教材课前分册编写体例

（一）电子教材

在翻转课堂的课前学习阶段，教师需要提供给学生录制好的教学视频帮助学生课前阶段的学习，教学视频是课前学习资源的重中之重，其内容、形式、时长等方面直接关系到学生能否在课前通过深度学习扫清语言障碍，从而保证课堂协作探究学习的有效顺利开展。

在课前分册教材中形式可以是PPT加音频，也可以是视频短片。从操作层面来讲，生词的讲解可以采用PPT播放配教师讲解录音的形式，技术支持为专业的录屏软件，如Camtasia Studio、Jing Project、ScreenFlow等。语法语言点讲解也可以采用上述方法呈现，还可以使用教师的讲解录像或购买优秀的语法语言点讲解视频短片，比如：北京语言大学正在进行的"北语模课"工程项目中就包含了这样的语法微课程录制，一段微课程视频讲解一个语法点，这些视频短片都是由一线优秀教师录制的，完全可以满足我们汉语口语翻转课堂课前语法学习的需要。文化点介绍可以充分利用网络上优秀的汉语文化点短片资源，例如，国家汉办网站（www.hanban.edu.cn）、网络孔子学院网站（www.chinesecio.com）等。这种短片一般对文化点的介绍非常全面，而且图文并茂，有英文翻译，学生更感兴趣，也更容易理解。

任课教师在使用教材进行具体教学的过程中可以根据本班的实际情况对电子教材进行个性化调整和补充。教学视频时长一般控制在10分钟左右，短小精悍，既可以保持注意力集中，又不会给学生构成太大的学习负担。

（二）纸质教材

课前分册的纸质教材内容主要为语言文化知识，即生词、语法语言点和文化点的学习。翻转课堂的课前学习和传统课堂的学习方法不同，所以虽然传统教材中也有上述部分的内容，但目的、要求、侧重点等都不尽相同。编写课前分册的纸质教材时，不是简单地把传统教材中生词、语法语言点和文化点介绍摘出来组成一本教材就行，而是要按照翻转课堂教学模式在课前阶段的具体要求对这些部分的内容进行编写，并紧扣电子教材的相关内容，纸质教材与电子

教材结合起来共同指导翻转课堂课前学习阶段的教与学活动。

1. 导学

导学部分是对学习者在翻转课堂课前自学阶段的指导。导学中的内容依据国家汉办颁布的《国际汉语教学通用课程大纲》等材料，以表格的形式具体列出本课的教学目标、重点词语、重点语句、语言点，帮助学习者明确学习目标。导学部分还应包括对学习过程的指导，以简短的指导语句或流程图的形式告诉学习者本课课前学习的具体步骤和注意事项，引导学习者顺利完成课前阶段学习任务。

2. 生词

（1）生词表

生词表呈现出本课要求学习者掌握的全部生词，供学习者朗读和记忆。顺序上由于在课前阶段我们重点处理语言文化知识，暂不出现课文，所以生词的排列不必按课文的顺序呈现。我们建议将同类词语集中放在一起，这样的编排可方便学习者的整体记忆和集中学习。生词的量上，我们考虑到课型是口语课，而且是运用翻转课堂的口语课，生词是需要学生在课前学习并基本消化的内容，因此生词的量一定要小，尤其是高级阶段要严格控制超纲词的出现。

（2）生词笔记

以笔记的字体和排版形式，简洁清楚地对本课的生词内容进行整体梳理，比如生词搭配、用法、例句、近义词辨析等，内容包含电子教材中教师所授生词内容，这样不仅可以方便学生把握重点并反复查看，还可以有效避免学习者观看教学视频时忙于低头做笔记而分散注意力的情况，从而保障生词学习的效果。

3. 语法及语言点

（1）语法及语言点注释

为学习者提供清晰、简明的语言点解释以及典型例句，方便学习者查阅，以帮助学习者理解记忆，同时在此基础上进行有效扩展。

（2）语法及语言点笔记

以笔记的字体和排版形式，简洁清楚地对本课的语法内容进行整体梳理，比如结构图式、常用例句、常见偏误等，与电子教材中教师所授语法内容吻合，方便学生把握重点并反复查看。语法笔记部分的设置还可以有效避免学习者观看教学视频时忙于低头做笔记而分散注意力的情况，保障语法的学习效果。

4. 文化点

选取与本课话题相关的中国风俗文化进行简单的文字介绍，配以图片，初中级教材可以配上英文翻译，帮助学生更好地理解和把握语言与文化。

5. 学习情况评估

（1）自我评估

自我评估部分的设置主要是希望学生能对所学内容进行反思，反思有助于将所学知识融会贯通，将新知识融入到脑海的知识网络中。学习者通过反思，如实记录自己对本课生词、语法和文化的理解和掌握程度，清楚地记录下哪些内容自己尚未掌握或模棱两可，以备在教师答疑时解决。

（2）活页测试题

针对课前阶段学习的重点生词和语言点编写针对性的测试练习，学生在完成课前阶段学习任务后进行自测，以巩固所学知识并检测自学效果。练习形式可以多样化，比如选择、完成句子、排序、连线、填空等，根据本课生词和语法的特点来选择适合的练习形式。测试题的数量和难度程度要适中，目的是检测学生对知识的基本掌握情况。设计成活页可方便教师收集并查看，及时了解学生对本课知识的掌握情况。

四、基于翻转课堂的汉语口语教材课堂分册编写体例

（一）话题及任务活动导入

在进入本课课堂活动之前，对本课的话题以及主要课堂任务活动做一个简单的介绍，迅速将学习者带入本课任务话题。例如初级汉语口语课常见的饮食话题，我们可以这样导入任务活动：

<table>
<tr><td>话题</td><td>饮食</td></tr>
<tr><td>任务活动</td><td>为周末的全班午餐做准备。
【这个周末你们有时间吗？我们班同学一起去吃午饭怎么样？
可是有几个问题：①我们去哪儿吃好呢？②同学们都喜欢吃什么？不喜欢吃什么？③到了饭馆以后，你能用汉语流利地点菜吗？点哪些菜呢？
看来，我们要做的准备还真不少。】
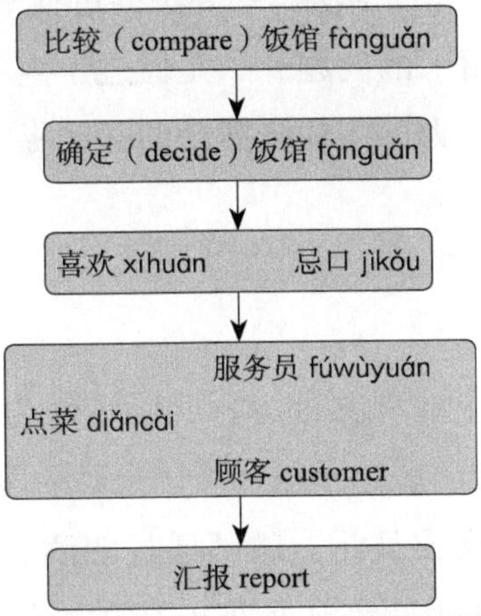
</td></tr>
</table>

（二）词汇思维导图

这一环节旨在激发和活跃学生的发散性思维，激活学生大脑中关于本课话题的相关信息，不仅可以检查学生在翻转课堂课前学习阶段的生词学习情况，而且可以促进学生积极主动地思考在自己表达该话题时需要哪些词汇，启发联想力增强词汇记忆力，扩充词汇量，满足个性化表达的需要，为下面任务活动的开展提供必要的词汇储备。例如：

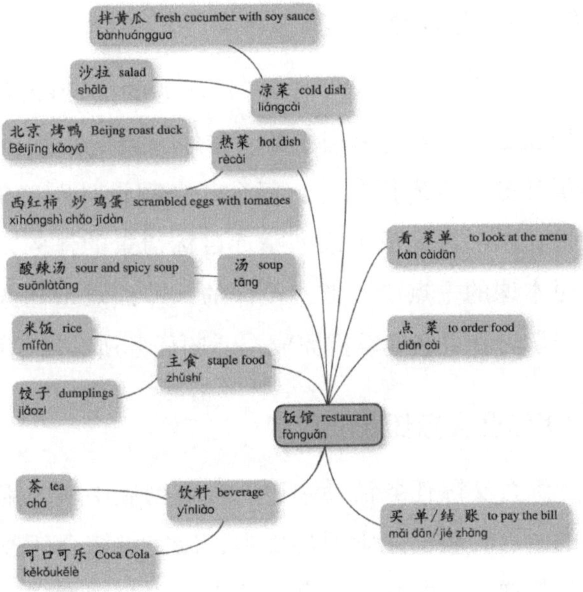

“饮食”词汇思维导图

（三）语法思维导图

语法思维导图主要是通过激发和活跃学生的发散性思维，帮助学生整理进行本课话题表达时常用到的一些语法和常用句。教材这一部分的设置主要有两个目的：一是检查学生在翻转课堂课前学习阶段对语法和语言点以及重点例句的学习和掌握情况，教师在学生完成语法思维导图的过程中可以进行语法答疑，解决课前学习阶段语法学习上留下的问题；二是促进学生积极主动地思考自己在表达该话题时需要哪些句子，为下面任务活动的开展提供必要的语法和句子储备。

（四）交际示范

交际示范相当于以往教材中的课文部分，交际示范为学生提供1—2段与本课话题相关的典型场景下的汉语表达示范，可以是对话体，也可以是叙述体。其中涉及的本课生词和语法应突出显示。教师通过朗读、问答、对话、扩展、复述、角色扮演等多种方法使学生熟练掌握课文中的表达和结构，为学生提供规范真实的表达范例，从而进行语言输入。

（五）任务活动链

任务活动链即“子任务”，任务的类型涉及焦点型任务、信息差任务、拼合型任务、罗列清单型任务、排序分类型任务、比较型任务、解决问题型任务、小组任务、全班任务等。每个任务都设计明确的任务要求和具体的任务成果。通过让学习者完成一系列贴近目标情景的任务，实现语言输出。其中包括一些针对本课的重点语言形式设计的一些焦点型任务，充分兼顾了形式与内容，有助于学习者更好地掌握完成本话题任务所必需的语言形式。

（六）综合交际任务

综合交际任务活动中进一步贯彻做中学、用中学、体验中学的思想，将真实的语言材料引入学习环境中，以完成综合任务的形式进行信息或观点等的交流和传递，使学习者以合作的方式参与到发现问题、解决问题的过程中来，在完成任务中体验学习的过程，成为独立、自主、高效的学习者。

“综合任务”的任务类型涉及角色扮演、信息差任务、拼合型任务、罗列清单型任务、排序分类型任务、比较型任务、解决问题型任务、小组任务、全班任务等。每个任务也都有明确的任务要求和具体的任务成果。

五、结语

将翻转课堂引入到初级汉语口语课的教学中，可以很好地达到延长课堂教学时间的效果，同时让学生更充分地进行任务活动，提高课堂的互动性。将口语教材分为课前和课堂两个分册可以有针对性地服务于翻转课堂教学模式中的不同阶段，同时口语教材的课堂分册中突出了任务式教学的特点，进一步体现出对外汉语教学中“精讲多练”的原则。

目前，笔者已经开始尝试在口语教学实践中逐步引入和尝试翻转课堂的教学模式，并有意识地将本文提出的教材体例体现在课程准备过程之中。后续研究中笔者还将在前期研究与实践的基础上着手教材的编写，以促进翻转课堂教学模式在对外汉语口语教学中的使用和推广。

参考文献

① 白迪迪，“翻转课堂”教学模式在对外汉语教学中的应用研究，《现代语文》（语言研究版）2014 年第 3 期。

② 何克抗，建构主义——革新传统教学的理论基础，《电化教育研究》1997 年第 3 期。

③ 李海龙、邓敏杰、梁存良，基于任务的翻转课堂教学模式设计与应用，《现代教育技术》2013 年第 9 期。

④ 李燕，结合任务的对外汉语初级口语教学初探，《汉语速成教学研究》，北京：北京语言大学出版社，2011 年。

⑤ 李燕，基于任务的初级汉语口语翻转课堂教学模式初探，《数字化汉语教学》，北京：清华大学出版社，2014 年。

⑥ 李红、李煜，运用 VoiceThread 在汉语作为外语的教学中翻转课堂，《数字化汉语教学》，北京：清华大学出版社，2014 年。

⑦ 王彩霞、刘光然，翻转课堂优化中职课堂教学探析，《职教论坛》2013 年第 6 期。

⑧ 杨刚、杨文正、陈立，十大翻转课堂精彩案例，《中小学信息技术教育》2012 年第 3 期。

⑨ 于淼，基于翻转课堂理念的语法教学模式的构想与尝试——以语法项目“动词＋过”为例，《数字化汉语教学》，北京：清华大学出版社，2014 年。

⑩ 张金磊、王颖、张宝辉，翻转课堂教学模式研究，《远程教育杂志》2012 年第 4 期。

⑪ 张跃国、张渝江，透视“翻转课堂”，《中小学信息技术教育》2012 年第 3 期。

作者简介：李燕，女，北京语言大学汉语速成学院讲师。

“调查报告”习得情况考察及对高级口语教材编写的启示

孙小晶

摘　要　本文基于大量高级水平汉语学习者口语录音作业语料，考察和分析了“调查报告”口语篇章表达模式的习得情况，并由此提出了编写对外汉语高级口语教材的几点启示，以期对对外汉语高级口语教材的编写及提高高级阶段的汉语教学质量有所裨益。

关键词　调查报告　习得　考察　启示

上世纪90年代后期至本世纪初，学界开始关注对外汉语篇章教学，主要侧重于从中介语语篇中考察偏误，尤其是各种衔接手段偏误的描写与分析，但是这些研究全部基于笔语语料库，并且是针对某一篇章衔接手段如“省略”“照应”“句式”的习得研究，基于口语语料的篇章表达模式习得研究尚少。根据张迎宝（2011）的统计，216篇论文中从篇章角度研究教材编写的只有11篇，仅仅占5%。可见，从篇章角度研究教材亟待加强。

本文所选取的录音语料来源于“高级水平汉语学习者口语录音作业语料库”（目前有3万音节左右，正在建设中），该语料是一些高级水平汉语学习者历次录音作业的总集。学生录制录音时会被要求不能全部写出来读，而是记下要点或者只是思考要说的内容后开始录音，因此这些录音理论上应该是学习者口语综合能力的反映，是未经长期思考综合运用汉语的状态，也是学习者自然语流的集合。

一、“调查报告”篇章模式的习得研究

（一）概念界定

徐赳赳（2014）在其专著《现代汉语篇章语言学》中强调了狭义的篇章是具有一定的语义模式和功能的段与段之间的有机结合。吕文华（2012）谈到语段和篇章这两个概念有联系，但是两个不同的概念，虽然篇章可以是一个语段，但最常见的还是一篇文章。她主张在初级阶段和中级阶段开展语段教学，到高级阶段适当从语段过渡到篇章教学。本文采用的“篇章”为狭义的篇章，是段与段之间形成的具有一定结构、语义、功能的“篇章”。篇章衔接连贯的手段是篇章教学的重点，一些连词、副词，或者一些语言结构、准固定语及具有内容引导作用的词句等是篇章中显性的语言标志，隐性语义标志指的是篇章推进时的语义逻辑层次等隐含于语言背后的衔接手段。

（二）“调查报告”的习得情况考察

篇章表达模式的种类很多，例如，“以时间为线索介绍事件”“介绍事物的变化或者变迁”“图表的描述及总结”“介绍人物的生平事迹”等，这些都可以在“高级水平汉语学习者口语录音作业语料库”中去考察学生的习得情况，也是笔者的纵向研究目标。根据学生作业上交的数量和质量，本文仅选取了其中的“调查报告”篇章表达模式（以下简称“调查报告模式”）作为考察点来分析学生的习得情况。

1. 调查报告模式简介

调查报告模式是笔者基于《发展汉语 高级口语 I》（第二版）中的课文《快乐也会传染》研究总结调查报告模式后教授给学生的。[①] 调查报告模式的隐性标志及显性标志如下：

① 请参看《发展汉语 高级口语 I》（第二版）（北京语言大学出版社，2011年）第2页课文一《快乐也会传染》。

调查报告模式隐性语义标志：
研究 / 调查的主题引入
研究 / 调查得出结论
研究 / 调查的各种数据介绍
研究 / 调查中的其他发现
研究 / 调查的总结

调查报告模式显性语言标志：
说到……
……研究 / 调查显示，……
调查数据显示，百分之……
研究 / 调查人员还发现，……
……研究 / 调查结果显示 / 告诉我们，……

需要说明的是，作为调查报告模式的隐性语义标志，课文列出了五项：主题引入、结论介绍、数据介绍、其他发现、总结，教学中“其他发现”并不是必须项，如果调查研究没有特别的发现，也可以不用介绍。课文的调查报告在“主题引入”时使用了具有“话题提及和导入”作用的词语结构“说到……”，但也告诉学生这不是唯一“引入主题”的方式，学生也可以直接说明主题，或者通过其他任何方式引入主题，其他的显性引导语标志未必完全一致，说清即可。

2. 具体数据分析

“高级水平汉语学习者口语录音作业语料库（建设中）”目前共收录了 56 位来自不同国家的汉语学习者的各类篇章表达模式的口语录音作业，但受限于学生交作业的数量和质量，可供考察研究“调查报告模式”的录音作业为30份，作者将录音转写成文本并考察了调查报告模式的习得情况，文中例子忠于学生录音作业原文，篇幅所限，省略部分。

（1）调查报告模式隐性语义标志的习得情况

表 1　录音中包含各项隐性语义标志的数量表

包含全部五项隐性语义标志的录音份数	12	占比 40%
包含其中四项隐性语义标志的录音份数	12	占比 40%
包含其中三项隐性语义标志的录音份数	4	占比 13.3%
包含其中两项隐性语义标志的录音份数	1	占比 3.3%
包含其中一项隐性语义标志的录音份数	1	占比 3.3%

首先，通过考察 30 份录音可以发现有 12 份都包含了调查报告模式的全部五项隐性语义标志，包括主题引入、调查结论、数据介绍、其他发现及总结，占比 40%。待全面考察录音文本后发现，能够真正在各语义层次中运用较为充分的说明语句的录音份数仅为 3 份，占比 10%。其他包含全部五项隐性语义标志的 9 份录音的最大特点是两项甚至三项语义标志混在一起介绍，其中有 7 份是数据介绍与调查结论放在一起。

例1：我们对22位不同年龄、不同职业、不同国籍的人进行了调查，调查数据显示，36%的人回答，做自己爱的事是最好的，他们的理由是做自己爱的事会让人更开心，更高兴，23%的人回答，教师是最快乐的职业……

例2：我们的调查数显示93%的都觉得他们现在很幸福，可能是因为他们的生活已经满足了，所以现在还不需要别的。我们调查中50%都是学生，另一部分都是工作人，对这些学生们来说，幸福是比较简单，只要能吃好、睡好、跟朋友出去玩就满足了……

从以上例子中我们可以发现，这7份录音中的特点是先简单介绍数据，一句或者两句，然后得到一个小结论，这说明这7位同学可能没有理解调查结论指的是综合数据的结论，或者他们并不具备综合分析数据并总结的能力。

另有一份录音将“主题引入”与“调查结论”放在一起说，其段落如下：

例3：说到你现在幸福吗，每个人的答案就不一样，为什么呢？是因为他们的心理要求就不一样。有的人他们的心理要求就比较低，有的人他们的要求比较高，所以怎么满足他们的要求就算是让他们幸福。

该学习者主题引入仅有一句，随即导入了调查的结论。说明该学习者对于利用“说到”引入主题的办法并不熟练，扩展得不多，这一主题引入的手段是习得的难点。

还有一份录音将“主题引入”“调查结论”及“数据介绍”统统放在一起，其段落如下：

例4：说到幸福不幸福的问题，我们问了30多个人一个很简单的问题“你觉得幸福吗”，大多数的人都说他们幸福，73%说幸福，27%说不幸福。

该学习者既想用到“说到”这样引入主题的标志词，又想得出结论，但是其综合概括的能力不高，也没有很好地习得“说到”标志词的使用方法，显然语言运用较为单一。

其次，包含四项隐性语义标志的录音份数也为12份，占比40%，其中5份忽略了“数据介绍”，4份忽略了“研究其他发现”，3份省略了“主题引入”。忽略“研究其他发现”的学习者基本习得了调查报告模式，因为“研究其他发现”并不是必须的语义层次，然而忽略“数据介绍”“主题引入”即缺失了调查报告模式中隐性语义标志的部分，该学习者并没有完全习得调查报告模式的隐性语义标志，因为“数据”是结论的基础，“主题”是所有篇章模式中几乎都需要具备的语义层次。

再次，有4份录音包含三项隐性语义标志，占比13.3%，其中3份包含的三项隐性语义标志为“主题引入”“数据介绍”“调查结论”，1份包含的三项隐性语义标志为“主题引入”“调查结论”“总结”，这些录音均包含了“主题引入”和“调查结论”，说明这些学习者确实要介绍一份调查，只是介绍的内容较为简单，而那份包含两项隐性语义标志的录音也同样包含的是“主题引入”和“调查结论”，说明这些学习者并没有通篇考虑调查报告，可能是他们没有习得调查报告模式，也可能是因为他们应付作业。

特别是最后一份只有一项隐性语义标志的录音，它包含的是“研究其他发现”，按照常理推测仅包含一项隐性语义标志最有可能的应是“调查结论”，但是这份录音开篇即为“从调查结果中还可以发现”，这似乎有悖常理，可能是录音提交不全或者录制失误所致。

综上，可以说大多数学习者能够较好地习得调查报告模式中的各项隐性语义标志，能够了解并正确进行一份调查研究并做出简单的调查报告，即使缺失部分语义层次，但仍能介绍调查内容及调查结论。

（2）调查报告模式显性语言标志的习得情况

表2　录音中包含各项显性语言标志的数量表

运用的显性语言标志与模式完全一致的录音份数	21	占比70%
运用的显性语言标志选取了模式中关键词语的录音份数	7	占比23.3%
运用了自己的衔接词语和引导词语的录音份数	2	占比6.7%

通过考察转写的录音文本可以发现，21份录音包含了与模式完全一致的显性语言标志。例子如下：

例5：说到“最快乐的职业”，每个人的看法可能会不一样，因为世界上有很多种职业，当然有一些比较传统的职业，比如老师、医生、警察，也有一些最近新出来的职业，比如健康教练、晚会组织者、赛车手，那么什么职业让人们会感觉到最快乐呢？

我们调查人员进行问卷调查，调查对象是24个北语外国留学生和6位中国老师。

我们的调查显示，多数人认为……

调查数据显示……

调查人员还发现……

这项调查结果显示，世界上最快乐的职业就是跟自己的爱好或者梦想一致的职业。无论国籍、年龄、性别，多数人认为可以做自己喜欢的事儿的职业是最快乐的职业。对他们来说金钱、社会地位并不是最快乐的职业的前提。

例6：我们的题目是“你所经历的最快乐的事是什么？”

我们的调查显示快乐的事有5种类，……

从调查结果发现，……

从调查结果中还可以发现……

调查结果告诉我们，随着压力强度变化快乐的程度也变化，……

上面两个例子是较为典型且具有全部调查报告模式中显性语言标志的录音作业，比如，运用“说到”切入主题或者直接使用“我们的（调查）题目/主题是……”来引入主题，运用“研究/调查显示”“调查数据显示”“研究/调查人员还发现”“……研究/调查结果显示/告诉我们，……”等引导词语来衔接各个语义层次，其占比高达70%。

此外，也有占比为23.3%的录音作业运用的显性语言标志是模式中的关键词语，这些学习者喜欢运用“主题”“发现”“结果”等可代表及提示整段内容的关键词语。比如：

例7：我们主题是“你现在幸福吗？为什么幸福不幸福”

我们问了（说了三遍“3”）30个人，……

我们还发现……

结果我们知道幸福是我们以乐观的态度面对生活。

综上，语料中有超过90%的录音作业能够使用教学中的显性语言标志，说明这些学习者能够很好地习得有明显篇章标志作用的词语，并且乐于运用这些词语。

值得强调的是关于“主题引入”的语言标志的习得情况，课文中的调查报告运用了“说到”来切入主题，教学中我们也反复操练，并且说明也可以采用“我们的调查主题”等语句来直接引入主题或者采用其他办法，而实际录音语料中的情况是：除去缺失“主题引入”层次的录音，剩余录音总数为26份，其中11份录音用了“说到”切入主题，占42%，14份录音直接用“主题”等字眼导入主题，占54%，1份录音用了因果手段导入主题。这说明有一多半的学习者对于使用“说到”来切入主题采取了规避的态度，加之前面提到的一名学习者使用“说到”直接导出主题，并且将数据和结论揉在一起介绍的情况（请参看例4），可以说明，对于使用“说到”引入主题是学习者习得的难点，更多学习者采用了更直接的方式道出主题，这既符合这些国家的语言习惯，使用简单，也可以规避复杂的结构。

二、对高级口语教材编写的几点启示

调查报告模式的习得情况证明了学习者可以较好地习得具有隐性语义标志的篇章模式，他们也能够习得篇章模式中各类显性语言标志并试图运用它们。学生学习的依据是教材，这就对高级口语教材编写提出了更高的要求。

首先，教材课文应为大量具有口语篇章表达模式的范例，让教师有课可依，让学生有据可学，从而提高高级阶段留学生的成篇表达能力。

其次，教材编写时应尽量选择显隐性篇章标志兼具的口语篇章表达模式范例，这可以更好地提高教学质量和学习效率。

再次，教材应该具有显隐性篇章标志的详细说明，包括标志是什么，如何使用，等等，这可以为教师备课和学生学习提供便利。

此外，课后练习也应突出由段至篇的过渡，尽量设置可用于学生实际工作和生活的任务活动形式来训练口语篇章表达模式。例如，针对调查报告的篇章表达模式可设计“请根据中国市场情况做手机使用调查并进行总结汇报”等任务活动，提高学生在实际生活中更自然地运用篇章表达模式的能力。

本文基于口语录音语料考察了调查报告模式的习得情况，分析得出了学习者对于隐性语义标志及显性语言标志的习得状况良好，提出了教材应选择显隐性篇章标志突出的口语篇章表达模式范例并做好说明注释，以期更好地改进现有的教材，更科学地进行对外汉语高级口语课的教学设计。

参考文献

① 曹秀玲，韩国留学生汉语语篇指称现象考察，《世界汉语教学》2000 年第 4 期。

② 陈萍，论句群语境中存在句的衔接手段——留学生学习汉语存在的偏误，《江西教育学院学报》2007 年第 5 期。

③ 国家汉办，《高等学校外国留学生汉语语言专业教学大纲》，北京：北京语

言大学出版社，2002年。

④ 国家汉办汉语水平考试部，《汉语水平等级标准与语法等级大纲》，北京：高等教育出版社，1996年。

⑤ 郭颖雯，篇章语言学与语段、语篇口语教学，《语言教学与研究》2003第5期。

⑥ 廖秋忠，现代汉语篇章中的连接成分，《中国语文》1986年第6期。

⑦ 刘月华，关于叙述体的篇章教学——怎样教学生把句子连成段落，《世界汉语教学》1998年第1期。

⑧ 吕文华，语段教学内容的选择和分布，《语言教学与研究》2012第1期。

⑨ 吕文华、鲁健骥，外国人学习汉语的语用失误，《汉语学习》1993年第1期。

⑩ 鲁健骥，外国人学汉语的篇章偏误分析，《第六届国际汉语教学讨论会论文选》，北京：北京大学出版社，2000年。

⑪ 毛悦，对一次留学生话语能力测试的分析，《世界汉语教学》1997年第3期。

⑫ 彭小川，关于对外汉语语篇教学的新思考，《汉语学习》2004年第2期。

⑬ 屈承熹，功能篇章语法及其在对外汉语教学上的应用，《对外汉语教学语法探索——首届国际对外汉语语法讨论会论文集》，北京：中国社会科学院出版社，2003年。

⑭ 孙新爱，主位—述位理论和留学生汉语语篇教学，暨南大学硕士学位论文，2004年。

⑮ 田然，留学生限定话题语篇中词汇衔接状况考察，《云南师范大学学报》(对外汉语教学与研究版)2005年第1期。

⑯ 肖奚强，外国学生照应偏误分析——偏误分析丛论之三，《汉语学习》2001年第1期。

⑰ 徐赳赳，《现代汉语篇章语言学》，北京：商务印书馆，2014年。

⑱ 杨翼，培养成段表达能力的对外汉语教材的结构设计，《汉语学习》2000年第4期。

⑲ 赵金铭，对外汉语教材创新略论，《世界汉语教学》1997年第2期。

⑳ 张宝林，语段教学的回顾与展望，《语言教学与研究》1998年第2期。

㉑ 张迎宝，对外汉语篇章教学的研究现状与存在的问题，《汉语学习》2011年第5期。

作者简介：孙小晶，女，北京语言大学汉语速成学院讲师。

寒暑期高班留学生口语教材需求分析

王　蕾

摘　要　本文利用问卷调查的方法对寒暑期高班留学生在口语教材内容、形式方面的需求进行了研究和相关统计，并对寒暑期班和一学期班的教材需求情况进行了对比分析。结果发现，寒暑期学生最感兴趣的口语话题是“中国政治、经济、法律问题”；最期望的课文形式是文中生词带拼音，这与目前教材的话题安排、形式设计有很大差别。

关键词　需求分析　口语教材　寒暑期高班　因子分析

一、前言

虽然近几年来华非学历留学生数量改变了以往直线上升的趋势，呈现出下行态势[①]，但是利用寒暑期来华进行汉语学习的留学生绝对数量仍十分可观，以北京语言大学汉语速成学院为例，近四年来（2011—2014）寒暑期留学生均在1600人次以上，其中D、E、F高班学生[②]在所有寒暑期学生中所占的比例一直保持小幅增长，分别为12.11%、13.24%、14.07%和14.24%[③]，甚至在2013年学生总体数量下降的情况下，高班学生所占比例仍有一定上升。这一方面说明更多的留学生对自己的汉语水平提出了高要求，想利用假期在短时间内进一步提升语言水平，了解中国及中国文化；另一方面，这也为对外汉语教学的方方面

① 参见教育部官网2012—2014年来华留学生简明报告。

② 针对中高级水平留学生的汉语教学与初级水平教学存在较大差别，但是中级、高级之间的差异相对较小，因此这里将属于中高级的D、E、F班放在一起，统称高班。

③ 数据来源：北京语言大学汉语速成学院留学生管理系统。

面提出了更高的要求。

与高班留学生数量增长不匹配的是，我们的教学工作还存在着一定的欠缺，并非尽善尽美。仅以教材建设为例：目前专门针对假期高班留学生的对外汉语教材并不多见，各学校一般采用一学期或一学年班的教材。可是，到底是否能够直接使用这些汉语教材？如果能，在无法完成整本书的情况下，对内容应做何种取舍？哪些是学生最感兴趣的话题？另外，为了保持话题的新鲜度，很多教师会为学生补充一些材料。那么，应补充什么内容和形式的材料？完全抛弃指定教材还是采取互为补充的方式？学生更喜欢对话体的材料还是成篇的叙述体材料？学生是否还需要在文中添加拼音作为辅助？为了回答这些问题，很有必要专门针对寒暑期高班的留学生教材形式和内容进行科学的需求分析，解决教师在教材选择、编写中困扰多时的问题。

二、相关理论

所谓需求分析（needs analysis），就是通过内省、访谈、观察和问卷等手段对需求进行研究的技术和方法（倪传斌，2007）。其中，外语需求分析是该方法的一个重要研究方向，即利用相应的手段对外语学习者在学习目标、学习内容、学习过程中的各种要求、希望、方法、困难等进行调查，并对相应数据进行分析的一种方法（倪传斌、刘治，2006；Cohen, Manion & Morrison, et al., 2000）。外语需求分析起源于上世纪 70 年代的欧洲，至今已经在各国语言教学的课程设置、教材编写、教学大纲设计、课程评估、试题编制和教育政策制定等方面得到了广泛的应用（Nunan, 2001；倪传斌、刘治，2006）。

在对外汉语教学领域，随着"以学习者为中心"的教学思想不断深入，需求分析也越来越受到研究者的重视。倪传斌（2007）提到，早在 20 世纪 90 年代，很多专家已经在教学实施、专业设置等方面指出了"需求分析"的重要性，但"目前外国留学生汉语需求分析的实证研究仍停滞在'坐而言'，而非'起而行'的状态"。虽然目前已出现一些基于需求分析的研究（王静，2005；张黎，2006；倪传斌，2007），但总体来说并不丰富，特别是教材建设方面的需求分析研究非常匮乏。本文希望利用这一研究方法，从教材内容和形式角度进行一个探索性的研究，为已有的研究成果做出一些补充，同时也为解决寒暑期高班留学生教材选编中的具体问题提供有效的参考。

三、研究方法

根据外语需求分析的理论和方法，本文采用问卷调查的方法，对寒暑期高班留学生在口语教材内容、形式等方面的需求进行初步的研究。

（一）调查目的

本调查希望解决以下几个主要问题：

1. 寒暑期高班留学生对口语教材的需求是怎样的，即感兴趣的话题主要有哪些？该问题旨在探讨寒暑期高班口语教材的内容应如何选择和编排。

2. 寒暑期高班留学生对口语教材形式有怎样的需求？目的是通过对该问题的探讨，在口语教材的形式方面提出一些改进意见。

3. 寒暑期高班留学生对口语教材内容的需求是否与一学期班学生有所差别？这一问题旨在探索寒暑期高班口语教学是否可以直接采用一学期班的教材。

（二）调查对象

调查对象分为两部分：北京语言大学汉语速成学院假期 D 班、E 班来华留学生，计划学习时间 4—6 周不等；北京语言大学速成学院秋季学期 D 班一学期来华留学生。

（三）调查问卷

在对相关教师、学生进行访谈的基础上，结合北京语言大学汉语速成学院使用的口语课本、参照包括 Waters & Vilche（2001）等的相应研究成果制订问卷内容，问卷为中英双语。问卷采用 Likert 五度量表，即最高值为 5 分，最低值为 1 分。

（四）问卷发放

调查均由 D、E 班的口语老师协助发放，调查对象对问卷有任何疑问均由老师予以解答。问卷共发放 80 份，实际回收 68 份，回收率为 85%，其中有效问卷（问题回答数超过 95% 以上的）65 份，占总发放问卷数的 81.25%。有效问卷中来自假期班学生的共 48 份，其中 D 班学生 20 人，占 30.77%；E 班 28 人，占 43.08%；20 周 D 班 17 人，占 26.15%。年龄最小为 16 岁，最大为 61 岁，30 岁以下的占 76.92%。共有 14 个国家的学生参与了调查。

（五）数据收集与统计

全部数据输入 SPSS 软件进行分析，其中少部分调查对象未对其中的个别问题进行回答，则在统计中以该项目的均值代替，数据缺失率不足 1%。

四、研究结果

（一）寒暑期高班口语教材内容的需求

为探讨这一问题，该部分共设计了包括政治问题、法律案例、环境、影视、旅游等在内的 24 个话题（见表 1），本研究希望为教材使用者和编写者提供“大类”或者“单元”参考，因此，调查数据拟采用因子分析的统计方法进行归类。首先进行 KMO 和 Bartlett's 检验，结果显示，KMO>0.5，Bartlette 球形检验值 sig=.000<.05（df=253），这两项数值均说明该数据统计分析可以使用因子分析的方法（张敏强，2002）。

SPSS 计算结果显示，所调查的 24 个原始变量可归纳为以下 7 个因子（见表 1）：

表 1　因子归纳结果

	Component						
	1	2	3	4	5	6	7
政治制度	.880						
经济制度	.858						
政治问题	.854						
经济热点	.768						
法律案例	.752						

续表

	Component						
	1	2	3	4	5	6	7
戏剧		.880					
小说		.870					
散文		.859					
诗歌		.842					
环境			.877				
交通			.742				
家庭			.741				
教育			.690				
古诗				.843			
古代史				.815			
古文				.776			
旅游知识					.756		
书画					.681		
中国文化					.568		
观念					.420		
音乐						.868	
影视						.672	
近现代史							.715

从表 1 中可以看出，排在第一位的因子是由 5 个原始变量组成的，即：政治制度、政治问题、经济制度、经济问题、法律案例；第二个因子是由戏剧、小说、散文、诗歌 4 个原始变量组成的；依次类推，排在最后一位的变量是中国近现代历史。我们可以对这 7 个因子进行命名，第一个到第七个因子可以分别称为“政治经济法律因子”“中国文学因子”“中国社会民生因子”“中国古代知识因子”“中国艺术文化因子”“影视音乐因子”和“中国历史因子”，其中“政治经济因子”占到了最为重要的位置。

继续分析各因子的方差贡献情况即特征值，由表 2 可以看出，因子 1 对方差变异的贡献率是最大的，为 24.703%，因子 2 的贡献率为 18.879%。七个因子的累计方差贡献率为 78.593%，即这七个因子可以解释 78.593% 的方差变异。基本达到因子分析的最佳水平。

表 2　各因子的方差贡献情况

Component	Initial Eigenvalues			Extraction Sums of Squared Loadings			Rotation Sums of Squared Loadings		
	Total	% of Variance	Cumulative %	Total	% of Variance	Cumulative %	Total	% of Variance	Cumulative %
1	5.682	24.703	24.703	5.682	24.703	24.703	3.948	17.167	17.167
2	4.342	18.879	43.582	4.342	18.879	43.582	3.767	16.379	33.546
3	2.657	11.551	55.133	2.657	11.551	55.133	2.667	11.598	45.143
4	1.863	8.101	63.234	1.863	8.101	63.234	2.537	11.031	56.174
5	1.359	5.907	69.141	1.359	5.907	69.141	2.214	9.626	65.800
6	1.146	4.981	74.122	1.146	4.981	74.122	1.574	6.842	72.643
7	1.028	4.471	78.593	1.028	4.471	78.593	1.369	5.950	78.593

另外，根据因子变量的协方差矩阵，可以确定七个因子变量是各自独立、正交、不相关的，各因子均是各组原始变量的典型代表，因子分析是成功的。

（二）寒暑期高班口语教材形式的需求

在对口语教材形式的调查中，问卷设计了“整本教材——单篇材料”、“对话体——成篇文章”和“无注音文本——在文中进行生词注音”三个方面的问题，要求被试根据个人喜好分别做出 1—5 分的评价。所得数据经过统计，根据配对样本的 T 检验结果（表 3），可以看出：被试对整本教材和单篇材料、对话体和成篇文章这两项上的喜爱程度并无显著性差异（sig=.894>.05，df=47，t=.133；sig=.360>.05，df=47，t=.924），但是在最后一项上却存在显著差异（sig=.000<.05，df=47，t=−5.434，$M_{无注音}$=2.69，$M_{生词注音}$= 3.77），因此可以判定，学生希望在课文中进行生词注音的期望值显著高于无注音的纯汉字文本。

表 3　寒暑期高班口语教材形式的需求检验结果

Paired Samples Test

	Paired Differences			t	df	Sig. (2-tailed)
	Mean	Std. Deviation	Std. Error Mean			
1　整本——单篇	2.083E-02	1.0816	.1561	.133	47	.894
2　无注音——生词注音	.1250	.9368	.1352	.92	47	.360
3　对话体——成篇	−1.0833	1.3812	.1994	−5.434	47	.000

（三）暑期高班留学生与一学期留学生对口语教材内容与形式需求的差别

为探求这一问题，我们对一学期 D 班学生 17 人就同样的问卷进行了统计，以便与暑期 D 班的相关数据进行比较，在内容需求上，经过独立样本 T 检验，结果发现，一学期 D 班与暑期 D 班在所有 24 个问题的回答上均无显著性差异（Sig. 值分布在 .090 ～ .907，均大于 .05）。与内容需求一样，在口语教材形式的需求上，二者之间也无显著差别（见表 4）。

表 4　寒暑期 D 班与一学期 D 班的教材形式需求检验结果

	Paired Differences			
	df	Sig. (2-tailed)	Mean Difference	Std. Error Difference
整本	34	.664	.1300	.2967
单篇	34	.894	.3.406E-02	.2537
对话体	33	.128	.4079	.2610
成篇	33	.674	9.211E-02	.2172
全注音	34	.949	2.477E-02	.3807
生词注音	34	.527	.1950	.3052

五、结果讨论

（一）假期高班留学生比较关注中国政治、经济、法律问题

从内容需求分析可以看出，“政治经济因子”约能解释总变异的 17.17%，居第一位，这可能说明，多数留学生希望通过口语课在提高汉语水平的同时，达到了解中国现状、特别是政治经济现状的目的，与政治、经济相关的话题是学生比较感兴趣的。居第二位的是“中国文学因子”，这也说明学生比较关注这方面的内容。

但是，我们所看到的研究结果与我们现在选用的教材却仍有着较大的差距，从我院目前采用的《高级汉语口语——话题交际》这本教材来看，不提及其他民生问题，仅涉及婚姻、家庭的就有 5 课，占到了 21%，成为占比重最大的话题，而关于政治经济法律方面的只有两篇（《法与普通人》《洋货的冲击和国货的出路》），占 8.3%，关于文学方面的话题、内容更是少之又少。其实，根据本文

调查结果，“中国社会因子”在7个因子中只占到了第三位，只能解释11.60%的变异，无论地位还是比重都远远不如政治经济法律方面的话题。事实上，社会问题一直是高班教材长期以来的侧重点，不仅在同一教材中可能反复涉及，在不同水平、不同系列、不同课型的教材中更是以各种形式不断呈现，可以说，几乎每一本高班教材都会涉及交通、家庭等社会问题，学生甚至对反复探讨婚姻、恋爱问题已经产生了厌倦情绪。导致这种结果的原因，一方面可能就是在一定程度上忽视了学生对教材内容多样性的需求，另一方面也可能来源于长期回避政治经济问题的态度。

总体而言，将来我们应该在教材编写、修订以及补充材料的选择上根据学习者的兴趣、学习倾向做出相应的调整。在高级口语教材编排上真正做到有关专家提到的：选择难度适宜、贴近学生的实际与知识水平、具有世界共性的话题（王若江，1999），使口语教材真正成为学生提高口语水平的得力助手。针对假期高班留学生的口语教材，应该在一定水平上增加中国政治经济、文学方面的比重，改变以往话题重复、僵化的教材内容。

（二）寒暑期高班留学生更希望在教材中采取文中生词注音的方式

在教材形式方面的调查中，我们发现，寒暑期高班学生在“我需要一本口语教材以保证系统性”和“我需要一篇一篇的文章以保证时效性”两个选项上并没有显著差异（sig=.894>.05，df=47，t=.133），这一方面可能说明学生在两方面都是有要求的，希望系统教材与单篇文章能够互相补充以扩大知识面，另一方面也说明教师为学生补充具有时效性的材料是适应学生需求的正确做法。

在另外两个问题的调查，即“我喜欢对话体的文章”和“我喜欢成篇的文章”上，结果也显示二者在统计学上不存在显著差异（sig = .360>.05，df=47，t=.924）。这可能说明，学生在口语课文的形式上并不存在偏向。那么我们有理由认为，在高班我们可以同时在教材中安排对话体和篇章性的课文，不必拘泥于某一种课文形式。

但是在最后一组问题，也就是“我喜欢无注音文本”和“我喜欢文中生词注音的文本”中，统计结果却表现出二者存在显著差异（sig = .000<.05，df=47，t=−5.434）。这表明，学生更喜欢在课文中直接对生词进行注音的形式。这似乎与目前大部分在中高级教材课文中不出现拼音的做法是相悖的。汉语拼音在初

级教材中普遍存在，中高级教材中是否应该使用却一直是争论的问题。对于汉语拼音的地位，柯彼德（2003）则撰文直接肯定了汉语拼音在汉语学习中的重要辅助作用，提出为了短时间提高学生的汉语水平，可以少教或者不教汉字。那么，依据该观点及本文调查，我们可以认为，“文中生词注音”的口语教材可以在一定程度上减轻学生认读汉字的负担，使学生集中于听说。

（三）利用长期班教材进行暑期高班留学生口语教学是可行的

最后一项调查目的是解决学生和对外汉语教师们关于“是否可直接采用短期班教材”的问题。调查结果显示，20周班学生和暑期班学生在对所提供的24项教材内容需求上并无显著差异。因此，我们有理由认为，就话题和教材形式而言，现在我们采取的教材选择策略是正确的。但是，目前我们面临的更重要的问题可能是，如何根据第一项调查的结果对教材进行合理的删减和补充。

六、余论

如前所述，任何一项单独的研究都无法全面解决外语需求分析所涉及的方方面面，但是任何一项研究可能都是对已有成果的发展或补充。本文作为一个在寒暑期高班口语教材方面的探索性的小样本调查研究，希望能为一线教师的教材选择提供参考。当然，与之相关的一些问题仍需继续研究，比如：教师对寒暑期高班口语教材内容和形式的预测是否与学生期待存在偏差；华裔与非华裔学生除了在生词注音方面有显著性差异外，是否还在其他方面存在差别；汉字文化圈学生与非汉字文化圈学生对口语教材的需求是否一致，等等。本文希望能使需求分析这一研究方法得到更多的对外汉语专家和教师的关注，使之真正成为连接学生与教师、教材的纽带。

参考文献

① 柯彼德，汉语拼音在国际汉语教学中的地位和运用，《世界汉语教学》2003年第3期。

② 倪传斌，外国留学生汉语的学习需求分析，《语言教学与研究》2007年第1期。

③ 倪传斌、刘治，外语需求的特性分析，《外语与外语教学》2006年第2期。

④ 王静，基于“需要分析”的特殊目标汉语课程设计，《语言教学与研究》2005年第5期。

⑤ 王若江，对汉语口语课的反思，《汉语学习》1999年第2期。

⑥ 张黎，商务汉语教学需求分析，《语言教学与研究》2006年第3期。

⑦ 张敏强，《教育与心理统计学》，北京：人民教育出版社，2002年。

⑧ Cohen, L., Manion, L. & Morrison, K. *Research Methods in Education*. London: Routledge, 2000.

⑨ Nunan, D. *The Learner-Centered Curriculum: A Study in Second Language Teaching*, Shanghai Foreign Language Education Press, 2001.

⑩ Waters A., Vilches M. L., Implementing ELT innovations: A needs analysis framework, *ELT Journal*, 55(2), 2001.

作者简介：王蕾，女，北京语言大学汉语速成学院讲师。

对几本汉语听力教材微技能训练的考察

李靖华

摘　要　本文在前人听力微技能研究的基础上总结出7项听力非语言结构教学应该训练的微技能。然后考察了不同时期的几本代表性听力教材对这7项微技能的训练情况，考察结果显示：语音辨析、记忆储存等能力的训练在弱化；概括总结、处理大量信息能力的训练在加强。这表明编教者对听力理解的认识在从语言形式向语义深化，听力教材逐步在摆脱“听课文做练习”的模式，更加注重学习过程。

关键词　听力教材　听力理解　微技能训练

听力理解是一个语言解码过程，相对于说和写而言，它属于输入，相对于读而言，它属于语音形式的输入。作为一个无形的、转瞬即逝的输入过程，它受语言和心理等多种因素的制约。听力理解的教学应该分为语言结构和非语言结构两部分：语言结构的教学包括语音、词汇、语法等语言方面的教学；非语言结构的教学指一些听力技能的教学。语言结构的教学是听力课的根本和重点，非语言结构的教学是听力课的特色，如果听力课主要教授语言要素，那与语法课、综合课是没有区别的。同样，听力教材的编写也应不同于综合性教材。对听力教材的编写者来说，只有弄清汉语听力理解能力可以细分为哪些微技能，才能为今后的听力教学和教材编写提供基础。本文选取了四本不同时期较有代表性的教材，并考察了它们对听力微技能的处理情况。

一、听力理解能力的微技能研究

国内最先在学术上提出微技能的是李清华（1987），她在讨论科技听力教学时谈到国外语言教学中比较新的方法是分项技能，即将听力理解的过程中需要的技能分离出来，总结细化后再在教学中进行有针对性的练习。之后，杨惠元在1996提出一个较为全面的微技能系统。金天相和李泉（1994）、齐燕荣（1996）、胡波（2007）也做过听力技能相关的研究和论述。

在英语测试领域，对听力微技能进行实证性研究的首位学者是Freedle & Kostin（1996），他们利用多重回归得到能够解释听力理解试题难度42%方差的14种属性，不过该研究仅停留在对单个试题表面的归类和分析。Buck（1998）利用规则空间模型从题目属性推断考生能力，调查了开放式、简短回答问题、听力理解测试中的认知和语言学属性，共总结出5类共15种听力理解测试中的认知能力。

本文综合上述研究者提出的微技能，归纳总结出了若干听力教材中应该有意识培养的微技能。首先本文排除了某些非技能层面的“技能”，例如“听后模仿能力”应属于学习方法，模仿能力的高低实际上取决于听辨能力，“一心二用的能力”“边听边记能力”“根据不同的任务确定要寻找的信息类型的能力”应属于学习策略，是学生在做听力理解练习或试题时经常使用的策略。然后本文排除了定义得过于宽泛的技能，例如“理解明示信息的能力”，学生在该能力上的表现太多，是否知道所听词的意思，是否听清楚词的发音等因素都会影响他理解某个信息，这样的技能不具可操作性。最后本文对剩下的微技能进行了归纳，总结出7种微技能，详见下表：

表1　本文要考察的听力理解微技能

1. 语音辨析能力	包括对声韵调的识别能力
2. 记忆储存能力	包括对某些具体信息的记忆储存
3. 处理大信息量的能力	包括语流切分能力、选择注意能力、检索监听能力、对听力材料的筛选能力、跳跃障碍的能力
4. 处理细节信息的能力	包括处理集中信息的能力、捕捉细节信息的能力、对细节进行准确理解的能力

续表

5. 根据语料进行推理的能力	包括处理文本过程中利用背景知识的能力、基于文本推测的能力、联想猜测能力、发现和利用剩余信息的能力、预测能力和更正预测的能力、在没有显著提示下确认相关信息的能力、理解隐含信息的能力
6. 概括总结能力	包括快速有效地组织答案的能力、处理分散信息的能力、提取主要信息的能力、理解文章大意及主要信息的能力、识别重述或变化措辞的能力
7. 听力与图表对应的能力	包括根据材料填写或制作表格的能力、根据材料完成图示的能力

二、对几本听力教材听力微技能的考察

金志军（2008）将听力教材的发展分为起步阶段、过渡阶段和发展阶段，由于过渡阶段很短，教材不多，所以本文选取了金志军文中提到的起步阶段和发展阶段有代表性的教材。起步阶段的代表性教材是《听力理解》（杨惠元、李文芳，1982）（下简称《理解》），这本教材是供有一定汉语基础的学生学习的，不是零起点的教材，考虑到可比性，我们选取的其他教材也对应相应的层次，分别是：《汉语听力教程》（第二册）（杨雪梅、胡波，2000）（下简称《教程》）；《发展汉语 初级汉语听力》（下册）（张风格，2004）（下简称《发展》）；《汉语听力速成》（基础篇，第二版）（毛悦主编，2010）（下简称《速成》）。

统计时，我们以小题为计量单位，统计出这四本教材的总题量：

表 2　四本教材的总题量

	《理解》	《教程》	《发展》	《速成》
总课数	20	20	24	20
总题量	849	1167	1156	1660
每课平均题量	42	58	48	83

可以看出，每本教材的课数基本一致，但整体来说，如果将四本教材按历时顺序排列，它们的题量在增加，因此我们在后面的统计中不光统计了题量，还统计了相应的比例。同样，在下文分析和讨论变化时，我们是以时间为维度展开的。具体的统计分析如下：

（一）语音辨析能力

语音辨析能力是听力练习的常见培养目标，尤其是在初级阶段。汉语的音节由声母、韵母和声调三部分构成，因此语音辨析练习也是从这三个方面人手，常常是确定两个部分，突出练习一个部分，例如让学生听辨同声母同声调不同韵母的词，或者听辨同声母同韵母不同声调的词等，练习的形式主要是填空或选择。

听音辨调的技能训练对刚刚起步的学生来说十分重要，一方面可以帮助学生巩固汉语拼音的教学成果，另一方面可以通过听辨对学生的发音进行语音诊断，如果听存在问题，那么说也会存在相应的问题。但是对听音辨调练习是否需要坚持贯穿整个初级甚至中级阶段，不同的教材可能会有不同的处理方式。有编者认为听音辨调训练是个系统工程，应该从声、韵、调到重音、节奏逐步深化训练，因此仅仅在起步阶段进行练习是不够的。也有编者认为听音辨调的训练实际效果并不大，因为对学生来说难度太低，反而浪费了课堂时间。

在我们统计的教材中，有和没有语音辨析练习的教材各占一般（具体见表3）。虽然我们选择的教材都是针对非零起点学生的，但是《理解》和《教程》保留了听音辨调的练习，《发展》和《速成》没有，这再次体现出大家在听音辨调练习认识上的分歧。

表3 “语音辨析能力”统计结果

	《理解》	《教程》	《发展》	《速成》
总题量	39	200	0	0
每课平均题量	2	10	0	0
全书所占比例	4.6%	17%	0%	0%

（二）记忆储存能力

如果听力语料中出现了多个数字、人名、地名，并且要求学生记住以便选择正确答题，本文认为这样的练习就训练了记忆储存能力。例如：

录音：（长对话略）

练习：张明和小刘有多高？

A. 张明 180 多公分，小刘 130 多公分

B. 张明 180 多公分，小刘 150 公分

C. 张明 180 多公分，小刘 150 多公分

（选自《理解》第7课）

除了数字，对一些非关键信息的细节考查也属于对记忆储存能力的考查。此外，反向提问要求学生选择出对话中没有出现的内容也是对短时记忆的一种考查。

不过并不是所有的数字考查题都是训练记忆储存能力的，有些试题要求学生在简单数字记忆的基础上进一步归纳推理（并非计算），本文认为这部分试题训练的是概括总结能力。

在考察完四本教材后我们发现，整体来说随着学科的发展，听力教材对记忆储存能力的考查和训练呈下降的趋势（如下表所示）。

表 4 “记忆储存能力”统计结果

	《理解》	《教程》	《发展》	《速成》
总题量	92	139	61	43
每课平均题量	5	7	3	2
全书所占比例	11%	12%	5.2%	2.6%

短时记忆是记忆系统中一个重要的加工阶段，能够接受来自不同输入通道的信息并将其转入长时记忆之中。短时记忆的强弱在听力过程中会影响到理解的效果，但是它作为一种认知能力，不光会影响听力理解的效果，对整个言语习得系统都会有影响，是听、说、读、写四种技能的训练都必需的，另外通过后天学习强化提高，效果并不显著。因此我们可以看到，近期的教材虽然不排斥此类训练，但并没有进行强化。

（三）处理大信息量的能力

听懂一句话和听懂一长段讲话或对话所需要的技巧是不一样的，如前文所述，在处理大信息量时，听者要能熟练切分语流中的信息单位，然后要评估这些信息单位进而选择注意力，要能通过检索监听长篇语料得出关键信息，要对语料中不重要或者理解困难的信息自动忽视、略过等。本文将教材中大段的语料输入视为对该能力的训练。各教材的统计结果如下：

表 5 “处理大信息量”统计结果

	《理解》	《教程》	《发展》	《速成》
总题量	611	261	705	581
每课平均题量	30	13	29	29
全书所占比例	72%	22%	61%	36%

从上表可以看出，除了《教程》每一课的题量比较少外，《理解》《发展》《速成》每课的平均题量（30、29、29）差不多，没有太大的区别。但是它们在“全书中占的比重”上的表现是不一样的，一方面我们看到听力教材都重视对“处理大信息量能力”的训练，另一方面，我们也发现该训练的比例在下降，这是因为新教材增加了很多其他方面的训练。早期教材《理解》的大部分练习都是听大篇的语段，这样不仅会增加学习难度，还会导致学生的注意力难以集中。将大篇语料分解，以其他技能作为台阶，用搭梯子的方法按照“词——句——篇”的顺序进行训练，最后达到大篇语料的理解，本文认为是更科学的做法。

（四）处理细节信息的能力

在语流中捕捉关键性或细节性信息的能力也是听力训练中常见的内容，这些细节一般是人物、事物、时间、方式、地点等对理解整个听力材料起到重要作用的信息。这种能力可以在短对话或者长讲话等不同长度的语料中进行训练，例如：

> 录音：书包里、桌子上、书架上都找过了，就是找不到我的随身听。
> 　　问：说话人在找什么？
> 练习：A 书包　　B 随身听
>
> （选自《发展》第6课）

各教材的统计结果如下：

表6 “处理细节信息”统计结果

	《理解》	《教程》	《发展》	《速成》
总题量	521	468	342	482
每课平均题量	26	23	17	24
全书所占比例	61%	40%	30%	29%

我们发现，关于细节的训练有从多到少的趋势。早期的听力教材注重对细节信息的考查，引导学生关注语料中的细节，如颜色、方位等，但实际上细节信息只是整体信息的一个方面，有时抓住了细节信息反而失去了主旨信息，因而近期的听力教材一般将对细节的考查控制在1/3左右。

（五）根据语料进行推理的能力

近期的教材减少了对细节信息的考查，增加的是对语料推理和概括能力的训练。对语料进行推理的能力是指练习的答案并不明示在语料当中，需要学生理解语料后运用语言知识或背景知识进行推论，如对一些场景、任务角色、特定说法的推论。下面这一题就属于此类练习：

> 录音：他们七点就去机场了，你怎么现在才来送他们？
> 　　问：现在大概几点？
> 练习：A 七点　　B 六点多　　C 七点多
> （选自《教程》第 3 课）

从下表的统计结果可以看出，《教程》《发展》和《速成》这三部教材都比早期的《理解》更重视对学生语料推理能力的训练，尤其是《教程》，每课有 1/3 的练习是需要学生推理的，而非直接能在语料中找到答案。相比之下，《发展》和《速成》更注重培养学生对语料的概括总结能力，具体见下文。

表 7 “根据语料进行推理”统计结果

	《理解》	《教程》	《发展》	《速成》
总题量	70	465	122	237
每课平均题量	4	19	5	12
全书所占比例	8%	32%	11%	14%

（六）概括总结的能力

概括总结能力包括处理分散信息、提取主要信息、理解文章大意及主要信息的能力等，也就是说，学生要能在大量的信息中提取出主要的观点或者关键的事件发生要素等，在练习中常表现为询问方式、原因、结果、评价等。例如：

> 录音：（一个小故事，略）
> 练习：听后回答问题。
> 　　1. 玛丽排队买票的时候，发生了什么事情？
> （选自《速成》第 12 课）

该能力在听力教材中有愈加重视的趋势，统计结果如下所示：

表 8　“概括总结能力”统计结果

	《理解》	《教程》	《发展》	《速成》
总题量	73	180	240	417
每课平均题量	4	7	10	21
全书所占比例	9%	12%	21%	25%

（七）听力与图表对应的能力

这部分练习实际上也是训练考生处理细节信息的能力，形式多样，一般是时间表格、方位图，或者对话表格。例如：

2．在下图中画出：

（1）存车处的位置；

（2）人民剧场的位置。

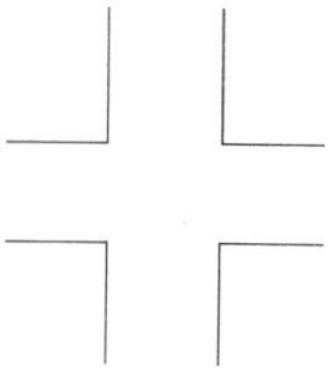

很多学者谈到的微技能中并没有该能力，但本文认为一张图画或表格往往具有丰富的信息量，在现代生活和工作环境中被大量地使用，教材应该重视图表，尤其是初级阶段的教材。我们的调查结果显示，四本听力教材中此类训练均比较少见，并未像现在的综合和口语教材那样充分利用图表。未来的听力教材编写可以将听后概括总结、处理大量信息能力的训练与图标和表格的形式结合起来，提高对语言材料的利用率。

表 9　“听力与图表对应能力”统计结果

	《理解》	《教程》	《发展》	《速成》
总题量	52	48	96	33
每课平均题量	3	2	4	2
全书所占比例	6%	3%	8%	2%

三、总结与不足

通过考察四本不同时期听力教材的微技能训练，我们总结出一些汉语听力教材发展的特征和趋势：

（1）每课的题量大大增加，题型日渐丰富

基本上每册书包含20—25课，每课的题量在50—80题之间。

从题型上看，早期教材《理解》多为非客观性练习，例如听写、完成句子等；要求书面或口头形式的输出，例如口头回答问题等；比较多地使用图表，许多练习都以填表或填图的形式出现。而相比之下，其他三本教材呈现出的一大特点即为客观性练习（选择题和判断题）的大量使用，这与客观性试题在外语教学界的普及和HSK对教学的反拨作用不无关系。客观性的练习降低了对学生输出的要求，能更准确地定位微技能训练，不过通过学生的阅读来考核听力的理解情况，需要严格控制阅读（选项或题干）的难度，否则听力教材就变成了听读教材。同时，我们也注意到近期的教材采用了很多新的题型，例如连线题、找出错误的词语、课后交际任务等。

（2）对学生的要求从理解语言形式向语义深化

从我们的统计可以看到，近期的教材对“语音辨析、记忆储存和处理细节信息”的训练有所减少，而针对“根据语料进行推理、概括总结能力”的训练在增加。可以说，教材对学生的要求不再是要求其逐字逐句都听懂，不再是准确理解所有信息，而是要求学生能够对关键信息进行推理，能够理解语言形式之外的语气、态度、用意等。在“听清楚”之外要求“听懂”，这样的要求更高，更关注语言的多重意义而非其语言学特征，更贴合语言作为交流工具的本质。听力教材的这种深化也体现了教学理念从标准规范观向沟通理解观的转化。

（3）更重视学习过程

可以说培养学生处理大量信息的能力（听长对话或语段）是听力训练的终极目标，我们的调查结果显示，近期教材中此类训练的绝对数量没变，但在全课所占比例有所下降，这说明近期教材开始重视学习过程，开始分解终极目标。

早期的听力教材开篇即为或长或短的听力理解练习，将练习形式仅作为一种检验学生理解情况的手段，这种处理多由于听力课被设置为综合课的复练课，无需过多讲解。但随着听力课逐渐游离于综合课，听力微技能更加系统、细化，听力教材需要打破“听课文做练习”的模式，增加“预听”的学习过程。通常的做法是将正式的长课文分解为若干小目标，结合各类微技能训练目标，设置针对词、短语、句、短篇理解的各种训练形式，采取朗读、口头回答、书写等各种输出方法，引导学生一步步理解成篇的表达。

四、不足

本文在选择教材时进行了认真的比较和甄别，但四本教材远不能完全代表所有的汉语听力教材，零起点和高级阶段的教材本文就没有涉及，这使我们的研究存在一定的遗憾，同时也让我们期待今后进一步的研究。

参考文献

① 胡波，《汉语听力教学法》，北京：北京语言大学出版社，2007年。

② 金天相、李泉，广播新闻听力课教学论略，《汉语学习》1994年第3期。

③ 金志军，中国大陆对外汉语初级听力教材的演变与发展，《云南师范大学学报》（对外汉语教学与研究版）2008年第6期。

④ 李清华，谈科技汉语的听力理解，《语言教学与研究》1987年第2期。

⑤ 李红印，汉语听力教学新论，《南京大学学报》（哲学·人文科学·社会科学）2000年第5期。

⑥ 毛悦主编，《汉语听力速成（基础篇）》（第二版），北京：北京语言大学出版社，2010年。

⑦ 齐艳荣，话语分析理论与语段听力教学，《语言教学与研究》1996年第4期。

⑧ 吴勇毅、陈钰，善听者与不善听者听力学习策略对比研究，《汉语学习》2006年第2期。

⑨ 杨惠元、李文芳，《听力理解》，北京：北京语言学院出版社，1982年。

⑩ 杨惠元，《汉语听力说话教学法》，北京：北京语言文化大学出版社，1996年。

⑪ 杨雪梅、胡波，《汉语听力教程》（第二册），北京：北京语言大学出版社，2000年。

⑫ 张风格，《发展汉语 初级汉语听力》（下册），北京：北京语言大学出版社，2000年。

⑬ Buck, G., & Tatsuoka, K. K., Application of the rule-space procedure to language testing: Examining attributes of a free response listening test. *Language Testing*, 2, 1998.

⑭ Freedle, R., & Kostin, I. The Prediction of TOEFL Listening Comprehension Item Difficulty for Minitalk Passages: Implications for Construct Validity. *TOEFL Reserch Report* RR-96-29. Princeton, New Jersey: Educational Testing Service, 1996.

作者简介：李靖华，女，博士，北京语言大学汉语学院讲师。

塞万提斯学院西班牙语教材对初级汉语综合教材的启发*

——以AULA和《尔雅中文》（初级）为例

刘敬华

摘　要　教材在第二语言教学中有重要地位，不同语言的教材除了自身特点外，还有一定的共性。本文介绍了塞万提斯学院西班牙语教材AULA，并从编写理念、语言知识、言语技能、文化因素、教辅材料和技术细节六个方面指出了AULA对初级汉语综合教材的启发，目的是从不同方面借鉴其他语言教材的优点，提高初级汉语综合教材的编写水平。

关键词　教材　语言知识　言语技能　文化因素　教辅材料

一、引言

不同教学环境下，汉语国际教育的“三教”（教师、教材、教法）问题中，教材都占有重要地位（赵金铭,2009）。“目前汉语国际教育需要有的放矢的教材，需要有针对性的教材。汉语教材需要借鉴其他语言教材编写的经验，需要借鉴在教学中广受欢迎的教材的长处，并在此基础上进行创新。”（崔希亮，2010）

初级阶段是汉语国际教育的入门阶段，这一层次的学习者在全部的汉语学习者中也占主要部分。初级阶段教材和教学的好坏，直接影响学习者的信心和

* 本课题为北京语言大学院级科研项目（中央高校基本科研业务专项资金资助，项目编号：15YJ080113）。本文曾于2014年12月26日在“回顾与展望——2014年汉语学院课程建设研讨会”上宣读。

对汉语的亲近程度。不同语言的教材除了具有该语言自身的特点外，在编写理念上还有一定的共性。在编写《尔雅中文　初级汉语综合教程》(以下简称《尔雅中文》(初级)的过程中，我们已经参考了比较成熟的英语教材的做法，增加了一个“热身”的板块，让学习者通过对图片的说明，为学习新的内容做好准备，并将练习分为课堂练习和课后练习，课后练习以活页的形式单独成册。但我们意识到，在初级汉语综合教材的编写方面，还有很多方面可以向其他语言的教材借鉴。

2013—2014 学年，笔者参加了孔子学院总部和塞万提斯学院北京分院联合组织的西班牙语课程培训，完成了 600 个学时共十个阶段的学习。作为一名零起点的学习者，在这段学习过程中，笔者体会到西班牙语和汉语作为第二语言教学相比，除了有自己的特点之外，还有很多共同之处。尤其是该院使用的系列教材给我们留下了深刻的印象。下面就以该课程使用的西班牙语教材 AULA 为例，结合笔者自己的学习体会以及编写《尔雅中文》(初级)的工作体会，对两套教材加以对比分析，目的是从各方面借鉴其他语言教材的优点，提高初级汉语综合教材的编写水平。

二、AULA 的教材体系

AULA 是一套系列教材，其水平涵盖初级和中级，包括学生用书和配套的教学资源。

(一)教材体例

AULA 共 4 册，水平从《欧洲语言共同参考框架(CEFR)》的 A1 一直到 B2。综合性是这套教材的特点，听说读写一体，不分课型。

表 1 是该系列教材四册书的内容简表，就不同层次的内容来看，初级(1 和 2)和中级(3 和 4)略有不同，主要是初级多了“更多信息”和“听力文本”两部分。“更多信息”第一册为西语国家地图及简介，第二册为西班牙各行政区地图及简介。随着学习难度的提升，各分册的教学时间也有不同，初级每册书为 120 个学时，中级每册书则为 180 个学时(均包括测试、讲评的 4 个学时)。

表1 AULA学生用书各层次的内容

层次	AULA1	AULA2	AULA3	AULA4
内容	正文（12课）	正文（12课）	正文（10课）	正文（10课）
	补充练习	补充练习	补充练习	补充练习
	补充文化	补充文化	补充文化	补充文化
	补充语法	补充语法	补充语法	补充语法
	更多信息	更多信息	—	—
	听力文本	听力文本	—	—
教学时间	120学时	120学时	180学时	180学时

图1是四册学生用书的书影。

图1 AULA系列教材学生用书书影

学生用书中，补充练习、补充文化分别和每课正文相对应。与正文中的课堂练习相比，补充练习内容更多，更注重词汇、语法等语言形式方面的练习（正文中的练习则注重听说读等技能的训练），也注重对该课所学知识的综合练习（以写作形式体现）。补充文化与正文中文化要素相关，起补充作用，如正文介绍内容以西班牙文化为主，补充文化则会偏重拉美文化，这部分内容词汇量更大，有时会选取一些知名作家的作品片段。

学生用书配有光盘，内有各课的录音练习。

（二）正文板块

表2 AULA四个层次每课的板块设计

AULA1	AULA2	AULA3	AULA4
（学习提示）	（学习提示）	（学习提示）	（学习提示）
COMPRENDER 理解	COMPRENDER 理解	COMPRENDER 理解	COMPRENDER 理解
EXPLORAR Y REFLEXIONAR 探索、语言点讲解	EXPLORAR Y REFLEXIONAR 探索、语言点讲解	EXPLORAR Y REFLEXIONAR 探索、语言点讲解	EXPLORAR Y REFLEXIONAR 探索、语言点讲解

续表

AULA1	AULA2	AULA3	AULA4
PRACTICAR Y COMUNICAR 练习、交际	PRACTICAR Y COMUNICAR 练习、交际	PRACTICAR Y COMUNICAR 练习、交际	PRACTICAR Y COMUNICAR 练习、交际
VIAJAR 旅行（文化）	VIAJAR 旅行（文化）	VIAJAR 旅行（文化）	——

表 2 是 AULA 系列教材四个层次正文部分的内容。除第四册外，各册书板块均相同①。“学习提示”介绍本课打算完成的交际任务，以及为完成此任务需要掌握的语言知识，页面背景配有和本课主题相关的图片。“理解”包括形式多样的输入练习，采用图片、表格、问卷、面试、访谈等形式，同时配以相应的输出练习，一般是先让学习者分组对输入的内容进行讨论，之后发表看法。“探索、语言点讲解”首先要求学习者完成一定的交际任务或语言点练习，鼓励学习者自己总结相应的语言规律，这些规律会在下一页进行系统展示。“练习、交际”部分都设置有语言练习或交际任务，形式包括听说读写四种类型，或者听后说，或者读后说，原则都是输入输出相结合。“旅行”部分则通过图片和文字对西班牙或西语国家（拉美国家以及美国南部使用西语的各州）文化进行介绍。

每个板块细分为 1—4 个不同形式的模块，整课共有 10 个模块左右。

（三）教学资源

AULA 的配套教学资源包括教师用书和教学光盘。

教师用书与学生用书每课对应，针对学生用的每个模块设计教学方案，相当于为教师提供了一套内容详实的教案，包括各个模块的教学设计（细化到热身用的图片可以向学生提什么问题）、课堂及课后练习的答案，以及补充练习和每个课时的搭配使用建议等。和全彩印刷的学生用书不同，教师用书采用单色印刷，便于节约成本。图 2 是各册教师用书的书影，从封面即可识别与之相对应的学生用书。

教学光盘的内容稍稍脱离课本，注重语言在实际生活中的应用（比如西班牙某地庆祝节日时人们的穿着介绍），词汇量和语法均比课文难度大。如果课堂

① 第 4 册缺少旅行这一文化介绍板块，是因为该册书前面几个板块以短文为主，其中的文化因素比例已经满足需求。

时间充裕，教师可以拿来在课上使用。

图 2　AULA 教师用书书影

此外，系列教材还为教师提供了大幅挂图，包括简明西班牙地图、西语国家地图（即第一册和第二册“文化信息”中地图的放大版），可以张贴在教室里，方便教学时使用。

三、AULA 对初级汉语综合教材的启发

《尔雅中文》（初级）是留学生汉语言专业本科一年级必修课的综合课教材，适用对象是已有一定汉语基础（词汇量300—500词）的本科一年级留学生，整套教材包括学生用书、练习册及网上教学资源。学生用书分上、下册，包括学习提示、热身活动、课堂学习、实践活动、学习后记几个板块，上册是语法阶段，下册是短文阶段。下面从几个方面将 AULA 与《尔雅中文》（初级）进行比较，并分析 AULA 对汉语教材的启发性。

（一）编写理念

AULA 的编写理念是任务式教学法。正文的每个模块都设置了一定的任务，让学习者在完成特定任务的过程中理解、习得相应的语言知识，掌握相关的言语技能。即使是学生用书中学习内容提示部分的背景图片，在教师用书中也设计了相应的问题备教师使用。单纯输入型的知识非常少（初级为1页，中级为2页）。

《尔雅中文》（初级）总体采用的是“结构——功能——文化”结合的编写方法，出于继承传统的考虑，整体布局没有太大变化，但编者也尽可能地做了

创新，增加了“热身活动”板块，为课上课下设计了丰富且有针对性的练习。不过单纯展示的内容仍然过多（比如汉字部分），给学习者提供的练习（尤其是下册中的分组活动）偏少。

汉语教材可以尝试在语言点展示之前，先安排一些练习，引导学习者自己归纳出一些规律。其实我们在课堂教学中往往就是这么做的（称为“语法导入”），如果能在教材中加以体现，一方面便于学习者学习，另一方面也便于不同背景的教师使用。汉字部分也可以将知识展示与练习结合起来，增强教材的趣味性。

（二）语言知识

语法方面，AULA 从初级（A1、A2）到中级（B1、B2）每本书都有对应的语法内容，每本书的附录部分还有一个补充语法的板块，这部分内容按照语法体系的顺序安排，如词类、形态变化、句法结构等，不纯粹是一个各课语法索引，例句也较正文中的语法解释部分丰富。

汉语教材因为“系统的、有层级关系的完整的教学语法体系至今并没有建立起来”（孙德金，2012），只有语法阶段呈现比较系统，进入短文阶段，尽管有“语言点”这个板块，但总体来讲，语法项目出得比较随意。这一不足在《尔雅中文》（初级）中也存在。

按照语法体系顺序排列的语法附录值得汉语教材借鉴。这将给那些学有余力、对语法知识感兴趣的学习者提供一个自学的机会，也增加了教材的深度和弹性。1958 年出版的《汉语教科书》就采用过这种形式，当时的编者把语法复习提纲（按照语法体系顺序排列，而非课文中出现的顺序）作为整部教材的附录。

（三）言语技能

AULA 是兼顾听说读写各项技能的[①]，以“听”为例，从第一课开始，听力材料即按照正常语速展示，也不特意回避没有学过的语言点。第一册和第二册

① 每个阶段的测试（每 60 个学时一次，共十次）也是听说读写兼顾，口语考试的一个特点是重视交际的能力，一般是两位考生同时面对教师，抽取一个考试说明，上面提供一个交际情景，两人简单商量后，用西语完成一段交际对话。

为学生用书提供了听力文本，但第三、四两册不提供，这种安排也是为提高学生的听力水平考虑，而且教学光盘中的内容可以作为教材的有效补充。

《尔雅中文》（初级）首先供北京语言大学汉语学院的本科学生使用，这些学习者还有听、说、读等技能课程，所以这套教材在多项技能的复合训练上存在不足，比如“听”的方面主要是词语和课文的音频材料，课堂练习和课后练习只有读、写的练习。而且，教材所用的部分音频材料在录制时特意放缓了语速，显得不够自然。

语言材料的难易和语速快慢并无必然联系，过慢的语速反而会给学习者理解带来障碍，很容易造成学习者在课堂上听得懂，出了校门却听不懂的后果。这一点，编者与出版社应该配合，录制音频时尽可能自然。初级汉语综合教材在考虑到分课型教学的同时，还可以尝试在每个板块将言语技能的训练复合化，比如“把”字句的练习，可以尝试让学习者听录音判断看到的两张图片哪个符合所听内容。

（四）文化因素

AULA 对文化因素非常重视，以初级（1、2 册）为例，不仅每课正文中有一个“旅行”板块，介绍西班牙或西语国家文化，而且还有内容丰富的“补充文化”附录。概括来说，其中的文化因素有如下一些特点：（1）多元性。话题覆盖西班牙及20多个西语国家，也涉及世界上的非西语国家文化（如中国的风水、日本的盆景等）。而且强调西班牙文化或拉美文化的融合特色，比如在西班牙基督教与伊斯兰教的融合，拉美地区欧洲文化与印第安文化的融合等。（2）时尚性。除了部分传统文化外，更多是时尚的文化因素，如流行音乐、电影、书籍、当红的体育明星等。展示的形式也常采用漫画等年轻人容易接受的形式。（3）客观性。客观展示相应的文化内容，比如拉美和西班牙的社会问题、旅行中的不满投诉等。学习者通过这套教材，了解到的是一个真实的西语社会。

《尔雅中文》（初级）的编写理念是“结构——功能——文化”相结合，文化因素在热身活动、课文、汉字知识、补充阅读中均有所体现。但与其他语言教材相比，在多元性、时尚性和客观性方面还存在提升空间。受传统的影响，教材涉及的传统文化元素依然过多，关注重点也多是北上广等中心城市，编写过程中对一些所谓“负能量”的要素还存在回避情况。

汉语教材应适度把关注目光向西部省区、边疆偏远地区、港澳台地区乃至海外华人社区延伸，并适当将不同国家的文化要素纳入汉语教材，可以利用国际知名度高的经济、体育、艺术领域内的人物吸引学习者的注意力，提高他们的学习兴趣，对一些社会问题则客观展示，彰显文化自信。

（五）教辅材料

AULA 教师用书设计细致实用，即使一个没有丰富教学经验的老师，拿到教师用书之后也不会手足无措。教学用多媒体资源使整套教材具有一定的弹性，可以保证学有余力的学习者获取更多的信息。

《尔雅中文》（初级）出版后，出版方请编者根据自己的上课经验，把上课用的 PPT、教案等进行了整合，放在了出版社网上，并在书的封底加以说明。这无疑也让使用该教材的老师方便了不少。不过在多媒体资源方面，限于成本和其他原因，尚没有配套。

汉语教材的教师用书还有不少内容可以补充，为经验不足或非母语的汉语教师提供一个教学的模板，而不仅仅是提供相关练习的参考答案。

（六）技术细节

AULA 学生用书的前言部分，“如何使用本书”用图文并茂的直观形式，告诉学习者学习每课的不同板块时需注意的问题。汉语教材也有相应的部分，但多是用文字介绍，主要是给教师提供，学生不容易利用。

AULA 每一课每个板块的页数相同，每个板块都没有跨页的情况，这样做有一个明显的好处：学生学习时展开书后，不需要反复翻书，有利于上课时集中精力。[①] 正文部分全彩印刷，封面的图片精美，是西语国家文化的代表。[②] 每个练习都提供了示例，用不同字体（和印刷字体区别明显的手写字体）。不同字体字号的变换也体现在各个板块中，整部教材既有整齐的一面，又有灵活的一

---

① 其他语种如剑桥英语教材 PASSAGES 也是这样设计的。《剑桥国际英语教程》（4、5）在学生用书的“概览”部分明确指出“每个单元均有 8 页教学内容。每单元分为 A、B 两课，每课包括热身（Starting point）、词汇（Vocabulary）、语法（Grammar）、听力（Listening）、讨论（Discussion）、写作（Writing）和阅读（Reading）等教学板块。”

② 一至四册的封面图片分别代表：西班牙特产、南美洲安第斯山区原著民的纺织品、西班牙艺术家的作品、西班牙旅游地。

面。[①]这种版式设计对今后的汉语教材的编写、出版也有很大启发。

当然，AULA也存在不足的方面，它作为李泉、宫雪（2015）分类体系中的"通用型"教材，起点阶段针对性稍差。比如AULA1从一开始就采用全西语说明，这一点给中国学习者带来很大压力，因此塞万提斯学院北京分院使用了一套本土化的入门教材ETAPAS来取代AULA1。该套教材人物、场景设置具有中国特点，相关内容的讲述也配有中文翻译，针对性更强，属一种"国别型"教材。《尔雅中文》（初级）也是"通用型"教材，但它预期的学习者已经过了零起点阶段（掌握300—500词），因此不存在这个问题。语言教材（尤其是零起点教材）的本土化问题值得关注，特别是对于海外孔子学院的大量非学历教育的学习者来说。[②]此外，AULA整套教材均不设生词表，这是一个特色，但也给学习者（尤其是习惯了传统语言教学的学习者）带来了不便。

四、结语

上面从六个方面分析比较了塞万提斯学院使用的AULA系列教材对以《尔雅中文》（初级）为代表的初级汉语综合教材的启发意义。要进一步提升初级汉语教材的编写水平，我们认为应在以下几个方面加以注意：

1. 加强理论研究。教材方面的不足有时反映了理论研究的薄弱，比如现在我们还没有建立系统的、层次清晰的汉语教学语法体系。当然，汉语教材要借鉴其他语言教材的优点，但这并不意味着对我们已有传统的完全否定。毕竟经过半个多世纪的发展，对外汉语教学已经发展出一套比较有效的体系，特别是在汉字等方面有自己的独到经验。

2. 解放思想，与时俱进。语言是文化载体，教材中要体现文化因素，但对

① AULA大部分内容采用无衬线字母，引用部分则采用传统的衬线字母形式。而各种标题的字母种类有多种变化。特别是给学习者的练习提示所需用Comic Sans这一字体，使读者一目了然。目前汉语教材中大部分采用三种字体：宋体、楷体或黑体，西文字母则多用Times New Roman，缺乏一定的变化，一定程度上影响视觉上的可读性。参见加菲尔德《字体的故事》，北京：电子工业出版社，2013年。

② 结合自身学习体会，笔者认为教材的本土化在初级第一阶段很有必要，此后完全可以采用通用型教材。

文化的理解不能仅限于传统文化或者精神层面的文化，当代文化、物质文明如高铁等完全可以在教材中加以体现，同时，编者要了解当代文化的传播形式，将传统文化与当代传媒适当结合。

3. 以使用者为中心，了解学习者的需求。要通过问卷调查和使用反馈，了解不同年龄层次的学习者的需求。比如成年人学习动机明确，动力强，更适合传统形式；青年人则要求时尚、现代的信息和形式；儿童学习者对教材的需求与前两者则又有所不同。

4. 编者与出版方要密切配合。出版方可以提前介入编写流程，编者则跟进到编辑出版环节。编者作为一线教师，更容易了解使用者的需求，因此在版式设计、字体选择等方面可以给编辑提出具体的建议。

参考文献

① 崔希亮，对外汉语教学与汉语国际教育的发展与展望，《语言文字应用》2010 年第 2 期。

② 崔希亮，汉语国际教育“三教”问题的核心与基础，《世界汉语教学》2010 年第 1 期。

③ 加菲尔德，《字体的故事》，北京：电子工业出版社，2013 年。

④ 李泉、宫雪，通用型、区域型、语别型、国别型——谈国际汉语教材的多元化，《汉语学习》2015 年第 1 期。

⑤ 孙德金，对外汉语教学语法体系的历史和现状，《玉溪师范学院学报》2012 年第 5 期。

⑥ 魏新红主编，《尔雅中文 · 初级汉语综合教程》(上)，北京：北京语言大学出版社，2013 年。

⑦ 魏新红主编，《尔雅中文 · 初级汉语综合教程》(下)，北京：北京语言大学出版社，2014 年。

⑧ 赵金铭，论对外汉语教材文化取向，载赵金铭《汉语与对外汉语研究文录》，北京：外语教学与研究出版社，2005 年。

⑨ 赵金铭，教学环境与汉语教材，《世界汉语教学》2009年第2期。

⑩ 赵金铭，对外汉语教学法回视与再认识，《世界汉语教学》2010年第2期。

⑪ 赵金铭，国际汉语教育研究的现状与拓展，《语言教学与研究》2011年第4期。

⑫ 赵金铭，附丽于特定语言的语言教学法，《世界汉语教学》2014年第4期。

⑬ 赵金铭，国际汉语教育的跨文化思考，《语言教学与研究》2014年第6期。

⑭ 赵金铭，孔子学院教学现状与教学前景，《华南师范大学学报》(社会科学版)2014年第5期。

⑮ 钟棱、柯润兰，《北京语言大学对外汉语教学名师访谈录（钟棱卷）》，北京：北京语言大学出版社，2010年。

作者简介：刘敬华，男，博士，北京语言大学汉语学院讲师。

对外汉语教学中级阶段语言点的确定及编排*

——以五部中级阶段的综合课教材为例

强星娜

摘　要　本文考察了五部对外汉语中级阶段综合课/精读课教材，发现五部教材选取的语言点数量相差很大，选取的语言点也各有不同。我们将语言点大致分为用法多样的语言点、近义关系的语言点和共现关系的语言点三类，通过个案说明了这三类语言点在编排上应该注意的问题。最后提出对外汉语中级阶段语言点的确定与编排要向“大系统化——小系统化”的方向努力。

关键词　中级阶段　语言点　编排

一、引言

刘英林（1991）指出，相对于初级阶段的汉语教学而言，中级阶段的教学内容比较随意、无针对性。陈贤纯（1999）的观点与此类似，认为句型阶段之后的汉语教学存在“课文里有什么词语就学什么词语，课文里有什么语法就学什么语法，碰到什么学什么，碰不到就拉倒”的问题。学者们在上世纪末指出的问题，当下是否依然存在？带着这样的疑问，本文选取了几部目前比较通行的中级汉语综合课教材进行考察，主要想了解这些教材中语言点的确定及编排情况，并提出一些个人的看法。

* 本课题为北京语言大学院级科研项目（中央高校基本科研业务专项资金资助，项目编号：15YJ080116）。

我们选取的教材主要有:《桥梁：实用汉语中级教程》(上、下册)①、《尔雅中文——中级汉语综合教程》(上、下册)、《发展汉语　中级综合》(Ⅰ、Ⅱ)、《新实用汉语课本》(第 5、6 册)、《成功之路》(提高篇、跨越篇)②。

二、中级阶段语言点的确定

（一）中级阶段的语言点是什么?

初级阶段的主要教学内容涉及“把”字句、补语、疑问句、“了”等，教材直接就用“语法”一词；而到了中级阶段，尽管大纲依然叫“语法等级大纲”，但很多教材却不再使用“语法”，而改用其他。正如孙德金（2006）所言，到了中级阶段，“语法”的面目开始模糊。

我们考察的五部教材使用“语法”这一术语的只有《桥梁》和《新实用》③，但“语法”这个概念背后的所指内容却又有着很大的不同，如下表所示，《新实用》采用的是“大语法观”，“语法”涉及词语（以虚词为主）、短语组合、句子结构、句群等多个语法层级；而《桥梁》的“语法”主要包括虚词、固定结构、关联词等。各个教材不同的处理方式最终都要落在词语这一载体上面。下面我们以五部教材词语编排为例，展示个中的不同之处：

表 1　五部教材词语编排个案举例

<table>
<tr><th>举例
教材</th><th>凑</th><th>幸亏</th><th>之所以……
是因为……</th><th>备注</th></tr>
<tr><td rowspan="2">《新实用》</td><td>短语组合</td><td>词语例解</td><td>句子结构</td><td>有“复句与句群”</td></tr>
<tr><td colspan="4">语法</td></tr>
<tr><td>《桥梁》</td><td>词语搭配与扩展</td><td>语法例释</td><td></td><td></td></tr>
<tr><td>《尔雅》</td><td>重点词</td><td>语言点例释</td><td></td><td></td></tr>
<tr><td>《发展》</td><td>词语表中标颜色</td><td>综合注释④</td><td>综合注释</td><td></td></tr>
<tr><td>《成功》</td><td></td><td>目录中注明</td><td>目录中注明</td><td></td></tr>
</table>

① 本文选取的是 2012 年出版的新版教材。

② 下文依次简称为《桥梁》《尔雅》《发展》《新实用》《成功》。

③ 我们也查看了另外两部教材:《博雅》使用“语言点”,《攀登》使用“词语用法”。

④ “幸亏”被放在“综合注释”部分，但还有相当一部分的副词（如“竟然”）、连词（如“以便”）、介词（如“据”）等是以在词语表中标颜色来凸显的，而这一部分内容在其他几部教材中被置于词语例解、语法 / 语言点例释等条目下。

由上表可见，《桥梁》与《尔雅》的编排最为接近，只是改用了不同的术语而已。我们认为，《桥梁》使用的“词语的搭配与扩展”好于《尔雅》的“重点词”。因为《尔雅》中的大多数“语言点”都是词，比如“偶尔”“向来”，那么它们作为教学中的重点，称为“重点词”也无不可。而《尔雅》中所谓的“重点词”，大多也是选取了在搭配与扩展上颇具特点的一些词或者使用频率较高的词，比如动词“下降”不可以带宾语、动词“抗议”要带谓词性宾语等。另一方面，《尔雅》使用的“语言点”优于桥梁的“语法”，因为这样可以把“幸亏”“之所以……是因为……”等跟“把”字句、补语等加以区别，后者毕竟是系统性、抽象性、可扩展性更强的形态句法现象。有鉴于此，若一定要采用二分格局，我们更倾向于“词语搭配与扩展”与“语言点”二分。

然而，从更大的层面上来看，我们比较赞同《新实用》的处理方法，即在“语法”这一总目下细分，该部教材所设计的四个子目其实涉及了词、词组、句子、语段多个语法层级，比较系统地展示了汉语语法的面貌。在其他教材中被单列的有关词语搭配和扩展的部分，实际上体现的就是语法中的组合关系与聚合关系，因此在《新实用》中以“短语组合”为子目列入语法总目，是很有道理的。

本文要调查的“语言点”基本上相当于《桥梁》的“语法”、《尔雅》的“语言点”、《新实用》的“词语例解”和“句子结构”、《成功》目录中标明的内容。因为《发展》在编排上与其他四部教材相差较远，因此统计语言点的数量时，暂不考虑这部教材。

（二）中级阶段的语言点有哪些?

四部教材选取的语言点数量差别较大，选取语言点最少的是《成功》，最多的是《桥梁》。

表2　四部教材选取的语言点数量

《桥梁》	《尔雅》	《新实用》	《成功》
263	180	220	197

语言点选取的多少可能跟教材的使用对象以及使用该部教材的课程设置有关系，因此我们不能一味地追求数量上的统一。然而，数量上的差距并不仅仅

是一个教学内容的多与少的问题，更为重要的是选取的语言点也有很大的不同。从某种程度上说，选取了什么语言点比选取了多少语言点更加重要，所以我们对此做了细致的考察。

表3　共现的语言点数量

四部	三部	两部	一部
17	62	110	313

由上表可见，四部教材共同选取的语言点有17个，而有多达300多个语言点是单部教材选取的。整体上看，随着比对教材数量的增加，共现语言点的数量下降。

四部教材共同选取的17个语言点中，7个是副词，4个关联词语，2个固定结构，2个连词，1个介词；而300余个单部教材选取的语言点涉及范围就比较广了，比如多项定语排序、“把”字句、形容词生动式（如“热腾腾”）等。

（三）从语言类型学的角度考虑语言点的选取

对外汉语教学和语言类型学有着天然的密切联系。从语言类型学的角度看，汉语中具有高度类型学特异性的结构往往也是外国留学生习得的难点（如“把”字句、补语结构等），因此将其作为重要的语言点也往往是符合逻辑的。刘丹青（2010）在谈到汉语形态类型特点时曾从“有些什么、少了什么、多了什么、变了什么”四个问题展开讨论，其中提到了汉语的重叠形式。汉语的重叠式极其发达，涉及名词、动词、形容词，表达小称、强化/弱化、时体、摹状等多种复杂、微妙的语义值和语用特点，这些知识应该在对外汉语教材中择要予以体现。重叠结构的发达和显赫地位具有鲜明的地理类型学特色①，以上功能和使用条件在印欧语系以及其他很多语言中是无法想象的，因此对于这些地区的留学生来说，自然是很难快速掌握其微妙特点的。从这个意义上来说，将形容词生动形式作为语言点的处理方式是很有道理、很有意义的。

① 当然，重叠作为一种形态—句法手段在世界语言中广泛存在（Key, 1965；Marantz, 1982），但在亚洲这个语言联盟（Sprachbund）中重叠形式的功能尤其发达显赫，比如在藏缅、苗瑶、壮侗，甚至阿尔泰语言中，往往产生重叠—非重叠的系统性对立。

三、中级阶段语言点的编排

杨寄洲（2000）指出，初级阶段所涉及的语法项目实际存在着一个前后有序、由简到繁的语法序列，按照这个语法序列进行教材编写和课堂教学，符合循序渐进这一教学的根本原则，也能保证教材的科学性，否则就会使教材编写和课堂教学陷于无序和混乱。与初级阶段相比，中级阶段的语言点系统性不强，语言点与语言点之间的联系也不明显，在这种情况下，语言点的排序无所谓先后，先讲与后讲并不影响知识的衔接性与科学性。但我们认为，尽管大部分的语言点之间联系性不强，排序无所谓先后，但部分语言点的排序问题还是值得斟酌的。我们粗略分为以下几种类型：

（一）用法多样的语言点——以“反正”为例

有些语言点不止一种用法，不同用法的教学顺序应该尽量遵循语言自身的规律。以副词“反正”为例，现代汉语中主要有两种用法：1. 表示情况虽然不同而结果并无区别；2. 表示坚决肯定的语气，指明情况或原因，跟“既然”接近。在我们调查的教材中，除了《成功》之外的教材都选取了这个语言点，但对“反正”两种用法的编排方式有所不同，请见下表：

表 4　语言点“反正”的编排方式

<table>
<tr><th></th><th>是否区分两种用法</th><th>是否在同一课完成</th><th>先出用法①</th></tr>
<tr><td>《桥梁》</td><td rowspan="3">是</td><td rowspan="2">是</td><td>是</td></tr>
<tr><td>《发展》</td><td>否</td></tr>
<tr><td>《尔雅》</td><td>否</td><td>是</td></tr>
<tr><td>《新实用》</td><td>否</td><td>是</td><td></td></tr>
</table>

上述几种编排方式中，我们认同《尔雅》的处理，因为这比较符合“反正”的语法化顺序[①]。高顺全（2002，2006，2011）曾提出“多义词的语法化顺序和习得顺序在很大程度上是一致的，可以根据语法化顺序预测习得顺序”。也就是说，在某些多义语言点的编排上，可以参考其语法化的顺序。

彭小川等（2009）从对外汉语教学实践出发，通过实例简单明了地揭示出

① 有关“反正”的语法化可参看张谊生（2003）。

了“反正”的两种用法之间的关联，实际上就是将语法化理论直接运用于汉语教学之中。其主要观点如下：

方框1

情况不同	结果相同
我们多拿一个吃	他不知道
我们少拿一个吃	他不知道

方框2

理由	做某事
反正他	（所以）我们
不知道	多拿一个吃

方框1中的内容可以生成例（1）：

例（1）不管我们多拿一个吃还是少拿一个吃，反正他不知道。

方框2中的内容可以生成例（2）：

例（2）反正他不知道，我们多拿一个吃吧。

例（1）中，说话人强调的是结果，即“不管怎么样，结果都是相同的或者不变的”；例（2）中，说话人和听话人都知道结果是不变的，把结果当成决定做或者不做某事的理由。尽管例（2）中并未出现例（1）中的无条件表达形式“不管……”，但其语义中的“强调”却是由“无条件”而来的。无条件有“排他性”特征，而“排他”就意味着“确认”，“强调”意义的无标记实现也是“确认”（袁毓林，2003）。因此，类似于例（2）这样的“反正”句其实都可以逆向重构出一个无条件复句（强星娜，2005））。

有鉴于此，先安排“反正”的第一种用法，再安排第二种用法，可以更清晰地显示出“反正”在指明情况与原因时有别于“因为”“既然”的语义特点。

（二）近义关系的语言点——以“一时”“暂时”为例

中级阶段出现的一些语言点之间存在近义关系，比如“不禁、忍不住、不由得”“干脆、索性”“一时、暂时”等。对于有近义关系的语言点来说，合理地安排它们在教材中出现的相对位置，可以有效地提高教学效率。

语言点排序要体现循序渐进原则，这一原则应用于近义词的排序主要体现为先学用法简单的，后学用法复杂的。以“一时”和“暂时”为例，根据《现代汉语词典》（第6版）的注释，“一时”有名词和副词两个词性，而“暂时”仅有名词一个词性。从词语等级上来看，二者级别相同，在《中高级对外汉语教学等级大纲》（词汇 · 语法）中为乙级词，在《汉语国际教育用音节汉字词汇等级划分》中属于二级词，也就是说，它们都属于中级阶段需要掌握的词汇。然而，从句法上来看，“一时”的分布更广，如下表：

表 5 “一时”和“暂时”的句法分布比较

一时	暂时
一时的现象	暂时的现象
困难是一时的	困难是暂时的
这本书一时用不着	这本书暂时用不着
看样子，一时不会下雨	看样子，暂时不会下雨
	我暂时在这儿住几天
	我暂时不想出国
一时生气，打了他	
美女飘过，他一时丢了魂魄	
风光一时	
一时晴，一时雨	

另外，从语义角度考虑，“一时”受到的限制更多。比如“一时”充当状语时，谓语部分采用否定形式的倾向很明显①，但也不是所有的否定都可以用“一时”，只有能性否定和认识情态的否定可以出现在“一时”之后（强星娜，2014），如上表中的“一时用不着”“一时不会下雨”；但“暂时”却不受这样的限制。

鉴于“一时”“暂时”的上述句法和语义特点，我们认为在这两个词的编排上，先出“暂时”、后出“一时”比较合适。在我们调查的五部教材中，《桥梁》《尔雅》《新实用》都是先出“一时”，后出“暂时”。《新实用》在对“一时”进行解释时使用了“暂时”。

（三）共现关系的语言点——以“除非……否则……”为例

有些语言点之间存在共现关系，比如“把”字句和“了”(把鱼吃了)、处所宾语（把书放在桌子上）、趋向补语（把它举起来）等，在学习“把”字句之前，需要先学习这些语言点。杨寄洲（2000）在谈及初级阶段语法项目的编排时，强调了语法项目之间相互依存、相互制约的关系。而在中级阶段选取的语

① 王凤兰（2004）的统计，“一时”与否定的关联为 94.09%；李宇宏（2009）统计了北京大学现代汉语语料库和百度新闻的相关用例，“一时”做状语而中心语是否定形式的分别占 84.09% 和 67.44%。

言点中，同样存在着这种关系。我们可以在语言点之间搭建出一条环环相扣的语法链，由简至繁，逐步推进。比如“除非”和“否则”,《桥梁》将二者安排在同一课中，但先学“否则”，后学“除非”;《尔雅》将“否则”安排在上册，“除非”安排在下册，这样的编排都十分合理。

有关语言点的排序问题，很多学者提出过原则性的建议。比如，卢福波（2003）提出的“复式递升”和“距离原则”。“复式递升”指的是一个横断面知识相联的描写性排列组群，如从“来、去”的谓语动词用法到引申义用法的教学安排。本文主张的“反正”的两种用法的排序，就体现出了这一原则。而“距离原则”主要是从它的纵向序位组群排列着眼。这一原则强调不要孤立地进行语言点的教学，而应该加强语言点之间的联系，找好一个语言点与另一个语言点或者几个语言点所形成的组群与组群之间的衔接点，并合理安排语言点或组群之间的距离。本文主张的“一时”和“暂时”、“除非”和“否则”的编排顺序体现了这一原则。

四、结语

本文考察了五部对外汉语中级阶段综合课教材，发现五部教材选取的语言点数量相差很大，选取的语言点也各有不同。我们认为在语言点的选取上要适当反映汉语的类型特点，因为这些特点也往往是留学生掌握汉语、锤炼语感的难点、重点所在。另外，我们将语言点大致分为用法多样的语言点、近义关系的语言点和共现关系的语言点三类，通过个案说明了这三类语言点在编排上应该注意的问题。

杨德峰（2001）在讨论初级汉语教材中语法点的确定及编排时，概括出三种模式：

语法点的确定	语法点的编排
大系统化	非系统化
非系统化	非系统化
非系统化	小系统化

从语法点的确定来看，有的教材比较注重汉语语法的系统性，即从词、词

组（结构）、句子到复句，各个方面均有涉及，这就是所谓的“大系统化”；而有的教材不注重语法的系统性，完全根据学生或教学的需要从《大纲》里的语法项目中进行挑选，这就是所谓的“非系统化”。在本文考察的五部教材中，《新实用》采用的是一种“大系统化”的处理方式。

从语法点的编排顺序来看，可以根据是否注重一些相关的语法点或复杂语法点不同用法的系统性，分出“非系统化”和“小系统化”。比如，《桥梁》将“起来”的3个引申义项循序渐进地编入教材，将复杂句式“把”“被”化整为零地进行处理，这些都属于“小系统化”。

我们认为，到了中高级阶段，应该尝试向“大系统化——小系统化”的方向努力，即在确定语法点时要注重汉语语法的系统性，在编排语法点时也要注重一些相关的语法点或复杂语法点不同用法的系统性。

参考文献

① 陈贤纯，对外汉语中级阶段教学改革构想——词语的几种强化教学，《世界汉语教学》1999年第4期。

② 高顺全，从语法化的角度看语言点的安排，《语言教学与研究》2006年第5期。

③ 高顺全，动词虚化与对外汉语教学，《语言教学与研究》2002年第2期。

④ 高顺全，多义副词“还”的语法化顺序和习得顺序，《华文教学与研究》2011年第2期。

⑤ 国家汉办、教育部社科司，《汉语国际教育用音节汉字词汇等级划分》，北京：北京语言大学出版社，2010年。

⑥ 李宇宏，从语义特征看“一时”与“暂时”的差异，《现代语文》2009年第9期。

⑦ 刘丹青，汉语的类型特点和文化特点，南开大学学术报告，2010年。

⑧ 刘英林，中高级阶段对外汉语教学的理论探讨，《语言教学与研究》1991年第2期。

⑨ 卢福波，对外汉语教学语法的层级划分与项目排序问题，《汉语学习》2003年第2期。

⑩ 彭小川、李守纪、王红，《对外汉语教学语法释疑201例》，北京：商务印书馆，2009年。

⑪ 强星娜，“一时”的多维度研究及其在教学中的应用，第二届法语国家和地区汉语教学国际研讨会会议论文，2014年。

⑫ 强星娜，语气副词“反正”个案分析，《广州华苑》2005年第2期。

⑬ 孙德金，语法不教什么——对外汉语语法教学的两个原则问题，《语言教学与研究》2006年第1期。

⑭ 孙瑞珍主编，《中高级对外汉语教学等级大纲》（词汇·语法），北京：北京大学出版社，1995年。

⑮ 王凤兰，“暂时”和“一时”的句法语义考察，暨南大学硕士学位论文，2004年。

⑯ 杨德峰，初级汉语教材语法点的确定、编排存在的问题——兼议语法点确定、编排的原则，国家对外汉语教学领导小组办公室教学业务处编《对外汉语教学与教材研究论文集》，北京：华语教学出版社，2001年。

⑰ 杨寄洲，对外汉语教学初级阶段语法项目的排序问题，《语言教学与研究》2000年第3期。

⑱ 袁毓林，从焦点理论看句尾“的”的句法语义功能，《中国语文》2003年第1期。

⑲ 张谊生，反义对立式语气副词的性质、功能和成因，现代汉语虚词研究和对外汉语教学研讨会会议论文，2003年。

⑳ Key, Harold, 1965, Some semantic functions of reduplication in various languages. *Anthropological Linguistics*, 7(3): 88-101.

㉑ Marantz, Alec, 1982, Re reduplication. *Linguistic Inquiry* 13: 435-482.

作者简介：强星娜，女，博士，北京语言大学汉语学院副教授。

以学生为中心的初级汉语综合教材编写实践

——以《尔雅中文　初级汉语综合教程》为例

魏新红

摘　要　随着汉语国际教育事业的发展，汉语教材编写面临着很大挑战。现代主流教学理论之一——建构主义认为，在教学活动中，要以学生为中心，从学生出发，真正把学生主体能动性的发挥放在首位。教材编写同样要以学生为中心，从学生出发，关注学生在教材使用中的体验和意见，我们提出以学生为中心的教材编写理念。在教材编写中调整学生与教师的定位，体现“基于问题学习”的教学理论和合作学习的教学策略。初级汉语综合课教材本身容量大，如何将语言知识学习与交际能力培养架构起来，满足不同学习者的需求，真正做到以学生为中心，这是一个很大的课题。《尔雅中文　初级汉语综合教程》在这方面做出了尝试。

关键词　以学生为中心　综合教材　编写实践

一、引言

汉语国际教育的“三教”（教师、教材、教法）中，教材具有重要地位。教材是语言教学理念以及相关理论的集中表现。随着汉语国际教育事业的发展，汉语教材编写面临着很大挑战。现在的汉语学习者呈现出多元化趋势，来自不同国家与地区、不同文化背景、不同学习需求的学习者日益增多。现代主流教学理论之一——建构主义认为，在教学活动中，要以学生为中心，从学生出发，真正把学生主体能动性的发挥放在首位。教材编写同样要以学生为中心，从学生出发，关注学生在教材使用中的体验和意见，我们提出以学生为中心的教材编写理念。初级汉语综合课教材容量极大，如何将语言知识的学习与语言交际能力的培养架构起来，满足不同学习者的需求，真正做到以学生为中心，满足不同学习者的需求，这是一个很大的课题。《尔雅中文　初级汉语综合教程》在这方面做出了尝试。本文就以《尔雅中文　初级汉语综合教程》为例，谈谈初级汉语综合课教材的编写问题。

二、建构主义对教材编写的指导意义

建构主义是在认知主义基础上发展起来的学习理论。它认为“学习不应该被看成是对于教师授予知识的被动接受，而是学习者以自身已有的知识和经验为基础主动的建构活动”。建构主义学习理论的提出和发展对教育的很多方面都有深远的影响，对汉语教学和汉语教材编写也有着重要意义。

（一）在教材中调整学生与教师的定位

建构主义理论主张以学生为中心，强调学生对知识的主动探索、主动发现和对所学知识意义的主动建构，但并不忽视教师在学习过程中的作用。建构主义提倡在教师指导下的、以学习者为中心的学习，也就是说，既强调学习者的认知主体作用，又不忽视教师的指导作用，教师是意义建构的帮助者、促进者，而不是知识的传授者与灌输者。学生是信息加工的主体，是意义的主动建构者，而不是外部刺激的被动接受者和被灌输的对象。这对教材编写有很大的指导意义，要求编写者调整编写思路，从学生的实际需要出发，结合学生学习心理，尊重学生学习规律，推动学生学习的主动建构过程，同时要体现出教师的督导和监察作用。

（二）在教材中体现“基于问题学习”

“基于问题学习”是建构主义所提倡的一种教学理论。它主张激发学生的学习兴趣，培养学生的问题意识，鼓励学生去探索问题，引导学生解决问题。在传统的教材中，一般都是按照预先设计好的大纲按部就班地呈现教学内容。按照建构主义“在问题解决中学习”的教学原则，则要在教材中鼓励学生自己提出问题、探索问题并解决问题。在这一过程中，学生获取知识，巩固知识，加深对知识的理解，同时学会自主学习，全面提高各项能力。

（三）在教材中体现合作学习

建构主义主张以合作学习为主要策略。教学不应该是教师单向的知识传授和信息传递，而应是师生间、学生间的双向交流与多向交流活动，应该让学生在师生互动、生生互动中提高能力，促进学生对知识的理解，从而形成学习过程的主动建构。在教材编写中也应该根据教学目的和教学内容，设计师生间与生生间的合作活动，使学生有参与合作学习的欲望，以促进学生的思维和学习。合作学习的编写教材理念还能使教材适应水平有所差别的学生，使学生学会沟通，学会处理分歧，并能分享学习成果，从而促进了解，共同提高。

三、《尔雅中文　初级汉语综合教程》基本情况

《尔雅中文　初级汉语综合教程》是留学生汉语言专业本科一年级必修课的综合课教材，适用对象主要针对已有一定汉语基础（300—500 个词汇量）的本科一年级留学生，也可供具有同等水平的进修生和其他学习者使用。

教材分为上、下两册。上册为语法阶段，供一年级第一学期使用。分为一、二两册，每册 12 课，4 课为一个单元，共 24 课。每个单元编有语法总结和单元练习。下册为词汇短文阶段，供一年级第二学期使用。分一、二册，每册 9 课，3 课为一个单元，共 18 课。每个单元编有单元练习。每一分册均附一套模拟测试题。

（一）在词汇大纲的研制上考虑学生的需要

《尔雅中文　初级汉语综合教程》的适用对象是预科学习基础之上（或达到 HSK 三级）的汉语言专业本科一年级学生。学生来源复杂，使用教材不同，掌握的语法、词汇、汉字等情况不尽相同，这给教材编写带来了很大的困难。与预科教学的衔接问题成了教材编写的难点。首先要确定预科阶段学生应掌握的

词汇。为保证客观性，编者考虑学生实际需要，以《汉语水平词汇与汉字等级大纲（修订本）》（国家汉语水平考试委员会办公室考试中心制订，北京：经济科学出版社，2001年）中的甲乙级词汇为考察对象，并选取了《高等学校外国留学生汉语言专业教学大纲》（国家对外汉语教学领导小组办公室编，北京：北京语言文化大学出版社，2002年）及三套适用面广、影响力大的教材《汉语教程》（杨寄洲主编，北京语言大学出版社，1999年）、《新实用汉语课本》（刘珣主编，北京语言大学出版社，2002年）和《博雅汉语》（李晓琪主编，北京大学出版社，2004年），建立了词汇库，筛选出预科阶段应掌握的核心词汇。最后认定，预科词汇应该是HSK大纲中的甲级词、本科大纲中一年级一级词、三套汉语教材中第一册生词等三部分词语的交集。经过对这几部分词表的整理，编者得出一个结论：预科阶段应掌握的词汇应该在250个左右。当然，预科教材出现的生词可以超出这个数量，但这250个词在一年级教材中是不应该作为生词出现的（《预科阶段应掌握词汇探讨》，汉语学院初级汉语综合教材编写组，刘敬华执笔，2007年）。

在此基础之上，教材编写组制订了《尔雅中文　初级汉语综合教程》词汇大纲。为使大纲所确定的词汇尽可能客观，编者以《汉语水平词汇与汉字等级大纲（修订本）》中的甲乙级词汇为考察对象，同时选取了《高等学校外国留学生汉语言专业教学大纲》一、二年级大纲的词表，参考《现代汉语词典》（第5版）和《学汉语词典》，并结合前期对预科词汇的研究成果，编制出教材的词汇大纲，为教材编写提供一个可供参照的框架。

（二）在语法的编排上考虑学生的需要

《尔雅中文　初级汉语综合教程》编者在对多部教材和多个语法大纲调查研究的基础上，根据语法点的难易程度与普遍联系，编制出了本教材的语法大纲。为了保证学生对语法的掌握，精简了初级阶段语法点的数量，每课语法点不超过3个。在教材试用过程中，结合专家建议和学生意见对语法大纲做了多次修改。《尔雅中文　初级汉语综合教程》力求保证语法的系统性。涵盖新汉语水平考试二级以后的主要语法项目，并对一、二级的重要语法项目进行了整合之后重现。教材尽量展示汉语语法的全貌，便于学生了解汉语语法的系统，为学生本科学习打下一个很好的基础。

《尔雅中文　初级汉语综合教程》针对的不是零起点学生，有部分语法点是学生已经掌握的。鉴于学生来源复杂，所用的教材不同，很难划定起点。为了给学生学习一个缓冲，教材前四课没有安排新语法点，只是进行了几组语法点的总结。为了保证本系列教材语法体系的系统性和完整性，我们将新汉语水平考试一、二级的重要语法项目进行了整合，添加进教材。这些语法点教师在实际教学中可以根据学生情况弹性选择使用。

教材的这一系列准备工作都是从教学实际出发，充分考虑了学生的实际需要，尽可能做到以学生为中心。

四、《尔雅中文　初级汉语综合教程》贯彻以学生为中心的编写实践

《尔雅中文　初级汉语综合教程》编写力求做到以学生为中心。下面本文就以教材上册（2）第 18 课为例，按照编排顺序，谈谈教材的具体编写实践。

（一）关于学习提示与学习后记

教材从学生出发，遵循学生学习规律，结合学习策略，在每一课前，增加学习提示，以表格形式详细列出本课所学内容，包括话题、重点词、重点句、语法、实践活动等，让学生了解本课内容，引导学生学习。在课后增加学习后记（包括词语和语言点），让学生自己检查是否掌握本课内容，培养学生自主学习能力。

以第 18 课为例，学习提示详细列出了本课所学内容：

话题	搬家
重点词	放 摆 贴 倒 布置 收拾 准备 装 最后 以为
重点句	1. 我把旅行箱搬到你房间了。 2. 把“福”字贴在门上吧。 3. 你可以把房间布置成“武术世界”。 4. 先把书、杂志、光盘什么的放到纸箱子里，然后把衣服装到旅行箱里，最后把小条儿贴在箱子上。 5. 我打算把不用的东西送给朋友。

续表

语法	“把”字句 1
语音练习	综合语音练习及诗歌朗读——《元日》
词汇积累	动作动词
汉字认知	提手旁（扌）的汉字；反文旁（攵）的汉字
文化阅读	中国的历法

第 18 课学习后记示例如下：

词语

语言点

（二）关于热身活动

教材通过图片，提出与本课话题、文化相关的思考题，为学生创设了输入情境，有效地激发学生的学习兴趣，引发学生积极主动思考，符合“基于问题学习”的学习理论。

以第 18 课为例，本课的话题是搬家，这一话题与学生生活密切相关。为激发学生的学习兴趣，热身活动提出的问题是：“你搬过家吗？如果你搬家，你会采用下面的哪种方式？”所给出的提示图片是三幅，分别是请搬家公司、请朋友帮忙和自己搬。引发学生思考并讨论，有效引出本课所学内容。

（三）关于课文

教材上册课文根据本课语法结构、交际功能编写，以学生最需要、最熟悉的校园生活和社会生活为主，注意设置真实情景，注重交际性。这样可以帮助学生解决实际的交际问题。每课两个课文，一个是对话体课文，对话简短、精炼，便于学生朗读和练习，一个是叙述体课文，从初级阶段就注重培养学生成段表达的能力。

下册课文为叙述体，大都选自近年来的报刊、网络或名家名篇，根据学生水平进行改写。在课文选择上注重时代性与永恒性的结合，题材广泛，注意知识性、趣味性。

课文以听引入，向学生提出一个总括性的问题，考查学生的听力，并引起学生学习课文的兴趣。课文后还给出练习的基本步骤。练习按照考查课文理解、发现课文问题、记忆课文内容、复述课文、交际练习（或自由表达练习）的顺序，遵循学生学习规律，让学生通过练习掌握课文内容，并能自由运用。这在很大程度上也方便了教师的使用。

教材在课文练习中始终坚持由学生根据课文内容提问并回答问题，为了启发学生，教材给出相应的示例，以培养学生的问题意识，引导学生自己解决问题。这符合“基于问题学习”的学习理论和合作学习的策略。

以第18课为例，对话体课文的内容是搬家时如何布置房间，叙述体课文的内容是为搬家收拾东西。以课文一为例，听前问题是“谁在搬家”，练习形式有：读课文、根据课文内容提问并回答、分角色扮演、模仿课文用提示词布置房间。“根据课文内容提问并回答”给出的示例问题是“金大成把杰克的旅行箱放到什么地方了”。“模仿课文用提示词布置房间”所给提示词为“放、摆、挂、贴、在、到、给、成”，同时给出了书、箱子、衣服等九幅图片和一个空房间图片，给学生营造一个相对真实的环境，激发学生练习课文并参与活动的兴趣。

（四）关于词语

教材生词以列表形式出现，上册每课生词30个左右，每个课文的生词10—20个。生词表列出拼音、词性、英文翻译，尽可能给出常用搭配。每课重点词10个左右，给出重点词例句3—4个，必要时给出注释与结构。重点词后编写1—2个练习，来考查学生对重点词的掌握。下册为词汇短文阶段，词语为这一阶段学习的重点，生词量有所增加，每课生词40个左右，尽可能给出搭配。每课重点词5—8个，给出重点词例句3—4个，必要时给出注释与结构。重点词的练习形式也增加到3个。这样处理词语和重点词，目的是方便学生预习，并从中发现问题，在课堂学习中可以有的放矢。词语练习注意从机械到灵活，最终达到用所学词语进行自由表达的程度。

第 18 课词语（一）示例如下：

序号	词语	拼音	词性	英文释义	搭配
1	旅行箱	lǚxíngxiāng	名词	suitcase	一个旅行箱
2	纸	zhǐ	名词	paper	一张纸　白纸
3	箱子	xiāngzi	名词	box, case	一个箱子　纸箱子
4	它们	tāmen	代词	they, them	
5	放	fàng	动词	to put, to place	放在这儿　放到那儿　放下

第 18 课重点词（一）的练习有两个。针对本课动作动词多的特点，设计了考查动词与宾语搭配的连线题。此外还有一个与其他课一致的题型——用所给词语填空。

（五）关于语法和语言点

教材上册每课 1—4 个语法点，下册每课 1—3 个语言点。语法注意引入、讲解、归纳总结、句型操练和扩展练习。语法引入多用图片与提问的方式进行，语法讲解简明清楚，归纳总结多用表格的形式，尽量做到让学生一看就懂，一看就能用。例句贴近学生生活，并注意过渡到课文中的句子。在语法讲解之后，设计了课堂练习。上册根据语法点的特性选择 2—4 种题型，每种题型 4—6 个练习。下册选择 1—2 种题型，每种题型 4—6 个练习。在题型设置上，也注意从机械到灵活，最后设计一个综合活动，让学生通过合作，运用本课所学语法项目进行练习，加深学生对语法的理解，提高学生汉语表达能力和交际能力，符合合作学习的策略。上册语法阶段特别注意学生对语法的消化，在每个单元后，编写语法总结，让学生及时对自己所学语法进行复习与总结。

以第 18 课为例，本课的语法是“把”字句。语法是利用两幅图片和几个问题来引入的：图片一是一位女老师手里拿着一本书，图片二是她把书放在桌子上。问题是：“书刚才在哪儿？书现在在哪儿？她做什么了？”以此自然地引出句型。之后给出 3 个例句，最后做句型总结。随后的课堂练习有 5 种：用“在”“到”“给”“成”填空；替换练习；连线；两人一组根据图片说“把”字句；根据“把”字句的用法，一位同学做动作，其他同学用“把”字句说说他做什么了。通过由机械到灵活的练习让学生掌握语法，并做到自由运用。

第 18 课语法总结示例如下：

主语（S）	谓语（P）					
	不 / 没 想 / 要 / 可以……	把	宾语（O）	V	在 / 到 / 给 / 成	其他成分
我	想	把	椅子	搬	到	教室外面去。

（六）关于实践活动

实践活动的设置是对教材主体内容的有效补充，教师可根据教学需要选择在课堂上使用或布置为课后作业。学生可根据自己的不同需求进行选择。教材上册的实践活动有语音练习、词汇积累、汉字认知、交际任务、文化阅读；教材下册的实践活动有汉字认知、交际任务、扩展阅读。

1. 语音练习

教材上册（1）语音练习包括辨音、声调、朗读句子；教材上册（2）语音练习包括双音节练习、多音节练习、朗读诗歌。鉴于学生语音状况参差不齐的现状，本教材在实践活动中设计语音练习，以达到改善学生语音面貌的目的。

语音练习有针对性地与本课所学内容结合在一起。教材上册（1）的辨音练习是根据生词选择语音练习重点，教材考虑汉语语音的整体性，将汉语语音难点进行有效的整合，安排在教材上册（1）的 12 课中。朗读句子一般是朗读绕口令，也是练习本课语音难点。

教材语音练习特别注重声调的训练，上册（1）和上册（2）都安排双音节声调练习，按照“一声 + 一、二、三、四声、轻声”“二声 + 一、二、三、四声、轻声”“三声 + 一、二、三、四声、轻声”“四声 + 一、二、三、四声、轻声”的顺序排列，词语多以本课所学词语为主。以第 18 课为例，“搬家”“窗台”“胶带”“收拾”“明显”“以为”等都是本课生词。上册（2）的多音节练习则与本课语法点结合，以第 18 课为例，主要练习“把”字句短语：“把书放在桌子上”“把旅行箱搬到房间里”“把礼物送给朋友”“把房间布置成汉语世界”等。上册（2）还设计朗读诗歌练习，让学生体验汉语的音律美，从而加深对汉语韵律的了解，提高学习汉语的兴趣。所选诗歌也与本课话题、语法、文化点相关，以第 18 课为例，朗读的是王安石的诗歌《元日》：“爆竹声中一岁除，春风送暖入屠苏。千门万户曈曈日，总把新桃换旧符。”

2. 词汇积累

教材根据本课生词选取某一类别进行词语总结与扩展，扩大学生词汇量，满足学生增加词汇量的需要。同时让学生体会汉语构词的一些规律，提高学生学习词汇的兴趣。词汇积累主要供学生自学，但如果对语法练习有帮助的话，也可以在课堂上使用。

以第18课为例，本课学习了很多动作动词，词汇积累将动作动词进行总结与扩展，列出了动词“打”“推”“拉”“提”“踢”，并给出了常用搭配及图例。

3. 汉字认知

教材上下两册的实践活动都有汉字认知，对汉字知识进行简单介绍，让学生对汉字有初步的认识。整套教材对汉字知识进行有效的整合，前几课有总括性的介绍，比如汉字的笔顺笔画、简体字和繁体字、独体字和合体字，之后介绍了常用的汉字偏旁部首以及例字，所选的偏旁部首和例字大多来自本课生词，并对偏旁部首的演变及意义进行简明介绍，让学生理解其含义，对学生掌握汉字起到了重要作用。教材介绍的部首基本涵盖汉字常用偏旁部首。最后三课在更高层次上对汉字进行介绍，包括汉字的演变、造字法及输入法。这样编排让学生对汉字知识既有整体了解，又有个体认知。

以第18课为例，本课学习了很多动作动词，介绍的偏旁是与手部动作有关的“扌”“攵”，并举了几个例字：打、搬、摆、拾；放、收、教、改。介绍“扌”“攵”的演变，并对其意义进行说明，让学生理解含义，有助于学生记忆汉字。

4. 交际任务

教材上下两册的实践活动都有交际任务。教材结合本课所学的语法、话题以及文化点，设置了一个真实的交际任务，要求学生走出课堂，去完成一个任务，要求具体、易操作，培养了学生使用汉语进行交际的能力。

以第18课为例，结合本课语法“把”字句和搬家的话题，设计的交际任务是让学生问一问朋友，在重要节日的时候，他们一般买些什么，怎么布置自己的家。

5. 文化阅读和扩展阅读

教材的实践活动都有阅读练习，上册是文化阅读，下册是扩展阅读。阅读文字简单易懂，文后附有简单练习，供学生自我检查。阅读练习是配合课文的内容，结合学生的兴趣和需要而设置的，是课堂教学的有效补充，也可以作为学生课外阅读材料。这样可以扩大学生的知识面，便于学生了解中国文化和中国国情，并与本国文化和国情进行对比，在比较中更深地了解中国文化，提高汉语阅读能力。

以第 18 课为例，结合本课课文中的文化点，介绍了中国的历法，让学生进一步了解中国文化。

（七）关于课后练习册

课后练习册与课本分开装订，练习册采用活页形式，方便学生和教师使用。上册每课课后均编写 10 个练习，题型保持一致。下册每课课后均编写 8 个练习，题型保持一致。课后作业练习题型丰富，设置也有层次性，编排注意字——词——句——语段的过渡。在题型设置上注意从机械到灵活。还编写了单元练习和模拟考试练习，可让学生自测，也可做模拟测验使用。

五、结语

《尔雅中文　初级汉语综合教程》是一套适合新时代本科系列教学的初级汉语综合教材。它继承了北京语言大学编写综合教材的传统，以句法结构为纲，兼顾交际功能和文化，又充分考虑到了学生的需求，注重学生的学习规律。正如《尔雅中文》系列教材主编郭鹏教授在总序中写的，“本系列教材强化以学习者为中心的教材编写意识”，“尽量从学生学习的视角和跨文化的视角去安排、镕裁”，“以提高学生主动的兴趣以及课堂活动的参与度”。《尔雅中文　初级汉语综合教程》在这方面做了很好的尝试。

参考文献

① 崔希亮，汉语国际教育“三教”问题的核心与基础，《世界汉语教学》2010年第1期。

② 李泉，论对外汉语教材的实用性，《语言教学与研究》2007年第3期。

③ 李泉，论对外汉语教材的针对性，《世界汉语教学》2004年第2期。

④ 刘颂浩，我们的教材为什么缺乏趣味性，《暨南大学华文学院学报》2005年第2期。

⑤ 温彭年，贾国英，建构主义理论与教学改革——建构主义学习理论综述，《教育理论与实践》2002年第5期。

⑥ 赵金铭，教学环境与汉语教材，《世界汉语教学》2009年第2期。

作者简介：魏新红，女，北京语言大学汉语学院讲师。

任务型汉语阅读教材的编写思路

朱 彤

摘 要 本论文提出了任务型留学生汉语阅读教材的编写思路，从阅读教材引入任务型教学的意义、任务型阅读教材的结构、编写原则等几个方面展开论述。任务型阅读教材根据阅读前期、中期和后期不同阶段的特点，设计不同的任务，以任务为纲，将阅读技能的训练与语言知识的巩固相结合，将交际性任务与阶段性的语言学习重点以及阅读课教学的总体目标相结合。任务型阅读教材充分体现了阅读教学交际性与实践性的特点，有助于调动学生阅读的积极性与主动性，有助于阅读教学目标的实现。

关键词 汉语阅读 任务型教学 阅读教材

近年来，任务型教学的理论与方法在对外汉语教学界日益受到重视，出现了一批关于任务型教学的研究成果，尤其是在口语教学方面，任务型教学的理念与方法得到认可和应用，任务型口语教材也已问世。相对来讲，任务型教学在阅读教学中的应用仍是一个有待开拓的领域。

本文提出借鉴任务型教学理念与方法，结合留学生汉语阅读的实际需求，编写任务型汉语阅读教材，以提高阅读课的教学效率与教学效果，为阅读教学注入新的活力。

一、任务型阅读教材的设计

任务型阅读教材与传统教材最大的区别在于，要设计出各种具体的可操作的任务，学生通过多种形式的语言活动来完成任务。

对任务的类型，学者们有不同的划分方法。Prabhu（1987）提出了教学任务的三种类型，即信息差任务、观点差任务和推理差任务。Jane Willis（1996）则提出了列举、排序与分类、比较、解决难题、交流个人经历和创造性任务等六种任务类型。这些任务类型主要围绕培养学习者的口语技能而展开。针对阅读教学，Grellet（1981）归纳出给图画排序（ordering a sequence of pictures）、将文本与画面进行比较（comparing texts and pictures）、拼合式阅读（jigsaw reading）、重新组织信息（reorganizing the information）、总结（summarizing）、记笔记（note taking）等十一种课堂阅读任务的类型。

在对外汉语阅读教材中，可以根据具体的语言知识、阅读技能及材料的文体类型设计与之相应的阅读任务，如解决问题式的任务，给学生不同的房屋广告（信息差任务），让学生通过阅读查找到重要信息（阅读策略训练，也可看成是一种任务），为新同学选择一个估计会令其满意的房子租住（推理差任务）或各自为自己找到租住的房子（观点差任务）。这一任务还可以比赛的形式，看谁或哪组最先找到合适的房子（训练阅读速度）。这样开放式的阅读任务为学生提供了交换信息、交流观点、沟通情感的自然而真实的语言环境，鼓励学生将所学知识与生活中的实际需要相结合，达到读以致用的目的。同时，学习者通过完成任务（如获取信息完成信息差、观点差、推理差任务），逐步培养阅读策略，提升阅读速度。

对于任务型教学的过程，各家表述也不尽相同。与第二语言教学的主流模式展示（Presentation）、练习（Practice）、表达（Production）的3P教学模式不同，Jane Willis将任务型课堂教学的过程，概括为任务前（the pre-task phase）、任务链（the task-cycle）和语言分析（the language analysis）三个阶段[①]，体现出任务型教学“在用中学”的宗旨。Ellis也将任务型语言教学过程概括为前期阶段（即“任务前阶段”）、展开阶段（即“任务中阶段”）和反馈阶段（即“任务后阶段”）三个阶段。两人都强调各阶段围绕着特定的任务进行活动，达到促进语言习得的目的，但具体内容和形式上有所不同。我们可以综合二人的观点，根据三个阶段的构架，从阅读前期活动、阅读中期活动和阅读后期活动这三个阶段来设计阅读教材的任务。

① 程晓堂，《任务型语言教学》，北京：高等教育出版社，2004年，第94页。

（一）阅读前期活动

根据阅读课文话题的不同，组织设计不同形式的活动。这是阅读前的准备，包括语言准备和心理准备，如：

（1）与课文相关的图片等，引入本课话题。

（2）介绍课文背景的浅显易懂的材料。

（3）课文中关键词语的展示，即对于理解文章内容至关重要的词语，这些词既不可能跳过也无法猜测，如文中每一段的中心词，不包括在行文中可以跳跃或根据上下文猜测出词义的生词。

（4）在重要词语的展示基础上，可以让学生联想拓展相关词语，绘制语义图。

（5）根据文章题目，猜测文章内容。

（6）根据课文前面的阅读提示，猜测文章内容。

这些前期准备活动的目的，一是帮助学生了解相关的背景知识和主要内容，激活原有的语言文化知识图储备，扫清阅读活动中可能遇到的障碍，为完成下一阶段的任务做准备；二是集中学生的注意力，激发其阅读兴趣，引导其积极参与完成任务。阅读心理学指出，只有当学生对阅读内容产生兴趣之后，才有可能进行意义层次上的阅读，才不会被文章中的生词和不熟悉的句法结构所困扰，敢于大胆推测，跨越障碍，在理解意义的同时也提高了阅读技能。

（二）阅读中期活动

这是任务型教学最重要的阶段，阅读教学中这一阶段的任务可以分为两个层次，第一层次的任务可以概括为把握文章主旨，即在学生对文章的内容、语言和结构都不熟悉的情况下，为学生快速浏览阅读文章，了解文章相关信息而设计相应的任务。根据文体的不同，安排不同的任务。例如，记叙文类文章要求找出事件发生的时间、地点、主要人物等，并说出大致情节；议论文要找出主要观点是什么；游记类的找出呈现的顺序，是时间顺序、空间顺序还是重要程度的顺序；有明显的主题句和中心句的文章，要求找出每段话的主题句和文章的中心句。这一层次的任务，侧重于对阅读材料的整体理解，不宜过多、过细、过深。

在快速浏览文章之后，设计第二层次的任务。这一层次的任务可概括为对文章的深入理解，包括对文中重要事实和细节的理解，要求学生在通读文章的基础上，运用相关的阅读技能，理解文中信息，捕捉文中细节。对于长篇文章可以分段阅读，预测下一段可能出现的内容。

在这一过程中，可插入不同形式的阅读材料，包括广告、菜单、节目单、时刻表、统计数据等，设计与学生现实、未来学习生活相关的真实交际任务（如点菜、问路、求医、求职、购物、旅行等），有意识地培养学生采用不同的阅读方法和阅读技能来解决实际问题的能力。

（三）阅读后期活动

这一阶段也被称为反馈阶段或语言聚焦阶段，大部分研究者提出要针对一些重要的语言项目进行操练，使学习者达到对语言形式的自觉反馈。根据阅读课教学的特点，设计以下活动：

（1）对于阅读材料的结构特点、叙述方式、描写手法等进行归类。

（2）总结本次课涉及的阅读方法与技能。

（3）根据学生在完成任务过程中阅读的文章，设计一些以语言为焦点的活动，如生成性强的语素的扩展、同义词与反义词的归纳、重要的句式和语法点等。

上述三种活动均可设计成填表格、连线、排序等形式的任务，由学生独立或合作完成。

（4）拓展性的阅读。运用本课学习的阅读策略与阅读技能，阅读几个新的语篇，完成跟本课主题相关的任务。

（5）布置一些关于任务的思考探究式题目。在理解了文章的内容和作者的写作意图之后，学生往往会对文章中出现的人和事、作者的观点和态度做出评价，此时设计一些活动让学生表明立场，或同意或反对，或肯定或否定，或喜欢或厌恶，将阅读所学得的知识、技能和情感应用到同类或异类的事物中去。在输入能力提高的基础上，提高语言输出能力，而一定量的语言输出反过来又强化了所学习的语言知识和阅读技能，让语言真正成为有效的交际工具。

阅读后期的这些任务有助于巩固学生对于语言形式的把握，培养学生使用阅读技能的自觉性，从而达到学以致用的目的。

二、任务型阅读教材的特点

作为一门语言技能课，阅读课是对外汉语教学重要的组成部分。在阅读教学当中，长期以来存在着一些问题，影响了阅读的教学效果，主要是课型性质的把握不准确，课型特点不突出。在教学当中，大部分沿用教师讲解生词、学生读课文、回答问题、教师串讲的程式，对词汇和语法点的讲解过多，阅读课无论是教材还是教法都与综合课相近。同时，整体认读训练匮乏，阅读量偏小。学生缺乏主动性，课堂气氛沉闷。针对上述问题，借鉴任务型教学理念和方法，结合留学生汉语阅读的需求，编写任务型阅读教材，可以提高阅读课的教学效率与教学效果。

（一）任务型阅读教材可以体现出阅读教学交际性与实践性的特点

阅读是一种言语交际活动，是语言与思维相互作用的过程。阅读课的课型特点在于它的书面交际性与阅读实践性。作为一门语言技能课，在阅读教学当中应贯彻交际性与实践性的原则，而一直以来对于阅读当中的书面交际重视不够。任务型阅读教材，围绕着完成任务而设计教学。以表达意义和传递信息为目的的阅读活动，为学生提供了真实交际的机会，有利于学习者形成真正的交际能力和在真实交际环境中运用语言的能力。在完成任务的过程中学生自然地习得语言，学习者在课堂上成为语言的使用者，语言在课堂上成为交际的工具，充分体现出阅读课交际性与实践性的特点。

（二）任务型阅读教材有助于实现阅读教学目标

从培养学生在实际学习和生活中的阅读能力入手，任务型阅读教材中设计安排各种类型的任务，阅读材料成为参与社会交际的工具。学生根据不同的目的和要求，相应采用通读、略读、查阅等阅读方法，灵活运用各种阅读技能，以达到完成任务的目的。当阅读以获取信息为主要目的时，学生在阅读过程中将注意力放在对阅读内容的理解上，从而实现通过大量语料的阅读实践提高阅读理解能力和阅读技能的教学目标。

（三）任务型阅读教材有助于调动学生阅读的积极性与主动性

任务型教学强调以学生为中心，突出学生在语言实践中的主体地位。阅读教材设计各种任务，提供必要材料，提出活动要求，教师引导、帮助学生完成任务，并进行有针对性的训练。形式多样的任务活动，使阅读有了明确具体的目标和具体的操作要求，可以激发学习者的学习动机。同时，这些与学习者现实与未来息息相关的阅读任务，真实生动，摆脱了枯燥的语言形式操练和单调的信息重复，使整个阅读活动变得更实用，更自然，更有意义，充分调动了学生的学习积极性和主动性，也培养了学生解决实际问题的能力。在这一过程中，学生从“要我读”变为“我要读”，真正成为阅读实践的主角和教学中的主体。

三、任务型阅读教材编写的几个原则

目前研究者所认可的任务型教学的原则，有真实性原则、形式/功能原则、连贯性原则、可操作性原则、实用性原则、趣味性原则等。结合汉语阅读教学的实际情况，本文认为编写任务型阅读教材还应把握以下几个原则：

（一）将交际性任务与阶段性的语言学习重点以及阅读课教学的总体目标相结合

在语言教学的不同阶段中，阅读教学有不同的内容及要求。初级汉语的语音阶段侧重训练学生识字、辨字，培养其认读字、词、词组的能力；语法阶段是阅读的起始阶段，侧重训练学生对汉语的字义、词义、句义的理解能力；短文阶段则是阅读的提高阶段，侧重对段落、篇章大意的理解能力及概括能力的培养和训练。由一年级升入二年级的留学生已经基本掌握了3000多个汉语词汇，这时阅读课的教学内容和教学重点应放在各种语言技能和阅读策略的训练，提高学生的理解能力上。贯穿于各阶段阅读教学过程中的是对学生阅读技能的培养，如通过表意偏旁、构词法以及上下文猜测字义、词义；通过压缩法和关联词语阅读长句、难句；根据中心句和提示词语把握理解段落内容；通过题目与主题句或主题段理解篇章等。任务型教学的交际性任务应该与阶段性的语言学习重点和阅读课教学的总体目标相结合，使学生在完成一系列真实、有意义的任务的过程中学习语言，使用语言，掌握相应的阅读技能。

（二）以任务为纲，将阅读技能的训练与语言知识的巩固相结合

在第二语言教学的阅读教学中，影响学生阅读理解的因素有语言因素和非语言因素，但影响学生尤其是低年级学生阅读的主要因素还是语言水平。因此，在阅读教材特别是初级汉语阅读教学中必须将语言形式作为重点，把识认汉字、掌握词汇、扩大词汇量作为初级汉语阅读教学中的主要任务，充分利用阅读语料巩固所学的字词与语法结构，扩大词汇量。同时，阅读技能的培养也不容忽视。虽然阅读能力是受过教育的人所应具备的，不是非得经过第二语言教育才获得的，阅读的方法和技能也不是唯有阅读外文资料才有用，但母语和外语毕竟是两种语言，具有不同的特性，尤其是作为以象形文字为基础发展起来的表意文字的汉语，在阅读方法和技巧方面也有很多独特之处，而中国人特有的思维方式和文化传统也对文章的段落、篇章结构等具有不容忽视的影响，因而针对留学生进行汉语阅读技能方面的训练是必要的。

初级阶段的学生汉语词汇量很小，语法知识有限，对词义、句义的猜测能力差，常用的根据上下文猜测词义等阅读技能在操作中效果不明显。但根据汉字所具备的构字构词特点猜测字义和词义、扩展新词是可行的。在处理生字生词时，引导学生寻找字形、语素线索或上下文线索，强化猜词能力的同时，也加深了学生对字词的理解。针对阅读过程中学生过多地将注意力集中在字词上的问题，阅读技能训练中不应把猜字词与句子理解截然分开，而应该适当设计一些把二者结合起来的任务项目。从初级短文阅读开始，适当地设计一些段落篇章方面的任务，比如抓主要观点、了解文章大意等。中级阅读技能训练侧重于篇章，但学生在字词方面的问题还不少，因此应穿插着随文进行一些字词句方面的技能训练。

任务型阅读教材根据课程的总体目标和教学内容，设计出接近于真实的交际性任务，与学习性任务结合起来，以任务为纲，在完成任务的过程中学习并使用语言和阅读技能，将语言知识的巩固与阅读技能的训练结合起来，可以更好地实现阅读课的教学目标。

（三）以读为主，结合听、说、写的技能，全面提高学生的综合语言素质

任务型教学强调交际任务，某些任务型教学理论甚至只承认口头交际任务和真实交际任务。其实，任务的外延可以扩大些，“思考性的任务、查找性的任务”[①]都是任务，而且是阅读教学当中很重要的任务。另一方面，由于任务型教学强调小组活动，强调交流合作与讨论汇报，因此，学生在课堂上说的机会较多，而“阅读类课程其交际形式更多的是阅读者与所读文章的交际”[②]，因此，教材应该安排足够的阅读量，保证充足的阅读时间，将通过阅读而完成的任务放在核心位置上。

四、结语

正如吴中伟在《对外汉语任务型教学》一书中所言，“没有哪一种教学法是十全十美的，也没有哪一种教学法是一无是处的”[③]。任务型教学本身并非是万能的，也存在一定的局限性。本文所构想的任务型阅读教材，只是借鉴任务型教学核心理念与方法，将任务型教学法与其他行之有效的教学法相结合，博采众长，保证教学获得最佳效果。无论是哪种教学法，最重要的是适应教学的需要，因此，必须在阅读教学实践中根据实际情况，不断地对教学方法加以调整和完善。

参考文献

① 陈田顺，《对外汉语教学中高级阶段课程规范》，北京：北京语言大学出版社，1999 年。

---

① 鲁健骥，关于创造型对外汉语教学与创造式汉语学习的思考，《语言教学与研究》2010 年第 4 期。
② 陈田顺，《对外汉语教学中高级阶段课程规范》，北京：北京语言大学出版社，1999 年，第 277 页。
③ 吴中伟、郭鹏，《对外汉语任务型教学》，北京：北京大学出版社，2009 年，第 1 页。

② 陈田顺，关于《中级汉语阅读教程》的构想，《语言文化教学研究集刊》（第四辑），北京：华语教学出版社，2000年。

③ 程晓堂，《任务型语言教学》，北京：高等教育出版社，2004年。

④ 龚亚夫、罗少茜，《任务型语言教学》，北京：人民教育出版社，2006年。

⑤ 韩经太，《教学督导的实践探索》，北京：北京语言大学出版社，2008年。

⑥ 李杨，《对外汉语教学课程研究》，北京：北京语言大学出版社，1997年。

⑦ 鲁健骥，关于创造型对外汉语教学与创造式汉语学习的思考，《语言教学与研究》2010年第4期。

⑧ 鲁健骥，澄清对外汉语教学模式演变过程中的两点重要事实，《暨南大学华文学院学报》2009年第3期。

⑨ 吴中伟、郭鹏，《对外汉语任务型教学》，北京：北京大学出版社，2009年。

⑩ 赵雷，建立任务型对外汉语口语教学系统的思考，《语言教学与研究》2008年第3期。

⑪ 赵雷，任务型中级汉语口语教材的编写设想，《汉语国际教育标准与多元化教学》，2009年。

⑫ David Nunan，《任务型语言教学》，北京：外语教育与研究出版社，2011年。

⑬ Ellis, R., *The Study of Second Language Acquisition*, Oxford University Press, 1994.

⑭ Grellet, F., *Developing Reading Skills*, Cambridge University Press, 1981.

⑮ Lai, J., *Reading Strategies*: *A Study Guide*. Chinese University of Hong Kong, 1997.

⑯ Prabhu, N. S., *Second Language Pedagogy*: *A Perspective*, Oxford University Press, 1987.

⑰ Willis, J., *A Framework for Task-based Learning*, Addison Wesley Longman, first published 1996, 4th edition, 2000.

作者简介：朱彤，女，博士，北京语言大学汉语学院讲师。

教学管理研究

北京语言大学教务管理系统功能展望

朱文涛

摘　要　我校从2002年开始采用网络教务管理系统进行教务教学的管理工作，实现了教学计划、教学任务、排课、选课、成绩、学籍的网络化及信息化管理，提高了资源的使用效率，确保了教务教学信息的准确性和及时性。从2014年开始，我校新的教务管理信息系统开始投入运行，新系统对原有系统的功能有所扩充，但随着信息技术的不断进步，人们对教务教学管理的期望值也逐步提升。本文从教务教学管理者的角度，对于我校教务教学管理信息系统进一步的功能进行展望，包括推送（PUSH）技术的运用、文件库及知识库的建立、智能手机的应用、教务管理人员及专职维护开发工程师的培养等，期望能够抛砖引玉，为我校教务教学管理系统功能的进一步拓展，为我校教务教学系统功能进一步优化、操作更加人性化提供一些参考思路。

关键词　教务系统　管理　展望

一、教务管理系统开发应重视推送（PUSH）技术的运用

推送技术的提出已经过去十多年了，但是，对于教务管理系统来说，我们依然处于“拉”的阶段，我们忽略了“推送”技术的应用。

推送技术是一种建立在系统服务器上的机制，就是由系统服务器主动将信息发往用户端的技术。同传统的拉（PULL）技术相比，最主要的区别在于推送技术是由系统服务器主动向用户发送信息，而拉技术则是由用户主动请求信息。推送技术的优势在于信息的主动性和及时性，从而改善用户的使用体验。

如何帮助用户实现他们的目标，是改善软件系统可用性的专业要求。ISO标准关于可用性的定义就是指目标和任务导向。但现实中，专业人士却往往忽略了这一点。

如果一个教务系统用户在访问教务系统时，没有一个清晰的目的，结果会怎样？如果我们给他（她）提供一个目的会怎样？我们通常会抱怨教务系统的用户没有足够的经验，但为什么软件设计者不能更多地思考一下，帮助用户找出他们潜在的需求，以便改善教务系统用户的使用体验？为什么不能像目前电脑上的各种新闻客户端软件那样，在我们每天开机后，把教务系统中一些需要我们知晓的信息，需要做的工作自动“推送”给我们？比如，自动提醒我们：“公选课已经开始了”“公选课已经结束了，需要进行数据处理了”“张三转到某某转业了”“李四休学了”“现在是期末成绩录入阶段，总共需要录入120门课，现已经录入了80门课，如需查看哪些教师还没有录入，请点击这里”“昨天有××条成绩记录修改，若想查看明细，请点这里”。

根据我们使用教务系统的经验，可以说，到目前为止，几乎没有教务系统能够做到这一点。教务系统依然停留在“拉”的阶段。这种“拉”的系统，假设我们教务系统的用户都是专业人士，对于教务管理工作的流程非常熟练，而且非常敬业，为了完成他们心想的任务或者找到他们需要的信息，有一种强烈的“拉”的愿望，最好还能有一定的计算机软件及数据库系统的知识。

但是现实中，教务人员本身工作就很繁重，另外，由于教务系统事务繁杂，纷繁复杂的各种业务往往搞得教务人员晕头转向，很多事情容易遗漏，很多事情容易因为没有及时处理而造成教学事故。我们已经有一个教务系统，但是我们依然依赖电话等其他工具进行口头通知和布置工作。比如，某个学生退学了，需要教务处电话通知学生处，实践中，往往造成学生已经退学了，却依然领着助学金的现象。为什么系统不能自动通知？进行了退学处理，系统就应该自动通知相关人员，做好相应的实际退学处理工作。再比如，某个教室借出去了，某门课程调时间了，换教室了，为什么没有系统自动通知教室服务中心及相关的老师？

系统自动通知，就是一种信息的“推送”。这种推送有几个好处：首先，极大地减轻教务人员的工作量。试想，每天当你坐在电脑前，一开机，电脑上就自动弹出一个小窗口，提示你系统的最新变化，以及需要你完成的工作，你就不用冥思苦想：“我今天需要做什么？”其次，减轻教务人员的精神压力。不用在每天睡觉前，梳理今天已经做的工作、明天需要做的工作，也不用在笔记本上进行记事，所有的事项都在电脑上进行。该通知的，系统以文字方式自动推送给对方。最后，所有的通知和工作，都提供“已阅”“已办理”选项，都有据可查，既可以作为将来的事后审计，也可以作为工作量统计的依据。

“拉”和“推”可以定义成影响教务系统用户的两种相反的策略，或者教务系统用户可以参与的两种模式。

实际上，“拉”的教务系统要求用户有一种强烈的巨大的完成任务的动机。然而很多时候，教务管理人员工作繁忙，没有那么多时间去思考一个明确的要完成的任务。

而“推”是把教务系统的消息推送给教务系统的用户，以便期望他们能受到影响，从而采取行动。

那么，如何设计具有推送功能的教务系统呢？当我们通过设计推送策略来影响教务系统的用户时，我们一开始先预测他们的需要，然后设计最有效的系统，来确保教务系统用户需要的所有信息都可以在恰当的时候出现在恰当的地点。

推送的前提是推送者知道用户的兴趣所在，或者至少知道驱动用户拉的动机，还应该研究教务管理的不同角色参与者在每个时段应该完成的具体工作。可以有两种策略来设计推送系统：第一，需要具有长期教务管理工作经验的负责人能够抽出一个较长的时间，比如说半年或者一年的时间，抛开具体的教务管理工作，静下心来，用科学的方法专门整理归纳教务系统的不同角色在不同时点、针对不同的事件，应该做出什么样的反应及完成什么样的工作，而教务系统服务器又应该做出什么样的进一步的消息发布。推送系统的设计者应该能够找到一种正确的应用机制和驱动方法，以便确保成功。第二，由于推送系统的复杂性，推送的设计者也可能由于难以预计进一步的行为，而倾向于根据过去的经验，针对现有环境进行微调。这时，推送系统的设计工作就可能需要多年的时间。这样，可能就需要有至少一名长期稳定的既通晓教务管理又精通数据库系统及各种软件设计的计算机软件工程师，按照推送设计者的要求，不断地对教务系统进行微调，用“水滴石穿”的精神，不断地把教务系统推送工作设计到位，不断地取得进步，让教务管理工作变得更科学，更准确，更人性化。

推送是一种很好的策略。根据用户预期的需要，可以将教务系统用户需要的信息推送给用户，将教务系统用户需要完成的工作推送给用户。推送是对大图进行编辑和剪裁以满足最终用户的需要。有些人会说，推送设计者比用户更知道自己的需求，它采用了一种不怕说“做这个，不是那个”的策略。

教务系统推送可以主要采用客户端的方式，既可以是电脑客户端，也可以是手机客户端。用客户端的好处是，容易做到跟踪和审计，不会发生抵赖的情况。也可以采用电子邮件、手机短消息、微信等形式，但可能不能确保接受者能够及时响应。一般来讲，电脑客户端形式应该是首选的，绝大多数推送都应该在电脑客户端上完成。因为，教务系统的工作人员上班时间都在电脑面前，这样做，可以让他们有一种工作就在工作时间完成的感觉。

教务系统的推送功能容易实现吗？我们可能会说，教务系统是一个很复杂的系统，如何才能归纳出哪些需要推送呢？华罗庚曾提出“把薄书读厚，把厚书读薄”的治学方法，在此，我们不妨借用一下。教务系统确实是一个庞杂的系统，但是，只有把它归纳整理提炼出一系列的推送功能，才算真正研究到了教务系统的精华，才能够称得上是真正理解了教务系统。

二、教务管理系统开发应重视文件库及知识库的建立

教务管理工作经年累月地进行，形成了很多资料和文件，这些文件保存在哪里？使用时如何查找？早在十多年前，当时的教务处长就问我们这个问题，但遗憾的是，直到目前依然没有实现。笔者认为应该有如下几种实现方法：

（一）建立教务办公邮件系统

我们可能已经建立了办公邮件系统，但可能使用起来还不够方便。应该开发和推广办公系统的客户端软件，以便用户打开电脑即可自动登录办公平台，而无需打开浏览器，输入账号密码。收到邮件后，在用户的电脑上应该及时弹出消息，提示用户收到某某部门某某人的邮件以及邮件的标题，点击一下即可立即查看。

（二）建立教务文件资料库

教务文件的资料库，可以设定部门或者定义工作组，限定只有该组的成员才可以查看。该文件资料库应该是多媒体的，既可以上传 Word、Excel、PPT 等

文本文件，也可以上传图片、音频、视频文件。这个资料库应该可以像搜索引擎那样支持用多个关键字进行全文检索，新增加的内容应该每日以列表的形式一次推送给用户。

（三）建立个人记事系统

在教务办公的过程中，我们每天都要记下一些待办事项。如何记录这些待办事项？有些人使用传统的笔和纸，优点是方便快捷，不用打开网页，不用登录，缺点是事后查找不方便。还有些人在桌面上随时新建一个 txt 文本文件，优点也是方便快捷，但缺点是，新建的文本文件越来越多，桌面上杂乱无章，事后很难整理搜集，一般都是全部删除，而且影响了电脑运行的速度。应该建立个人的记事系统，这些记事能够设置诸如待办的期限、提醒的时间等信息，能够适时弹出消息提醒用户及时办理。而且，今后还能够进行查找。这个记事是立体的，可以存储在服务器上，也可以存储在自己的电脑上。

（四）建立“我的网盘”功能

应该为教务系统的用户建立“我的网盘”功能，允许用户将一些重要文件存放到“我的网盘”上。该网盘应该允许存放大到甚至 10G 的文件。在用户需要时，可以直接点击下载。

（五）开发教务文档搜集整理软件

很多教务管理软件在自己的电脑上存放了很多文件。这些文件可能是 Word、Excel、PPT，也可能是照片、音频、视频等。很多人在自己的电脑上建立了各种目录分类存放。但时间长了，可能放置得就乱了。而且，可能存在很多重复文件，占用了大量的磁盘空间。一旦电脑出现硬盘故障，这些文件可能一去不返，造成很大损失。随着计算机硬盘稳定性的提高，硬盘出故障的几率大为降低，但硬盘损坏，数年积累的文档资料丢失的事件还是时有发生。稳妥的方法是开发相应的文档搜集整理软件，该软件能够识别重复的文件，只保留文件的一个副本，能够按照一定规则，比如文件修改的日期和时间，对于照片来讲，还应能够识别照片的拍摄日期和时间，进行整理。最好是能够自动搜集整理到移动硬盘或者到服务器上，安全存放。

三、教务管理系统开发应重视智能手机的应用

如今智能手机被广泛使用，据信，全球70亿人，有20亿人在使用智能手机。人们的目光大部分业余时间都在手机上，手机成为了最吸引眼球的地方。尽管教务管理系统的绝大多数功能还是应该在电脑上运行，但是，对于一些通知类的工作，应该可以借助微信平台进行发布。教务系统应该自行或者借助微信平台开发手机客户端用于辅助教务系统的工作。比如，教务系统的一些通知，如选课通知、成绩查询通知、教学评价通知，可以由该平台及时推送给学生。而学生可以在手机上方便地进行选课和评教，甚至可以在手机上完成测验、上交作业等。尽管现在学生已经可以直接用手机访问教务系统的网站，但是对于消息和通知还是限于“拉”的状态，还没有实现“推送”。

四、教务管理系统开发应重视教务管理人员及专职维护开发工程师的培养

过去十多年的时间，各个高校纷纷花费重金购买了教务管理系统。但是，绝大多数对于教务系统的使用并不满意，教务管理系统存在这样或那样的问题。究其原因，笔者认为应重视本校专职教务管理人员及开发维护工程师的配备和培养。首先，由于高校的管理体制和管理思路一直处于不断的变化之中，高校教务系统也需要不断地变化和发展；其次，计算机技术一直处于飞速发展之中，技术的进步也在淘汰原有的一些软件方法和模块，即所谓的“精神磨损”；最后，人们对高校教务管理系统的复杂性往往估计不足。

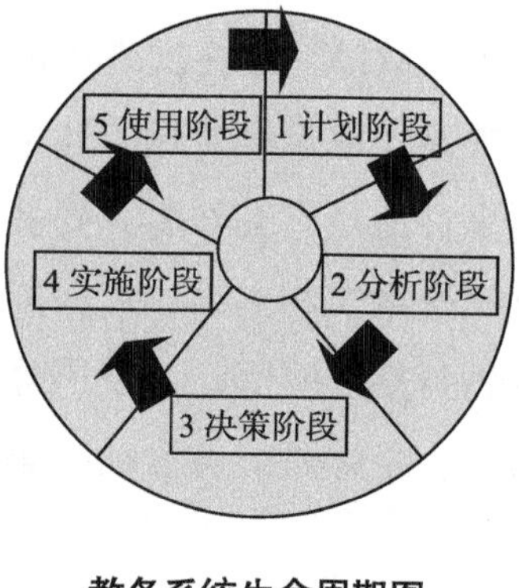

教务系统生命周期图

针对以上的事实，我们可能需要重新审视教务管理系统开发工作，我们可能需要引入软件开发周期的理论，来阐述教务管理系统软件开发的复杂性。

左图展示了一个教务系统生命周期的各个阶段：

任何管理信息系统都像生命体一样有出生，有成长，有发展，有消亡。这一演进的过程通常被称为系统生命周期。教务管理信息系统作为一类管理信息系统，同样具有自己的生命周期。一个教务系统的生命周期通常包括如下几个阶段：1. 计划阶段；2. 分析阶段；3. 决策阶段；4. 实施阶段；5. 使用阶段。当一个教务管理系统越过了最后的使用阶段，则另一个以规划阶段为开端的新的生命周期就应运而生。

那么传统的购买现成教务管理软件的做法，就可能潜伏着弊端。由于公司的教务管理系统由专职的信息人员开发，他们往往对于教务管理系统缺乏系统的、深刻的认识。公司里有些新聘任的计算机专业的大学生被派来学校教务处进行教务管理系统培训和了解需求的时候，我们明显地感觉到他们缺乏教务管理知识，他们甚至还没有了解清楚学院、系、专业的关系，就被派来维护系统和了解需求。

尽管软件开发人员在计算机信息系统中贡献很大，但教务管理系统的真正管理者和使用者还是教务管理人员自己，要由管理者自己来负责系统生命周期的运转。只有管理者，也就是信息系统的使用者才能清楚地知道系统的弊端、系统的问题、系统的维护。因此，必须要有专职的资深教务管理人员与对教务管理系统有一定了解的资深软件开发专职人员结合，才能使教务管理系统不断完善，不断进步。资深教务管理人员与资深软件开发专职人员缺一不可，当然，如果这两者是一个人，也就是说，如果有一个人，兼具资深教务管理知识及软件开发能力，那么这个人对于学校教务管理系统将是一位难得的人才。

无论如何，教务管理系统研发及维护是一项高度复杂的脑力劳动，需要长期的积累和优秀的逻辑思维能力，绝非刚入门者可以胜任。那种刚毕业，还不能做软件开发，先做教务系统维护工作的说法是完全错误的。

高校的教务管理工作需要不断地进步，而购买软件的做法，几乎是无法达到长期稳定的效果的。高校应该培养自己的资深的、稳定的教务管理人员，配备专职的软件工程师，专门负责教务管理系统的开发维护工作，这样才能保证高校教务管理系统长期稳定运行并处于不断的进步之中。

作者简介：朱文涛，男，供职于北京语言大学教务处。

国外一流大学、国内985高校教授为本科生授课情况研究

孙　琪

摘　要　教授为本科生授课可以使本科生获得更多接触高层次学术科研成果的机会，可以大大提升本科教学质量。为改善教授为本科生授课的情况，国内985高校采取了“萝卜加大棒”的诸多措施，国外一流大学则多采取激励的方式推动教授上讲台。通过与国外一流大学教授为本科生授课情况的比较分析，可以看出国内985高校在制定相关政策时存在一些问题，进而提出落实教授为本科生授课的对策与建议，如强化教学中心地位，改进和调整对高校的评价和投入机制，设置不同类型教师岗位等。

关键词　教授　本科生　授课

大学的主要职能之一是培养高层次人才，而本科教育阶段是大学人才培养中最基础、最关键的环节，所以提高本科教学质量是我国建设世界一流大学的根本所在。985高校处于我国高等教育的领先位置，拥有一流的师资与教学科研设备，在提高本科教学质量，进而提升整个大学的办学质量的过程中，理应走在其他学校的前列。充分利用985高校的一流师资队伍，整合优质教学资源是提高985高校本科教育质量的必由之路。本文拟通过对国内985高校及国外一流大学教授为本科生授课情况的研究，探寻国内985高校在推动教授为本科生授课过程中存在的问题及对策和建议。

一、关于教授为本科生授课情况的背景

在深化高等教育本科教学改革、全面提高本科教学质量的过程中，教育部一直高度重视教授、副教授为本科生授课的情况，多次在出台的相关文件中，明确提出教授为本科生授课的相关规定。

2001 年 8 月，教育部下发了《关于加强高等学校本科教学工作提高教学质量的若干意见》（教高 [2001]4 号），强调要充分认识教学工作的重要地位，明确提出："高等学校提高教学质量的关键是要有大批优秀的教师工作在教学第一线。教授、副教授必须讲授本科课程。一般情况下，55 岁以下的教授、副教授原则上每学年至少为本科学生讲授一门课。"

2005 年，教育部发布《关于进一步加强高等学校本科教学工作的若干意见》（教高 [2005]1 号），重申"高等学校要把教授、副教授为本科学生上课作为一项基本制度"，并且提出，"要把教师承担教学工作的业绩和成果作为聘任（晋升）教师职务、确定津贴的必要条件"。教育部已经开始重视采取激励措施鼓励教师重视教学工作。

2007 年，教育部发布《关于进一步深化本科教学全面提高教学质量的若干意见》（教高 [2007]2 号），再次强调"要把为本科生授课作为教授、副教授的基本要求。不承担本科教学任务者不得被聘为教授、副教授职务。被聘为教授、副教授后，如连续两年不为本科生授课，不得再聘任其教授、副教授职务"。可以看出，教育部不仅重视教授为本科生授课的课时量，并且关注教授授课的质量，希望教授、副教授发挥"主力军作用"，全面提高教学水平。

二、国内 985 高校教授为本科生授课措施及实施效果

在教育部出台相关文件之后，各地各高校也积极制订各种制度来规范教授为本科生授课的情况，同时采取积极措施提高教授为本科生授课的积极性，提高本科教学质量。

（一）将教授为本科生上课作为一项基本制度，明确教师岗位职责

为贯彻落实教育部文件精神，提高本科教学质量水平，985 高校在校级文件

中都明确提出要将教授为本科生授课作为一项基本制度，并在教师岗位职责中明确了教授为本科生授课的具体要求。如山东大学发布的《山东大学教师本科教学工作规范（试行）》，在教师职责中提出："60岁以下的教授、副教授每学年至少为本科生讲授一门课程（至少32学时），专职科研或管理岗位的教授、副教授每学年为本科生讲授课程或开设学术前沿讲座至少8学时。"华东师范大学明确要求"教授、副教授应为本科生开设课程，规定教授每学年至少承担36学时的本科教学工作，副教授至少承担54学时的本科教学工作，还要求教授每年至少为本科生举行一次专题报告或讲座"。

（二）教师职务晋升、岗位聘任中，对教授承担本科教学任务提出具体要求

985高校不仅明确将教授为本科生授课作为基本制度，同时在专业技能职务晋升、岗位聘任的相关文件中对教授承担的本科教学任务也做出了详尽要求。一般要求在聘任教授的条件中，规定至少需担任过一门或两门本科课程的教学，对课时要求不等。如东南大学发布的《东南大学教授（研究员）职务评聘基本条件（试行）》中，在对教授评审条件的教学要求中提出："平均每年承担一门本科生课程或研究生基础课程（必须讲授过一门以上本科生课程），每年平均工作量超过本院系同级教师教学工作量的80%。"有的高校则在教师职务岗位聘任中，拿出专门指标分配给本科教学任务完成较好的教师。如华南理工大学，2006年起每年专门拿出10个教授和10个副教授指标，用于激励长期从事本科基础课和学科基础课教学并做出突出成绩的教师。必须指出的是，在教授聘任条件中，几乎所有985高校都明确提出对教学质量的要求，要求教学效果优良等。

（三）将教授为本科生授课情况作为院系工作或教师年度考核的重要评价指标

985高校对高水平教师尤其是教授、副教授给本科生授课的情况给予高度重视，有些高校将教授为本科生授课情况作为一些考核的重要指标。如北京理工大学就规定将教授、副教授为本科生授课比例列为对学院工作的考核指标。有些高校在教师年度考核中，规定了教授为本科生授课的定量要求，加强对在岗教授的教学工作考核，坚持教学工作一票否决制。如武汉大学在聘期考核的文件中规定："教授和副教授必须承担一门以上本科生课程教学，对无教学经历、教学工作量不够和教学质量不达标者实行一票否决制。"

（四）采取激励措施鼓励教授为本科生授课

各高校在制度、政策等硬性规定之外，还采取各种积极措施激发教授为本科生上课的热情，鼓励名师、教授为本科生授课。如南开大学出台了教学带头人与学术带头人、教学成果与科研成果、教研论文与科研论文、教研项目与科研项目、教材与专著“五个同等对待”的政策，因此其提出的“让南开最好的教授都给本科生上课”的要求得到了很好的落实。武汉大学为进一步调动教师投入教学的积极性和创造性，设立了“杰出教学贡献校长奖”，表彰多年坚持在本科一线教学并取得优异成绩的教授。

三、国内 985 高校教授为本科生授课情况存在的问题及分析

尽管各高校从制度、政策各方面对教授为本科生授课情况做出了规定，同时采取相关激励措施鼓励教授为本科生授课，此举已经取得一定效果，但是在具体落实过程及结果中仍然存在一定的问题，需要进一步改善。

首先，虽然各高校都加强了对本科教学管理的认识，重视本科教学的地位，但在建设研究型大学的过程中，学校内部仍然存在“科研至上”“重科研轻教学”的情况，以至有些教师无法在教学中投入较多精力，在实际教学过程中出现教授缺位的情况，而将落实教授为本科生授课停留在一纸空文上。其次，高等学校教授为本科生授课情况很不均衡。从调研结果来看，教授不给本科生授课的问题总体上并不是很严重，但落实到各个学校内部，教授为本科生授课的情况很不均衡。有些学校教授为本科生授课情况良好，也有部分高校情况不尽如人意。从学校类型看，研究型大学较之一般教学型大学问题要严重，理工类院校较之其他院校问题更为明显；从课程类型看，专业课程教学比基础课程教学的问题更加突出。

具体分析来看，以上问题的出现并不是由单方面的原因造成的，一方面跟各高校落实、执行的力度有关，另一方面跟国家的政策导向密切相关。首先，教育部虽然多次发文明确要求教授要为本科生授课，各学校也积极响应制定相关政策，但有些学校对教授为本科生授课情况要求不严，尤其对科研工作方面比较突出而忽视了教学工作的教授放松了要求，因此在 985 高校中很少有教授因为教学工作不达标而不被续聘。其次，政府部门对学校的评价存在“重科研

轻教学”的政策导向，这是造成教学被忽视的根本原因。当下政府部门对各高校的评价很大程度上是对学校科研资源如重点学科、重点实验室等和科研成果如科研论文、科技成果获奖情况等显性成果的评价，科研资源和科研成果越来越成为学校综合实力的重要标志。而这些科研资源和成果会为学校带来直接的现实利益，为学校争取到更多的项目经费，学校更会为科研工作而不遗余力，教学工作的地位便相对下降。另外，政府的政策导向也直接影响到学校对教师的评价。学校关注更多的是教师的科研工作，如教师申请了多少项目和经费，获得多少科研成果奖励，发表多少科研论文，而对教师在教学方面的投入和成效关注较少。学校对于科研工作的奖励不断加大，使得教师完成科研工作量和教学工作量所获得的奖励、酬劳等越发悬殊。各方面原因叠加，造成有些教授为本科生授课动力不足，进而出现了种种问题。

四、国外高校教授为本科生授课情况的分析

国外大都没有规定教授必须为本科生授课，上课可以是为本科生授课，也可以是为研究生授课。但本科阶段教育是人才培养的基础环节，而教学是本科阶段人才培养的根本途径，因此世界各国同样非常重视本科教学，并且采取了不同措施以保证本科教学质量。有的国家通过立法来规范教师的教学职责，如德国《高等学校总纲法》规定：“教授是德国高校教学科研的核心力量，具有开课、主持考试、确定科研项目、组织教学、科研实施、参与院系和研究所的管理的职能。”“如果被聘任为教授，则每周必须授课 8 小时以上，每位教授每学期须开设一门主课、两门副课，此外，还要负责学生的考试。”有的国家没有统一规定高校教师的教学职责，而是通过其他措施规范教师教学情况。

（一）通过聘任合同规定教授的教学职责

与我国许多高校的做法相似，有些国家是通过教师与学院或者学校签订的聘用合同来规定教师的教学职责。美国高校教师分为教学和科研两种职位。教授的教学任务一般占工作量 50%—65%，科研占 30%，指导学生占 5%，服务占 5%。教授一般每学年担任 4—5 门课，但没有不上课的教师。日本大学的主要课程由教授、副教授承担，一般每学期 2—3 门课，每周上课 4—7 课时。

（二）采取各种激励措施鼓励教授承担本科教学任务

世界一流大学多为研究型大学，但是也非常重视本科教学质量，为鼓励教师积极投身本科教学，不同学校采取了多样化的激励措施。如哈佛学院（哈佛大学的本科生学院）专门设立了一种五年期的教授职位，提供丰厚薪酬，专门延聘资深教授为本科生上课。在芝加哥大学，许多资深教授为本科生设计核心课程计划，40% 以上的拥有终身教职的教授参与了相关课程的教学。在康奈尔大学，“明星教授”和其他教职人员一样，都必须承担本科生的教学工作，如物理系有 7 位教授是国家科学院院士，有两名诺贝尔奖获得者，而他们一半的教学工作是面向本科生的。

另外，几乎所有的研究型大学都为本科教学设立了专门奖项，如，麻省理工学院（MIT）设立了学校级别的“埃福雷特·摩尔·贝克杰出本科教学纪念奖”；哈佛大学为优秀教师设立了“约瑟夫·利文森纪念教学奖”，为年轻的副教授或助理教授设立了“罗斯林·艾布莱姆森奖”；耶鲁大学为本科教学卓越的教师设立了“耶鲁学院杰出本科教学奖”，以此来鼓励高校教师积极投身本科教学，提高教学水平和质量。

在采取激励措施的同时，一些高校也通过评估制度保障教师完成教学工作。如美国的高校特别重视对教师的考核和评估，在评估结果中，如果学生评教结果较差，即使科研成果再出色的教师也无法获得终身教职，已经获得终身教职的教师将被要求改进教学工作。

五、进一步落实教授为本科生授课的对策与建议

（一）强化教学中心地位，展开专项检查，严格落实教授为本科生上课制度

提高本科教学质量，提升人才培养水平是高校的重要职责，教授作为各个学科领域的带头人更应当担负起教学责任，积极投身本科教学工作。从政府层面来看，应当强化教学中心地位，“牢固确立人才培养在高校工作中的中心地位”。可以定期或不定期地采取多种形式对高校教授授课情况的执行情况进行专项检查，对于教授授课情况落实不力的学校，要采取行政手段或其他有效措施

切实扭转。从学校层面来看，要落实教授为本科生授课制度，就要加强对教学工作的管理，在教师岗位聘任、教授续聘过程中对聘任教师的教学工作进行严格考核，对在岗教授的教学工作定期进行严格定量和质量评估，督导教授走上讲台。

（二）改进和调整对高校的评价和投入机制，引导高校教学与科研均衡发展

政府部门的评价对高校发展具有导向作用，因此国家应当调整对高校的评价机制。坚持把人才培养质量作为评价学校工作的根本标准，从政策导向、资源分配、评价考核、投入保障等方面引导高校重视人才培养工作。逐步加大人才培养考核在高等院校升格、“985”“211”国家重大建设项目评审及验收、博士点设置、重点学科设置、科研创新团队评审、国家重点实验室建设与验收等方面的比重。以人才培养为中心调整投入机制，提高对高校的教学经费投入水平，加大对教师教学成果的奖励力度，引导高校教学与科研均衡发展。

（三）设置不同类型教师岗位，做到人尽其才

学校可以在教师聘任中设置不同类型的教师岗位，例如将教师岗位分为教学为主型岗位、科研为主型岗位、教学科研并重型岗位，对不同类型岗位的教授聘任条件做出分类规定，分别规定不同类型岗位的教授教学、科研工作方面的工作任务和要求，设置不同类型岗位教授在授课门数、课时数、学分数等方面的最低标准。在分类设置时，也可以根据学科的不同相应设置不同类型的教师岗位，同时分别做出规定和要求。这也要求政府部门对教授为本科生授课情况进行分类评估，如区分岗位类别、专业类别、课程类别等，采用不同评估标准，不可一概而论。

（四）采取激励措施保障教师教学工作，调和教学与科研工作矛盾

目前国家和学校对教学采取的鼓励机制不够完善，而对于科研的侧重则非常明显，这种情况不利于教师全身心投入教学工作。但是在建设研究型大学的过程中，985 高校应该首先照顾科研领域，不然就会在激烈的高校竞争中处于被动地位。因此教学与科研之间的矛盾不可避免，只能不断进行调和，不可能从根本上进行变革。在这样的大前提下，必须采取各种激励措施来鼓励教授坚持授课，例如可以设置荣誉奖项，将教授授课获奖情况算入绩效考核，提高教授

津贴；在教授岗位评定中，教学和科研相平行，对教师取得的教改项目、精品课程、精品教材等教学成果，视同取得的科研成果；发挥名师效应，坚持名师为本科生授课，形成良好风气，对其他教授起到带动和激励作用，使教授乐于走上讲台，安心教学。

参考文献

①[美]弗兰克·罗德斯著，王晓阳，蓝劲松译，《创造未来：美国大学的作用》，北京：清华大学出版社，2007年。

②教育部，《关于进一步加强高等学校本科教学工作的若干意见》.[EB/OL]. http：//www.moe.gov.cn/publicfiles/business/htmlfiles/moe/moe_1623/201001/xxgk_80315.html.2011-10-22.

③教育部，《关于进一步深化本科教学全面提高教学质量的若干意见》.[EB/OL]. http：//www.moe.gov.cn/publicfiles/business/htmlfiles/moe/moe_1623/201001/xxgk_79865.html.2011-10-22.

④潘金林、龚放，本科教学：研究型大学的核心使命——“大学之道”在美国研究型大学的回归，《中国大学教学》2010年第2期。

⑤人民网，教育部出台《关于加强高等学校本科教学工作提高教学质量的若干意见》.[EB/OL]. http://www.people.com.cn/GB/shizheng/3586/20010928/571877.html.2001-09-28.

⑥孙淑芹，德国高校教师职务的聘任与启示，《中国林业教育》2004年第4期。

⑦中国科学院，《基础课应由教授讲授》[EB/OL]. http：//www.cas.cn/xw/zjsd/200906/t20090608_640291.shtml，2011-03-15.

⑧中华人民共和国中央人民政府，《国家中长期教育改革与发展规划纲要（2010—2020）》[EB/OL].http：//www.gov.cn/jrzg/2010-07/29/content_1667143.htm，2010-07-29.

作者简介：孙琪，女，博士，供职于北京语言大学教务处。

试论我校教务信息化的发展

曹　钢

摘　要　教务信息化，不仅仅是依靠信息技术手段辅助教务工作，还应当是充分利用信息技术的优势，实现与教学工作的无缝连接，实现教务工作的自动化与智能化，使教务工作涉及的各个环节顺畅其道，使教务工作的相关人员，包括学生、教师、教务管理与监督人员、教务服务保障人员等，能够感受到教务工作的便捷性与人性化，从而为进一步推进教学、教务创新积蓄力量，为教学模式改革注入活力，为培养21世纪的创新性人才打下坚实的基础。信息时代为教务信息化提供了强大的技术支撑，教务信息化也是信息时代的必然要求，是信息化教育的内在要求及必然趋势。由于历史与现实的多方面原因，我校现有教务工作虽处于基本正常运行状态，但仍存在不少问题，存在较大的提升空间。主要表现在整体信息化水平较低，与教学教务相关的各业务部门、各用户间信息沟通不够流畅，低水平重复工作时有发生，工作日渐繁琐复杂，教务工作的整体性、灵活性不够凸显，教务创新、教学创新受到了限制，很难与未来一段时间内学校的发展大局相适应。这些问题都有待各方力量多种途径予以解决，本文仅试从教务信息化发展的角度进行论证。

关键词　教务信息化　教务管理　信息技术

一、教务信息化的概念内涵

20世纪90年代，随着信息高速公路的兴建，针对教育、教学过程中对信息的获取、传递、加工、再生和应用，提出了“教育信息化”的概念。教务信息化是教育信息化的重要组成部分，是针对教育教学管理过程的以计算机技术、多媒体技术和网络通信技术为基础的现代化信息技术的应用，是信息资源的开发和利用，以及在教育教学领域中实现信息社会所特有的组织与管理方式的一系列过程。

人类发明与使用工具，其目的是拓展自己原本受限的个体机能或群体功能，使各种生活、生产活动变得更为方便、快捷，信息工具也不例外。信息技术，从一个方面来讲，是能够扩展人的感觉器官、传导神经、思维器官、效应器官四类信息器官功能的一类技术的总称，相应的信息技术被定义为感测、通信、计算、控制等技术。

教务信息化是信息技术在教务工作中的具体应用，其应用范围非常广泛。在教务工作中运用信息化，其好处是显而易见的，主要表现在：优化教学资源管理配置，提高教学运行效率；促进信息共享与交换，使教学管理信息公众化、公益化；及时反馈信息，促进科学的教学发展决策，促成教学改革与创新。（邓义桂等，2007）

就目前的形势来看，教务信息化，实质就是信息技术与教务工作的整合，这一过程至少需要经历以下三个阶段：第一阶段是信息技术对教务工作起到基本的辅助作用。这一阶段在目前是较为普遍存在的，并且也较易实现。主要是将原有纸质的教务管理过程逐步数字化，使其在计算、存储、信息交换等方面加快速率，提高准确度。这一阶段是最容易实现的，也是最初级的。第二阶段是信息技术与教务工作逐步整合。整合工作需要对教务工作进行系统性的考量，之后才能形成系统性的信息化需求。学校管理信息系统的建设与应用，是教务信息化的重要内容。《教育信息化十年发展规划（2011—2020）》在“国家教育管理信息系统建设行动”一章中就指出，要“推动学校管理信息系统建设与应用”。这说明该规划在制订之初就已看到了信息技术与教务工作整合的当务之急。第三阶段是教务信息化的真正实现。这一阶段需要高度的社会协作，无论是政府、学校还是社会、个人，都真正融入到了教育信息化、教务工作信息化浪潮之中，与教学、学习相关的各种主体、资源、流程都已无缝连接。

二、对教务管理工作的认识

由教务管理工作的特点所决定，不同的岗位与工作部门，在教务信息化工作中，亦具有不同的工作内容。

从教务管理部门的角度来看，日常的教务工作主要包括：学生入校后的学籍信息管理、教师信息管理、教室信息管理、课程信息管理、学生整体培养方案的制订与落实、当前学期教学任务的制订、排课、选课、教材采购与发放、巡查上课与出勤情况、考试、成绩、毕业论文与学位管理、教学质量监控与评估、教师学生的评奖评优、教学通知发布等。

从学校的领导决策层面来看，需要从教务部门获得各种宏观的学校教育基础数据，如招生专业、在校生人数、毕业论文与学位、学生就业去向、教室、教学多媒体系统等不同方面共时的和历时的统计数据，为学校当下的运行和长远的发展提供参考。当今时代是信息的时代，分班教学这种适应工业化大生产的教学机制越来越不能满足需求，个性化学习的需求更加突显（沈大强，2005），学校应时刻为打破旧有教学运行机制做好准备，在保障现有运行不受影响的前提下，利用有限的时空资源、人才资源，优化配置，调和出适合的发展道路。

从教师角度来看，教务工作是其教学工作的辅助性环节。严格地讲，教务工作是与教学工作分不开的，教务工作本身也是衍生于教学工作，是广义的教学工作的一部分。教务工作应当不对教师的教学工作造成负担，教师应当在处理自己的教务工作时手到擒来，日常而繁重的教务工作会占用教师的大量时间与精力，因此必须在适当的教务工作环节增加专职教务管理人员。教师的培训与发展、评估考核、评奖评优等工作，亦是教务工作的重要组成部分。

从学生角度来看，教务工作是其在校期间的学生权利得以体现的重要窗口。在校期间，学生的主要活动是学习，教务工作应围绕着学生这一中心，做好有针对性的教务教学工作，为其专业发展制订个性化方案，为具体方案的实施，如排课、选课、成绩查询与成绩单打印、学业证明、毕业环节等提供便捷、人性化的操作流程。

从与教务工作相关的其他职能部门的角度来看，教务工作具有上游特征。如学生处及各院系学生办公室等学生管理部门，需要从教务部门实时查询学生的学业动态。再如电教管理部门负责教室的多媒体设备管理工作，物业部门负责教室的卫生清洁工作，都需要从教务部门方便快捷地知道教室的使用情况，合理做好本部门的人员安排工作。这种上游特征对教务工作提出的最大要求就是，教务数据要准确、实时。

特别应当指出的是，教务管理系统是一个综合的大型系统，并不局限于教务系统程序本身，它应当至少包括三个方面，即教务系统人件、教务系统硬件、教务系统软件。教务管理信息化建设也应当从这三方面入手。

教务系统人件主要是指推行教务管理信息化所需要的观念、制度、人才保障。人的观念是一种社会学意义的存在。只要做到信息获取的便利性、操作的便利性，依靠教务信息发布平台阅读通知公告、录入成绩等工作成为常态，久而久之就会成为管理人员、学生和教师的习惯，让信息化深入人心。

教务信息化所需要的制度保障，为具体的工作提供指引、规范与强制性措施等，是信息化工作得以施行与正常运行的大前提。信息化作为一个社会过程，必将受到人们在观念、理想、意志、技能及团体利益、社会组织结构等多方面因素的影响和制约，教务管理信息化应有与之对应的保障机制。在理顺教务工作业务流程的基础上，科学、合理地设置教务管理制度以及教务信息化制度，力求全面化、标准化与规范化，坚持全程执行约束，要强化制度制订的系统性，不断适时修订、完善、充实；确保教务部门与其他部门之间、教务部门内部的职责权限规范，保障制度条款之间、版本之间的兼容性、衔接性，将有效地促进教务管理工作平稳、发展地运行。（刘开南，2005）

教务管理的人才保障，主要是指从事教务管理的人才队伍的保障。随着信息化社会的推进，对教务管理人才的要求不应停留上会打字、会发邮件、会上网看通知等基础性要求上，而应当具备进一步的数字信息理解接受能力、判断推理能力。教务管理人员虽然是来自各教育相关领域的专业人士，并不一定是计算机相关专业，但是更应具备一定的数字信息素养，将这种素养与其自身的专业优势结合起来，才能更好地为教务管理信息化建设贡献力量。

教务工作中的硬件，不等同于数字化硬件设备，应当是指一切能够应用于教学的硬件资源，如校区、教学楼、教室、多媒体设备、电脑机房、同声传译设备等。而教务工作中的教学软件，则是指学校开设的专业、课程、学生培养方案、学期教学计划等。教学资源信息，就是这些硬件与软件资源的信息化，是教务信息化的核心对象。

三、我校现有教务信息化工作的难点以及解决方案

结合我校教务工作的实际需要，从信息的输入、传导、加工处理以及输出应用的流程角度来看，我校教务信息化需要改进的方向主要包括数字化、规范化、自动化、安全性等几个主要方面。

（一）数字化

数字化，可以简单地理解为无纸化。教学信息资源、教务工作流程的数字化，是所有教务信息化工作的第一步，即将原来需要纸面处理的各种与教务工作相关的表格单据文本等，通过数字化设备，如键盘、扫描仪、照相机、读卡器等，将其数字化，并进行数字化存储，以便通过网络进行传输与分发，通过设计自动化程序进行后续的处理，以及通过方便的人机交互手段进行后期查询。

从我校实际情况来看，虽然以教务管理系统软件的运用为主要标志的教务管理信息化工作有很大进步，但是目前存在大量数字化的空白区域。为有效利用学校教学资源、促进教育教学改革，掌握学校的教学大数据就势必将教学的各方面信息首先进行数字化。从工作的业务逻辑以及紧要程度来看，主要可以改进的地方包括以下几个方面：

教学信息资源。主要是教学硬件资源信息的采集，如教室的桌椅、多媒体设备、电脑等的可用状态等，可通过安装专门的自动监测设备，或统一的输入端口让工作人员及时录入。在学校的空间资源有限，教室数量、多媒体数量不足的情况下，及时对教学硬件资源的状态进行跟踪显得至关重要。

教务工作流程中部分数量大、基础性、重复性的工作，可采用专门化的设备完成。如学生卡信息的读取，为每一台办理学生相关业务的电脑配备读卡装置，就能免去工作人员输入学生信息查询的麻烦，提高业务效率。又如课堂出勤率的检测，这项工作对大学的教育工作重要与否暂不讨论，但是毕竟是一项教学基础数据，如能实时检测，将为后期的教学分析提供数据支撑，但是配备专门的人员成本又显得较高，可配置专门的打卡器完成学生的出勤监督。

教务工作流程中部分长期性、积累性工作。如考试命题工作，可以制订试卷标准，编制学科试题库，通过标注试卷的各项参数，实现人工命题与自动组卷相结合的命题流程。这样既可以减轻教师负担，又能提高组卷的信度和效度，

坚持得越久，成效越明显，长期积累，对学校而言将是一笔重要的经验财富。又如阅卷工作，网络考试则可以直接进行客观题自动阅卷、主观题人工阅卷，而纸质试卷则可以考虑先将试卷数字化后，通过一定的软件技术手段，实现客观题自动识别答案，主观题人工阅卷相结合，通过网络还可以实现多人批量阅卷，增强考试阅卷的准确度。

（二）规范化

数字化的意义在于规范化，如果缺乏规范，一切数字化的信息等于无信息，大数据如果没有标准，那它只能是一堆无人能懂的二进制代码。对教务信息工作而言，各项基础数据要准确、规范，这是一切教务工作的基本出发点与归宿。基础数据的规范性，能够确保数据交换与共享的及时可靠，是教务管理信息化的前提。国家在《教育信息化十年发展规划（2011—2020）》中提到，要“实现系统整合与数据共享”，“建立教育管理信息标准与编码规范，建立数据采集、交换共享、管理与应用的技术平台与工作机制，建立教育管理信息安全保障体系，衔接各级各类教育管理信息系统与基础数据库，实现系统互联与数据互通，建设纵向贯通、横向关联的教育管理信息化体系”。2002 年，教育部颁布实施了《教育管理信息化标准》，又于 2012 年发布了新的《教育管理信息教育管理基础代码》等 7 个教育信息化行业标准，可见标准化工作已经得到了很好的发展。教育信息化的标准构建了完整的教育管理信息标准体系结构，统一了各级各类学校和各级教育行政部门在教育管理中需使用的基础代码标准、基础信息标准和统计信息标准（罗念龙，2013）。这些标准并不是为了制订而制订的，而是应当切实运用的。

对我校教务工作而言，数据采用一定的标准，具备一定的规范性，具有非常重要的现实指导意义。由于历史的原因，我校在中外学生管理、中外教学管理等方面，教学单位与业务部门之间都有一定分而治之的现象存在，由于缺乏统一的前期规划，各单位为了方便自己的业务逻辑，制订了各自的数据规范，这非常不便于整体的数据交换与管理。比如在招生部门与教务部门之间，应当运用统一的专业及专业方向代码；在教务部门与电教部门之间，应当使用统一的电教设备类型代码；在教务部门与人事部门之间，应当建立统一的各类型人事档案编码规范，建立工作量统计标准规范，等等。为实现国际性大学的目标，需要参照前文提到的国家级标准，制订符合我校实际需求的专门教育数据标准规范，并切实遵照实施，以实现未来很长一段时间内我校的教学发展与人才培养的宏远目标。

（三）自动化

自动化水平高低是衡量一个信息系统优劣的重要尺度，毕竟信息系统的一个重要功能就是为人省时省力。为增强教务管理系统软件的自动化、智能化水平，就应当首先深入挖掘教务工作的业务内涵，提炼一些业务的内在逻辑，使之实现基本自动化处理。

我校现有许多业务内容，主要依靠人工或电脑辅助的方式运行，效率低下，难以应对今后发展的需要。比如临时教室借用申请与审批，现阶段的教务管理系统软件中虽说有借用与排定教室的功能，但是并不存在依据一定的排定规则，自动指定教室的功能，也没有自动向电教部门与物业管理部门发送教室使用通知的功能。又如在校生统计工作，由于我校学生类型较多，院系、专业的设置较为多元化，统计起来并不十分容易，如果能够依托数据的规范化，为各单位提供统一的接口，在学籍处理上多点并行，实时统一更新，就能实现学生数据的实时呈现。再如教师工作量的核算，由于我校课程类型复杂、上课方式多样、学生类型不一等原因，教师工作量的结算也是一项十分繁琐的工作，只有打通数据规范的脉络，理清各项业务逻辑，才能实现繁杂计算的自动化，减轻人力、财力支出。

所有这些具体业务功能模块的开发，都不能直接实行拿来主义，使用现成的教务系统中的相关功能，必须根据我校实际情况，量身编制符合我校需求的软件程序。但是在编制过程中，又需要考虑到信息化过程和业务变更的代价，寻求一个平衡点。

（四）安全性

安全性是一切信息系统的命脉。教务系统涉及学校领导、教务管理人员及相关部门工作人员、教师、学生等诸多用户的隐私信息，这些个人信息应当依法受到保护；教学信息资源及教务运行数据，是一个学校的核心数据与商业机密，不应受到侵害。因此，教务系统软件对安全性的要求不容置疑。

我校教务管理系统软件，以及一些周边软件，在安全性问题上做得较好，但是仍存在一定不足。比如对系统软件提供方的权限管控缺乏明确的制度约束，可能导致学生相关信息泄漏；又如对教务管理人员及相关部门的工作人员的权职划分，并没有明文规定，缺乏统一可执行的制度标准，对各类工作人员、教师、助教等信息安全教育，并没有及时到位，为后期的厘清权责造成困难。

应当特别注意的是，教务工作中添加的硬件、软件，并不一定具有严格的界限，需要依据业务内容的本身特性，合理确定应当添加硬件还是软件。比如命题组卷，由于需要大量的文本输入，编制专门的软件更为合理；而试卷的分数录入，受限于纸质试卷的载体形式，以及与录入的分数符号数量较少相适应，一般应添加专门的分数识别硬件予以解决；而成绩打印业务，在做到防伪与便捷的前提下，可以分别以硬件或是软件的形式添加。还应注意在添加各种硬件、软件的时候，注重接口的通用性，以期方便后期维护与功能拓展。例如在学生卡正面印制通用的条形码或二维码等，这样不管是通过读卡装置硬件或是扫码软件，都可以在为学生办理各种业务、记录考勤等多个方面拓展应用的场景。添加各种硬件、软件的基本要求是，既要方便管理人员管理，又能方便学生、教师等操作，用户体验要好，能够满足日常管理工作的需要。

此外，应当把握软件的开源化、跨平台趋势。《教育信息化十年发展规划（2011—2020）》中指出，要“建立高校管理信息系统开源软件库”，这一规划将极大地减少高校管理信息化建设中的系统重复性建设的浪费。合理利用一系列已有的开源软件，既可以节省大量的人力财力，又可以整合不同技术力量的优势，确保安全，保证性能，让最终的产品始终处于技术的前沿。如 jQuery + Bootstrap 前端框架，可以让学生、教师及负责教学的领导等，通过各种如 PC、Tablet、智能手机、Pad 等设备的浏览器登录进行数据的录入、查询及报表的打印等。

四、总结

高校教务管理工作是高校教学发展的基础性工作，也是高校实现人才培养这一重要职责的必要环节。如何科学高效地在信息化时代开展好教务管理工作，同时是教务信息化工作的内容目标。我校已有的信息化基础已经具备，只要再在一些关键环节上多做努力，即能够将信息化工作推向深入，为面向未来的教学改革工作打下重要的信息化基础。

参考文献

① 邓义桂、吴靖，教务信息化管理的意义与实践，《西南农业大学学报》（社会科学版）2007年第1期。

② 刘开南，浅谈教务管理信息化建设，《中国高教研究》2005年第2期。

③ 罗念龙，标准化教育管理标准：实用为上，《中国教育网络》2013年第1期。

④ 沈大强，试探高校教务管理信息化，《广西大学学报》（哲学社会科学版）2005年第S1期。

⑤ 中华人民共和国教育部发布《教育管理信息教育管理基础代码》等七个教育信息化行业标准的通知，访问日期：2015年5月2日，http：//www.moe.edu.cn/publicfiles/business/htmlfiles/moe/s5892/201203/133140.html

⑥ 中国教育和科研计算机网，《教育信息化十年发展规划（2011—2020）》，访问日期：2015年5月2日，http：//www.edu.cn/html/info/10plan/ghfb.shtml

作者简介：曹钢，男，供职于北京语言大学教务处。

基于"学生项目 + 学科竞赛"模式促进创新人才培养

阮晓曦

摘　要　学生项目与学科竞赛相结合，以学科竞赛为载体，搭建大学生创新创业项目平台，组织相关教学实践活动，培养学生的创新意识和创新能力，促进学生综合素质的提高。学科竞赛是促进高等教育教学改革的有力抓手，还将引领学生科研项目的侧重和改革，促使教师开发新型的实践教学方法和手段，推进学校形成具有实践教学特色的人才培养模式，提高教学质量，最终提高培养创新人才的质量。跨学科、多平台综合设计性学生项目的实施，内容丰富的实践活动开展，学生成为了学习过程的主体，以此模式激励学生自主学习与参与课外科技活动的积极性，促进学生在实践和项目中获得知识，并在相关学科竞赛中获取佳绩。

关键词　学科竞赛　创新　人才培养

创新型人才培养是建设创新型国家的关键，本科教育则是实现培养创新型人才教育的基础。教育部、财政部2007年1号文件中明确地把学科竞赛工作纳入了"实践教学与人才培养模式改革创新"这一重要建设内容，并提出"继续开展大学生竞赛活动，重点资助在全国具有较大影响和广泛参与面的大学生竞赛活动，激发大学生的兴趣和潜能，培养大学生的团队协作意识和创新精神"。2012年，教育部决定在"十二五"期间实施国家级大学生创新创业训练计划，简称"学生项目"。通过实施国家级学生项目，促进高等学校转变教育思想观念，改革人才培养模式，强化创新创业能力训练，增强高校学生的创新能力和在创新基础上的创业能力，培养适应创新型国家建设需要的高水平创新人才。《国家中长期教育改革和发展规划纲要（2010—2020）》对人才培养模式也提出了改革的要求。学校要多层次、多元化培养创新人才，既要培养拔尖人才，也要培养应用型创新人才。学生项目与学科竞赛相结合，以学科竞赛为载体和抓手，是培养应用型创新人才的有效途径。

一、学科竞赛是培养大学生创新能力的重要载体

（一）学科竞赛是引发创新思维的重要途径

大学实践教学的根本真谛在于它能够培养学生未来从事研究和探索活动的思维品质和习惯。学科竞赛的过程，可以是学生提出问题，设计实验方案，探索解决问题的方法。整个竞赛从组织队员开始，就是激发学生的主动思维、发散思维、直觉思维、批判性思维、创新性思维的过程，是学生利用多年学习的知识进行分析、组合与判断的过程，也是培养学生创新思维和应用实验基本技能、发挥创造性的过程。

（二）学科竞赛是培养创新能力的重要载体

学科竞赛在形式上是比赛，能激发学生主动思考的能力，积极追求更高、更新的目标。在竞赛的准备过程中，突出了学生的主体地位，更加突出了手和脑并用的探究式学习方法，有助于学生主动构建科学的知识体系，促进理论与实践的结合，在追求新、奇、特的过程中，既有创新思维的形成，也有实践能力的提高，既培养了创新思维能力，也提高了创新实践能力。

（三）学科竞赛是培养创新型人才的重要手段

学科竞赛还可以提高学生的自信心。自信心的培养，对学生来说是非常重要的，它有助于大学生健全人格的形成，促进个性成熟。许多学科竞赛实践表明，有创意、能实现、实用型的竞赛作品往往就是最后的获奖作品。而将设计思想通过实践、制作、表达为作品的团队，自然成为获奖的团队。参加竞赛，无论成绩如何，都可以充分调动学生的主观能动性，鼓励他们观察、创新、协作、动手、比较、推理、交流、积极进取、学以致用。因此，应充分发挥学科

竞赛在培养创新型人才中的重要作用。学生在竞赛过程中，通过合作形成团队精神，培养创新人格，投入了艰辛的劳动，收获了丰硕的成果。学生在完成竞赛作品的同时，产生创新思维，实现创新理念，挖掘创新潜能，甚至形成了创新性格，最终达到培养创新人才的目的。

（四）学科竞赛是构建学生创新平台的重要组成

学生创新能力的培养与校园文化氛围的营造密切相关。学科竞赛从组织学生报名开始，就在学生中、校园内以通知或海报的形式，营造一种参与竞争、参与科研、自主学习的氛围。学科竞赛所倡导的竞赛文化赋予了校园文化新内涵，通过学科竞赛，既推广了竞技性学习这一获取知识的新思路，又加强了学生的竞争意识，从而在校园学习中融入更多的竞争性，使学生更加注重创新能力的锻炼。在就业竞争日趋激烈的情况下，获奖学生因此多了一个有利条件。

学科竞赛使学生的创新活动成为学业的一部分。我校在实践中出台了相关支持政策，如《北京语言大学大学生学科竞赛管理办法》中规定，依据竞赛主办单位颁发的证书、文件、竞赛的规模、声誉以及竞赛组织的复杂程度，给予获奖学生相应的奖金和综合测评学分加分等。在一系列制度的支持下，学生踊跃报名参加学科竞赛，利用寒暑假积极准备，通过院内竞赛推荐参加学校竞赛，最后推荐参加省级竞赛或国家级竞赛。

二、学生项目是拓宽文科类高校专业人才培养的有效途径

（一）建立本科生导师制，提高本科生科研能力

通过建立本科生导师制，实现本科与研究生教育的衔接。人文学院率先提出，在对外汉语本科专业试行导师制，通过本科生导师制建立和实施研究式、互动式、开放式实验教学模式，引导本科生利用实验科学创新项目，开展科学研究，使其在本科高年级阶段即可开展具有相当学术水平的实验性科研工作，为未来研究生学习打下良好的能力基础。此外，实验创新项目还通过将实验教

学引入留学生语言教育，探索全新的对外汉语教学方法和模式。

探索并建立以同题和课题为核心的教学模式，倡导以本科学生为研究主体的教学改革，调动学生的主动性、积极性和创造性，激发学生的创新思维和创新意识，逐渐掌握思考问题、解决问题的方法，提高其科学研究与创业能力。

通过该项目，带动广大的学生在本科阶段得到科学研究与发明创造的训练，改变目前高等教育培养过程中实践教学环节薄弱、动手能力不强的现状，改变灌输式的教学方法，推广研究性学习和个性化培养的教学方式，形成创新教育的氛围，建设创新文化，进一步推动高等教育教学改革，提高教学质量。培养学生的动手能力、解决实际问题的能力，更早更好地服务于社会。

（二）借助国家和北京市大学生创新性实验计划项目平台，提高学生科研创新能力

将实验教学与科学研究结合，是深入进行实验教学改革的必然，是创新型人才培养不可或缺的环节。该项目将利用实验教学在科学研究上的优势，在实验教学和科研相结合方面进行积极探索。项目主要通过以下三种形式进行：

1. 将实验教学和实践教学中部分课题延伸为学生课余的自主科研课题进行深入研究，促进拔尖学生的发展。对于能力突出的学生，教师引导其将教学实验项目进一步和教学实践相结合，开展自主创新课题研究。

2. 吸引学生加入科研课题，用课题项目研究引导学生开展课余研究性学习。教师承担多项国家级、教育部基地重大项目和省部级科研课题。许多教师通过将科研成果设计成课程实验项目，或将科研课题项目分解为小项目，吸收学生进入小项目的研究，鼓励学生参与教师科研项目。

3. 鼓励学生在毕业论文（设计）方面自主选择实验项目，结合教学实践和科研课题进行创新性实验研究。

（三）实施大学生创新基金项目资助计划

由学校专门划拨科研经费，校团委组织开展由中国本科生参与的大学生创新基金项目资助计划。该项目是2012年在进一步贯彻和落实中共中央、国务院《关于进一步加强和改进大学生思想政治教育的意见》的大背景下，校团委、学

生处、教务处为落实学校相关要求而共同部署、推进的，学校提供50万元经费支持，旨在大力支持我校本科生开展科研创新活动，提高我校本科生科研创新能力、实践能力和学术水平，达到以科研促教学，以教学促学风，提升校园科技、文化氛围，不断推进优良校风、学风建设。项目自2012年3月启动以来，得到了学校领导的高度重视、各学院的大力支持以及同学们的热情参与，累计收到立项申请80余份。内容涵盖专业学术论文、科研创新、社会调研、创业计划等多个方面。经认真审核研究，校团委审议通过了66个项目为2012年大学生创新基金受助项目。与教务处组织对外汉语、国际政治、翻译三个专业本科生以专业课程为主体进行的创新性科研论文一同结集印刷。

三、学生项目与学科竞赛相结合，培养学生创新能力

（一）多种形式并存，培养大学生创新创业意识

目前大学生的创新意识模糊，动力不足。针对这种现状，学校在构建创新平台、组织学科竞赛的同时，还以多种形式鼓励学生参与其他研究性学习，调动学生潜在的创新意识。如学校每年用部分教育部本科教学工程经费和学校教学经费建立学生项目基金，为本科生设立项目，每年立项100项左右，有近600名学生参与，并将优秀校级项目推荐参加国家级学生项目立项，近年来获准立项的国家级学生项目达200多项。学校积极推动学生学科竞赛活动，开展多学科交叉的院级、校级学科竞赛选拔比赛，将优秀的推荐参加省部级或国家级各类竞赛，各类竞赛活动学校每年的资助不低于150万元。学校还设立大学生创业实践项目专项基金20万元，鼓励学生团队与企业建立多种合作关系，经资助的创业项目将可优先入驻社会创业孵化器等，可获得更大的发展机会。

通过多年的努力，学校在多方面取得了较好的成绩。学校在参加近3年国家级和国际级的数学建模、商务英语谈判赛等竞赛中，获得国际级奖项7项，获得国家级一、二、三等奖共335项，在北京市和其他省部级竞赛中获得一、二、三等奖奖项共213项。

（二）以学科竞赛为抓手，提高大学生综合素质

无论是参加创新训练项目、创业训练项目、创业实践项目还是学科竞赛，项目内容由各团队指导教师根据学生的兴趣、爱好结合专业自主设计，制作完成的项目涉及的内容往往是一个课程群，而非一门单一的课程。学生在参与项目的过程中，需要查阅资料、自主学习，找出问题并分析与解决问题，设计实验并研究制作方案。对文科类项目要进行社会调查、数据分析；对工科类项目要进行电子、软件、设计等方面的制作、编程与调试，后期要撰写科技论文或研究报告，最后制作PPT并进行现场答辩。整个参与学科竞赛的过程，相当于一个科学研究项目的立项——研究——结题，又类似于一个社会热点问题的深度研究与报告，还可以作为创业的初期社会调查。从准备参与竞赛工作开始，就是一个磨练真知、培育创新、创造成果的实践活动过程。

通过竞赛，培养了学生理论联系实际的作风、团结协作的精神和创新意识；培养和锻炼了学生的组织协调、演讲口才、表达交流、临场应变、逻辑思维、创新意识等多方面的能力；培养了学生敢于竞争和自我挑战意识，发掘了学生的探索精神，加强了学生的创意、创新和创业能力，也给学生提供了展示自我、推广项目、参与竞争的舞台，为象牙塔中的大学生在跨出校门前积累了一定的实践经验。

（三）培养创新思维、创新人才培养模式

人才培养需要有一定的知识结构，目前学校对学生的培养大多都是按照培养方案的计划来执行的。有计划是应该的，但有时候计划或规定会束缚教师和学生的思维。创新人才培养需要学生学会主动思考、主动学习和主动实践。无论是创新项目还是学科竞赛，在实现立题、开展讨论过程中，学生学会了独立思考，充分发挥了主观能动性，教师在整个过程中发挥启发、激发和引导的作用，培养学生的批判精神和百折不挠、勇于承担的精神，也在不经意间实现了小班教学的教学效果，改变了由教师领着学生完成实践教学的方式，创新了人才培养模式。

四、学生项目与学科竞赛结合，促进实践教学改革

（一）引领实践教学体系和教学内容改革

传统的实践教学处于教辅地位，学校管理者、教师和学生对其重视程度很不够，造成重理论、轻实践的现象。在学科竞赛中，学生团队在教师的指导下，将设想或创新思维通过不同的手段实现，在实践中发现问题，探索解决途径，最终达到解决问题的目的。这个过程也暴露了高等教育实践教学体系存在的不足，为今后研究和改革教学体系指引了方向。

实践教学改革的核心是实践课程改革，这是实践教学改革的难点和重点。实践教学改革包括教学形式的改革和教学内容的改革。在形式上要改变固化在课表上的时间，要进行实验时间和空间上的开放，给学生更多进入实验室的机会。教学内容改革涉及规定内容和开放内容。规定内容必须完成，开放内容要给学生更多的自主权，要让学生的创新思维能在实验室中实施并实现。

学科竞赛是开放内容的主要部分。学科竞赛的主题可以来自于实际需要或科学研究需要，通过竞赛使学生的现有知识结构不断拓宽，也使实践教学内容拓宽，促使不同知识结构相互融合，达到学习、实践与社会需要相结合的目的。

（二）促进实践教学方法和手段的改革

如果把实践教学的知识点和基本技能比作武术中的基本单元动作，那么学科竞赛就是组合拳，基本动作要领掌握了，整套拳法就可以灵活运用、随心所欲。

学科竞赛以探索式、研讨式的方式将理论教学和实践教学的内容应用于实际的操作中，改变了传统的演示实验和验证实验，拓宽了综合性实验内容，提高了设计性实验的难度，发挥了学生的主动性、积极性，对教师的实践教学和辅导提出了更高的要求，迫使教师也要不断探索新的实验方案，适应探索式、研讨式、案例分析式的教学方法和手段，并进一步探索课题式的教学模式，促进实验教学方法和手段与学科前沿的实际应用紧密结合，进一步促进教学手段、方法和教学内容的改革。

参加学科竞赛的是学生，比的是作品，拼的是创意以及学校的教学方法和

教学手段。许多企业工程师、研究人员和高校教师作为竞赛评委，一方面有利于他们相互间的交流与提高，另一方面也给高校教师施加了一些压力，促使教师多思考教学改革，促进实践教学方法和手段的改革，有利于提高学生的综合素质。

（三）形成教学特色，提高教学质量

应试教育培养了学生的解题技巧，学科竞赛建立了以问题或课题为核心的教学模式，倡导以学生为主体的主动学习模式，学科竞赛把学生的学习放在了一个真实的、复杂的、人性化的情境中，教师的主导随之转变为辅助主题式的、促进学生进行主动学习的模式。在这样的模式下，教师的点拨、点评与引导显得尤为重要，教师的教学、科研水平及理论结合实际的能力都将反映在指导学生的过程中。

“团队结合”模式是指由良好教学、科研及实践能力基础的多学科教师组成团队，对学生创新团队或竞赛小组进行辅导。学生可以从多位学科背景和教学特色不同的教师那里得到多视角、多层次的辅导，教师也可以从自身学科背景出发，审视学生科技竞赛的立题创意及可实现的程度。

五、结束语

跨学科、多平台综合设计性实验的开设，学生成为了学习过程的主体，以此模式激励了学生自主学习与参与课外科技活动的积极性。“学生项目＋学科竞赛”的培养模式是以学校的创新型人才培养目标为宗旨，努力提高学生实践创新能力。通过学科竞赛、学生项目训练等方式，培养一批实践创新能力较强的学生开展实践创新创业活动，将部分竞赛或者学生项目的内容真正孵化成具有可操作性的实践创新创业活动，从真正意义上提高学生的实践创新能力。同时，学生将在实践创新创业活动中积累的经验进一步反哺和丰富学科竞赛和科研项目的内容，使之更丰富，更具有实践性，这种“学生项目＋学科竞赛”的培养模式和创新实践活动之间可以形成相辅相成、相互促进的关系，以此共同提高学生的实践创新能力。

参考文献

① 林木辉、张杰、包正委，开展学科竞赛改进教与学方式，《福建师范大学学报》(自然科学版)2011年第3期。

② 刘长宏、戚向阳、薛猛、王刚、张恒庆，“四层次、三维度”学科竞赛体制的改革研究与实践，《实验室研究与探索》2011年第1期。

③ 孙爱良、王紫婷，构建大学生学科竞赛平台，培养高素质创新人才，《实验室研究与探索》2012年第6期。

④ 徐高明、张红霞，我国一流大学创新人才培养模式的新突破与老问题，《复旦教育论坛》2010年第6期。

⑤ 赵书朵、周云旭、陈云生，浅析学科竞赛与创新型人才培养——以大学生智能车竞赛为例，《实验室科学》2011年第6期。

作者简介：阮晓曦，女，供职于北京语言大学教务处。

从跨文化适应角度谈来华留学预科生的教育管理*

黄　峥

摘　要　留学预科生在华能否顺利完成学业，在相当大的程度上取决于他们能否在学习期间顺利完成其跨文化适应过程。2014年9月我校预科教育学院共接收158名来华留学预科新生。他们来自不同的国家和地区，有着不同的种族背景、政治背景、历史背景和文化背景，社会经历各不相同，思想意识、宗教信仰和风俗习惯也各有差异。当他们从一种文化环境转入另一种文化环境时，多数人都会因接触两种或多种不同文化而产生文化变迁，甚至产生跨文化适应问题。本文从来华留学预科教育的任务、预科生的构成特点及跨文化适应影响因素的角度，探究了如何帮助预科生克服跨文化适应过程中出现的问题，如何提高预科教育管理水平，实施有效科学的管理。

关键词　跨文化适应　来华留学预科生

跨文化适应问题的研究起源于20世纪初期的美国。（王丽娟，2011）研究者认为，成为旅居者时，人们从一种文化移入到另一种文化中会面临很多变化，例如生活环境、生活习惯的改变，价值观念的冲突等。跨文化的接触给人带来的不仅是新奇与神秘感，更多的是一种由于生活方式、思维模式等变化而产生的压力体验。不是每一个人都能战胜这种压力，达到对异国生活的成功适应。

近年来，来华留学生的跨文化适应问题受到了越来越多研究者的关注。随着留学生教育中“以人为本”的教育管理理念呼声渐高，预科生作为一个特殊

* 本课题受北京语言大学校级科研项目（项目编号：14GH03）资助。

的群体，探讨如何运用跨文化适应理论来对来华留学预科生实施有效科学的管理，具有一定的现实意义。

一、来华留学预科教育的任务

大学预科教育是国外普遍设置的一个教学层次，专指衔接中等教育和高等教育的特定教育阶段，它既是中学普通教育的延伸，也是目标指向高等专业教育的过渡期教育。随着来华留学学历生人数激增，“预科教育”的概念在我国被正式提出并广泛使用（何修文、张训涛，2004）。然而，由于接收院校对于来华留学预科教育任务的认识局限，只注重对预科生语言能力的培养和基础专业知识的传授，却忽略了预科生的跨文化适应问题。

当留学生从一种文化环境进入到另一种文化环境中时，文化差异会对留学生的心理发展产生影响。文化人类学家奥伯格（1960）提出跨文化适应的人存在着情感适应的四个阶段：蜜月期、危机期、恢复期和适应期。从一定意义上讲，文化适应摧毁了个人在旧有文化脉络中形成的体系，重建了一个新的安定的体系，但并不是每个人进入新文化时都会带着一种兴奋感，有些人并没有经历过所有的阶段，而有些人可能要反复经历多次。

由此可见，预科教育的首要任务是解决跨文化适应问题，使预科生在尽可能短的时间内适应在华的学习生活，其次才是培养预科生的语言能力，解决不同教育阶段的衔接问题。跨文化适应能力的培养，丰富了来华预科教育的内涵。

二、预科生的构成特点

来华留学预科生的构成呈现出以下几个特点：

1. 以奖学金生为主体。预科教育的发展源于 2005 年 9 月，教育部和国家留学基金委员会以中国政府奖学金来华攻读本科专业的留学生为对象，分理工农医、经济管理和文学艺术等三类开展的预科教育试点工作。试点工作取得相当的成效后，教育部发出通知，决定自2010年9月1日起，对中国政府奖学金本科来华留学生新生在进入专业学习前全面开展预科教育。截至2015年9月，教育部已批准并委托了10所高校成立预科基地。以北京语言大学预科教育学院为例，2014年秋共接收了来自64个国家的158名来华留学预科新生。其中，中国政府奖学金学生141名，约占预科生总数的89%。

2. 亚洲和非洲学生居多。以北京语言大学预科教育学院为例，来自亚洲的学生72人，占预科生总人数的45.6%，非洲学生44人，占预科生总人数的27.8%。来自欧洲学生共24人，占总人数的15.2%。美洲和大洋洲学生占总人数的比例分别为8.2%和3.2%。

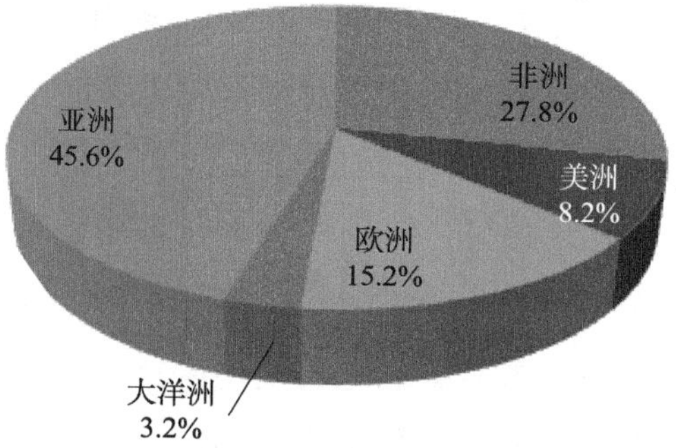

图1　来华留学预科生生源地分布

亚洲学生中来自中亚国家（哈萨克斯坦、吉尔吉斯斯坦、塔吉克斯坦、乌兹别克斯坦）的学生最多，约占总人数的23%。按国别人数统计，学生人数前10位的国家分别是：哈萨克斯坦、赤道几内亚、塔吉克斯坦、乌兹别克斯坦、马来西亚、吉尔吉斯斯坦、朝鲜、南非、老挝、俄罗斯。

3. 年龄普遍较小。据统计，北京语言大学的预科生中，20岁（含）以下的共有88人，占总人数的56%。换而言之，超过半数的预科生年龄在20岁以下，正处于由青少年至成年人的重要转变时期。其中19人年龄未满18岁，按照规定他们在华学习需要监护人。

以上数据可见，预科生已成为来华留学生中的一个特殊群体，然而，目前来华留学生的跨文化适应研究多集中于来自日韩、欧美国家的自费留学生，因此有必要针对预科生这一特殊群体开展跨文化适应调查研究。

三、预科生跨文化适应的基本情况

本次调查努力做到调查对象的国别分布具有预科代表性，参加调查的人数具有广泛性，有关数据的分析具有科学性，以达到全面了解来自五大洲各国预科学生的跨文化适应状况，从而为预科生的教育、管理提供相关参考依据。问卷通过初稿设计、翻译、修改、信度检验、问卷试验调查等步骤最后定稿。调查对象具体情况如下表所示：

表 1　来华留学预科生洲别人数情况

洲别	人数	比例
亚洲	61	45.8%
非洲	35	26.3%
欧洲	21	15.8%
美洲	11	8.4%
大洋洲	5	3.7%
合计	133	

调查共收回问卷 133 份，其国别分布在五大洲的 59 个国家。回收问卷中以亚洲和非洲学生居多，分别占回收问卷总数的 45.8% 和 26.3%。回收问卷的洲别人数分布比例与预科生生源地分布特点基本符合，具有预科代表性。

以下，将从预科生的来华学习动机和在华遇到的适应问题这两个方面，分析预科生跨文化适应的现状。

（一）来华学习动机

学习动机是推动学生学习的内部动力，作为一种非智力因素，预科生来华学习动机和期望，会对跨文化适应产生影响。一般来说，期望越高的个体满意度越低，期望越低的个体满意度反而越高。期望和实际经历的匹配度越高，则越能缓解个体的焦虑感和挫败感，促使个体正面评价跨文化适应压力。

学习动机分为融入型动机、工具型动机、外在压力动机、奖励机制动机和社会环境动机等。融入型动机是学习者对目的语社会有着特别的兴趣，想用目的语与其社会成员交流，最后达到参与或完全融入到目的语社会中去的目的。工具型动机强调的是带着实际目的去学习第二语言，不需要和目的语社会进行交际。融入型动机反映在学习者是否在一定程度上认同目的语文化以及目的语社会的成员，而工具型动机反映出学习者的动机不持久，并且学习兴趣是有选择的特点，例如为了职业发展、通过考试等。

奖励机制动机是外在动机，学习者受到外在物质和利益的激励，例如为了得到金钱、名誉等产生的动机。学习活动不是为了得到知识本身，而是为了得到一些外部奖励。一旦外部因素消失，动机也会随之消失。外在压力动机指的是学习者受到外部的压力，为了避免受到批评而生成的学习动机。外在压力容易让学习者产生焦虑情绪，进而引发跨文化适应问题，影响第二语言的习得。社会环境动机同样属于外在动机，学习者为了迎合某种特定社会环境的趋势而产生的动机。

本次调查从以上五方面了解预科生的学习动机，总体情况是：选择融入型动机的学生有 58 人，占调查总人数的 43.6%；奖励机制动机的学生共 32 人，占总数的 24%；工具型动机的学生 25 人，占总数的 18.8%；外在压力动机的学生 13 人，占 9.8%；社会环境动机的学生仅有 5 人，占 3.8%。

从整体情况来看，预科生学生的融入型学习动机较强。融入型动机与工具型动机不同，融入型动机强的人学习汉语时能体会到乐趣，不觉枯燥厌烦，具有一定的学习自主性，跨文化适应能力强。因此，大部分预科生能够顺利度过蜜月期、危机期、恢复期和适应期，尽快完成跨文化适应的整个过程。此外，由于 89% 的预科生是中国政府奖学金，所以奖励机制动机成为预科生来华学习汉语的第二大原因。

表 2　不同地域预科生的学习动机情况

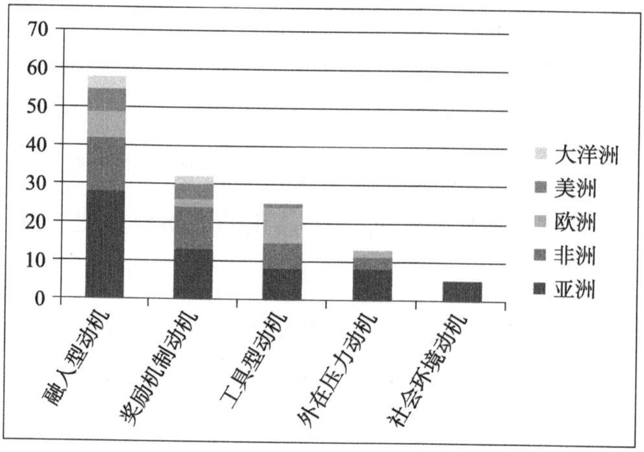

从不同地域国家的预科生情况来看，有 27 名亚洲学生选择了融入型动机，占该动机总人数的 46%；非洲学生 14 人，占 24%；欧洲学生 8 人，占 14%；美洲学生 6 人，占 11%。亚洲和非洲预科生的融入型动机明显强于其他三个洲的学生。亚洲预科生的融入型动机强是由于亚洲其他国家与中国距离近，文化相似度高，所以来自亚洲的预科生出于对中国文化的亲近和认同，而自发产生融入型学习动机。非洲与中国的距离遥远，文化差距大，易产生距离感和陌生感。然而，由于中国与非洲各国建立了长期稳定的友好关系，中国与非洲之间的贸易交往日益密切，所以非洲预科生的融入型动机比较强烈。

在奖励机制动机方面，亚洲学生和非洲学生的奖励机制动机较大。亚洲学生有 13 人，占该动机总人数的 41%；非洲学生 11 人，占 34%。这是由于亚非两洲的发展中国家集中，特别是非洲各国学生家庭收入低，难以自费留学完成学业，必须依靠政府奖学金的资助。而且，预科生年龄普遍较小，离开父母自己管理生活开销，难免会产生花销无计划性的问题。个别学生未到月末奖学金生活费便已花光，需要向老师和同学借钱度日，会产生强烈的挫折感。因此，经济因素成为他们在跨文化适应过程中的问题之一。

在工具型动机方面，欧洲学生比其他地域学生的工具型动机强，占该动机总人数的 36%。而亚洲学生占 32%，非洲学生占 28%。由于中国与欧洲国家经济贸易往来频繁，欧洲学生更多的意识到汉语能力在商业贸易、求职就业和升值加薪中的作用，希望通过学习汉语提升未来的职业发展。

在外在压力动机方面，亚洲学生占 62%，非洲学生占 23%，欧洲学生占 15%，其他两个洲没有学生存在外在压力动机。显而易见，亚洲学生受到家人朋友的压力影响明显高于其他地域的学生。亚洲学生的父母希望他们来中国学习汉语的动机因素较多，学生本人的动机很大程度上受到父母的影响。

仅有 5 名亚洲学生选择“在我的国家，学汉语很流行”的社会环境动机。由此可见，学习汉语的热潮并不是普遍存在的。只有像东亚和东南亚国家这样文化相近、历史上受中国政治及中华文化影响，以儒家文化构建基础社会的区域才具有学习汉语的社会环境。

（二）跨文化适应问题

预科生在中国遇到的问题体现在生活、学习、社会文化、个人心理适应层面上。生活层面上的问题主要体现在生活环境、气候、饮食、身体状况等方面。学习层面上的问题主要体现在教育模式不适应、学习压力产生的焦虑等。社会文化生活的适应问题表现在是否能与具有当地文化的人有效接触和交流。个人心理适应问题是以情感反应为基础的，在跨文化交际中，如果没有或较少产生抑郁、孤独、失望、思乡等负面情绪，就算达到了心理适应。

表 3　预科生跨文化适应的基本情况

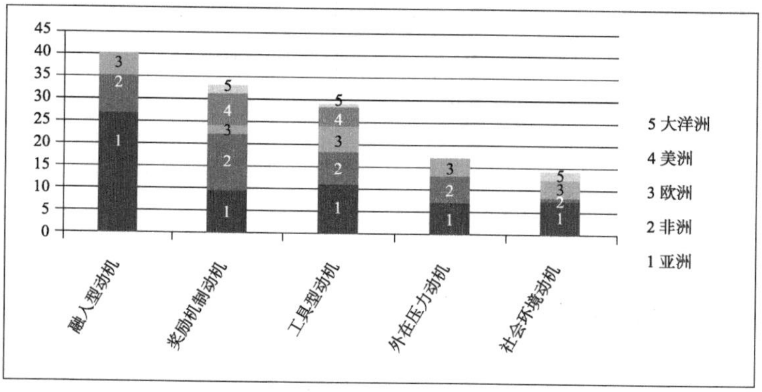

对于问题“来华学习遇到的困难”，感到“气候不适应”的预科生占调查总人数的 30%；有 24.8% 的学生认为“学习方式不适应”；选择“饮食不适应”的占 21.8%；感觉“内心孤独”的有 12.8%；10.6% 的学生身体健康出现问题。结果表明，对自然环境的不适应是预科生面临的主要问题。

预科生初到中国首先面临的是自然环境的改变。对突如其来的不熟悉环境，年纪尚小的预科生极易产生无所适从的焦虑，承受较大的心理压力，有人生地不熟、水土不服的不适应感，进而对环境更加敏感。

调查发现，亚洲其他国家虽然与中国的地理距离较近，但仍有 27 名亚洲学生存在对气候不适应的现象，占该项总人数的 67.5%。另有 11 名亚洲学生对中国饮食不适应，占该项总人数的 38%。对气候和饮食的不适应，使得 50% 的亚洲学生出现身体状况不佳、经常生病的问题。与此相反，非洲学生虽然面对自然环境和饮食习惯的巨大差异，但适应状况良好。仅有 7% 的非洲学生出现健康问题，远低于亚洲 50%、欧洲 29%、大洋洲 14% 的比例。

数据显示，非洲学生在学习方式上的不适应显著高于其他地域的学生。有 13 名非洲学生对于预科教育采用的语言教学与专业知识教学相结合的强化方式感到不适应，占该选项总人数的39%。而居于第二、三位的亚洲和美洲分别是27%和21%。由于非洲国家的教育体制跟中国相去甚远，来自非洲的预科生在其国家教育体系中经过中小学的培养，已形成相对固定的学习态度、观念和行为。来自不同教育体系背景的非洲预科生对课堂教学的期待、学习态度都会影响到自身的跨文化适应。

在个人心理适应层面上，出乎意料的是有41%的亚洲学生和35%的非洲学生感觉孤独，与其渴望融入中国社会文化的学习动机形成鲜明对比。究其原因，可能是与亚洲、非洲学生在华得到的社会支持因素相关。中国社会对待来华留学生的态度，以中国大学生为例，基于强烈的英语学习动机，他们倾向于同欧美学生交流来促进英语学习，欧美学生与中国人的接触，有利于他们对中国社会和文化的学习。但是，预科生的主体是亚洲和非洲的学生，他们的母语不是英语，因而缺少与中国学生接触交流的机会。

四、预科教育管理措施

通过问卷调查可以发现，不同地域国家的预科生，无论在学习动机还是跨文化适应过程中遇到的问题都存在一定差异。因而，应该根据不同地域预科生的特点，在生活上悉心照顾，文化上充分尊重，学习上严格要求，情感上互助互爱，成长中有人陪伴，才能真正做好预科生的教育、管理工作。

（一）保障生活条件，关注学生困难

面对预科生生活能力差、对自然环境不适应等问题，我们应该美化留学生公寓环境，开放校内体育健身场所。向预科生们传授与其生活息息相关的生活“技巧”，如遗失财物的报失，如何看病就医。善意的提醒包括购物时小心钱包，夜晚活动应注意的事项，可能发生的安全隐患。及时提醒学生，防止居留证和签证过期。

我们还应提高生活服务的日趋规范和人性化。如，我们可以将入学手册做得更加详细，在办理各种手续方面做得更加高效，在处理学生提出的问题时更加周到，等等。这些看似细小的改进，能够大大增强预科生跨文化适应的认同感。

（二）相互尊重，增进沟通

在中国人眼里一个善意的举动，在他们眼里可能会理解为别的或相反的意思，造成成见或误解。如部分非洲学生反映"总是有人用异样的眼光看着他们"，这让他们很不喜欢，甚至觉得受到歧视。虽然这大概是学生的一种误解，由于肤色的原因，非洲学生比较显眼，中国人看着他们一般并无恶意，但给这些非洲学生造成了较强烈的不适应感。

开展预科教育管理工作除了正直公道、诚恳友善、不卑不亢、遵守"求同存异、相互理解"的原则外，还应了解每位预科生的个性特点及其国家的意识形态、文化传统、生活习惯、宗教信仰等文化背景。尊重学生的文化习惯、生活习惯、思维方式，容纳各种不同的个性、不同意见的学生，增进沟通与交流，消除隔阂，尽量把文化冲突的负面影响降到最低。

（三）严格考勤制度，强化日常管理

对于预科生在学习方式上不适应的问题，需要强化考勤制度，保证学生出勤率，采取每周一小报、每月一大报和不定期入班抽查相结合的措施。每周各班主任汇报本班学生的出勤情况，每月学院汇总学生的总缺勤数量。对于缺勤达到一定课时量的预科生，采取三级谈话制度，由班主任、留学生管理工作人员、院领导分别找学生谈话，了解学生情况并做出相应处理，缺勤较严重的学生立即上报国家留学基金委员会。

每月根据考勤情况，公示全勤班级和全勤学生光荣榜，通报考勤差的班级及经常旷课的学生，鼓励班主任之间相互交流经验。每学期按照每位学生出勤、学习表现情况，评选"全勤奖""出勤良好奖""学习进步奖""班级突出贡献奖""杰出人物奖"等，给予表彰。

（四）建设班级文化，树立集体观念

建立良好的班级文化，给预科生营造一个积极和谐的学习环境，也有利于增强他们的归属感。班主任结合本班学生的国别、信仰、习惯的实际，制订出本班的奋斗目标。通过目标激励、榜样激励等多样化的激励手段，充分发挥班集体每个成员的积极性，使实现目标的过程成为教育和自我教育的过程。每个班级目标的实现，都是全体成员共同努力的成果，要让他们分享集体的欢乐和幸福，从而形成集体的荣誉感和责任感。

班主任定期组织开展班级书法、乐器、剪纸等中华文化专题活动；带领学生制作班级板报，展示各自国家文化特色；鼓励学生积极参加体育比赛、文艺表演、社会实践等活动，加深他们对中国的感情，激发他们学习汉语的热情。

（五）建立志愿者辅助机制，促进校园支持网络形成

预科生的孤独感，容易让他们形成单一亚文化圈。这种单一文化圈中的朋友来自学生同一国家的同胞，他们用母语交流，保持着原有的生活习惯，相互间起着提供情感上的支持和安慰、信息交流、和本国文化保持联系的作用。如果预科生在文化适应过程中只与本国人交朋友，将会妨碍其跨文化适应的过程。预科教育管理者需要创造条件，促进中外学生开展交流活动。

与中国学生社团携手建立志愿者辅助机制是行之有效的方法。每周定期开展晚自习互助辅导，不定期地让中国志愿者参与留学生实践活动。一来可以强化教学力度，夯实学生掌握知识的扎实程度，通过汉语志愿者辅导工作，让预科生明显感觉到汉语的魅力及趣味所在，增加学习汉语的热情和主动性，更为轻松地应对考试；二来可以帮助预科生结交更多中国朋友，进一步加深对中国文化的正确认识，获得更广泛的社会支持，减轻学生的焦虑和孤独情绪等跨文化适应问题。

五、结语

来华留学预科生遇到的种种跨文化适应问题，既是多方面的，也是复杂的，既有不同国家、不同文化、不同价值观的深刻影响，也有个人因素在起作用。作为预科教育管理工作人员应当对异国文化有一定程度的了解和掌握。对于来华预科生跨文化适应问题，我们所能做的是提高预科教育的管理水平。通过各种方式加强沟通与交流，增进对彼此文化的理解，营造宽松友好的支持环境，培养预科生的跨文化适应能力，创造一个教书和育人相结合的预科教育管理模式。

参考文献

① 陈慧，在北京高校的外国留学生适应因素研究,《青年研究》2006年第4期。

② 何修文，张训涛，首届“中国大学预科教育研讨会”综述,《暨南大学华文学院学报》2004年第4期。

③ 石教旺，外国留学生跨文化适应状况调查——以浙江科技学院为例,《浙江科技学院学报》2014年第2期。

④ 王丽娟，跨文化适应研究现状综述,《山东社会科学》2011年第4期。

⑤ 杨军红，在沪留学生管理工作中的问题及对策,《郑州航空工业管理学院学报》2006年第4期。

⑥ Oberg, K., Cultural shock: Adjustment to new cultural environments, *Practical Anthropology*, 1960, 7(3): 177-182.

作者简介：黄峥，女，硕士，北京语言大学预科教育学院助理研究员。

其他

汉语国际教育专业本科生“专业承诺”情况调查*

郭 睿

摘 要 我们采用问卷调查和访谈法对北京语言大学等6所高校的812位汉语国际教育专业本科生的专业承诺情况进行了调查，结果发现：目前汉语国际教育专业本科生专业承诺的总体水平不高；性别对该专业本科生的规范承诺的影响显著；专业设置时间对该专业本科生的四个维度都具有显著性影响；年级对该专业本科生的情感承诺有显著性影响；家庭所在地对该专业本科生的情感承诺和规范承诺有显著性影响。

关键词 汉语国际教育专业 专业承诺 情感承诺

一、引言

专业承诺（specialty commitment）是反映学生学习心理状况的一个重要指标，指学生在心理上认同所学专业并愿意付出相应努力的积极的态度和行为。它是连榕等（2005）在综合国外关于组织承诺和职业承诺的研究基础上提出来的。现有相关研究不多，主要是测量各类大学生专业承诺的状况（连榕等，2005、2006；谭雪晴，2009）。笔者没有发现针对汉语国际教育专业本科生专业承诺情况的调查研究。

随着汉语国际教育事业的发展，国内开设汉语国际教育专业①的高等学校

* 本文为北京语言大学重大应用专项课题“汉语国际教育专业本科培养模式创新研究”阶段性成果。

① 2012年，教育部新颁布的本科专业目录中，对外汉语专业与中国语言文化、中国学专业正式合并更名为汉语国际教育专业。下文涉及到专业名称时均称“汉语国际教育”。

日渐增多。20 世纪 80 年代最初设置汉语国际教育专业的高校只有 4 所，属于国家布控专业，而截至 2012 年底，全国开设该专业的高校已达 342 所，在校生达到 63933 人。[①] 与此同时，汉语国际教育专业也存在着一些问题，比如就业形势严峻、培养目标缺乏特色、所设课程专业性不强等。[②] 笔者发现，在针对汉语国际教育专业的讨论中，无论是确定该专业发展中存在的问题，还是提出相应的解决策略，几乎所有的学者都忽视了该专业的"主角"——学生，缺乏对这个群体的实证性调查。其实我们更需要了解的是，本科生对其所学专业（汉语国际教育）的感情、态度怎么样？愿不愿意留在本专业继续学习？明确这些信息，并分析其背后的原因，有利于我们采取针对性措施，提高该专业本科生对汉语国际教育专业的承诺水平。

二、研究设计

（一）被试

本研究采取分层随机整群抽样的方法，从 20 世纪 80 年代最初设置汉语国际教育专业的高校中选取北京语言大学、北京外国语大学和上海外国语大学，从 21 世纪增设汉语国际教育专业的高校中选取重庆师范大学、长春大学和商丘师范学院，分别对这六所高校汉语国际教育专业大二、大三和大四学生进行问卷调查，得到有效问卷 812 份。被试中，女生 739 人，男生 73 人；大二学生 280 人，大三学生 309 人，大四学生 223 人；农村生 314 人，城镇生 178 人，城市生 320 人；20 世纪 80 年代最初设置的汉语国际教育专业（以下简称"初设专业"）的学生 346 人，21 世纪增设的汉语国际教育专业（以下简称"增设专业"）的学生 466 人。

---

① 数据来自教育部高教司，参见《"2013 年全国高校汉语国际教育/对外汉语本科专业建设研讨会"召开》，《世界汉语教学》2014 年第 1 期。

② 这都是该专业两次研讨会与会代表们的共识。两次专业研讨会即"2010 年全国高校对外汉语专业建设研讨会"和"2013 年全国高校汉语国际教育 / 对外汉语本科专业建设研讨会"，参加者主要是该专业负责人和骨干教师。

（二）方法与工具

本研究使用的研究方法有两个，即问卷调查法和访谈法。问卷调查法采用连榕等（2005）设计的《大学生专业承诺调查量表》为测量工具。该量表是连榕等（2005）以 Meyer & Allen（1993）设计的职业承诺量表为基础所编制的，共有 27 个题目，包括情感承诺（9 个题目）、理想承诺（7 个题目）、规范承诺（5 个题目）和继续承诺（6 个题目）四个维度。情感承诺主要反映大学生对所学专业的感情、兴趣程度；理想承诺主要反映大学生认为其所学专业能发挥自己的特长，有利于实现自己的理想和抱负的程度；规范承诺主要反映大学生认同所学专业的规范和要求，留在所学专业是出于义务和责任的考虑；继续承诺主要反映大学生出于自身素质、能力、就业机会以及与该专业相应的工资、待遇等经济因素而愿意留在该专业继续学习。量表采取 5 点计分，从“完全不符合”到“完全符合”分别记 1—5 分。各维度得分为本维度所有题目的平均分。得分越高表示该维度的专业承诺程度越高。在本次测量中，情感承诺维度内部一致性 α 系数为 0.720，理想承诺维度为 0.785，规范承诺维度为 0.851，继续承诺维度为 0.530。

访谈法采取书面访谈的形式，即在问卷最后附上两个开放性题目作为调查的一个部分，随问卷一起发放。两个访谈问题分别是：“如果您喜欢汉语国际教育专业，请说出 3—5 个最主要的理由”“如果您不喜欢汉语国际教育专业，请说出 3—5 个最主要的理由”。

（三）数据收集与分析

把问卷和书面访谈组合成一份问卷进行调查。调查时间为 2013 年 10—12 月，六所高校共发放 1000 份，各校集体测试，统一回收，共回收 975 份，有效问卷 812 份。整理编号后，所有数据都被录入到 SPSS18.0 进行统计分析。在访谈部分，共有 588 名本科生表明了态度，并填写了理由，占总人数的 72.4%。对访谈内容采用内容分析法（content analysis）进行分析。

三、结果与讨论

（一）被试专业承诺的总体情况

表1　被试专业承诺的描述性统计

	专业承诺			
	情感承诺	理想承诺	规范承诺	继续承诺
均值M	3.1160	2.9071	3.7386	2.7269
标准差SD	0.5763	0.7187	0.8248	0.4842

由表1可知，就专业承诺来说，被试情感承诺、理想承诺、规范承诺和继续承诺的均值和标准差分别为3.1160 ± 0.5763、2.9071 ± 0.7187、3.7386 ± 0.8248、2.7269 ± 0.4842。量表采取5点计分，中间值为3。其中，情感承诺和规范承诺高于中间值，理想承诺和继续承诺低于中间值。

从专业承诺的均值来看，本科生中有近半数对该专业感情不深，不太感兴趣，不太认同该专业的规范和要求；有超过半数的本科生认为该专业不能发挥自己的特长，不利于实现自己的理想和抱负，不愿留在本专业继续学习。这说明汉语国际教育专业本科生专业承诺的程度并不高，尤其体现在对其专业的认同度较低。这一结果与访谈结果相一致。访谈结果表明，“课程设置不合理，专业课程不全面，对教学不实用”“对语言类等专业课程不感兴趣”“专业性差，不可替代性差”“师资不强，不专业”“汉语国际教育教学行业、市场混乱、不规范、不成熟”等涉及专业认同度方面的理由，分别在“总体上十大不喜欢理由”中排名第二、三、四、五、六位，提到这些理由的学生人数共有428人，占52.71%。排名第一位的理由是“就业前景不好”，提到该理由的学生有204人，占25.12%。第七、八、九、十位的理由分别是“不了解该专业，被别人（家长或同学）骗来；选错专业，与自己的发展方向不符”“有些内容太难、太繁琐、不好学”“不适合我，与我性格或能力不符”“不喜欢或不想当老师”。这些问题都会极大地影响到学生留在该专业继续学习，导致其专业承诺程度不高。

（二）被试专业承诺在人口统计学变量上的情况

以专业承诺四个维度为因变量，分别以“性别”“汉语国际教育专业设立时间”为自变量进行独立样本t检验，同时分别以“年级”“家庭所在地”为自变量进行单因素方差分析。

表 2 被试专业承诺在人口统计学变量上的情况

		情感承诺 M ± SD	理想承诺 M ± SD	规范承诺 M ± SD	继续承诺 M ± SD
性别	女（739）	3.126 ± 0.569	2.914 ± 0.714	3.765 ± 0.804	2.723 ± 0.476
	男（73）	3.017 ± 0.645	2.838 ± 0.768	3.474 ± 0.982	2.769 ± 0.566
	t 值	1.544	0.867	2.449*	−0.681
汉语国际教育专业设立时间	20 世纪 80 年代（346）	2.963 ± 0.597	2.817 ± 0.764	3.452 ± 0.887	2.647 ± 0.520
	21 世纪（466）	3.230 ± 0.533	2.974 ± 0.676	3.952 ± 0.704	2.787 ± 0.447
	t 值	−6.598**	−3.035**	−8.646**	−4.015**
年级	大二（280）	3.101 ± 0.550	2.889 ± 0.751	3.763 ± 0.784	2.766 ± 0.485
	大三（309）	3.056 ± 0.587	2.887 ± 0.679	3.677 ± 0.852	2.716 ± 0.471
	大四（223）	3.218 ± 0.583	2.958 ± 0.731	3.793 ± 0.834	2.693 ± 0.499
	F 值	5.293**	0.765	1.473	1.552
家庭所在地	农村（314）	3.167 ± 0.548	2.896 ± 0.724	3.917 ± 0.690	2.746 ± 0.454
	城镇（178）	3.142 ± 0.550	2.990 ± 0.674	3.806 ± 0.770	2.744 ± 0.425
	城市（320）	3.051 ± 0.612	2.872 ± 0.736	3.526 ± 0.925	2.699 ± 0.540
	F 值	3.451*	1.586	19.365**	0.893

注：* P<0.05，** P<0.01。

1. 性别与专业承诺

由表 2 可知，女生被试在规范承诺维度上均值显著高于男生被试（P = 0.016 < 0.05），二者在情感承诺、理想承诺和继续承诺等维度上均值差异不显著（P 值分别为 0.123、0.386 和 0.498，都大于 0.05）。这说明女生对汉语国际教育专业的规范和要求更加认同。这与连榕等（2006）对普通大学生的研究结果不一致（认为大学男生的理想承诺显著高于女生，其他维度没有显著性差异）。原因大致如下：第一，可能与专业特点有关。汉语国际教育专业是文科专业，学习内容主要是汉语、英语、文学等相关课程。女生不仅在语言学习方面具有先天优势，而且也往往更喜欢学习，从而更认同该专业的规范和要求。访谈中，88.25% 的女生谈到喜欢该专业的理由时都会提到“喜欢语言、喜欢中文和外语”等。而男生提到这一点的仅占 38.14%。第二，该专业的就业出路主要是做教师，男生往往不愿意做教师，而有更高的职业期望。访谈中，38.32% 的男生在谈到不喜欢该专业的理由时明确提到“跟自己的志向不符，不想（喜欢）做教师”。

2. 专业设立时间与专业承诺

由表 2 可知，增设专业被试在专业承诺四个维度上均值都极其显著高于初设专业被试（P 值分别为 0.000、0.002、0.000 和 0.000，都小于 0.01）。这说明增设专业本科生在心理上更加认同其所学专业并愿意付出相应努力，在专业方面的学习也更积极，更感兴趣。原因可能是，首先，增设专业大多都在二三线城市的院校，大部分学生都来自三线以下城市，对该专业的了解主要来自于自己学校的介绍和社会上的一些宣传（比如全世界的“汉语热”和全球范围内汉语教师有巨大缺口等）。访谈中，19.66% 增设专业学生谈到喜欢该专业的理由时提到“全球汉语热”“新兴专业有前途”“热门专业”；而在初设专业学生中没有人提到这类理由。其次，这类专业设立时间都很短，很多学校甚至还没有毕业生，学生对实际就业情况还不甚了解，都认为自己可以顺利当上汉语教师。访谈中，14.31% 增设专业学生谈到喜欢该专业理由时提到“就业前景好”，而在初设专业学生中提到这一理由的只有 1.47%。最后，汉语国际教育专业本身所含有的涉外性、跨文化性更为这些主要来自三线以下城市学生所青睐。同样，在访谈中，53.52% 增设专业学生都把“能够接触不同文化”“可以出国”等作为其喜欢该专业的理由，而初设专业学生中提到“能够接触不同文化”“可以出国”这两类理由的仅占 33.86%。

3. 年级与专业承诺

由表 2 可知，不同年级被试在情感承诺维度上均值存在极其显著差异（$P = 0.005 < 0.01$）。经多重比较（Bonferroni 校正）后发现，大四被试的情感承诺极其显著高于大三被试（$P = 0.004 < 0.01$），大四被试与大二被试、大三被试与大二被试之间没有显著性差异（P 值分别为 0.071 和 1.000，都大于 0.05）。这说明大四学生对其专业的兴趣和感情比大三学生要高。原因可能是，面临毕业的大四学生课程较少，离校时间临近，同时很大一部分因实习、保研、考研或出国深造成功而带来了积极体验；大三学生正处于专业课程最为繁重的时期，专业课程、教师、教学方法等因素往往影响其对专业的感情和兴趣。访谈中，45.94% 该专业学生都在“不喜欢该专业的理由”中提到“对专业课没兴趣，课程设置不科学、不合理”“语言学内容枯燥，有些内容偏难，所学内容实践性不强”“师资不强，对教师授课方式不满意”，这些负面因素都会在课业繁重的大三出现，自然会影响到学生对其专业的感情和兴趣。

4. 家庭所在地与专业承诺

不同家庭所在地的被试在情感承诺维度上均值存在显著差异（$P = 0.032 <$

0.05），在规范承诺维度上均值存在极其显著差异（$P = 0.000 < 0.01$）。经多重比较（Bonferroni 检验）后发现，在情感承诺维度上，农村被试显著高于城市被试（$P = 0.034 < 0.05$），农村被试与城镇被试无显著性差异（$P = 1.000 > 0.05$），城镇被试与城市被试也无显著性差异（$P = 0.279 > 0.05$）；在规范承诺维度上，农村被试极其显著高于城市被试（$P = 0.000 < 0.01$），城镇被试极其显著高于城市被试（$P = 0.001 < 0.01$），农村被试与城镇被试无显著性差异（$P = 0.423 > 0.05$）。这说明：与城市学生相比，农村学生对汉语国际教育专业有更深的感情和兴趣，更能认同该专业的规范和要求。原因可能是：第一，受到自己成长的家庭环境（比如父母受教育水平较低等）、周边社会环境（比如农村相对封闭，几乎没有涉外机构）和学校教育水平等因素的影响，农村学生的自我评价和职业期望都相对较低，觉得自己能考上大学、跳出农村就不错了，更何况汉语国际教育专业还包含一些跨文化、涉外的成分；城市学生则由于生活在信息发达的城市，对自己、对工作都有高于现实的期待，但同时他们对该专业所具有的涉外、跨文化等特点却一点儿也不“新鲜”，而且知道该专业可能无法满足自己的职业期望，从而为毕业后的去向而担忧。第二，同样由于成长环境的影响，农村学生可能相对缺乏自信，即便发现所学专业与自己原来想象的不同，也说服自己去适应；城市学生则相对有主见，不愿委屈自己，敢于说“不”。出于大致相同的原因，城镇学生规范承诺的水平也显著高于城市学生。

四、结论

由前文分析，我们可以得到以下几个结论：

1. 目前汉语国际教育专业本科生专业承诺的总体水平不高，接近于中间水平。

2. 性别对该专业本科生规范承诺的影响显著。具体表现为女生的规范承诺维度水平显著高于男生。

3. 专业设置时间变量对该专业本科生专业承诺的四个维度都具有显著性影响。具体表现为增设专业（即 21 世纪设立的汉语国际教育专业）本科生在情感承诺、理想承诺、规范承诺和继续承诺四个维度上水平显著高于初设专业（即 20 世纪 80 年代最初设置的汉语国际教育专业）本科生。

4. 年级对该专业本科生的情感承诺有显著性影响。具体表现为大四学生的情感承诺水平极其显著高于大三学生。

5. 家庭所在地对该专业本科生的情感承诺和规范承诺有显著性影响。具体表现为农村学生的情感承诺水平和规范承诺水平显著高于城市学生，城镇学生规范承诺的水平也显著高于城市学生。

从问卷调查结论可知，目前汉语国际教育专业本科生在专业承诺方面存在的核心问题是总体水平不高。另外，初设专业学生的专业承诺水平普遍较低，男生的规范承诺水平较低，大三学生的情感承诺水平较低，城市学生情感承诺和规范承诺水平相对较低，等等。结合书面访谈的内容分析，要解决这几个问题，提高本科生对汉语国际教育专业的承诺水平，各高校应该积极拓展就业渠道和出路；改善专业课程设置，求精，求实，注重实践性；对任课教师提供业务性支持，提高其教学水平；加强专业宣传，并对本科生职业生涯进行指导等。

参考文献

① 连榕、杨丽娴、吴兰花，大学生的专业承诺、学习倦怠的关系与量表编制，《心理学报》2005年第5期。

② 连榕、杨丽娴、吴兰花，大学生专业承诺、学习倦怠的状况及其关系，《心理科学》2006年第1期。

③“2013年全国高校汉语国际教育/对外汉语本科专业建设研讨会”召开，《世界汉语教学》2014年第1期

④ 谭雪晴，师范院校大学生专业承诺及对学习倦怠影响，《中国公共卫生》2009年第9期。

⑤ Meyer, J. P., Allen, N. J, & Smith, C. A., Commitment to organizations and occupations: Extension and test of a three-component model[J], *Journal of Applied Psychology*, 1993. 78(4): 538-551.

作者简介：郭睿，男，博士，北京语言大学汉语教育学院副教授。

大学英语教师多元文化敏感性及其培育

朱　姝

摘　要　伴随高等教育学校招生的国际化趋势，生源背景的文化差异性增强，文化敏感性问题在大学英语教师教学中愈加重要。教师教育如何适应学生文化特征和背景是一项重要的课题。本文从文化敏感性这一视角入手，分析其对英语教师工作的挑战，研究文化敏感性在教师教育中的重要作用，并探索我国高等教育英语教师教育的发展取向。作者认为，教师教育发展应该着重关注学生文化的差异性，打破教师教育对待不同文化背景学生教育的统一性，改变教师忽视学生社会文化背景的现状。文章同时指出了提升教师文化敏感性的途径。

关键词　大学英语教学　知识建构　文化敏感性

一、具有文化多样性的课堂亟需教师文化敏感性的提升

多种文化并存校园及课堂是教师文化敏感性培育的重要背景。对于位于国际大都市的高校而言，英语学习者从国别、民族、地域、阶层、宗教、母语等方面都具有浓郁的多元文化色彩。不同文化之间在价值体系和思想观念上存在较大的差异。文化敏感性已成为当代教师素养的重要组成部分之一。培育教师文化敏感性已经成为教育应对多元文化时代挑战的重要策略。针对这种现实状况，我们需要考虑为这些来自不同民族和文化背景的语言学习者提供与其文化模式相适应的教育教学。英语教师需要了解不同文化属性与自己从事的外语教学的内在关联性，应考虑文化背景和传统影响教师教育教学活动的内在机理。

具有文化敏感性的英语教师应该在其个人、文化群体和社会这三个层面均

具备良好的素养。在个人目标上，能够承认多元文化的存在价值，认识到不同的学生具有不同的文化特征，充分肯定不同学生的文化都具有活力和存在意义。英语教师还需要理解并接受与自身不同的文化，减少刻板印象与偏见；认识到不同族群的文化都有其发生、发展的历史；能够对学生的不同行为及价值观形成多种认识。在社会目标上，减少由误解或偏见而引起的群体间的冲突，促进文化群体及国家及族群的和谐发展。

具备文化敏感性的外语教师视学生的文化为“资产”（asset），并能利用学习者的文化多样性及其母语特征进行语言教学。班克斯等多元文化教育学者认为并在研究中证明，外语教师对文化敏感性的提升对语言处境不利的学习者有正向作用。

二、英语教师提升文化敏感性的目标与意义

（一）教师较高的文化敏感性可以增强学习者的文化素养及在真实情景中的英语沟通能力

语言教学的核心是加强语用能力，突出“理解与认知能力的发展”。海姆斯（Hymes）认为沟通能力是指能得体地使用语言的能力，即什么时候对谁说什么话和怎么说，这涉及对文化的深入理解及文化素养的形成。英语教学即在奠定学习者基本的英语沟通能力，提升学习者学习英语的动机与兴趣，增进学习者对本国与外国文化的认识与尊重，增进对多元文化的了解，使学习者通过英语语言学习，具备对阶层、性别、族群背景及弱势族群的理解力，从而提升学习者在真实情境中使用英语与不同文化人群的交际能力。

（二）教师的文化敏感性有助于学习者在态度、知识与分析能力上的提升

首先，就文化态度而言，英语教育过程中要充分重视不同族群、国家之间的文化差异，要理解和尊重所学语言之国家的文化，保持宽容的态度。文化价值观导致了语言与文化的差异。其次，就文化知识而言，英语教育的目的不仅要使学习者了解所学语言国家之人们的信仰、观念、风俗、行为、情感和社会

习惯等生活方式、思维方法，也应知道其经济、社会、政治与历史状况，从而使学习者能了解英语国家及族群文化的内涵，进一步珍惜本国的文化，肯定文化的多样性。再次，增进学习者对本国与外国语言及文化的认识及分析与批判能力。更进一步的文化素养涉及培养对语言的多元文化认知。这是指了解并尊重不同的语言特征，以及持此种语言的人。课程中应结合专业与实际生活，从而扩大学习者的视野，开阔学习者的胸襟，使学习者能在为学、做人以及生活三者之间，建立起一个强力的联结。英语教育还要掌握跨文化沟通的能力，并具备相应的文化分析与批判能力。综合这三种文化素养，才能具备良好的英语应用能力。

（三）使学习者更好地适应社会发展，并具备在多元文化生活中的领导力

多元文化的教育目标在改变学校现存不公平的教学结构，使来自不同种族、文化群体和社会阶级的学习者享有均等教育的机会，以发展全体学习者对异文化积极正向的态度，帮助所有学习者掌握在未来社会中生存的知识、技能和态度。其方法在通过持续不断的学校课程的改革或其他教育改革策略，教导学习者认同自己的文化，并欣赏和尊重与自己不同的其他族群文化、国家文化及世界文化，养成积极对待其他文化的正确态度，以消除既有的性别、种族、宗教、社会阶级、年龄、特殊性等方面的偏见和歧视，从而改变因差异或不同而产生的冲突、对立和歧视。通过英语中的多元文化教育，学习者能适切回应英语国家的社会文化活动和增进多元文化的了解与尊重，并通过增进英语能力为全球化的生活做准备。目前世界各国不断面临日益多元的民族、文化、宗教和经济发展所带来的暴力与歧视问题。注重多元文化知能与素养的英语教学，可以培养学习者学习包容与尊重多样化的文化观，通过多元化教育理念的教导，使学习者成为多元文化的世界公民，并具有良好的领导力。

三、提升教师文化敏感性的途径——知识建构

依据雪莉·希思所提出的多元文化教育的思路，英语教学中的多元文化教育的重点在于知识建构。希思认为教师进行多元文化教育课堂教学，需要了解

并能应用有关知识建构的理论。知识建构是指学科知识的概念、理论及其类别，以及不同知识间的联系。对主要知识类型的认识可以帮助教育者辨别多元文化教育所需的理论基础及具体可以应用的内容。不同的知识类型体现了持知识观者的特定目标，反映了其特殊经历，甚至涉及其已获或欲获得的利益。

班克斯给知识的定义很广，认为知识是人类活动的产物及个人理解与诠释现实的方式，是在社会中建构起来的，反映了人类的利益、价值观和行为。人类在认识新事物、改造世界的过程中是依据已有的经验及知识来思考及行动的。知识观的形成是诸多复杂因素交织、互相影响的过程，其中最为重要的因子是知识建构者对个人经历、社会的经济、政治状况及社会变迁的概念。

班克斯提出了五种知识类型：1. 个人与文化知识；2. 大众知识；3. 主流学术知识；4. 革新性学术知识；5. 教学知识。教师让学习者分析不同的知识类型是多元文化教育中很重要的教学内容，学习者通过对知识类型的综合性探究，从而了解不同族群、性别、语言、宗教及阶层群体的思维方式与行为规范，最终形成对事物的批判性思维。多样化的知识建构观可以使学习者对事物形成更加整体性的、更切合实际的观点。多样化的知识使学习者对事物形成全方面且更为准确的观点。鉴于多元文化教育学者以及知识论在语言教学中的特点与作用，外语教学的多元文化教育知识建构可以从如下角度出发，并从而提升文化敏感性：

第一，包含不同的知识论：指课程内容应涵盖本国及持英语之不同人群的知识与经验，涉及不同人群的观点、文化知识及价值体系。这可以使学习者了解不同种类的文化经验，通过了解文化的多元性与复杂性，从而理解不同群体的相互依存性和互惠性。英语多元文化知识建构的课程设计不能只体现某一英语社会的主流群体的语言及文化经验，也应涵盖此社会非主流的知识结构。教师还应指导学习者分析所学习的语言及文化知识结构化的不同范式。教师通过帮助学习者进行不同类型的知识建构，使学习者更能了解不同族群和文化群体的语言与文化观点，从而避免偏见。这使得学生能够通过分析和省思社会事件和议题，从而增进学习者之文化分析与判断能力。

第二，自我认知：英语语言课程知识建构的内容之一是构建学习者的个人、族群及国家认同，使学习者认识到认同是受到多种因素影响而形成的。英语课在英语语言学的内容之上，要引导学生通过跨学科地研究英语国家的历史、社会、政治及经济知识，才能深入建构学习者的个人认同，并能引导学习者批判性地对自身的文化和民族认同进行思考。由自我认知衍生的语言与文化学习，可以使学习者的学习与工作更有信心。此外，更客观地学习与分析中国文化与英语国家的文化，学习者能更好地立足于本国文化，促进母文化与外国文化的交流。

第三，具有批判性与世界公民行动思维：多元文化教育课程的另一项重要建构内容就是促使学习者对学校以及社会中的不公平状况进行积极有效的批判和改造行动。外语学习应在语言学习的基础上促进社会行动，成为推动社会发展的负责公民，通过更深入地理解社会发展状况，从而促进建立公平、民主的社会。这种社会对不同群体都是相对公正的，而不倾向于某种特殊的国别、族群、阶层、性别、身体残疾状况及宗教信仰。学习者批判性与世界公民行动思维的提升主要是让学习者掌握进行社会行动所必需的态度、知识和技能。之后使学习者在生存层面（衣食住行、教育）及思维层面（环保意识等）展开行动。学习者的批判性思维与世界公民行动可以推进本国及世界的民主化进程。

第四，全球性问题：目前不同国家都面临着一些共同的全球性问题，比如环境污染与破坏、未解的医学难题、资源短缺等。这些问题阻碍着各个国家的发展。单一国家是无法解决这些难题的，只有通过全球性的合作才能突破瓶颈。全球性的合作是多学科、多语言的人才之间的合作。外语教学在这种情景下，需要发挥重要作用。外语教学中的多元文化教育知识建构只有涵盖具有全球多元文化教育的知识内容，才可使学习者在全球化进程中发挥作用。美国批判教育学主要倡议者亨利·吉鲁（Henry A. Giroux）认为，多元文化论的政治，应该积极介入世界公共领域和全球政治。在这样的指导原则下，多元文化教育应该使学习者在走出课堂后，仍能以多元文化的价值理念去认识世界，改善人类的生存环境。教育者在以多元文化为核心价值授课时，不仅仅是在带领学习者认识、了解差异，检视、分析刻板印象，更重要的是，应该和学习者一起去积极地了解、参与不同的历史和文化论述，进而去改变各种再现，改变制造种族歧视与其他各种歧视的体制。具体而言，这部分课程的知识建构是使学生深入了解英语国家的语言、历史、经济、政治与社会文化等内容，同时掌握在全球化的时代背景下，进行多元文化交流与合作所应具备的态度、知识与技能。

四、富含文化敏感性的英语课堂

（一）采取合作学习

通过合作学习、小组讨论及互动，使学习者主动参与学习并能进行深层思考。讨论课由授课教师按照学习者的特征分配小组，带领小组讨论，以培养学习者有条理地发表自己的看法、尊重别人意见的能力。在讨论过程中，教师可以带领学习者讨论不同议题所呈现的“他者”与我们的认知有何不同，所讨论议题之背景与观点如何影响他们对异地、异文化的了解。这种方法可以扩大、深化学习者的视野，借讨论使学生获得的知识与观察力应用在与自身相关的环境中。

在合作学习过程中，英语教师将多元文化教育概念融入英语课程活动中进行教学，老师可以利用读本、短片或文章来进行教学，引导学习者思考问题。在阅读不同文本的同时，他们也可以了解到族群、性别、宗教、阶级等议题，如何在不同程度上塑造了我们的世界。另一方面，学习者也可以从不同族群所使用的英文认识到语言与文化的密切关联。英语作为世界通行的主要沟通语言，其实也因不同的国家、地区、族群，而具有不同的语用方式。

（二）建立关怀与尊重差异的课堂氛围

在学习环境上，多元文化教学强调民主、尊重的环境。多元文化教学使课程与教学模式与文化相联结，以学习者的文化特色、先备知识与经验作为教学与学习的管道，使得学习经验更有个人意义，从而提升学习者的学习动机与表现。希斯教授的研究证明，多元文化教学的课堂具备爱与关怀，以适合学习者的标准来提升学习者的成就表现，同时安全的课堂氛围可以让学习者放心地展现自我。英语教学的课堂中应为不同背景的学习者创造关怀与正向的氛围，去除刻板印象与偏见，让学习者能感受到安全的学习环境，从而更容易融入教学，主动参与学习，获取成功的经验。

（三）实施多元化评量活动

评量不只是作为评分的依据，应该是提供教学建议与改进的依据。评量的方式可以使用适切文化的评量，包括表演、创作、观察、实作、纪录等。希思教授强调从游戏（play）、戏剧表演（performance）、角色扮演（role-play）及多媒体（multimedia）制作等活动中学习语言与文化。通过活动设计来实际操作的教学活动，学习者可建构出新的知识。此外，通过亲身参与语言文字的活动，让语言文化在生活化的活动中活泼生动地自然内化为多元文化的生活方式的一部分。

英语教学并不只是语言教育，英语语言教学不仅在于传递语言知识，更重要的应该是让学习者了解语言与文化知识如何产生，以及如何训练自我终身学习。此外，英语教学应该成功扎根于我们所生长的环境，是一种需要学习者通过了解自我的定位，建立不同层次身份认同的过程——不论是个人、族群或者国家认同。英语教学需要能超越地理政治关系，免除所有国家、族群、语言、阶层与宗教的偏见，促使学习者追求真正的平等自由与社会正义。语言教育借此精神，才可以在这个多元的世界里使英语学习者具备更开阔的国际观，进而获得更好的语言学习效果。

参考文献

① 吴明海，《中外民族教育史纲》，北京：中央民族大学出版社，2006 年。

② 朱姝，班克斯多元文化教育研究的特征及启示，《湖南师范大学教育科学学报》2013 年第 2 期。

③ Banks, J. A., *An Introduction to Multicultural Education* (*2nd edition.*) [M], Boston: Allyn & Bacon, 2002.

④ Banks, J. A., *Race, Culture, and Education*: *The Selected Works of James A. Banks* [M], London and New York: Routledge, 2006.

⑤ Heath, S. B., *Words at Work and Play*: *Three Decades in Family and Community Life* [M], Cambridge, UK: Cambridge University Press, 2012.

⑥ Hymes, D., *On Communicative Competence* [M], Philadelphia, P. A: University of Pennsylvania Press, 1971.

⑦ Heath, S. B., *Ways with Words: Language, Life and Work in Communities and Classrooms* [M], New York: Cambridge University Press, 1983.

⑧ Heath, S. B., *Words at Work and Play: Three Decades in Family and Community Life* [M], Cambridge, UK: Cambridge University Press, 2012.

⑨ Giroux, H. A., *Border Crossings: Cultural Workers and the Politics of Education* [M], New York: Routledge, 1995.

作者简介：朱姝，女，博士，北京语言大学培训学院讲师。

后　记

今年9月，北京语言大学迎来了建校55周年。建校以来，学校秉承“德行言语，敦睦天下”的理念，逐步发展成为一所以语言教学与研究为特色和优势，中文、外语及相关学科协调发展的多科性大学。“十二五”“十三五”以来，学校在大部制、学部制改革的基础上，结合教育领域的综合改革，在专业与课程建设、人才培养、师资队伍、教学改革、教学管理等方面取得了显著成绩，教育教学质量和人才培养质量得到了全面提高。

为总结学校教学建设与改革的经验，鼓励广大教师关心教学、钻研教学，总结和探索我校教学中的新理念、新模式和新方法，不断提高广大教师的教学水平和教学研究能力，2014年12月，学校启动了教学研究论文评选活动，经过学校第六届教学督导组专家规划选题，多次指导和审稿，以及各位老师的积极参与和不断修改，最终遴选出教学研究及教学管理论文48篇。论文联系学校的整体发展，结合学校的办学特色和优势，内容涵盖教育思想、教学观念、人才培养、教学内容、教学方法、教材建设、教学管理与教学运行等方面，涉及课堂教学的各方面因素，包括教学模式、教学理念、教学策略、教学媒体、教师行为等，较全面地反映了我校教学及管理的现状，展现出我校教职员工坚持弘扬传统，又努力开拓创新、积极进取的精神风貌。

这些论文绝大部分讨论的是课堂教学中的实际问题，作者们以各自的教学经历为基础，不仅对教学过程和教学体验进行了描述，而且对自己的操作方式进行了理论阐释。论文注重对新的教学理念的探讨，对MOOC（慕课）、翻转课堂等在课堂教学中的实际应用进行了细致的描写和分析，给我们以很大的启发。专家们一致认为，论文体现了北语的教学理念和教学原则，也反映出学校教育教学改革的成果，有继承，有创新，有特色，有亮点，达到了预期效果。

本论文集的征稿、编辑、出版工作得到了校领导的热忱关心和大力支持，同时也得到了学校各教学单位、相关职能部门的积极配合。尤其是得到了学校第六届教学督导组崔健、刘希明、李世之、沈素琴、李玲、杜彪、王振亚、施家炜等各位专家的鼎力相助和学校出版社张健董事长、陈维昌主任的大力支持，在此，我们谨表示诚挚的感谢。

本论文集的选编工作由教务处负责。由于编者水平有限，在编排中难免粗疏，不当之处，恳请大家批评指正。

北京语言大学教务处

2017年9月